Gilberto Freyre e os estudos latino-americanos

Joshua Lund e Malcolm McNee, eds.

ISBN: 1-930744-28-5

© Série Críticas, 2006
Instituto Internacional de Literatura Iberoamericana
Universidad de Pittsburgh
1312 Cathedral of Learning
Pittsburgh, PA 15260
(412) 624-5246 • (412) 624-0829 FAX

Colaboraron en la preparación de este libro:

Diseño de portada: Michael Phillips
Composición y diseño gráfico: Erika Braga
Correctores: Antonio Gómez, Marília Scaff Rocha Ribeiro y
Guilherme Trielli Ribeiro

Introdução

Posfácio

Introdução

Gilberto Freyre e o sublime brasileiro

Joshua Lund
University of Pittsburgh

Malcolm K. McNee
Smith College

I

Da *opus magnum* de Gilberto Freyre, *Casa-grande e senzala* (1933), Antonio Candido recentemente advertiu: "Hoje é difícil a vocês avaliar o impacto dessa publicação. Foi um verdadeiro terremoto.... É preciso vocês esquecerem as críticas posteriores sobre o corte conservador de muitas posições de Gilberto Freyre, porque numa perspectiva de história de idéias o livro dele atuou como força radical..." (numa entrevista com Pontes 7). A obra de Freyre, em geral, apesar ou talvez por causa da subseqüente polarização da sua recepção crítica, em homenagem ou desprezo explícitos, tem mantido muito do seu lustre e continua a inspirar epifanias e novas revelações. O presente volume de novas leituras críticas não é só um esforço de enfrentar a dificuldade de medir os impactos da obra freyreana sobre a geração de intelectuais à qual Candido se refere. Também responde a uma pergunta básica: Por que ler Freyre hoje em dia? As respostas a esta pergunta são necessariamente múltiplas e contraditórias. Umas delas concluem que seria melhor fazer essa leitura de Freyre a nossa última. Outras apontam novas direções para levar adiante sua obra. O nosso objetivo ao organizar este volume foi instigar novos ensaios que não representassem simplesmente julgamentos sobre a obra de Freyre, mas, antes, interpretações significativas. Isto é, interpretações que considerassem as implicações culturais, sociais e políticas da sua obra, no contexto de vários debates importantes dentro (e nas fronteiras) dos estudos literários e culturais latino-americanos de hoje em dia.

Gilberto Freyre é uma figura de grande destaque em várias áreas de trabalho intelectual no mundo lusófono, incluindo a sociologia, antropologia, história, crítica literária e estudos culturais. É difícil exagerar a influência, seja positiva ou negativa, do trabalho dele. No Brasil, Freyre é associado com a fundação de uma corrente acadêmica muitas vezes designada como "lusotropicologia", a qual, tendo a sua base na cidade natal de Freyre, Recife, até hoje continua a incentivar pesquisas.[1] Na América Latina em geral, ele reinventou criticamente o movimento em direção a teorias da mestiçagem/*mestizaje* em evidência por toda a região.[2] Por todo o mundo lusófono, sua política e seu trabalho continuam a inspirar debates. Como os ensaios de Fernando Arenas e Robert Young incluídos aqui demonstrarão, as suas mais polêmicas hipóteses luso-tropicalistas e suas apropriações seletivas pelo regime fascista-colonialista de Salazar em Portugal entrecruzam-se com os debates identitários ligados à luta armada contra o colonialismo português na África nos anos 60 e 70. E ainda hoje habitam de diversos modos nos discursos atuais de "Lusofonia". Nos Estados Unidos, ele ajudou a lançar novas áreas de pesquisa comparada sobre questões de escravidão e suas conseqüências, e foi aclamado por pensadores como W.E.B. DuBois (1941) e Eugene Genovese (1976). Na Europa, ele recebeu a atenção de intelectuais não menos prominentes que Roland Barthes (1953) e Fernand Braudel (1965).

Talvez mais notavelmente, compensa repensar Freyre precisamente pela maneira em que seu legado serve, muitas vezes de uma forma silenciosa, como uma presença fundadora dentro de tantos debates que estão aumentando em volume e intensidade através de vários campos de pesquisa. Sem falar do enorme volume de escritos que constituem suas obras completas, Freyre é creditado por haver produzido um dos dois ou três textos centrais sobre raça na América Latina. As reverberações desse texto, *Casa-grande e senzala*, se sentiram até na ONU e suas pesquisas famosas nos anos 1950 sobre o racismo.[3] A obra freyreana explicitamente trata de, ou implicitamente prefigura, tendências críticas e rumos de pesquisa aparentemente novos, tais como: a hibridez, o multiculturalismo, a heterogeneidade multi-temporal, as ficções fundacionais, a agência de sujeitos populares, a territorialidade e a desterritorialização, a colonialidade (no sentido atual), o Atlântico negro, a sexualidade como configuração de poder, a micro-história, o carnavalesco, etc. E da mesma forma que grandes transformações disciplinárias possibilitaram algumas das intervenções mais poderosas de Freyre – como a virada para a cultura representada pela antropologia de

8

Franz Boas – essas intervenções de Freyre prevêem práticas acadêmicas a chegarem depois, tal como a história cultural descrita nestas páginas por Peter Burke. Porém, o desafio fundamental de uma releitura dos traços da obra de Freyre não é simplesmente mostrar *como* Freyre ressaltou várias questões de uma forma precoce. Antes, o dever fundamental é analisar as maneiras em que a obra de Freyre *ainda se encontra no nosso trabalho*. Isto é, a questão não é como nós temos melhorado (desde) as hipóteses de Freyre ou temos transcendido os seus erros; a questão é como estes "erros" nos obrigam a confrontar de formas inesperadas nosso próprio trabalho.

II

Um trabalho de tanto impacto quanto o de Freyre, com o passar do tempo e a persistência de leituras divergentes, muitas vezes evoca múltiplas versões do momento epifânico de inspiração do escritor; versões que aproveitam os estratos de anedota biográfica que se acumulam com gerações sucessivas de pesquisa, a publicação de novas edições, e o culto da personalidade que coalesce por volta do autor e suas próprias revisões autobiográficas. *Casa-grande e senzala* – tendo nascido clássico no ano ameaçador de 1933 e, agora, sete décadas mais velho e na sua 48ª edição – é uma obra cuja concepção já foi localizada em algumas tais epifanias.

Entre as mais citadas é a cena narrada no prefácio da primeira edição de *Casa-grande e senzala*, na qual Freyre, como estudante em Nova York, "[viu] uma vez, depois de mais de três anos maciços de ausência do Brasil, um bando de marinheiros nacionais – mulatos e cafuzos – descendo...pela neve mole de Brooklyn" (xlvii). Numa pequena mas significante variação, a brancura da neve mole, contrastando com as várias tonalidades da não- ou quase-brancura problemática dos marinheiros, é substituída no prefácio da segunda edição em inglês por um símbolo mais bombástico de modernidade, com o grupo de "Brazilian seaman – mulattoes and *cafusos* [sic]– *crossing the Brooklyn Bridge*..." (xxvi-xxvii, grifo nosso). Com esta anedota, Freyre evoca a ânsia produzida por pelo menos duas disjunções fundamentalmente pós-coloniais. Por um lado ele está melancolicamente incomodado com a sensação de distância insuperável entre ele – um tipo de jovem dândi em Nova York – e seus compatriotas de classe baixa,

9

que inspiram nele uma certa vergonha. Por outro lado, percebe-se uma segunda disjunção, mais claramente visível na versão inglesa, em torno do problema de lugar. A tensão subjacente que parece provocar a reflexão de Freyre e seus leitores sobre a cena é definida pela diferença racializada e excessivamente local evocada pelos marinheiros e a modernidade universal da *Brooklyn Bridge* – ou, por sua vez, a brancura da neve – na qual eles andavam, claramente fora de lugar. "Deram-me a impressão de caricaturas de homens. E veio-me à lembrança a frase de um livro de viajante americano que acabara de ler sobre o Brasil: 'the fearfully mongrel aspect of the population'. A miscigenação resultava naquilo" (xlvii).

Segundo esta versão, ceticamente descrita por Ricardo Benzaquen de Araújo como uma "história de conversão", esta ânsia seria aliviada pelo encontro fortuito com os antropólogos Franz Boas e Roquette Pinto, os quais lhe ensinariam a diferença entre raça e cultura, embora, mesmo no momento da sua concepção, esta diferença fosse um tanto indistinta.[4] A obra de Freyre, de fato, chegaria a ser ilustrativa, parafraseando Stuart Hall, das noções de raça e cultura brincando de esconde-esconde. Porém, se de certa forma essa história da conversão de Freyre é um tipo de *performance*, deve-se ressaltar o poder do livro dele de inspirar *performances* semelhantes nos seus leitores. Aliás, a miscigenação era "o desafio" enfrentado por uma geração de intelectuais brasileiros. Consideremos, por exemplo, uma cena descrita por Candido. Lembrando a primeira leitura de *Casa-grande e senzala* em 1934, junto com dois amigos do lado esquerdista de uma família de políticos importantes, Candido diz: "A primeira reação que lembro foi de Antonio Carlos, que começou a se olhar no espelho, a puxar os lábios para engrossá-los, dizendo: 'Acho que sou mulato'!" (entrevistado por Pontes 7).

Mas há uma outra versão das origens de *Casa-grande e senzala* proposta num registro revisionista por Hermano Vianna no seu celebrado livro, *O mistério do samba* (1995). Vianna abre o seu estudo sobre os começos da "descoberta" do samba e sua transformação em forma nacional com uma descrição comentada de outro encontro inspirador de Freyre, este durante sua primeira viagem ao Rio de Janeiro em 1926. Desta vez ele está com amigos que representam a nova geração da elite intelectual carioca. Não por acaso – isto é, através de uma significativa rede de mediações mapeada pela narrativa de Vianna – Freyre se encontra com um grupo de sambistas das favelas da cidade. O *show* dos músicos – identificados racialmente por Freyre como dois mulatos, Pixinguinha e Donga, e "o preto bem preto" Patrício (Michel Agier nos lembra, na sua contribuição para este volume, de que eles são dentre "os melhores sambistas do momento") – e a cordialidade do encontro entre eles e os intelectuais tanto inspiraram Freyre que ele publicaria no mesmo ano o artigo "Acerca da valorização do preto". Vianna cita o texto de Freyre:

> Ouvindo os três [Freyre, Sérgio Buarque de Holanda, e Prudente de Moraes Neto] sentimos o grande Brasil que cresce meio-tapado pelo Brasil oficial e postiço e ridículo de mulatos a quererem ser helenos...e de caboclos interessados...em parecer europeus e norte-americanos; e todos bestamente a ver as coisas do Brasil...através do pince-nez de bacharéis afrancesados. (citado em Vianna 27)

Embora Vianna ressalte este encontro para questionar por que não entrou de forma mais destacada na mitologia fundadora do samba, seu objetivo mais interessante é re-centrar a "conversão" de Freyre dentro de parâmetros *nacionais*. Isto é, mesmo que a viagem de Freyre para o Rio tenha ocorrido bem depois da sua estadia em Nova York – Freyre termina seu mestrado na Columbia University em 1922 – o encontro com os intelectuais e sambistas cariocas é visto como um exemplo a mais dentro de uma continuidade de provas de que a percepção de Freyre da diferença entre raça e cultura é enraizada numa profunda apreciação da "cultura mestiça brasileira", uma apreciação já desenvolvida antes da viagem para os Estados Unidos e o encontro com Boas. "Parece mesmo que só estava buscando, com seus estudos, uma justificativa academicamente aceitável para o respeito que sentia ... pela cultura popular do seu país e de sua região..." (79). A justificativa viria na forma do intelectual metropolitano e cosmopolita, e sua consagração de uma inteligência pre-existente mas periférica.[5]

III

As óbvias diferenças entre cenários e personagens coadjuvantes não escondem o fato de que estas duas anedotas – a da *Brooklyn Bridge* e a da roda de samba – são efetivamente a mesma história. Há no fundo dos dois relatos a mesma sublimação quintessencialmente moderna de ânsia racial ou, como Neil Larsen propõe no seu ensaio a seguir, a simultânea des- e re-racialização por Freyre da identidade nacional brasileira: se o Brasil, ao abranger cosmicamente todas as raças, efetivamente atinge um tipo de a-racialidade (em inglês, algo como *racelessness*), ele imediatamente re-racializa-se ao fazer disto a base fundamental do seu tipo nacional. A a-racialidade do Brasil vira uma racialidade hiperbólica (para a qual talvez convenha propor o neologismo em inglês, *racefulness*), na qual a singularidade da nação se apóia precisamente no seu confronto excessivo com a raça. Em outro nível, essa mesma brasilidade hiper-racializada (e eventualmente o luso- e hispano-tropicalismo que emergeriam dela) revela-se como um espaço discursivo *nomenal*, no qual é contida a tensão entre o sublime e o monstruoso.[6] Isto é, dentro da superficialidade muitas vezes absurda das narrativas freyreanas de brasilidade residiria um tipo de verdade poética, sentida mas desconhecível e indescritível pela razão prática, uma realidade mais profunda, simultânea e coexistente com aquela do fenômeno observado.

O espectro de Freyre – incluindo a velha tese da democracia racial que foi erradamente atribuída a ele[7] – está de volta no discurso político contemporâneo no Brasil, como descrito por Christopher Dunn no ensaio "A retomada freyreana", aqui incluído. À luz dessa volta, não é motivo de muita surpresa encontrar o ainda ambicioso Fernando Henrique Cardoso apresentando uma nova edição de *Casa-grande e senzala*, comemorativa dos setenta anos da primeira edição do livro. E a respeito da idéia da verdade poética freyreana, consideremos o seguinte trecho do prefácio de Cardoso, citado por Neil Larsen no ensaio que acaba servindo como um tipo de posfácio para este volume:

> As oposições simplificadoras, os contrários em equilíbrio, se não *explicam* logicamente o movimento da sociedade, servem para salientar características fundamentais. São, nesse aspecto, instrumentos heurísticos, construções do espírito cuja fundamentação na realidade conta menos do que a inspiração derivada delas, que permite captar o que é essencial para a interpretação proposta. (Cardoso citado em Larsen 379)

E por baixo desta verdade poética está a frustração e a contradição persistentes de uma dialética irresolúvel entre amor e ódio, atração e repulsão, o sublime e o monstrusoso – uma profunda ambivalência. Neste sentido, a metodologia, narrativa e linguagem pioneiras de Freyre – menos figuradas por qualquer método científico do que por uma estética de acumulação e repetição, – são simultaneamente imersas tanto no fenômeno detalhado quanto na cultivação de um sentido do Brasil (e eventualmente do Luso-Trópico) como uma coisa em si, contendo uma lógica e significado maiores e mais profundos. Resumidamente, a tentativa de compreender a relação entre o nomenal e o fenomenal na escrita freyreana, e suas recepções e legados, é o fio que liga as diversas e muitas vezes divergentes leituras reunidas neste volume.

Como muitos dos ensaios aqui elucidam, Freyre, no mesmo espírito de outros pensadores revolucionários (pensemos, por exemplo, em Freud), levou a sério vários objetos de estudo tratados por outros pensadores como insignificantes, avançando assim a formação de linhas de pesquisa novas não só no Brasil mas também na produção intelectual ocidental – hispano-americana, européia, e norte-americana – em geral. Respondendo a uma variedade de fenômenos e artefatos geralmente ignorados pelos seus predecessores e contemporâneos, Freyre ajudou a forjar um grande número das nossas ferramentas e perspectivas (trans)disciplinares atuais. A escrita de Freyre – aberta, como Nelson Vieira ressalta no seu ensaio incluído aqui, à multi-vocalidade de memória, anedota, poética e performatividade – prevê a atenção a micronarrativas e a uma noção do texto amplamente inclusiva que têm caracterizado as ambições e estruturas intelectuais das gerações subseqüentes, mais explicitamente na virada para um *cultural studies* anti-disciplinário nas últimas décadas do século vinte.[8]

Como outros ensaios neste volume ressaltam, Freyre conseguiu isto através de uma dedicação relativamente constante e consistente às suas próprias macro-narrativas de nação e transnacionalidade luso-tropical. Isto é, as pequenas vozes da história que habitam na obra freyreana acabam por compor um coro que – não sempre mas talvez com demasiada freqüência – harmoniosamente canta o mesmo hino. Se, como Candido declara, Freyre teve um impacto sem igual na sua geração de intelectuais brasileiros, talvez parte da sua força viesse do fato de que ele

13

parecia expressar ousadamente e sem medo o que eles tanto queriam ouvir naquele momento, uma articulação do sublime nacional que poderia, se não completamente deslocar, pelo menos colocar em cheque o pavor friorento da monstruosidade, um pavor alimentado por signos persistentes da brancura eurocêntrica pervertida e do (sub)desenvolvimento neo-colonial da nação.

Talvez a dinâmica entre o nomenal e o fenomenal na obra freyreana seja mais claramente descrita como uma tensão entre dois discursos, um que se localiza sob os signos de profecia e desejo nacionais, só acessíveis através do literário e do poético, e outro sobre as relações sociais reais e exercendo a autoridade da Ciência e da História.[9] O sublime de Freyre, no qual a plasticidade lusa e a abertura do português ao hibridismo reprodutivo e cultural abrandam num equilíbrio de antagonismos as brutalidades e explorações do colonialismo e das situações pós-coloniais das várias nações luso-tropicais, não tem suportado bem o escrutínio e a crítica do que ele citou como evidências e fenômenos causais. Porém, a ausência cada vez mais presente do sublime freyreano (junta – paradoxalmente, à luz das suas posturas políticas conservadoras – com a força atualmente em declínio do desenvolvimentismo revolucionário) continua a formar e assombrar o sentido do nacional, sobre o qual a monstruosidade parece reinar novamente. Pensemos, por exemplo, no Brasil "cronicamente inviável" do filme de Sérgio Bianchi (2000);[10] a ambivalente estetização da violência urbana, ilustrativa do que João Cezar de Castro Rocha (2004) descreve como uma mudança geral da dialética da malandragem para uma dialética da marginalidade, uma conversão até supernaturalizada no filme *blockbuster* (senão no romance) *Cidade de Deus* (2002); ou a organização, na *Folha de São Paulo*, de reportagens sobre escravidão, destruição ambiental, conflito fundiário e várias formas de violência nas zonas rurais do país numa pasta chamada "Brasil Profundo", como se fosse, como Euclides da Cunha já havia proposto cem anos atrás, um tipo de substrato elementar e atávico da brasilidade.

IV

De fato, foi o monstro brasileiro que Freyre teimava em enfrentar e matar na sua obra, começando mais dramaticamente com *Casa-grande e senzala*. Repelido pelo "fearfully mongrel aspect"

14

dos marinheiros, cuja existência, como os trogloditas imortais de Borges, parecia ameaçar, senão o próprio universo, pelo menos a alta modernidade da *Brooklyn Bridge*, Freyre surpreende-se ao ver aquelas "caricaturas de homens" e lamenta que a "miscigenação resultava naquilo". Ele recorda-se de que a questão nacional, ou, mais especificamente, a questão do *caráter nacional*, não era menos do que o grande desafio da sua geração. É o começo dos anos 1920, a ciência da raça (mesmo nos termos da crítica dela) é hegemônica, e uma eugenia radicalmente politizada está em marcha. A nação e a viabilidade da "sua" raça nunca foram tão entrelaçadas e isto provoca a aflição de Freyre quanto ao Brasil: "dos problemas brasileiros, nenhum que me inquietasse tanto como o da miscigenação" (xxvi-xvii). A monstruosidade do monstro nacional reside na sua monstruosa confusão de raça.

Freyre se aproveitaria de várias experiências pessoais – a história escravocrata da sua família, sua infância entre a heterogeneidade cultural do Nordeste, suas viagens no sul dos Estados Unidos, sua sensibilidade literária, o clima efervescente em Nova York em torno da antropologia de Boas, a crescente crítica do biologismo da raça – ao compor talvez o mais influente argumento latino-americano do século passado sobre as relações de raça e sobre a identidade cultural brasileira em geral. Porém a urgência da sua crítica de raça, e a volta das relações raciais como um tópico de debate considerável hoje no Brasil, nas Américas, e na Europa, torna um tanto fácil esquecer que a base fundamental da sua posição não foi nem biológica, nem cultural, nem histórica, senão *econômica* ao privilegiar modos e estruturas de produção. "Casa-grande" *e* "senzala" (e depois "sobrados" e "mocambos") não só funcionam como uma metonímia para a espacialização da raça (embora sejam também isso) mas também como o necessário circuito de produção cuja delineação cuidadosa pode fornecer a força explanatória atrás das condições excepcionais que fazem da nação *o Brasil*. A desarticulação monstruosa de regiões, classes, raças e culturas agora pode ser apreciada como uma totalidade articulada, suas contradições convertidas numa lógica de produção. Em suma, uma civilização dentro de cujas fronteiras pode emergir algo como uma *consciência nacional*.

Mesmo na sua ampla fantasia, os resultados deste esforço não são meramente decorativos: é a imagem freyreana de um Brasil articulado, com um sistema de produção nem bom nem mau, mas singular. Esta lógica cultural, embora contingente da

15

interseção de condições ambientais e históricas, é também a expressão perfeita daquelas condições. E serviria como apoio principal para o otimismo nascente da teoria de subdesenvolvimento que dominava a auto-análise brasileira entre os pesquisadores que seguiriam Freyre. Enquanto muitos desta geração, mais notavelmente Guerreiro Ramos e Florestan Fernandes, fariam muito para destruir o retrato de "democracia racial" e fluidez transcultural que a obra de Freyre sugeria, eles, sem embargo, mantinham a idéia mais importante de um Brasil articulado que *Casa-grande e senzala* meticulosamente havia construído.[11] Guerreiro Ramos, por exemplo, como um dos mais dedicados defensores do nacional-desenvolvimentismo, notadamente declarou: "Sou um homem que tem a responsabilidade de pensar o Brasil 24 horas por dia" (citado em Schwartzman 34). Francisco de Oliveira, autor de uma recente crítica decidida, e decididamente deprimente, de um Brasil novamente desarticulado, "Ornitorrinco" (2003), dirige-se à importância histórica deste lance. Sem explicitamente mencionar Freyre, Oliveira repara que atrás de teóricos tão diversos quanto, por um lado, Fernandes e o grupo uspiano, e, por outro lado, Celso Furtado e a Comissão Econômica para a América Latina, encontram-se "[os] clássicos dos anos 1930, que se esmeraram em marcar a originalidade da colônia, da sociabilidade forjada pela *summa* da herança ibérica com as condições da exploração colonial fundada no escravismo" (127). A contribuição de Freyre para uma escola de pensamento geralmente entendida como seu oposto político e analítico não poderia ser mais claramente expressa.

Lembrando do gosto de Freyre pela verdade poética a ser descoberta dentro do acidente histórico, não devemos deixar de ressaltar a coincidência de que Oliveira – que Roberto Schwarz descreve como dotado de uma "originalidade conceitual e afinidades populares trazidas talvez do Nordeste" ("Prefácio" 19) – também nasceu em Recife, em 1933, o ano de *Casa-grande e senzala*. Como Freyre, Oliveira é um escritor eloqüente que uma vez montou sua própria teoria da totalidade brasileira. Sua polêmica *Crítica à razão dualista* (1972) "imaginava", nas palavras de Schwarz, "um esquema moderno de viabilização nacional, que convocava o país à consciência inclusiva" ("Prefácio" 6). Não aceitava apenas imaginar o país, como os desenvolvimentistas tornados neoliberais iriam propor, como um adolescente numa família de nações ou uma engrenagem menor numa máquina global de acumulação e redistribuição. Embora Oliveira seja um materialista cultural como Freyre, as suas análises tendem abruptamente para a esquerda, isto é, na direção oposta do seu antecessor. Se Freyre toma as minúcias da prática cultural cotidiana como sintomas de uma trajetória histórica mais ampla, o rigor (que não é dizer ortodoxia) do materialismo dialético de Oliveira vai de certa forma na outra direção, tomando as contradições das divisões globais de trabalho e achando a sua lógica nas especificidades de relações reais de produção e reprodução social em casa. Enquanto as perguntas de Freyre mais sugestivamente olham para trás (Quem somos? De onde viemos?), transformando-se com uma freqüência excessiva numa nostalgia bruta, e fazendo qualquer transcendência das condições históricas parecer um ufanismo civilizacional, a dialética materialista de Oliveira descobre sua *raison d'être* na potencialidade da superação histórica. O Brasil de Freyre, como totalidade consciente, é nacionalista. E este Brasil já existe, está já pronto para ser descoberto em milhares de quindins e vogais arredondadas; só não nos demos conta ainda. O Brasil de Oliveira é marxista, está no horizonte, uma *consciência a chegar*, como precondição necessária para o "momento de autotransformação" da sociedade nacional (Schwarz 19).

A visão carrancuda de Oliveira do atual impasse político-econômico do Brasil descarta completamente qualquer tipo de sublime freyreano e volta à monstruosidade como a reinante metáfora nacional, agora em termos explícitos. Se o Brasil é um bicho, não pode ser senão um ornitorrinco, uma espécie famosa pelo seu desafio classificatório, composta de capricho e contradição, um novo Caliban, *neither fish nor flesh*, desarticulada: em suma, um monstro. Nas palavras de Schwarz, Oliveira descreve sem concessões "o mostrengo social em que, até segunda ordem, nos transformamos" (12). Embora não seja possível aqui explorar as complexidades e o rigor que fundamentam a metáfora inusitada de Oliveira, o ornitinorrinco ultimamente simboliza o fim da esperança, o deslocamento do sublime brasileiro. Isto em si, durante um momento marcado por uma esquerda ascendente, é uma posição polêmica, mas não é um postulado de um mero ranzinza. Antes, é a conclusão de um pensador que, na chegada eleitoral da esquerda ao poder, de repente sente um tipo de saudade. Saudade não da luta revolucionária nem do exílio romântico; saudade do *subdesenvolvimento*. Com o subdesenvolvimento havia esperança, a possibilidade de superação. Para Oliveira, o subdesenvolvimento não era uma etapa no caminho para algum lugar senão uma *oportunidade histórica* para imaginar um novo tipo de sociedade (Schwarz, "Prefácio" 13). Esta é uma oportunidade perdida, nos deixando entre as ruínas das suas contradições, nas quais um partido de trabalhadores trabalha esforçadamente para cumprir políticas econômicas que tornam a sua base obsoleta. E simultaneamente, e cada vez menos convincentemente, toma como seu discurso cultural dominante a estética nacional de ninguém menos que Freyre, um escritor que, ao lado da sua celebração da vida popular da rua, facilmente virou, querendo ou não, amigo de ditaduras elitistas nos dois lados do Atlântico.

Como Freyre, Oliveira aceita o desafio de iluminar a lógica cultural que reside por detrás da contradição superficial. A nação ornitorrinca – uma exceção permanente, aparentemente desarticulada, porém um organismo viável – descobre-se na sua condição atual de sócio júnior na firma do capitalismo global por opção, e não por destino. Enquanto a burguesia optou pelo *status* de segunda classe no mercado mundial em vez do trabalho de construir uma nova sociedade que tomaria a justiça econômica como sua premissa, os trabalhadores organizados cederam o poder a um quadro de representantes responsáveis por gerenciar a privatização do bem-estar e o desmantelamento dos direitos trabalhistas (Oliveira 131, 146-147). A aliança desta duas facções significa a morte formal do sublime freyreano – uma nação articulada governada por um dinamismo social e tolerância democrática, e não uma rígida hierarquia ou fundamentalismo (de mercado ou de qualquer outro tipo). Porém, ao mesmo tempo decobrimos uma volta do interesse pelos escritos de Freyre e uma apropriação da sua retórica cultural pelos atuais fabricadores de política social. Enquanto algo disso pode ser explicado como acidente histórico – 2000 foi simultaneamente o quincentenário do Brasil e o centenário do nascimento de Freyre – o retorno a Freyre, como Christopher Dunn descreverá aqui, vai muito além de novas edições, comemorações televisivas e simpósios acadêmicos. E isso não deve surpreender muito.

Se o ensaio de Oliveira tocou num nervo nos círculos intelectuais nacionais é porque ele disse em voz alta, com convicção e em termos analiticamente fortes, o que muitos já percebiam: apesar do MST, Lula, o Fórum Social Mundial e tudo, algo parece ter dado errado no Brasil. Ou, a ascensão de um governo de esquerda no contexto da periferia da hegemonia neoliberal significa, precisamente, mais neoliberalismo.[12] Isto representa uma volta para uma desarticulação palpável, isto é, a volta da degeneração, o crescimento mirrado, o subdesenvolvimento truncado, a monstruosidade: "Mas esta é a descrição de um animal cuja 'evolução' seguiu todos os passos da família! Como primata ele já é quase *Homo sapiens*!" (Oliveira 133).

Enquanto Schwarz talvez esteja correto ao chamar a metáfora de Oliveira um "novo diagnóstico de época" (18), ela é, porém, estranhamente familiar. Já vimos esse tipo de imagem retórica: Freyre enfrentava-a com vigor enquanto olhava para o Brasil "*mongrel*" descrito pelos "*American travelers*", eventualmente revidando ao comparar a hipocrisia da liberdade *American-style* baseada num segregacionismo explícito com as mais fluidas relações raciais-culturais do Brasil.[13] E, de fato, após a diagnose de Oliveira, encontramo-nos num tipo de momento neo-freyreano: "não se trata mais do subdesenvolvimento, mas de algo parecido apenas com a situação pré-crise de 1930" (Oliveira 134). Então surge a pergunta: Poderia Freyre de novo ajudar a iluminar um caminho, mesmo provisória e problematicamente, para sair desse impasse cultural? A resposta, nós propomos, é afirmativa. Mas só se estivermos dispostos a simultaneamente recuperar e destruir Freyre.

V

Repensar os desafios e aporias que enfrentam os atores principais no mundo neo-subdesenvolvido, especialmente na América Latina (Brasil, sem dúvida, mas também México, Argentina, Colômbia e Venezuela), requererá uma ousadia teórica, uma postura intelectual aberta, e um compromisso com articulações regionais-nacionais-globais, qualidades que foram, todas, marcas da obra de Freyre. Mas ao mesmo tempo é necessário reconhecermos as formas em que, longe de enfrentar os males diagnosticados de novo por Oliveira, Freyre simplesmente se aproximou...e depois saiu do caminho.

Ao ressaltar cultura, história e ecologia em vez de sangue e espírito; África e Ameríndia (às vezes) em vez da Europa; a mistura em vez da segregração e pureza; Freyre deu passos fundamentais quanto ao discurso nacional hegemônico da sua época, isto é, a raça. Mas ao fazer isso, ele se recusou a aprofundar-se o suficiente no próprio fundamento do seu método analítico, sua economicidade: as transações e relações sociais que medeiam e fixam a estrutura de "casa-grande" e "senzala", de "sobrado" e "mocambo", de "condomínio" e "favela". Ao considerar a estrutura econômica que funda o seu Brasil tanto como um "deus poderoso" (*Casa-grande* 379) quanto como uma contingência histórica, Freyre faria seu nome naturalizando, quanto à questão de classe, as mesmas relações sociais que ele tão efetivamente desestabiliza em termos de raça. Se reconhecemos no "primata...já quase *Homo sapiens*"de Oliveira um eco das "caricaturas de homens" de Freyre, que inspiraram o seu engajamento com a identidade nacional brasileira, é também porque o plano retórico onde as duas imagens se encontram representa o biologismo de uma vida nacional imprevisível e, adotando a expressão de Giorgio Agamben, nua. Dentro deste contexto, Freyre talvez nos haja avançado um passo para a frente ao encontrar a alegria cotidiana dentro dos ritmos orgânicos da vida popular, e Oliveira, vamos confessar, talvez acabe sucumbindo a uma certa repugnância face ao tumulto caótico de camelôs e arquitetura de favela que marcam a existência urbana contemporânea no Brasil (e.g. Oliveira 142-144). Freyre, ao desvelar os absurdos de raça, podia então fundar uma nova linguagem social que talvez começasse a nos levar para além de uma hierarquia social biologicamente naturalizada. Mas essa linguagem não deve ser usada para nos cegar frente a uma falha simultânea: a incapacidade ou a recusa em desnaturalizar as hierarquias insidiosas de classe social. Enquanto Oliveira usa o biologismo de espécies para revelar um tipo de monstruosidade de classe social ("O ornitorrinco é uma das sociedades capitalistas mais desigualitárias...apesar de ter experimentado as taxas de crescimento mais expressivas em período longo" (143)), Freyre invoca uma crítica culturalista do biologismo que fundamenta a raça (e o discurso racista) como uma forma de *ocultar* a monstruosidade de classe. Freyre perde, ao desconsiderá-lo completamente, o problema crucial que Oliveira coloca no centro da sua análise: a marginalização dos pobres e o fracasso das alianças que poderiam tornar um outro mundo possível.

O sublime brasileiro de Freyre desloca o pesadelo de monstros, habilmente articulando com uma lógica orgânica uma civilização nos trópicos que parecia ser fraturada apenas artificialmente: mesmo com as lutas e os conflitos revelados para todo mundo ver, seu convite simpático para entrar no desfile de samba da vida brasileira representava uma intuição do possível que *queríamos* que fosse verdadeiro, ou pelo menos acreditável. Seu discurso volta hoje durante a transição esforçando-se para achar seus fundamentos, para suturar as contradições da sua condição histórica atual. Mas, como a aliança esquisita entre banqueiros e sindicalistas, entre capital abstrato e trabalho virtual que Oliveira percebe, o sublime freyreano naufraga nos mares agitados de classe social. Voltemos mais uma vez àqueles momentos epifânicos, nos quais vê-se na própria gestação do projeto de Freyre a falta produtiva de enfrentar a desigualdade selvagem que é a base material do mal-estar brasileiro.

Lembremos de novo a cena em Nova York, onde ele viu "uma vez...um bando de marinheiros nacionais – mulatos e cafuzos – descendo...pela neve mole de Brooklyn [ou atravessando a Brooklyn Bridge, segundo a versão inglesa]... Deram-me a impressão de caricaturas de homens. ...A miscigenação resultava naquilo" (*Casa-grande* xlvii). O ponto da anedota é claro. É uma auto-crítica, uma reflexão sobre os erros de *como ele se sentia naquele momento passado*, antes da sua conversão. À base dos seus erros havia o racismo; o fato de que ele recua frente a seus compatriotas – mulatos e cafuzos – porque pareciam apenas quase brancos, fora de lugar na neve, uma caricatura face àquele símbolo exemplar da modernidade industrial, a *Brooklyn Bridge*. Pareciam zombar da entrada do Brasil no mundo moderno. Isto é, pareciam zombar da *classe social* de Freyre, condenando-a, como árbitro da nação, a uma eternidade de atraso. E este é o fundamento não interrogado da anedota; a classe social permanece estável, atravessando sem ser perturbada a transição crítica de ênfase de raça como essência biológica para a cultura como contingência ambiental. Ao ver Freyre vendo "uma vez", de uma distância social significativa, afastado dos seus compatriotas, prestemos atenção especial à maneira em que ele marca a sua conversão, como ele resolve a tensão da cena: evocando Boas e Roquette Pinto, ele lastima não saber naquele momento o que ele sabe agora. O que ele sabe agora? Que eles não eram simplesmente mestiços, senão eram "cafuzos e mulatos *doentes*" (xlvii). Assim, na auto-reflexão de Freyre, o problema não é a confluência de signos raciais, culturais e de classe social que torna possível a sua percepção e produz a sua determinação da doença dos marinheiros. Ao contrário, ele presume que o problema é que sua percepção – correta na sua diagnose de incompletude, com a transformação dos marinheiros de "caricaturas de homens" em homens "doentes" – foi deslocada por um arranjo errado daqueles signos genéricos. Uma vez que este arranjo é "corrigido", reconhecendo a raça (como biologia) como um efeito da cultura (como a interação do homem com o seu meio-ambiente), ele se sente melhor, menos aflito. Se a base nacional – a multidão fervorosa de mulatos, cafuzos, marinheiros e camelôs – está doente, então talvez possa ser curada. A classe de Freyre, isto é, a elite, tomaria a responsabilidade de sarar a base popular.[14]

Um primeiro passo crucial nesta direção seria adotar a postura aberta que Freyre já demonstrava face ao local e o popular, trocando o eurocentrismo postiço pelos diversos ritmos da rua. Esta é a mensagem explícita do encontro de samba em "Acerca da valorização do preto". Mas aqui também decobrimos uma dinâmica de classe que pode ser confortavelmente renegociada ao nível de atitude, sentimento e alegria de comunhão mas cuja base material é deixada intocada. A autenticidade do respeito que Freyre sente e a seriedade com que ele se engaja à produção cultural não-hegemônica não devem ser diminuídas ou postas em dúvida. Porém, a cena de samba de certa forma parece mais uma captura do que uma liberação. No mundo pós-colonial de hoje, não se pode senão sorrir e desconfiar um pouco quando Freyre e a elite branca do Rio de Janeiro se descobrem nos remanescentes rítmicos de tambores que marcavam uma forma desconhecível de comunicação que aterrorizava seus ancestrais escravocratas. A valorização do preto parece chocar e se confundir com a domesticação do preto, um tipo de epifania geracional comparável com as de Asturias em Paris, Carpentier em Port-au-Prince, Paz em Los Angeles, ou Faulkner no Mississippi, um continente inteiro de escritores excessivamente talentosos descobrindo a sua voz interior no encontro com seu outro vencido. Como todos estes escritores, uma grande parte do desafio de Freyre foi mostrar como este vencimento fora em realidade uma vitória, como o Brasil é impensável sem a sua "africanização". Mesmo que haja aqui um núcleo radicalmente democrático e humanista, sua sublimação, pelo menos em Freyre, parece depender do esquecimento de que, sem uma política acompanhante de transformação social, esta mudança de percepção não faz nada para mudar as relações reais de poder social. O "preto" agora a ser valorizado como nacional imediatamente ocupa o espaço de "nossos pretos", com o português africanizado (e os africanos lusitanizados) virando o signo da "nossa" singularidade, especialmente ao cantar a irradiante e agridoce alegria de um samba-canção.

Juntos, os ensaios incluídos neste volume respondem ao imperativo de ler criticamente a tensão entre o sublime freyreano de uma totalidade brasileira/luso-tropical e os fenômenos de poder que fraturam essa totalidade sublime além de qualquer reconhecimento auspicioso. Devemos lembrar porque não continuar a ler Freyre, na luz das falhas e recusas na sua análise social e as resultantes implicações políticas. Por outro lado, talvez Freyre também seja capaz de nos lembrar da urgência atual de recuperar aquela sensação sublime de alegria comunial – das festas de São João e os bois de tantos sotaques em São Luís, de uma roda de samba impromptu ou um desafio de repentistas numa esquina em São Paulo, ou de uma marcha carnavalesca no Fórum Social Mundial em (o nome é apropriado) Porto Alegre – como uma forma de intervenção crítica e imaginação utópica. Ao tornar a ler, com um tanto de desconfiança, as grandes narrativas freyreanas da civilização brasileira e luso-tropical, enfrentamos novamente a criatividade e amor infinitos que surgem das práticas da vida popular cotidiana e epifânica. A obra de Freyre nos urge a perguntar, voltando a metáforas zoológicas e citando Roberto Schwarz dramaticamente, porém sugestivamente, fora de lugar, "pela relação que possa existir entre o universo social rebaixado e as visões do elefante, do rinoceronte ou do mar, gigantes cuja escuridão tem luz, cuja massa imponente e una faz bem e cuja arremetida parece mais destinada a fecundar e a reparar que a destruir" ("O país do elefante" 13).

VI

A dimensão política na captura do popular na obra de Freyre representa o centro de vários dos ensaios que constituem este volume. María del Pilar Melgarejo lê esta questão no nível básico da linguagem – o entusiasmo de Freyre pela fala popular – contra outro progenitor titânico da cultura latino-americana, o gramático, jurista e poeta novecentista Andrés Bello. Numa comparação provocante ("El discurso de la lengua nacional en Freyre y Bello"), Melgarejo descobre um ponto elementar de contato entre estes teóricos radicalmente díspares da linguagem popular: o seu desejo comum de produzir a *língua nacional*. Isto envolve a construção de uma certa homogeneidade, um projeto que, pelas suas operações muito criticadas na obra de Bello, tem sido demasiado simplificado, e um projeto que está supreendentemente visível num defensor de diversidade cultural como Freyre. Em suma, Melgarejo lê os dois como espelhos inversos: enquanto Bello conjura o problema da linguagem popular numa tentativa histérica de domá-la, Freyre paradoxalmente reduz a infinita diversidade da fala transculturalizada ao tratá-la metonimicamente como "brasileira". Odile Cisneros, no seu ensaio "Primitivismo e identidad nacional en Gilberto Freyre", avança nossa compreensão das articulações transnacionais que constituem o projeto freyreano de nação ao ligá-lo ao discurso ocidental de *primitivismo*. Cisneros estrutura a sua análise com a idéia de que a compreensão da especificidade das várias vanguardas latino-americanas talvez resida não tanto em como elas *rejeitam* discursos eurocêntricos, mas em que formas e até que ponto eles *incorporam* a lógica eurocêntrica. É uma premissa radicalmente andradeana, recuperando a antropofagia de Oswald e a antropologia mista de Mário, e lhe serve efetivamente na sua releitura de Freyre e da sua relação sutil mas crucial com o primitivismo. Tomando a lição de Roberto Schwarz (e, implicitamente, de Edward Said), Cisneros lê Freyre como o produtor de um tipo de primitivismo fora de lugar, impuro, mas produtivo para seu projeto específico de nação. Entre Melgarejo e Cisneros, vemos o mecanismo básico que fundamenta a política da obra freyreana: a simultânea invocação de discursos eurocêntricos e a promoção de práticas locais, possibilitando para Freyre a captura da força potencialmente resistente dos outros marginalizados do Brasil, e, ao mesmo tempo, a contenção dessa força num discurso de *presence* que faz dele o teórico fundamental da modernidade brasileira.

Se Melgarejo e Cisneros representam exemplos intervencionistas da escrita de uma história do presente da política cultural latino-americana ao examinar a base ideológica e as junções entre pensadores fundacionais do passado, então

Christopher Dunn ajuda a esclarecer o passado ao olhar a vida retórica contemporânea de Freyre no presente político. "A retomada freyreana", que explicitamente forneceu uma plataforma de diálogo nas seções anteriores deste ensaio introdutório, nos ajuda a entender a volta atual de Freyre, no próprio coração do discurso político-cultural no Partido dos Trabalhadores e o governo de Luiz Inácio Lula da Silva. Enquanto Dunn oferece um resumo crítico deste novo freyreanismo, ele recusa a tentação sedutora de simples acusações de ingenuidade. Em vez disso, ele procura entender não só a lógica mas também o valor possível de uma reconsideração de Freyre num momento de crise e desesperança no Brasil. Mais concretamente, ele explica as condições históricas para essa nova "guinada" freyreana por parte de artistas e políticos que, uma geração antes, representavam de várias formas pólos antagônicos. Primeiro, o enfraquecimento do mito da democracia racial após a resistência a ele por parte de vários segmentos da sociedade civil e, conseqüentemente, o enfraquecimento do tabu em relação ao pensamento freyreano em geral. Segundo, e um tanto paradoxalmente, "um certo desconforto entre alguns intelectuais em relação às novas identidades étnicas cada vez mais delineadas e defendidas", as quais em parte surgiram a partir da resistência ao nacional freyreano. Terceiro, o debate atual sobre as cotas como forma de enfrentar os legados do racismo no Brasil tem inspirado uma certa saudade pelo pensamento freyreano como discurso profético de uma sociedade que poderia superar as divisões raciais ao desestabilizá-las.

Em outro ensaio que visa pensar a recepção histórica e atual da obra de Freyre, "Nação brasileira e miscigenação", Michel Agier vê na centralidade da noção da mestiçagem para o pensamento freyreano uma pluralidade muitas vezes esquecida. Na leitura de Agier, o mestiço nos Brasis freyreanos não apenas responde às macro-problematizações identitárias, o foco de muito da crítica contemporânea a respeito a obra de Freyre. Antes, o mestiço freyreano é o agente da construção do cotidiano: "Dentro dessa cultura do cotidiano e dos lugares, o mestiço, à maneira de Arlequim, não se define de um ponto de vista racial (no sentido de uma não-identidade: nem branco, nem negro) nem étnico (por alusão às 'diferenças culturais'), mas pela multiplicidade das socializações e dos saberes sociais aprendidos em zonas étnica e culturalmente intermediárias, indefinidas, entre-lugares". E Lília

Moritz-Schwarcz, num ensaio ("Gilberto Freyre: adaptação, mestiçagem, trópicos e privacidade em *Novo Mundo nos trópicos*") que revela vários pontos de contato com o de Agier, explora os sentidos do mestiço como forma de pensar uma experiência brasileira da delimitação moderna do público e do privado, e a informalidade – ora denunciada, ora celebrada – que parece reger e confundir os dois espaços. Concluindo num diálogo sugestivo com Schwarz e Oliveira (que não por acaso dialoga com esta introdução), o ensaio também propõe simultaneamente um resgate e uma desconstrução de Freyre: "Afinal, Gilberto Freyre...empreendeu um esforço evidente em abandonar a aplicação mecânica de modelos externos e procurou sempre entender esse país sob o signo da diferença; da sua diferença. Aí está a modernidade de sua obra e, talvez, a atualidade de suas interpretações. Dessa maneira, o problema talvez não esteja em constatar a questão do 'inflacionamento' da esfera privada, mas fazer dele uma espécie de 'solução'. A questão não está em localizar a mestiçagem, mas em adjetivá-la. Não há porque não tematizar a influência dos 'trópicos'; problemático é fazê-los render como aspecto ontológico e definidor".

Esta tensão que define a singularidade do Brasil, ora propondo-a como um exemplo sublime para seguir e ora rejeitando-a como uma excepção monstruosa que deve ser evitada, encontra-se igualmente nos ensaios que levam Freyre para além dos parâmetros da América Latina. No ensaio "O Atlântico lusotropical", Robert Young traça as várias permutações da idéia do "hibridismo" dentro e em torno da obra de Freyre. Young muito sugestivamente estrutura a sua crítica dentro das problemáticas relações epistemológicas entre os estudos póscoloniais e o trabalho intelectual anti-colonial, e também dentro das disjunções igualmente difíceis que surgem entre América Latina e os outros dois terços do Tricontinental. E ele revela-se um guia hábil e fascinante para a exploração das políticas culturais complexas que acompanham as idéias de Freyre sobre hibridismo, desde progressistas-liberais até conservadoras-imperiais e vice-versa, dependendo do contexto em que sua obra é invocada. Longe de ser simplesmente uma reação conservadora para ser descartada como engano ou um slogan revolucionário para ser invocado com os punhos no ar, o hibridismo luso-tropical, Young propõe, é precisamente o tipo de *episteme* impossível de fixar e através do qual a condição pós-colonial interrompe a hegemonia de uma modernidade homogênea. E em outro ensaio exemplar de história intelectual, "Reverberações lusotropicais: Gilberto Freyre em África", Fernando Arenas também volta à problemática do luso-tropicalismo, retratando sua apropriação seletiva e parcial pelo regime salazarista no esforço ideológico de defender seu colonialismo anacrônico na África e na Ásia. Recuperando a reflexão crítica e a resistência de intelectuais cabo-verdeanos, são-tomenses e angolanos em contraponto aos vários escritos de Freyre sobre suas viagens na África e o lugar da África no seu imaginário luso-tropical, Arenas revela não apenas o protagonismo reacionário de Freyre no contexto das lutas anti-coloniais daquele momento mas também o seu protagonismo ambivalente num projeto de pensar, de diversos pontos, uma pós-colonialidade lusófona. Sobre esta atualidade, Arenas observa que Freyre "lançou mal ou bem os alicerces conceptuais daquilo que seria, após as independências africanas, a *lusofonia*, cujas linhas de força e definição são ainda objecto de debate". Se Arenas acompanha Freyre nas sua viagens na África e na *lusofonia*, Jossianna Arroyo segue as reverberações freyreanas por outros mapeamentos. Em "Tropicalizaciones y globalización", Arroyo começa com a experiência de Freyre como estudante no Texas e considera as possibilidades e limitações de tomar o luso-tropicalismo freyreano como modelo para um novo americanismo, um tipo de Brasil hemisférico, forjado pela experiência comum de hibridismo e deslocamento. Como ela escreve, "a nivel de teorías de interpretación social y cultural, el tropicalismo freyriano leído a través de la colonialidad del poder y los ejes de desigualdad económica, social, racial y las 'tecnologías' transculturadoras de la población brasileña, podría ser un punto de partida".

Dois ensaios revêem a centralidade das margens, ou dos marginais, nos imaginários regionais e nacionais construídos por Freyre. Patrícia Pinho ("Gilberto Freyre e a baianidade") reflete sobre o papel fundamental de Freyre – ao lado de Jorge Amado – na invenção moderna da baianidade. Essa leitura dos encontros entre Freyre e a Bahia e a centralidade da Bahia no seu imaginário regional e nacional revela o poder sinedótico do marginal ou o tradicionalmente marginalizado no discurso freyreano. Isto é, elementos da cultura afro-brasileira – o candomblé e a culinária, por exemplo – e os corpos e as partes dos corpos das velhas negras e jovens mulatas são repetidamente ressaltados para representar uma baianidade total e, por conseqüência, a Bahia como "*locus*

27

de realização máxima da brasilidade". Nelson Vieira, no seu ensaio "Ambivalente, ambíguo ou amalgâmico? O discurso de Gilberto Freyre sobre os judeus", descobre através da representação dos judeus evidências para apoiar uma leitura da multi-vocalidade, da oralidade e da dimensão performativa do discurso freyreano. Em Freyre não há uma representação estável dos judeus, senão uma interação interdependente no amalgamento de tipos étnicos no cenário colonial. Rejeitando uma simples acusação de anti-semitismo lançada a Freyre por outros críticos, Vieira observa que na re-dramatização freyreana as vozes populares e seus preconceitos têm espaço ao lado da sua desautorização face ao papel fundamental que os judeus tiveram, num convívio com outros atores étnicos, na formação da sociedade brasileira.

Com sua ampla eloqüência e o ecleticismo culto da sua prática acadêmica, Freyre muitas vezes é visto como pioneiro de uma variedade de transformações disciplinares. Duas dessas disciplinas ou campos de pesquisa são tratados com profundidade aqui. Peter Burke, em "Gilberto Freyre e a história cultural", oferece uma teoria sobre a influência de Freyre na história cultural, um campo intelectual agora amplamente desenvolvido. Independente das medidas do seu impacto direto ou indireto neste campo, a obra de Freyre, começando com *Casa-grande e senzala*, é um exemplo precoce e autodidata de um tipo de trabalho que não se estabeleceria com autoridade na Europa até décadas depois. No segundo caso disciplinar, porém, a presença de Freyre é vista como um fator claramente negativo. Na sua genealogia da formação dos estudos de literaturas africanas no Brasil, Laura Cavalcante Padilha ("Os estudos literários africanos no Brasil – rumos e problematizações") define a presença do Freyre pela sua ausência. Segundo Padilha, essa ausência de Freyre, combinada com o desejo implícito dele de amaciar "o ponto farpado" das relações de poder violentas na sua narrativa nacional, contribui ao "não-lugar do afro-descendente brasileiro; a sua exclusão; o seu apagamento no vetor alto da cultura letrada; o silêncio sobre a história de seu lugar de origem, seus espaços de procedência, seu imaginário, enfim". Isto é, o papel restritamente coadjuvante da África e dos afro-descendentes na obra freyreana dificultou ainda mais as possibilidades de se estudar sistematicamente e sem preconceitos o saber literário africano no Brasil.

Um par de ensaios tomam Freyre como uma oportunidade de intervenção no vasto campo da teoria crítica. Ao traçar as trajetórias da noção de cultura na obra de Freyre, em particular nos seus ensaios e resenhas publicados nos anos 30 e 40, Raúl Antelo descobre um Freyre já pós-moderno. Isto é, o conceito híbrido e multi-dimensional da cultura, um conceito que privilegia o paradoxal, desestabiliza o conceito estanque de cultura capitalizado pelo Estado-Nação. Em particular, através dos seus ensaios publicados no jornal argentino, *La Nación*, e assim tirando o escritor fora da função exclusiva de "ensaísta de interpretação nacional", Antelo lê um Freyre que privilegia o entrelugar, em que "[e]ssa Coisa que é a identidade (a tal identidade nacional – de classe ou de gênero – que é *das Ding*) não passa, na verdade, de um objeto corriqueiro e cotidiano, que sofre uma espécie de transubstanciação e começa a funcionar, no plano da economia simbólica, como materialização do impossível". Também nos recordando das dimensões mais complexas e sutis do pensamento e da linguagem de Freyre, o ensaio de Ana Luiza Andrade procura explorar na obra dele a tendência metonímica ou residual de dar destaque "ao menos visível ou obscuro, ao menos significante ou até o esquecido". Traçando numa teia de leituras dos escritos "menores" a constelação de significados do material – o ferro e a cana – e sua materialidade – a dureza e a docilidade – Andrade descobre em Freyre um pioneiro da reflexão ecosófica: "O sentido de *economia* em Freyre atualiza-se à ética política da *ecosofia*, coincidindo precisamente com os três sentidos propostos por Guattari: a ecosofia social, a mental, e a do meio ambiente, ao considerar a relação entre a subjetividade e sua exterioridade".

E, finalmente, a última palavra é de Neil Larsen. Seu ensaio não foi originalmente solicitado como posfácio, e não foi escrito neste registro, mas a concisão e ousadia da sua interpretação inspiraram alguns dos passos iniciais desta introdução e nos levaram a separá-lo como um momento final de contemplação dos legados ideológicos de Freyre, ou do que Freyre revela da ideologia nacional do Brasil. Como os ensaios de Agier, Moritz-Schwarcz e Young, Larsen enfrenta a questão do hibridismo de Freyre. Porém, em vez de traçar como esse método pode ser re-invocado como uma estratégia crítica hoje em dia, ou como tem se deslocado e transformado, Larsen olha para dentro, para a "verdade poética" da racialização freyreana do Brasil, e para o que isso nos pode dizer sobre as estruturas profundas da ideologia nacional. O que nos diz, Larsen propõe, é que é com o híbrido de Freyre que o Brasil se torna uma nação completamente moderna, no "sentido formal-ideológico". Se apenas um pensador social com a força de Euclides da Cunha pôde deslocar completamente a escravocracia romântica, narrando o atraso do Brasil e também uma receita para sua redenção, então é apenas com Freyre que podemos sublimar da Cunha, transferindo suas fantasias de purificação para a forma superior de hibridização, agora articulada e mesmo participativa da conjunção entre a *casa-grande* e a *senzala*. Enquanto as determinações históricas exatas desta transformação ainda são uma questão aberta, Larsen nos oferece hipóteses que, sem dúvida, serão recebidas como polêmicas e produtivas. Esperamos que, por sua vez, este volume seja recebido da mesma forma.

Como conclusão, gostaríamos de agradecer todos que colaboraram conosco na realização deste projeto, em particular: Marcus Vinícius Câmara Brasileiro, Bobby Chamberlain, Adriana Morelli, Mabel Moraña, Erotides Sturião Silva, a equipe editorial do IILI e, naturalmente, os autores aqui reunidos.

NOTAS

[1] Por exemplo, agora sob a égide da Fundação Gilberto Freyre em Recife, o Seminário da Tropicologia se reúne anualmente deste 1966. Temas recentes incluem "Trópico e modernidade" (1991), "Globalização e trópico" (1997 e 1998), "Brazil: 500 anos de uma civilização tropical" (1999) e "O Brasil em desenvolvimento: desafios e perspectivas do trópico" (2003 e 2004). Veja também a coleção de pesquisas e ensaios arquivados e circulados pela Biblioteca Virtual da Tropicologia, criada em 2001 (www.fgf.org.br, www.tropicologia.org.br).

[2] Antes de Freyre, a tendência (senão a regra absoluta) de teorias de mestiçagem era baseada na idéia do progresso que aparentemente poderia ser alcançado ao "melhorar" genética ou espiritualmente as raças não européias da região. Por exemplo, *La raza cósmica* (1925) de José Vasconcelos explicitamente propõe um resgate genético das culturas indígenas e africanas. Embora não fosse o primeiro a fazê-lo, Freyre foi uma presença poderosa e hábil na abertura de outro caminho, argumentando, por exemplo, que a África foi a responsável pela vida cultural, pela própria civilização do Brasil; Portugal só poderia tomar crédito pela sua sifilização. Esta linha de pensamento levaria Freyre a defender explicitamente um caso de "escurecimento" do Brasil, contra o discurso de branqueamento que muitas vezes acompanhava teorias de mestiçagem.

[3] Ver as primeiras páginas de Wagley (1952) que, embora não se referindo diretamente a Freyre, resumem as premissas do lado mais

otimista da sua obra, que propõe o Brasil como uma história de relações raciais relativamente bem sucedida da qual o resto do mundo poderia aprender. Esta hipótese desabou face a um grande número de estudos de contraposição que entram em diálogo com o lado pessimista da obra de Freyre, o qual detalha a longa história de racismo violento no Brasil.

4 Araújo escreve, "Gilberto, como se pode perceber, arma o cenário de uma verdadeira história de conversão: temos uma primeira posição absolutamente pecaminosa, um neófito, um mestre, a possibilidade de transformação pelo estudo e finalmente a aquisição de uma nova e superior forma de verdade" (citado em Vianna 78).

5 O intercâmbio centro-periferia aqui é comparável ao diálogo mais explícito e desenvolvido entre Fernando Ortiz e Bronislaw Malinowski sobre o conceito de "transculturação". Ver Coronil (1995) e Lund (2001).

6 Na *Crítica da razão pura* (1781), de Kant, o *noumenon* ou *Ding an sich* [coisa em si] refere a uma realidade não conhecível ou descritível que de certa maneira subjaz ao fenômeno observado.

7 Sobre a questão da "democracia racial" e a obra de Freyre, ver Araújo (1994) e Lund (2006), entre outros.

8 Neste sentido, Freyre seria um tipo de ponte entre o velho humanismo que Sebastian Faber chamou "extinto" (15) e um humanismo novo, mais populista e antropológico, que delineia o território do que hoje chamamos de "*cultural studies*". Por um lado, ele pertence à geração de, na análise de Faber, "autênticos humanistas liberais" (*ibid*), escritores como Erich Auerbach, Américo Castro, e José Ortega y Gasset, dedicados ao estudo, sem apologias, da "cultura erudita" (*ibid*), dividindo com eles o seu espírito de interdisciplinaridade radical. Por outro lado, Freyre divide com escritores como Sigmund Freud, Claude Lévi-Strauss e Walter Benjamin a tendência, igualmente sem apologias, de entender cultura no sentido mais amplo, como nem alta nem baixa mas como os artefatos legíveis da produção e performance humanas. Portanto, ele sente-se livre de inibições de estudar, por exemplo, a linguagem sensual de Alencar ao lado da forma erótica dos doces brasileiros. Se um Alfonso Reyes serviria como o centro latino-americano de uma geração de humanistas liberais, então Freyre representaria o seu contraponto materialista-liberal.

9 De fato, Freyre foi explícito ao localizar seu trabalho entre literatura e ciência e, nesse sentido, prevê os modelos proeminentes de produção cultural brasileira que depois seriam retratados por Candido (1950) – que entende o melhor do pensamento brasileiro como emergindo entre a poesia e a ciência – e Silviano Santiago (1978) – que localiza a escrita brasileira como um entre-lugar relativo a cultura ocidental em geral.

10 Os cartazes promovendo o filme de Bianchi perguntam se "a destruição da dignidade pode virar característica cultural" e se "o seqüestro é uma forma de distribuição de renda".

11 Quanto a esta questão em particular, ver, de Ramos, "O problema do negro na sociologia brasileira" em *Cartilha brasileira do aprendiz de sociólogo* (1955) e, de Fernandes, *A integração do negro na sociedade de classes* (1965).

12 À luz da recente postura crítica do Brasil – às vezes aberta – vis-à-vis Washington (a simpatia delicada com Chávez, o drama do fichamento, acordos bilaterais com a China, a crítica explícita da chamada Guerra ao Terror, a falta de convite aos Estados Unidos para a Cúpula América do Sul – Países Árabes, etc.), sua posição macro-econômica às vezes pode parecer uma plausível estratégia de longo prazo para a esquerda anti-neoliberal. Mas esta visão confunde neoliberalismo com *neoconservadorismo* e a afinidade deste último para a intimidação bilateral em vez do acordo multilateral, o qual é o verdadeiro alvo do discurso crítico do governo brasileiro. Em outras palavras, estão contra Bush mas não contra Clinton. Em escritos recentes, pelo menos uma voz proeminente da esquerda, Immanuel Wallerstein, parece encontrar na posição brasileira um caminho pragmático para a construção de coalizões entre a Nova Esquerda na América Latina, priorizando a mudança macro-estrutural incremental (começando com uma retirada gradual da hegemonia de Washington) como a condição necessária para uma eventual justiça social. Mas ao ler Oliveira, não se pode deixar de lembrar das palavras famosas do abolicionista William Lloyd Garrison, que disse aos *acomodacionistas* que "gradualismo em teoria é perpetuidade na prática".

13 Nos seus diários, publicado sob o título *Tempo morto e outros tempos* (1975), numa página datada 1919, Freyre escreve sobre a hipocrisia da idéia de um Estados Unidos segregacionista mandando para o resto do mundo missionários para civilizar "pagãos": "Tais missionários antes de atravessar os mares, deveriam cuidar destes horrores domésticos. São violentamente anticristãos" (32).

14 A novidade associada com a conversão dramática de Freyre tem muito a ver com o fato dele ser, aliás, Gilberto Freyre. Mas havia outros. Por exemplo, Monteiro Lobato, durante os anos de 1910 e 1920 escreveria sobre uma transformação similar, denunciando, numa explícita auto-crítica, suas primeiras representações em prosa literária e jornalística dos caboclos brasileiros, seus Jecas Tatus, como racialmente patológicos em vez de vítimas de doenças ambientais. Nos anos 40, ele levaria a sua conversão um passo adiante, advogando através de um personagem novo, o Zé Brasil, por uma reforma agrária que radicalmente alterasse as desigualdades selvagens que estruturam a sociedade rural brasileira. Ver, por exemplo, a análise recente desta transformação em Alves Filho (2003).

Obras Citadas

Alves Filho, Aluízio. *As Metamorfoses do Jeca Tatu (a questão da identidade do brasileiro em Monteiro Lobato)*. Rio de Janeiro: Inverta, 2003.

Barthes, Roland. "Maitres et Esclaves". *Les Lettres Nouvelles* 1 (1953): 107-8.

Benzaquen de Araújo, Ricardo. *Guerra e paz: 'Casa-grande e senzala' e a obra de Gilberto Freyre nos anos 30*. Rio de Janeiro: Editora 34, 1994.

Braudel, Fernand. "Introduction to Gilberto Freyre". *Padroni e Schiavi: La Formazione della Famiglia Brasiliana in Regime di Economia Patriarcale*. Torino: Einaudi, 1965.

Candido, Antonio (1950). "Literatura e cultura de 1900 a 1945". *Literatura e sociedade*. São Paulo: Nacional, 1967. 129-60.

Cardoso, Fernando Henrique. "Um livro perene" (Apresentação). *Casa-grande e senzala: formação da família brasileira sob o regime da economia patriarcal*. Gilberto Freyre. 48ª ed. São Paulo: Global Editora, 2003. 19-28.

Cidade de Deus. Dir. Fernando Meirelles. O2 Filmes e VideoFilmes, 2002.

Coronil, Fernando. "Transculturation and the Politics of Theory: Countering the Center, Cuban Counterpoint". In Fernando Ortiz, *Cuban Counterpoint: Tobacco and Sugar*. Durham: Duke University Press, 1995. ix-lvi.

Cronicamente inviável. Dir. Sérgio Bianchi. Agravo Produções, 2000.

DuBois, W.E.B. "A Chronicle of Race Relations". *Phylon* 2/4 (1941): 388-406.

Faber, Sebastiaan. "Don Alfonso o la fuerza del sino: Reyes, la cultura latinoamericana y la defensa de la distinción". *Alfonso Reyes y los estudios latinoamericanos*. Adela Pineda Franco e Ignacio Sánchez Prado, eds. Pittsburgh: Instituto Internacional de Literatura Iberoamericana, 2004. 15-50.

Fernandes, Florestan. *A integração do negro na sociedade de classes*. São Paulo: Dôminus Editora, 1965.

Freyre, Gilberto. *Casa-grande e senzala* [1933]. 32ª ed. Rio de Janeiro: Record, 1992.

_____ *The Masters and the Slaves* [1946]. 2ª ed. New York: Knopf, 1956.

_____ *Tempo morto e outros tempos : trechos de um diário de adolescência e primeira mocidade, 1915-1930.* Rio de Janeiro: José Olympio, 1975.

Genovese, Eugene D. *Roll, Jordan, Roll: The World the Slaves Made* [1974]. New York: Vintage Books, 1976.

Kant, Immanuel. *Critique of Pure Reason* [1781]. New York: Cambridge University Press, 1998.

Lund, Joshua. "Barbarian Theorizing and the Limits of Latin American Exceptionalism". *Cultural Critique* 47 (2001): 54-90.

_____ *The Impure Imagination: Toward a Critical Hybridity in Latin American Writing.* Minneapolis: University of Minnesota Press, 2006.

Oliveira, Francisco de. *Crítica à razão dualista e o ornitorrinco.* São Paulo: Boitempo, 2003.

Pontes, Heloisa. "Entrevista com Antonio Candido". *Revista Brasileira de Ciências Sociais* 16/47 (2001): 5-30.

Ramos, Alberto Guerreiro. *Cartilha brasileira do aprendiz de sociólogo; prefácio a uma sociologia nacional.* Rio de Janeiro: Editora Andes, 1954.

Rocha, João Cezar de Castro. "The Dialectic of Marginality: Preliminary Notes on Brazilian Contemporary Culture". Working Paper CBS-62-05. Center for Brazilian Studies, University of Oxford, 2004. http://www.brazil.ox.ac.uk/workingpapers/Joao%20Cezar%20Castro%20Rocha%2062.pdf

Santiago, Silviano. *Uma literatura nos trópicos.* São Paulo: Editora Pespectiva, 1978.

Schwartzmann, Simon. "A sociologia de Guerreiro Ramos", Painel sobre a "Contribuição de Guerreiro Ramos para a Sociologia Brasileira". *Revista de Administração Pública* 17/2 (abril-junho 1983): 30-34.

Schwarz, Roberto. "Prefácio com perguntas". *Crítica à razão dualista e o ornitorrinco.* Francisco de Oliveira. São Paulo: Boitempo, 2003. 11-23.

_____ "O país do elefante". Mais! *Folha de São Paulo* (10 de março 2002): 4-13.

Vasconcelos, José. *La raza cósmica* [1925]. *The Cosmic Race/La raza cósmica.* Baltimore: Johns Hopkins Press, 1979.

Vianna, Hermano. *O mistério do samba.* Rio de Janeiro: Jorge Zahar, 1995.

Wagley, Charles. *Race and Class in Rural Brazil.* Paris: UNESCO, 1952.

A retomada freyreana

Christopher Dunn
Tulane University

Quando assumiu a liderança do Ministério de Cultura em 2 de janeiro 2003, o renomado artista Gilberto Gil proferiu um dos discursos de posse mais celebrados e citados do novo governo do Presidente Lula.[1] Um ambiente eufórico de grande expectativa e otimismo acampanhou a eleição do Lula, torneiro mecânico, fundador do Partido dos Trabalhadores e herói da esquerda mundial. Esperava-se naquele momento a retomada de um projeto nacional voltado para o crescimento econômico, o desenvolvimento, a redistribuição de renda, a justiça social, a educação popular; enfim, um rumo político e social sintonizado com o projeto histórico das esquerdas brasileiras desde a época anterior à ditadura militar. O discurso de Gil foi notável por sua força retórica, mas também por retomar um discurso específico sobre o Brasil e seu lugar no mundo.

> Somos um povo mestiço que vem criando, ao longo dos séculos, uma cultura essencialmente sincrética. Uma cultura diversificada, plural – mas que é como um verbo conjugado por pessoas diversas, em tempos e modos distintos. Porque, ao mesmo tempo, essa cultura é uma: cultura tropical sincrética tecida ao abrigo e à luz da língua portuguesa. ("Discurso de posse")

O tom redentor, quase messiânico e sebastianista, do ministro se intensificou nos dias seguintes à inauguração. Numa entrevista Gil falou de uma "retomada do processo civilizatório, após a exaustão do modelo americano" que teria chegado a uma "conclusão de ciclo, especialmente depois da configuração de uma hegemonia imperial muito clara". Para Gil, o Brasil representava "um projeto novo das Américas" cuja hora de realização havia chegado: "um novo Novo mundo está nascendo da vertente mediterrânica, como oposição complementar da vertente anglo-saxônica". E a composição étnica do país surge como fator chave nesta missão: "Esse povo mestiço e essa cultura sincrética que produzimos têm que estar na base de qualquer salto futuro" (Noblat e Fernandes 1).

O discurso do ministro Gil representou uma retomada de uma vertente do pensamento modernista e nacionalista associado historicamente com o intelectual pernambucano Gilberto Freyre. Nos anos 20 e 30 a geração modernista criou várias metáforas para entender o Brasil e os brasileiros – as três raças tristes de Paulo Prado, o antropófago de Oswald de Andrade, o herói sem nenhum cárater de Mário de Andrade, o homem cordial de Sérgio Buarque de Holanda e a visão freyreana do *Brasil mestiço*.

A antropofagia oswaldiana teve o maior impacto sobre a geração de artistas e intelectuais que surgiu nos anos 60. A chamada "retomada oswaldiana" foi mais destacada na Tropicália, um movimento cultural iconoclasta com manifestações em diversas áreas de produção cultural, especialmente na música popular sob a liderança de Caetano Veloso e Gilberto Gil (Ferreira). No entanto, o discurso freyreano tem tido a maior impacto sobre o maneira como os brasileiros entendem seu próprio país.

Quando Gilberto Gil assumiu a liderança do Ministério de Cultura trinta e cinco anos depois da explosão tropicalista, reuniu um grupo de artistas e intelectuais, majoritariamente da Bahia, seu estado natal, para compor seu gabinete. Quase todos chegaram à maioridade sob a repressão da ditadura militar nos anos 60 e 70. O Secretário-Executivo do ministério, Juca Ferreira, tinha participado do MR-8, um movimento dedicado à luta armada contra a ditadura, e passou vários anos exilado no Chile, na Suécia e na França. Ajudou a fundar o Partido Verde do Brasil junto com Fernando Gabeira, ex-guerrilheiro do MR-8 e companheiro de exílio. Outros assessores que Gil convidou para sua equipe eram mais identificados com a contracultura tropicalista que floresceu no Brasil nos anos 70. O antropólogo Roberto Pinho foi o fundador da comunidade alternativa Guariroba, celebrado por Gil em sua canção "Refazenda" de 1975 ("A República").[2] O crítico e poeta baiano Antonio Risério, que havia trabalhado na campanha de Lula como assessor de marketing e escreveu uma boa parte do discurso de posse do Lula, era uma figura central da contracultura baiana e defensor de primeira hora do movimento dos blocos afro em Salvador. Gil apresentou o poeta Waly Salomão, Secretário do Livro e da Leitura, como "meu parceiro na música popular, meu companheiro de contracultura, autor de diversos livros e canções".[3] Enfim, Gil chamou para sua equipe vários intelectuais e artistas baianos que conviveram com ele durante o auge da contracultura nos anos da ditadura.

A ligação entre Gilberto Freyre e Gilberto Gil, o Luso-tropicalismo e a Tropicália, tem sido comentada mas pouco estudada. Já em 1968 o poeta e crítico Mário Chamie esboçou uma comparação, escrevendo que "o primeiro quer, diacronicamente, nos manter lisos e lusos, conservando um fio umbilical entre colônia, metrópole e independência; o segundo nos propõe uma simultaneidade integrativa...". Trinta anos depois, Caetano Veloso escreveu em *Verdade Tropical* que sempre preferia o apelido Tropicália em vez de Tropicalismo "por não se confundir com o 'luso-tropicalismo' de Gilberto Freyre" (17). Os jovens tropicalistas chegavam a satirizar Gilberto Freyre e sua "ciência luso-tropical" em alguns textos.[4] Para os tropicalistas, Freyre e sue elogio ao mundo patriarcal da velha aristocracia rural, foi um alvo fácil para o tipo de crítica que propunham, baseado na justaposição anacrônica de aspectos arcaicos e conservadores do país ao Brasil moderno, urbanizado e cada vez mais integrado ao sistema internacional capitalista. Cabe notar que na época alguns artistas e críticos da esquerda criticavam os tropicalistas por terem ressaltado os contrastes e contradições deste tipo sem apontarem para alguma resolução no sentido dialético para os problemas do país. Roberto Schwarz, por exemplo, escreveu um ensaio polêmico que reconhecia o poder crítico da ironia corrosiva dos tropicalistas, mas atacava as ambiguidades geradas pelas leituras alegóricas que fizeram das contradições históricas do Brasil: "Para a imagem tropicalista... é essencial que a justaposição de antigo e novo – seja entre conteúdo e técnica, seja no interior do conteúdo – componha um absurdo, esteja em forma de aberração, a que se referem a melancolia e humor deste estilo" (76). Para os tropicalistas, Freyre e seu legado intelectual representavam o "antigo", prontos para uma reciclagem distanciada e irônica, num momento de crise política e cultural para os opositores do regime militar.

O Luso-tropicalismo de Freyre era uma teoria da colonização portuguesa que celebrava a adaptabilidade e sobretudo a miscibilidade dos lusitanos em terras tropicais, onde interagiam cultural e sexualmente com nativos mais escuros, sejam africanos, indígenas americanos ou asiáticos. Quando surgiu a Tropicália em 1968, Freyre já havia se posicionado como aliado do regime militar. Além disso, Freyre se destacava como apologista do colonialismo português na África mesmo depois de começar as guerras anti-imperiais. Freyre se posicionava fortemente contra qualquer manifestação de "consciência negra" no Brasil.

Enquanto isso, os tropicalistas, e especialmente Gilberto Gil, se mostravam cada vez mais interessados pela cultura negra internacional e o "black power" dos Estados Unidos. Nos anos 70, depois de uma temporada de exílio em Londres e, mais tarde, uma viagem para a África ocidental, Gil se posicionava cada vez mais como campeão da consciência negra e do anti-racismo através de sua música, performance, estilo sartorial, e declarações à imprensa. Simpatizava com o movimento negro quando surgiu no final dos anos 70 e celebrava as intervenções político-culturais dos *blocos afro* que introduziram um discurso de orgulho racial e crítica social no carnaval baiano. Era um dos pioneiros do reggae brasileiro, traduzindo a mensagem insurgente e anti-colonial desta música jamaicana para o contexto brasileiro. Na época que assumiu o cargo de Ministro de Cultura, ele estava em turnê pelo Brasil, promovendo o disco *Kaya N'gan Daya*, dedicado à música e ao legado de Bob Marley. Enfim, Gil tem contribuido ao longo dos anos à criação e desenvolvimento de um discurso moderno de identidade negra no Brasil.

Por que então a retomada do discurso freyreano, sem ironia, no momento de assumir a liderança do Ministério da Cultura?

A trajetória de Freyre

Para responder a esta pergunta precisamos revisar brevemente a trajetória intelectual e a fortuna crítica de Gilberto Freyre. Freyre escreveu dúzias de livros e centenas de artigos sobre a história, a cultura, e a sociedade brasileiras, mas é mais conhecido como o autor de *Casa Grande e Senzala*. Publicado em 1933, é um livro dedicado em larga medida às circunstâncias e conseqüências do contato cultural, social e sexual entre os colonizadores portugueses e seus escravos africanos. Para Freyre os vínculos íntimos entre a casa grande e a senzala nos canaviais nordestinos estabeleceram os matrizes da civilização brasileira. Ele admitia o caráter coercivo e perverso desses vínculos, mas também argumentava que eles envolviam relações afetivas sinceras, sobretudo entre os senhores e suas escravas. Neste estudo Freyre procurava mostrar que o Brasil era fundamentalmente um país mestiço em que pessoas de todas as cores coexistiam num ambiente de promiscuidade tropical. Nos anos 30 e 40, a celebração do Brasil mestiço foi um gesto corajoso e progressivo em relação ao trabalho de outros intelectuais brasileiros que acreditavam na inferioridade racial dos negros e lamentavam a mestiçagem. A celebração da mestiçagem também foi uma tomada de posição ética e moral frente ao regime segregacionista dos Estados Unidos e aos estados fascistas da Europa. Como Thomas Skidmore notou, *Casa Grande e Senzala* era mais um "manifesto" para uma geração inteira de intelectuais brasileiros do que um estudo bem delineado e documentado ("Raízes" 13).

Contra o pessimismo racial, Freyre defendia a idéia de que a formação multirracial era uma grande vantagem e que os africanos tinham feito contribuições especialmente importantes para o desenvolvimento de um "novo mundo nos trópicos", um termo que ele começou a usar nos anos 50 e que daria título a um livro publicado nos Estados Unidos, *New World in the Tropics,* em 1959. Enquanto os Estados Unidos estavam em plena luta de direitos civis e vastas regiões da África decolonizavam-se ou entravam em lutas prolongadas contra vários colonialismos, Freyre afirmou que

> O Brasil é hoje uma comunidade cuja experiência em miscigenação pode servir de exemplo. Não há provavelmente nenhuma outra comunidade complexa em que os problemas de relações raciais estejam sendo resolvidos de uma maneira mais democrática ou cristã que na América Portuguesa. E a experiência do Brasil não indica que a miscigenação resulta em degeneração. (*New World* 121)

Foi também nesta época que começava a firmar-se a ligação entre Freyre e a idéia, ou "mito", de que o Brasil era uma "democracia racial". Hoje Freyre é conhecido popularmente como o inventor e ideólogo da democracia racial, embora haja discordâncias a respeito da história da idéia e sua relação com o pensamento do Freyre. Segundo Hermano Vianna "o 'mito da democracia racial' teve origem numa leitura apressada, tendenciosa ou burra de *Casa Grande e Senzala*". Para ele, existe apenas "o mito do mito da democracia racial", propagado com uma grande dose de má-fé tanto por brasileiros quanto por brazilianistas estrangeiros que têm procurado denunciar a obra de Freyre como suporte ideológico para a manutenção de desigualdade racial no Brasil ("Meta" 216-217).

Antônio Sérgio Guimarães nos oferece uma genealogia mais convincente do conceito, notando que ele foi usado pela primeira vez pelo sociólogo francês Roger Bastide ao descrever um cena de confraternização entre brancos e negros num bonde de Recife em 1944. Bastide entendeu a cena da vida cotidiana e as relações sociais brasileiras em geral em relação ao genocídio etno-religioso da Europa. Naquela época Bastide estava viajando pelo nordeste, onde se encontrou com Jorge Amado em Salvador e com Gilberto Freyre em Recife. Guimarães explica: "A democracia a que Bastide se refere, inspirada em Freyre e Amado, não pode ser reduzida a direitos e liberdades civis, mas alcançaria uma região mais sublime: a liberdade estética e cultural, de criação e convívio miscigenado" (144).

Freyre só começou a empregar o termo "democracia racial" no início dos anos 60. Seu prestígio internacional estava no auge, mas no Brasil sua obra era cada vez mais criticada, sobretudo por um grupo de pesquisadores da Universidade de São Paulo, sob a direção do sociólogo marxista Florestan Fernandes, um dos coordenadores de um projeto patrocinado pela UNESCO para estudar as relações raciais no Brasil. No início da pesquisa, os patrocinadores da UNESCO imaginavam que o Brasil era uma espécie de modelo para as relações raciais que poderia servir de exemplo para outros países. Os pesquisadores, no entanto, descobriram ampla desigualdade e discriminação raciais na sociedade brasileira (Maio 134). Se para Freyre o legado da escravidão era uma civilização singular e mestiça nos trópicos, para os sociólogos da USP este legado era a desigualdade racial numa sociedade moderna e capitalista.

O conflito entre Freyre e a esquerda acadêmica se tornou mais intenso depois do golpe de 1964, que instalou um regime conservador e autoritário. Freyre foi apologista do regime, escrevendo que havia "soluções brasileiras para situações brasileiras", uma reafirmação da ordem patriarcal e tradicional (Carvalho 6). Numa época em que os generais invocavam a democracia para justificar medidas autoritárias, a idéia de "democracia racial", já associada com o discurso luso-tropicalista de Freyre, perdeu algo das conotações originais dadas por Bastide. Freyre virou alvo de críticas da oposição progressista que o considerava um ideólogo ufanista, um apologista do regime militar e o inventor do mito da democracia racial. Escrevendo no final dos anos 60, Dante Moreira Leite declarou:

> Hoje, com a independência dos povos africanos e com a luta dos negros norteamericanos pelos seus direitos civis, a posição de Gilberto Freyre parece inevitavelmente datada e anacrônica. Finalmente, as posições políticas de Gilberto Freyre – tanto no Brasil como em relação ao colonialismo português na África – contribuiram para identificá-lo com os grupos mais conservadores dos países de língua portuguesa e para afastá-lo dos intelectuais mais criadores. (271)

Nos anos 70 o discurso de Freyre destoava ainda mais das vozes emergentes ligadas aos novos movimentos sociais e culturais que denunciavam a discriminação racial. Nesta época Freyre criticava na imprensa popular o discurso da negritude, o movimento negro e as novas manifestações culturais associadas à consciência negra. Denunciou a negritude como uma "mística" que não tinha lugar no Brasil: "nos repugna hoje aquela 'negritude' que pretendia fazer do negro brasileiro – adjetivamente negro – um negro substantivamente negro e adjetivamente brasileiro, semelhante ao 'negro americano'..." ("Negritude"). Na época em que a sociedade civil começava a se posicionar contra o regime e o meio acadêmico retomava pesquisas sobre os mecanismos de exclusão racial, parecia que Freyre estava na contramão da história.

Relendo Freyre

O historiador norteamericano Richard Morse escreveu em 1983 que "jovens cientistas sociais brasileiros estão revisitando Freyre com mentes abertas e podemos esperar que nossos próprios brasilianistas façam o mesmo até 1990" (193). Entre comunidades de intelectuais e ativistas no Brasil, o discurso freyreano é ainda atacado, mas Morse previu corretamente uma revisão mais favorável de sua obra. Neste sentido é particularmente notável o volume de ensaios *O imperador das idéias*, com contribuições dos especialistas em Freyre, geralmente de Recife e do Rio de Janeiro, e também dos críticos históricos da Universidade de São Paulo.

O livro foi resultado de um simpósio comemorativo do centenário do nascimento de Freyre, onde reinou um espírito de reconciliação e diálogo. Um dos críticos mais ferrenhos de Freyre nos anos 70, Carlos Guilherme Mota, referiu-se ao encontro como uma espécie de "détente" entre os paulistanos e aliados e familiares de Freyre (169). Podemos até falar de um discurso "neo-freyreano" moderno que procura conciliar sua visão do Brasil enquanto país mestiço com o surgimento de novos movimentos sociais anti-racistas que afirmam a diferença étnica.[5]

Nesta revisão crítica tem se dedicado muita atenção à obra maior *Casa Grande e Senzala*. A ênfase neste texto faz sentido porque ele serviu de base para seu trabalho posterior e porque talvez seja sua obra mais equilibrada no sentido de mostrar a violência inerente na construção do Brasil mestiço. Ricardo Benzaquém de Araújo dedicou um livro inteiro a *Casa Grande e Senzala*, enfocando o conceito de "antagonismos em equilíbrio", desenvolvido por Freyre para descrever as relações entre senhores e escravos. No seu estudo influente, *O mistério do samba*, Hermano Vianna coloca o projeto freyreano do Brasil mestiço no centro da história do samba e identidade nacional, defendendo o valor deste projeto para o Brasil contemporâneo. Frente ao discurso multiculturalista, que valoriza a diferença entre grupos, Vianna afirma: "Podemos insistir na primeira pessoa do plural. Um dia nós descobrimos, com Gilberto Freyre, o orgulho de viver num país moreno, onde tudo é misturado" (*Mistério*, 157).

Há várias razões contextuais para esta reavaliação ou até reabilitação de Freyre na vida intelectual brasileira na conjuntura atual. Primeiro, a condição de possibilidade desta revisão crítica foi o reestablecimento de um governo democrático e o florescimento da sociedade civil desde 1985. Os movimentos negros que surgiram nos anos 70 e 80 estão operando num terreno novo em que o discurso oficial reconhece e denuncia a desigualdade racial na sociedade brasileira. Como Vianna notou, "Hoje em dia ninguém é louco ao ponto de escrever que o Brasil é realmente uma democracia racial ("Meta" 215). O racismo, a desigualdade racial e a violência racial são amplamente reconhecidos, sobretudo entre habitantes urbanos. Um estudo dos anos 90 indicou que 90% dos brasileiros reconhece a existência do racismo no seu próprio país (Turra e Venturi).

Em segundo lugar, detectamos um certo desconforto entre alguns intelectuais em relação às novas identidades étnicas cada vez mais delineadas e defendidas. O símbolo emblemático deste fenômeno são as camisas populares entre jovens afro-brasileiros urbanos, mesmo entre os "morenos" e "mulatos", que proclamam "100% Negro". Até intelectuais que passaram anos pesquisando a experiência negra no Brasil e criticando o nacionalismo freyreano revisaram suas posições. A antropóloga Yvonne Maggie, por exemplo, afirma num artigo recente que "o Brasil pensa mestiço" e invoca os intelectuais e artistas modernistas como os arquitetos desta identidade flúida e híbrida. Com um tom de desafio e melancolia, ela lança a pergunta: "Teria sido toda essa invenção de um país misturado, mestiço e onde o mito da igualdade entre as raças estava no cerne da utopia, uma ficção de uma elite que não conhecia e nem via o que estava à sua volta?" (9). Maggie reconhece que "os números", ou seja, as estatísticas sócio-econômicas mostram claramente uma sociedade dividida entre pretos (inclusive os "pardos") e brancos, mas ainda indaga: "será que a nação segregada nos números é a mesma presente nos bairros das periferia, na mente dos cantadores, nas salas de aula desconfortáveis dos cursos do Movimento do Pré-vestibular para Negros e Carentes (PVNC)?" (3) Este movimento, saudado por Maggie como uma via não-racial para combater a desigualdade racial, organiza estudantes na base de raça e de classe, abrangendo assim jovens de muitas cores.

A releitura contextual de Freyre através da questão da mestiçagem é ainda mais dramática no trabalho intelectual de Peter Fry, um antropólogo britânico, naturalizado brasileiro, que trabalhou por muitos anos no Zimbábue e em Moçambique. Em 1976 ele publicou o artigo "Feijoada e Soul Food" em que compara os símbolos nacionais do Brasil e dos Estados Unidos tomando como ponto de partida suas tradições culinárias. Ele constatou que pratos originados na experiência dos escravos eram tidos como "nacionais" em um país e "étnicos" no outro. Nesse ensaio, Fry faz uma crítica explícita a Gilberto Freyre e à teoria lusotropicalista em relação às relações raciais brasileiras e ao projeto colonial português da África. Seguindo uma linha de argumentação já traçada por Florestan Fernandes, Fry afirmava que "a conversão de símbolos étnicos em símbolos nacionais não apenas oculta uma situação de dominação racial mas torna muito mais difícil a tarefa de denunciá-la" (43).[6]

Fry havia começado sua carreira de antropólogo nos anos 60 na Rodésia sob um regime de tipo *apartheid* de Ian Smith. Em

1989, após quase vinte anos no Brasil, regressou ao Zimbábue liberado mas ainda polarizado do regime cada vez mais autoritário e anti-democrático do Robert Mugabe. Nessa época, quando Fry visitava o Moçambique pós-colonial, sentia-se aliviado ao chegar no aeroporto de Maputo "como se estivesse chegando ao Rio de Janeiro". Num artigo recente em que ele comenta o ensaio de 1976, Fry conclui:

> Os *ideais* do não-racialismo e da libertação do indivíduo de qualquer determinação "racial," que no Brasil se tornaram a ideologia oficial por muitos anos e que informaram a visão de mundo de muitos brasileiros até hoje, são valores cada vez mais raros no mundo comtemporâneo. Contra as obsessões étnicas e raciais que têm produzido os mais terríveis conflitos e a maior mortandade na história recente, vale a pena levar esses ideais a sério (53).

Assim como Freyre propôs que seu país fosse um exemplo para a Europa pós-fascista e os Estados Unidos ainda segregados dos anos 50, Fry sugere agora que o Brasil serve de exemplo de convivência pacífica contra os vários fundamentalismos religiosos, políticos e raciais no contexto global.

Uma terceira razão desta retomada freyreana, relacionada com a segunda, remete ao debate atual sobre as políticas de ação afirmativa no Brasil. Para os intelectuais que têm se posicionado contra o sistema de "cotas" na educação superior, estas novas políticas ameaçam a identidade do Brasil enquanto nação mestiça. Numa entrevista para *The Economist* em 2003, Yvonne Maggie fez duras críticas ao sistema de cotas na universidade, sugerindo que as novas políticas representam uma espécie de traição de um projeto e pacto nacional: "Tivemos como meta criar uma sociedade que não via as pessoas em termos raciais. Agora estamos criando uma questão racial" ("Race in Brazil").

Por sua vez, Hermano Vianna adota um tom meio resignado e melancólico ao escrever sobre as políticas de ação afirmativa na *Folha de São Paulo*. Neste ensaio, ele descreve sua experiência como estudante de pós-graduação na Northwestern University no início dos anos 90 no auge dos debates em torno de multiculturalismo e o "politicamente correto" nas universidades norteamericanas. Vianna admirava seus colegas da Northwestern e chegou a acreditar que estes debates, travados no contexto universitário norteamericano, ofereciam lições para o Brasil. É interessante notar

44

que ele até descarta a questão da originalidade, um dos princípios básicos da vida intelectual brasileira desde o modernismo: "Muitas vezes enxergo até sólidas vantagens na cópia pura e simples, sem antropofagia cultural nenhuma. Por que não copiar o que é bom?" ("Mestiçagem"). Ao contrário dos críticos nacionalistas que encaram as cotas como uma importação indevida de um mecanismo social dos Estados Unidos, Vianna admite que estas iniciativas podem ser necessárias e saudáveis para o Brasil. No entanto, Vianna preocupa-se com as implicações das políticas de ação afirmativa para a identidade mestiça do Brasil:

> Mesmo assim, devo confessar, talvez pela última vez, minha diferença fundamental em relação aos advogados das cotas. É a confissão de algo que no ambiente político atual está se transformando em pecado: gosto de mestiçagem, gosto também da idéia de que até agora o melhor do Brasil foi produzido sobretudo pela valorização da mestiçagem. Nunca achei que valorizar a mestiçagem fosse sinônimo de defender a idéia de que vivemos numa democracia racial. ("Mestiçagem")

Vianna expressa de forma sucinta o neo-freyreanismo contemporâneo que busca uma maneira de reconciliar o projeto mestiço com o anti-racismo baseado na defesa de direitos.

É justamente esta visão do paradigma do Brasil mestiço que Gilberto Gil tem articulado mais frequentemente em seus discursos oficiais. Em seu discurso empossando os dirigentes da Fundação Cultural Palmares, uma instituição governamental dedicada à preservação e promoção da cultura expressiva e material afro-brasileira sob a égide do Ministério de Cultura, Gil celebrou a mestiçagem, mas também advertiu:

> Neste passo é que temos que contestar o velho mito senhorial, em vez de fazer de conta que a mestiçagem não existiu e continua existindo. Temos que enfatizar, de sublinhar com cores vivas, que mestiçagem não é sinônimo de igualdade nem harmonia. Vivemos num país mestiço que, em termos de desigualdades sociais, aparece aos olhos de todos como um escândalo. Ao mesmo tempo, a mestiçagem não exclui a diversidade, o conflito, a contradição e mesmo o antagonismo. E é nesse horizonte que devemos encarar e discutir a questão sócio-racial brasileira. ("Discurso de Posse")

Descarta-se o velho mito senhorial da democracia racial, mas preserva-se o paradigma do Brasil mestiço. Em todos os discursos de Gil encontram-se referências ao termo "negromestiço" em vez de negro, afro-brasileiro ou afro-descendente, os termos preferidos por ativistas e intelectuais. Refere-se também ao "brancomestiço" como se procurasse sugerir que todos ou pelo menos a maioria dos brasileiros são mestiços de várias cores e tonalidades.

Finalmente, o discurso neo-freyreano harmoniza-se com uma crítica mais generalizada e global da hegemonia dos padrões sociais e modelos intelectuais dos Estados Unidos. Refiro-me ao artigo famoso dos sociólogos franceses Pierre Bourdieu e Löic Wacquant, "Sobre as Artimanhas da Razão Imperialista", em que denunciam uma "nova vulgata global" com raízes nos problemas específicos da sociedade norteamericana e projetada sobre o resto da planeta. Eles identificam o livro sobre o movimento negro brasileiro do cientista político Michael Hanchard, *Orpheus and Power*, como um exemplo particularmente insidioso de "veneno etnocêntrico" que visa impor ao Brasil a doxa racial e estratégias políticas dos Estados Unidos: "ao aplicar as categorias raciais norte-americanas à situação brasileira, o autor erige a história particular do Movimento em favor dos Direitos Civis como padrão universal da luta dos grupos de cor oprimidos" ("Artimanhas" 19).

No artigo de Bourdieu e Wacquant é curiosa a falta de referência aos estudiosos brasileiros de qualquer cor que atualmente estudam relações raciais e cultura negra. Ao ler o artigo, ficamos com a impressão que o modelo racial norteamericano tem sido imposto por fundações norteamericanas, como Ford e Rockefeller, sem mediação nenhuma por parte de intelectuais brasileiros. Apesar do paternalismo implícito do argumento, o artigo ressoava com uma boa parte da intelectualidade brasileira ansiosa para rebater certos discursos acadêmicos sobre as relações raciais de alguns brasilianistas e seus aliados brasileiros. Vale notar que o artigo foi também alvo de críticas, notavelmente em um número especial de *Estudos Afro-Asiáticos* inteiramente dedicado à polêmica.

O artigo de Bourdieu e Wacquant foi recebido com entusiasmo por alguns assessores de Gil, sobretudo Antonio Risério. Escritor baiano, Risério foi um dos primeiros intelectuais a celebrar a "reafricanização" do carnaval baiano no livro *Carnaval Ijexá* (1981). Na época, defendia o projeto afro-cêntrico dos blocos afro como

Ilê Aiyê, saudava a chegada da música soul e o discurso black power dos Estados Unidos e apoiava uma identidade negra transnacional emergente entre jovens urbanos. Num artigo recente disponível no site oficial do Ministério da Cultura, no entanto, Risério denuncia a importação de "modelos e conceitos descontextualizados" que teriam transformado uma "parte considerável do ambiente universitário brasileiro numa espécie de McDonald's de construções ideológicas e sanduíches conceituais alheios". Seguindo os passos de Bourdieu e Wacquant, Risério urge uma postura que lembra o nacionalismo de alguns modernistas dos anos 30 e 40 ou militantes políticos e culturais dos anos 50 e 60:

> Temos de recusar o imperialismo cultural norteamericano, que pretende universalizar os seus modelos e os seus particularismos. E temos de partir de nós mesmos. É por isso que insisto que não temos nenhuma forte razão para substituir o rico espectro cromático brasileiro pelo rígido padrão norteamericano..." ("Dicotomia Racial").[7]

Afinal, portanto, a linha de pensamento de Risério não remete aos sociólogos franceses, mas ao pai de lusotropicalismo. A seguinte comparação podia ter saído de um dos textos mais lusófilos de Freyre: "a cultura lusa de extração barroca sempre se mostrou mais aberta para o 'outro,' como gostam de dizer os antropólogos, do que a cultura puritana..."

Nos primeiros tempos da gestão de Gilberto Gil como Ministro de Cultura, esta postura neo-freyreana permeava os discursos de Gil, sobretudo aqueles escritos por Risério. Ecoando algumas afirmações de Freyre dos anos 50 e 60 a respeito do lugar do Brasil no concerto das nações, Gil terminou seu discurso de posse com um tom exaltado que sugere a visão de Risério:

> O Brasil tem lições a dar, apesar do que querem dizer certos representantes de instituições internacionais e seus porta-vozes internos que, a fim de tentar expiar suas culpas raciais, esforçam-se para nos enquadrar numa moldura de hipocrisia e discórdia, compondo de nossa gente um retrato interessado e interesseiro, capaz de convencer apenas a eles mesmos. Sim: o Brasil tem lições a dar, no campo da paz e em outros, com as suas disposições permanentemente sincréticas e

transculturativas. E não vamos abrir mão disso. ("Discurso de posse")

A lição do Brasil não é mais que a miscigenação não resulta em degeneração, como Freyre havia constatado nos anos 50, mas que o Brasil tem lições para oferecer ao mundo dividido da época pós-11/9/2001.

Este discurso afirmativo e otimista é obviamente atrativo numa época em que muitas análises acadêmicas e comentários jornalísticos enfocam as contradições históricas, fracassos sociais e problemas de violência cotidiana do país. Vale indagar ainda se este discurso nacionalista também funciona de forma compensatória em relação às promessas frustradas do governo Lula, que tem mantido rigorosamente uma política econômica ortodoxa, desapontando milhares de brasileiros, sobretudo setores de sua própria base no Partido dos Trabalhadores, que esperavam mudanças profundas na sociedade brasileira. Um dos intelectuais que saiu do partido, Francisco de Oliveira, comparou o Brasil ao ornitorrinco, o animal ovíparo da Austrália que tem caraterísticas escamíferas e mamíferas. Para ele, o bicho serve de metáfora para uma sociedade inexplicável, contraditória e um tanto monstruosa. Enfim, o Brasil é muitas vezes medido e definido em relação aos modelos "normais" de desenvolvimento. Cabe lembrar aqui a crítica do Roberto Schwarz (um intelectual historicamente aliado e sintonizado com Oliveira) aos tropicalistas, alegando que haviam sugerido que "o absurdo é a alma do país e a nossa" (77).

Curiosamente, tropicalistas tendem a resistir atualmente ao discurso do Brasil absurdo ou do Brasil enquanto aberração inexplicável. Caetano Veloso uma vez escreveu que ele, junto aos tropicalistas, contribuiu para um "sentimento de desencanto" nos anos 60, mas agora procura esboçar novas utopias baseadas na identidade do Brasil como país português-falante e multiracial ("Utopia 2"). O discurso freyreano e suas articulações neo-freyreanas continuam a atrair porque afirmam o que é singular, original e muitas vezes charmoso do Brasil contra aqueles que procuram mostrar que o país é uma aberração absurda.

[1] Gostaria de agradecer aos organizadores deste volume de ensaios, Joshua Lund e Malcolm McNee, pela paciência, boa vontade e sugestões ótimas durante a fase de revisão deste ensaio.

[2] Pinho era um discípulo do Agostinho da Silva, o intelectual português que se empolgava com idéias sebastianistas sobre o destino mito-histórico de Portugal e o mundo lusófono. Silva foi fundador e primeiro diretor do Centro de Estudos Afro-Orientais em Salvador no final dos anos 50. Pinho explica que Guariroba representou "a vontade de, no Planalto Central, fazer uma comunidade que abarcasse os sonhos dos anos 60, a influência dos Beatles, o flower power, da necessidade da paz, da humanização através da natureza, da negação da experiência do Vietnã" ("A República de Guariroba"). Em fevereiro de 2004, Roberto Pinho foi exonerado por quebra de confiança em relação a irregularidades de um projeto adminstrado por ele. Antônio Risério e mais dois assessores logo pediram demissão em solidarieade a Pinho.

[3] Waly Salomão faleceu súbita e tragicamente em maio de 2003 pouco após o começo de sua gestão como secretário.

[4] Ver, por exemplo, o roteiro "Vida, Paixão e Banana Tropicalista" escrito por Torquato Neto e José Carlos Capinan e publicado na antologia dos escritos de Torquato Neto, *Os últimos dias de Paupéria*.

[5] Gostaria de deixar claro que não emprego o termo "neo-freyreano" como arma de acusação. Estou simplesmente interessado na forma e no contexto em que o discurso freyreano tem sido reciclado em anos recentes.

[6] O artigo "Feijoada e *soul food:* notas sobre a manipulação de símbolos étnicos e nacionais" foi publicado originalmente na revista *Ensaios de Opinião* (1976). Foi republicado na antologia de *Para inglês ver: identidade e política na cultura brasileira* (1982). Apareceu pela terceira vez integralmente dentro do ensaio de auto-crítica citado aqui.

[7] Para fazer seu argumento, Risério lança mão de algumas simplificações tal como a constatação errônea que "histórica e socialmente existem apenas dois tipos raciais nos EUA. Ou a pessoa é branca ou a pessoa é preta –e ponto final" ("Dicotomia Racial").

Obras Citadas

Benzaquém de Araújo, Ricardo. *Guerra e Paz: Casa Grande e Senzala e a obra de Gilberto Freyre nos anos 30*. Rio de Janeiro: Editora 34, 1994.

Bourdieu, Pierre e Löic Wacquant. "Sobre as Artimanhas da Razão Imperialista". *Estudos Afro-Asiáticos* 24/1 (2002): 15-33.

Carvalho, Mario César. "Ceu & Inferno de Gilberto Freyre". *Folha de São Paulo, Mais!* (12 mar. 2000): 5-8

Chamie. Mário. "O trópico entrópico de tropicália". *Estado de São Paulo, Suplemento Literário* (4 abr. 1968): 4.

Ferreira, Nadiá Paulo. "Tropicalismo: Retomada Oswaldiana". *Revista de Cultura Vozes* 66/10 (dez. 1972): 763-77.

Freyre, Gilberto. *Casa Grande e Senzala*. Rio de Janeiro: José Olympio, 1952.

_____ "Negritude, mística sem lugar no Brasil". *Boletim do Conselho Federal de Cultura* 1/2 (abr.-jun. 1971): 16-23.

_____ *New World in the Tropics*. New York: Knopf, 1959.

Fry, Peter. "Feijoada e *Soul Food* 25 anos depois". *Fazendo Antropologia no Brasil*. Neide Esterci, Peter Fry e Mirian Goldenberg, orgs. Rio de Janeiro: DP&A, 2001. 35-54.

Gil, Gilberto. "Discurso de posse do Ministro da Cultura". *Cultura*. Jan. 2003. <www.cultura.gov.br>.

_____ "Discurso do ministro Gilberto Gil empossando os dirigentes da Palmares". 11 fev. 2003. <www.cultura.gov.br>.

_____ "Discurso do ministro Gilberto Gil empossando sua equipe no MinC". 15 jan. 2003. <www.cultura.gov.br>.

"'Gilberto Gil é o Lula de Lula', diz Caetano". *Folha de São Paulo, Ilustrada* (15 nov. 2003): 1-2.

Guimarães, Antônio Sérgio Alfredo. *Classes, raças e democracia*. Rio de Janeiro: Editora 34, 2002.

Leite, Dante Moreira. *O caráter nacional brasileiro*. 2a ed. São Paulo: Pioneira, 1969.

Maggie, Yvonne. "O eu e os outros: o ideário modernista em questão". *Observa, Trabalhos em Andamento* (sem data) <www.observa.ifcs.ufrj.br/trabalhosemandamento>.

Hanchard, Michael. *Orpheus and Power: The Movimento Negro of Rio de Janeiro and São Paulo, 1945-1988*. Princeton: Princeton University Press, 1994.

Maio, Marcos Chor. "UNESCO and the Study of Race Relations in Brazil: Regional or National Issue?" *Latin American Research Review* 36/2 (2001): 118-136.

Morse, Richard. *New World Soundings: Culture and Ideology in the Americas*. Baltimore: Johns Hopkins University Press, 1989.

Mota, Carlos Guilherme. "A universidade brasileira e o pensamento de Gilberto Freyre". *O imperador das idéias: Gilberto Freyre em questão*. Joaquim Falcão e Rosa Maria Barboza de

Araújo, orgs. Rio de Janeiro: Fundação Roberto Marinho/ Top Books, 2001. 168-182.

Neto, Torquato. *Os últimos dias de Paupéria*. Rio de Janeiro: Eldorado, 1973.

Noblat, Ricardo e Bob Fernandes. "Temos de completar a construção da nação". *A Tarde Caderno 2* (5 jan. 2003): 1, 3.

Oliveira, Francisco de. *Crítica à Razão Dualista: o Ornitorrinco*. São Paulo: Boitempo Editorial, 2003.

"Race in Brazil: Out of Eden". *The Economist* (3 jun. 2003): 23-24.

"A República de Guariroba". *O Globo* (12 jan. 2003): 14.

Risério, Antonio. *Carnaval Ijexá*. Salvador: Corrupio, 1981.

_____ "Dicotomia Racial e Riqueza Cromática". (sem data) <www.cultura.gov.br>.

Schwarz, Roberto. "Cultura e Política, 1964-1969". *O pai de família e outros estudos*. Rio de Janeiro: Paz e Terra, 1978. 61-92.

Skidmore, Thomas. "Raízes de Gilberto Freyre". *Journal of Latin American Studies* 34 (2002): 1-20.

Vianna, Hermano. "A meta mitológica da democracia racial". *O imperador das idéias: Gilberto Freyre em questão*. Joaquim Falcão and Rosa Maria Barboza de Araújo, orgs. Rio de Janeiro: Fundação Roberto Marinho/Top Books, 2001.

_____ "Mestiçagem fora do lugar". *Folha de São Paulo, Mais!* (27 de jun. 2004): 4.

_____ *O mistério do samba*. Rio de Janeiro: Zahar Editora, 1995.

Veloso, Caetano. "Utopia 2". *Folha de São Paulo Mais!* (25 sep. 1994): 1.

_____ *Verdade Tropical*. São Paulo: Companhia das Letras, 1997.

Turra, Cleusa e Gustavo Venturi, orgs. *Racismo cordial: a mais completa análise sobre o preconceito de cor no Brasil*. São Paulo: Editora Àtica, 1995.

Gilberto Freyre: alteração e iteração

Raúl Antelo
Universidade Federal de Santa Catarina

Longe de se configurar como espaço monolinguístico da verdade, a cultura é um campo de diferenças que nos ajuda a entender de que modo se constituem, localmente, os valores. O objetivo deste ensaio é, portanto, traçar a genealogia do conceito de cultura, na obra de Gilberto Freyre, entendida como dimensionalidade múltipla e não como um conjunto de atributos estanques, capitalizados pelo Estado-nação, à maneira dos ensaios de interpretação nacional promovidos pelo modernismo. Em sua produção ensaística, notadamente nos anos 30 e 40, o pós-moderno por ele proposto como exaustão da norma (*iter*ação) e, ao mesmo tempo, a transculturação, entendida como potencialização fictiva do social (*alter*ação), são as duas balizas a partir das quais o antropólogo elabora um conceito n-dimensional, híbrido, de cultura, para o qual, aliás, a noção de paradoxo é indispensável.

Transculturação e transplante

Em uma conferência proferida aos estudantes de Antropologia da Universidade do Distrito Federal em outubro de 1935, reformulada porém em 1940, Gilberto Freyre argumenta que os traços de cultura têm a peculiaridade de se difundirem em todas as direções, isto é, eles não possuem uma orientação cativa ou pré-fixada, mas seguem um percurso errático, através de migrações, contatos ou contágios, não só através de grandes massas, mas também de pequenos grupos e mesmo de singularidades. Assim sendo, os indivíduos não se definem, portanto, como especificidades irredutíveis mas como simples portadores de traços de cultura, "cuja tendência é no sentido da disseminação e da combinação" com outros traços, o que, por sua vez, determina fenômenos como a transculturação, "segundo o bom neologismo do Professor Fernando Ortiz e que Malinowski considera superior ao termo *aculturação*, largamente empregado pelos antropólogos anglo-americanos" ("Antropologia" 15).

É profunda a relação entre Gilberto Freyre e Malinowki. Na necrológica que lhe dedica em 1943, Freyre admite que, à época da fundação dessa universidade do Rio de Janeiro onde palestrara sobre transculturação,[1] ele mesmo tentou a contratação de vários professores europeus, dentre eles os espanhóis Fernando de los Ríos e Américo Castro, o português Joaquím de Carvalho, "filósofo verdadero a quien la mezquindad partidaria alejó de la dirección de la Imprenta de la Universidad de Coimbra", e até mesmo Malinowski que, caso tivesse aceito o convite, teria mudado não só a antropologia que se praticava no Brasil mas a própria posição de Gilberto Freyre no meio universitário brasileiro.[2]

Malinowski, que estudió en Cracovia, se sintió atraído por los estudios de antropología de Frazer, o quizás antes por la obra monumental que es *Golden Bough*. Londres era el centro de los estudios de antropología social y cultural. Malinowski decidió trasladarse a la capital británica y se inscribió como alumno en la Escuela de Economía. Se convirtió en discípulo de Westermack, Seligman y Hobhouse. Y fue de los que conquistaron la protección de Martin White, que acababa de fundar la primera cátedra de sociología en el Reino Unido.

Su primer libro –un estudio sobre la institución de la familia entre los aborígenes de Australia– reveló que la lengua inglesa obtuvo de Polonia un escritor científico nada inferior al escritor literario Joseph Conrad. Un hombre de ciencia que también era artista.

Continuó Malinowski sus estudios. Se entregó en cuerpo y alma a la aventura de las investigaciones sociológicas de campo en islas como las Trobriand, no para escribir novelas como las de Conrad, sino para producir obras de profundo interés tanto científico cuanto humano: *The Argonauts of the Western Pacific* (Los argonautas del Pacífico Occidental), por ejemplo. Después escribió *Crime and Custom in Savage Society* (El crimen y la costumbre en la sociedad salvaje) y otros libros de un valor literario de lenguaje casi igual al de las novelas de Conrad, sin sacrificio de la ciencia, de la técnica, de la exactitud del saber antropológico.

Profesor durante algún tiempo en la Universidad de Londres, estuvo en los Estados Unidos en 1926 y allá realizó su primera serie de conferencias en universidades norteamericanas. En 1933 visitó de nuevo a aquel país, esta vez como profesor extraordinario de la Universidad de Cornell. Hasta que en 1938 se estableció en New Haven como profesor extraordinario de antropología cultural de la Universidad de Yale.

Durante su profesorado en la Universidad de Yale, Malinowski escribió para el libro del profesor Fernando Ortiz, titulado *Contrapunteo cubano del tabaco y el azúcar* la introducción que le pidió el notable sociólogo cubano. Por ahí se ve que el hombre de ciencia tocado de romanticismo casi conradiano que fue Malinowski siempre tuvo una ternura especial para con la América tropical; habla con verdadero lirismo de la "tierra hermosa donde señorea la palma, donde extienden su infinito verdor los cañaverales que dan el azúcar y las vegas que producen el tabaco". Y con gesto de medio antropólogo y medio poeta escribía desde La Habana: "Todos sabemos que el lujo, la golosina, la estética y el *snobismo* de fumar tabaco están ciertamente asociados con estas tres sílabas: *Ha-ba-na*" ("Malinowski").[3]

Lamentava, no final dessa evocação, que o antropólogo polonês não tivesse podido "ir a Colombia, al Perú, al Brasil y la República Argentina, al Paraguay, a toda esa variada América hispánica, llena de asuntos vírgenes para los grandes investigadores de los problemas de la raza y de la cultura de la calidad, y de los recursos de Malinowski". A seu modo, poderíamos dizer, é o que ele próprio tenta em vários de seus textos posteriores – notadamente, em *Interpretação do Brasil*, livro escrito para a Knopf de Nova York e para o Fondo de Cultura Económica do México, em outras palavras, para público primariamente estrangeiro, como ensaio de disciplinamento dos significantes– guia da cultura nacional. Nessa obra, Freyre adota o esquema transculturador de Ortiz (e de Malinowski-Conrad)[4] para aventar, como dado cultural específico, a permanência de uma certa atitude satírica, inscrita na tradição do Aleijadinho, esse Greco mulato e mestre nas grotescas deformações do colonialismo, que ele mesmo avalia como um sintoma de impaciência periférica por atingir sua cabal expressão cultural. Não seria, portanto, a sátira um simples eco de uma filosofia de extração européia mas o gesto exasperado de um país ultra-europeu por alcançar sua autonomia expressiva pós-colonial.

Essa tese da continuidade satírica na cultura brasileira não lhe pertence em exclusividade; ela fora apresentada, a rigor, por Oswald de Andrade, em conferência na Biblioteca Municipal de

São Paulo, em agosto de 1945, frisando uma reabilitação de Gregório de Matos a partir da qual, como sabemos, Augusto e Haroldo de Campos reorganizariam, mais tarde, seu paradigma literário pós-modernista, inicialmente, pela inclusão de Gregório no paidêuma da poética sincrônica e, mais radicalmente, quando Haroldo denuncie, nos anos do debate pós-moderno, a historiografia funcional-histórica de Antonio Candido, acusando-a de ter sequestrado o barroco na *Formação da Literatura Brasileira* de 1959, ao adotar um esquema iluminista, progressista e evolutivo.[5]

Diferentemente da transculturação operada por um modelo letrado de intelectual, que é a opção que, a partir de Candido, é adotada por Angel Rama, Gilberto Freyre desempenha, a seu modo, papel importantíssimo na definição de um modelo transculturador barroco, crítico do iluminismo e da racionalização, como processos de integração do mundo periférico no mercado capitalista internacional e como tentativa, em suma, de ocidentalização coercitiva dos costumes culturais das margens.

Lembremos, para tanto, que, já à época do *Manifesto Regionalista*, Freyre revela-se crítico severo da modernização tal como a entendiam os paulistas e, em meados da década de 30, figura já, em consequência, na linha de frente dos que apressam-se a declarar o fim do modernismo. Em artigo para a revista *Lanterna Verde*, "Sociologia e Literatura", Gilberto Freyre defende-se daquilo que os experimentalistas de São Paulo lançavam-lhe como acusação: o sociologismo.

> O que principalmente passou a caracterizar o romance novo – argumenta– foi o seu tom de reportagem social e quase sociológica; a sua qualidade de documento; as evidências que reuniu de vida esmagada, machucada, deformada por influências de natureza principalmente econômica; os seus transbordamentos politicos. Tal o caso dos romances de Jorge Amado, principalmente os anteriores a *Jubiabá*: *Cacau* e *Suor*. O caso, até certo ponto, dos romances de José Lins do Rego, de Graciliano Ramos, de José Américo de Almeida, de Rachel de Queiroz – formidável documentação de vida regional, do maior interesse sociológico e até politico, e suprindo a falta de inquéritos, sondagens, pesquisas sistematizadas. Quase nada nesses "romances" é obra de ficção: apenas os disfarces; apenas a deformação para os efeitos artísticos, sentimentais ou, em certos casos, politicos. (15)

Esses escritores, sem caírem "nos excessos carnavalescos dos imitadores de Mário de Andrade", têm, a seu ver, inscrição híbrida peculiarmente interessante. Pertencem à ficção mas tambem à "historia da sociologia brasileira"[6] porque

> Neles, melhor talvez do que nos sociólogos, ainda tão poucos entre nós, se observa a dificuldade de se fixarem hoje fronteiras nitidas ou de se estabelecerem limites absolutos, entre as chamadas belas-letras e as outras, que devem ser as feias. Que pelo menos não são as belas. A sociologia, a economia, a historia, a biografia. O sexo masculino da literatura. O sexo bruto, forte e talvez feio da literatura. (16)

Esses limites são fáceis de traçar quando, em função de rígido binarismo, poderíamos dizer que todo sociólogo é um péssimo escritor, como Spencer ou Sorel; mas quando o sociólogo é um Simmel, aí segundo Freyre, começam as dificuldades.[7] E esse hibrismo intelectual se traduz, ainda, numa curiosa defesa da mescla de gêneros sexuais, em que, malgrado a crítica, o elemento ativo predomina.[8]

> Intelectualmente, como socialmente, nós estamos numa época em que o masculino e o feminino tendem a um tipo único, as diferenças se mostrando bem menos vivas do que há um século. Então não se compreendia homem sem barba nem mulher sem anquinha (...) O romance naturalista, fazendo questão de "documento", descendo até à latrina das casas e aos esgotos das cidades, às fabricas e aos matadouros das metrópoles, surgiu como um escândalo. Em Zola chegou a ser uma negação das qualidades artisticas do romancista. Por sua vez Nietzsche custou a ser tomado a sério como pensador: o fato de escrever bem e de se exprimir com qualidades voluptuosas e quase sensuais de artista, comprometeu-lhe o nome de filósofo e até o de filólogo. (16)

Para Gilberto Freyre havia em curso, nos anos 30, uma trasformação discursiva em que a preocupação com o gracioso, o correto e o bonito desaparecera, menos em função da depuração modernista, do que da *masculinização* dos motivos e até da técnica literária ditada pelo hiper-historicismo ascendente. Quase em sintonia com as buscas do *abjeto*, que se verificava no grupo francês nucleado por George Bataille em torno à revista *Documents*, com gente como Michel Leiris, Carl Einstein ou mesmo Alejo Carpentier (cf. Suleiman), Freyre aventa que "pode-se talvez dizer que se deu de repente, entre nós, uma predominância do *forte* sobre o *belo*; do próprio *feio* sobre o *bonito*". Daí poder-se também falar de um certo hibridismo entre o sociológico e o literário, que ele por sinal ilustra com os romances de Upton Sinclair, Frank Norris, Sherwood Anderson, Theodore Dreiser, John dos Passos, José Lins do Rego e Jorge Amado.[9] Em consequência, as relações entre a literatura e as ciências sociais em geral precisariam adquirir outro estatuto político, elas já não poderiam ser, nos diz Gilberto Freyre,

> as de Estados de todo independentes, e até inimigos, as fronteiras rígidas, difíceis ou quase impossíveis de transpor, mas as de uma confederação, com vários interesses em comum, ao lado da autonomia absoluta ou, se quiserem, relativa dos processos de criação intelectual. ("A formação..." 107-8)[10]

Veremos, mais adiante, o retorno dessa problemática das alianças nas políticas do saber.

Pós-moderno

Essa reformulação do objeto, da representação simbólica e até mesmo do estatuto político da soberania, além de estarem ditadas por uma reavaliação da obra de Nietzsche e, em consequência, com uma transvalorização dos valores, impõem uma conceituação anti-rupturista da modernidade que já não se identifica com o progressismo modernista do grupo de São Paulo. É esclarecedor, a esse respeito, observar que um ano após esse verdadeiro manifesto pró-hibrismo intelectual, Freyre prefacia a obra de um dos artistas e intelectuais mais interessantes egressos da vanguarda paulista, mas por ela nunca integrado a contento. Refiro-me a Flávio de Carvalho cujo livro *Os ossos do mundo* funciona como autêntica enciclopédia acefálica, uma introdução ao método leonardiano, como diria Gilberto, em que os traços de cultura são interpretados como restos ou grafias de uma escritura perdida, de tal modo que o trabalho com esses "gráficos da cultura", como o artista os denomina, consiste na reconstrução de um arquivo através de um procedimento anamnésico generalizado. Nesse sentido, a *introdução ao método leonardiano* guarda inequívoca correlação com a de outros *leonardianos*, como Duchamp ou Borges. No prefácio em questão, Gilberto Freyre deixa claro por que não considera Flávio um modernista mas, de fato, um pós-modernista.

Flávio de Carvalho é dos que pela idade e pelas circunstancias – trinta e sete ou trinta e oito anos e paulista educado na Europa – poderia ter sido "modernista" em 23. Modernista como qualquer dos dois Andrades, o moreno e o louro. Mas não foi. Sua geração intelectual é outra. Ele é pós-modernista legitimo: apareceu depois do "modernismo" e com outra mensagem. Intensamente moderno, mas despreocupado do "modernismo" literário em que aqueles dois escritores admiráveis se extremaram até quase o ridiculo.

Sua geração intelectual é a de hoje; seus companheiros mais próximos de geração, Cicero Dias e José Lins do Rego. Sua mensagem uma mensagem mais humana que estética, embora de modo nenhum doutrinária ou política.

Como esses dois nortistas, Flávio de Carvalho arregala olhos de menino e às vezes de doido de ver o mundo. Por isso vê tanta coisa que o adulto todo sofisticado não vê. Vê tantas relações entre as coisas que os adultos cem por cento e os completamente normais deixam de ver. Do sentido dessas relações vem o lirismo novo e profundo, cheio de grandes coragens, que há nas notas de viajante de Flávio de Carvalho. (...)Apenas o lirismo em Flávio de Carvalho se concilia com a sua objetividade de arquiteto, de engenheiro, de técnico moderno. Com os seus estudos sérios das ciências chamadas exatas. Com as suas pesquisas de psicologia.

Mas só um homen com pureza quase de menino que há em Flávio de Carvalho – pureza no modo de ver as coisas, pureza no modo de se sentir e de se ver a si proprio – seria capaz de escrever as páginas magnificamente sinceras que ele já escreveu sobre o medo. A sua coragem de ter medo – que hoje só os meninos têm – de se analisar nas suas sensações mais profundas de medo, é das que o adulto convencional, deformado pelos preconceitos de bravura à espanhola, de "he-man" à americana, de "modernismo" à brasileira ou à Graça Aranha, não têm. Entretanto o medo é criador. Dá novas visões ao homem. Não há razão para se fazer do medo um tabú. (...) Porque Flávio de Carvalho não é modernista, mas pós-modernista. Ele tem a coragem de ter medo e de escrever os seus medos. E tem a coragem de detestar os ruidos das máquinas insubmissas que ainda nos cercam e de confessar essa repugnância. Ele já não é da idade que Lewis Munford chamou de paleotécnica – e a que pertenceram ainda os nossos "modernistas", principalmente os do Rio – mas de néo-técnica. Já não é da idade do homem agachado diante das máquinas grandiosas e com desgosto e até vergonha de ser de carne e de nervos, e não de ferro e de aço como as próprias máquinas. É da idade do homem retomando o seu lugar de elemento mais importante que a máquina na paisagem do mundo. (Prefácio 8)[11]

Argumentando que Flávio não é um tropicalista, no sentido francês da expressão,[12] nem mesmo um preciosista, Gilberto Freyre diz que há "cor e sexo nas suas palavras às vezes meio soltas", sem controle rigido, nem dignidade de linguagem e, atiçando sua intolerância com relação a Mário de Andrade, ousa dizer que "São Paulo não tem hoje um artista, nem um intelectual, nem um cientista, com tantos poderes juntos".

Moderno e modernista

Essas diatribes contra o modernismo paulista e, em particular, contra Mário de Andrade, cuja figura lhe desperta tamanha ansiedade, arrefecem em 1946, um ano após a morte do autor de *Macunaíma*, quando Gilberto Freyre faz uma conferência sobre "Modernidade e modernismo na arte política", a convite dos estudantes de Direito da USP, no Teatro Municipal de São Paulo, palco da famosa Semana de Arte Moderna em 1922. O sentido da intervenção é claro e radicaliza a arregimentação dos anos trinta. O modernismo parou e é imprescindível suspender a idealização que sobre ele paira e entorpece a avaliação.

Toda adoração dessa espécie se torna, quando passa de um instante, a própria negação daquele critério de modernidade, presente e vivo na obra inteira de José Bonifácio[13] e de todos que, sendo modernos, não são nunca modernistas de seita. Adoração de que vigorosamente se desembaraçou Mário de Andrade no fim da vida e de que cedo se libertaram Tarsila, Di Cavalcanti e o admirável mestre de modernidade que é Oswald de Andrade, com o seu incessante ardor experimental e a sua também incessante vigilância, não só crítica como auto-crítica. Essa vigilância não permitiu que ele sistematizasse seu modo de escrever num modo de escrever sectariamente anti-gramatical e calculadamente modernista. Desde 1922 que

Oswald de Andrade escreve de um modo novo mas não fanaticamente novo: sem aqueles sinais maçônicos que só os iniciados compreendem e admiram noutros "modernistas" hoje arcaicos. (*Modernidade* 15)

Numa clara alusão à gramatiquinha brasileira de Mário, Gilberto Freyre abomina os "abusos de 'gostosura', de sentenças começando com 'me', de diminutivos exageradamente açucarados". Para os modernos,[14] e não apenas modernistas, diz Freyre, o modernismo foi um jogo de inteligência tão somente na aparência. Na verdade, ele foi

uma áspera mas fecunda aventura, não apenas da inteligência ou da sensibilidade, mas da personalidade inteira. Aventura necessária para o desenvolvimento de tantos inquietos em modernos: os modernos saudáveis que são ainda hoje. Ninguém, entretanto, mais incessantemente moderno no Brasil dos últimos trinta anos que o ex-modernista, o ex-antropofagista e creio que o ex-marxista de seita, Oswald de Andrade, [...um] dos que salvaram o sentido do "modernismo" com a "antropofagia", isto é, com um movimento pós-modernista de superação do modernismo já meio oficial de Mário de Andrade. (16)[15]

Para Gilberto Freyre a antropofagia, i. e. a transculturação desniveladora, concorreu para salvar o sentido moderno do "modernismo" brasileiro: salvar o modernismo de permanecer apenas estético; salvar a palavra pela ação, para fornecer-lhe sentido político. A definição de Freyre antecipa, assim, certas linhas de fuga da cultura brasileira. Não só se choca com o modelo mariano, que seria implantado na própria USP, através da tradição crítica de Antonio Candido, como ela também antecipa a reivindicação pós-modernista dos poetas concretos, eles também preferindo Oswald em detrimento a Mário, porém, com argumentos radicalmente estéticos, não necessariamente políticos. Através dessas aproximações ao assunto, Gilberto Freyre ensaia uma distinção a ser considerada entre modernidade e modernismo que o leva a fazer *tabula rasa* entre estética e política.

O problema me parece que é psicológica e sociológicamente o mesmo em qualquer arte. O mesmo, psicológica e sociológicamente, na arte política que nas artes plásticas, por exemplo. Em todas as artes os modernistas passam e os modernos ficam. Donde me ter aventurado uma vez a comparar um conhecido sistema de arte política com um conhecido sistema de arte plástica, para ilustração do que seja modernismo em oposição à modernidade em qualquer arte. Nessa comparação é que insistirei hoje, dentro, aliás, do critério sociológico de análise das artes plásticas como manifestação da mesma cultura que produz a arte política ou a arte industrial ou a arte de bruxaria, já adotado, em curioso trabalho, por um dos mais notáveis críticos paulistas dos nossos dias: Professor Sérgio Milliet, no seu ensaio *Marginalidade da pintura moderna*. Marginais as artes plásticas porque, para o Professor Sérgio Milliet, as artes plásticas e a música avançando, nas épocas de transição como a nossa, mais que a economia ou a política, "na ânsia" de encontrarem "a expressão certa do mundo novo", ultrapassariam "o estágio do público, mesmo da elite", perderiam pé, destoariam da "cultura em formação". E ficariam em estado de marginalidade: rejeitada pela civilização superada e incompreendidas pela civilização nova e em formação. Enquanto a arte política – depreende-se, creio eu, das palavras do crítico paulista – não seria assim, não conheceria esse conflito, nào experimentaria esse drama, pois segundo o Professor Sérgio Milliet, "políticos, economistas, administradores, mesmo os mais avançados, vivem de conluios e de concessões". (17-8)

Para Gilberto Freyre, todas as artes – as plásticas ou as políticas – estão sujeitas, nas épocas de transição, às mesmas aventuras de marginalidade. Modernizam-se, nos seus primeiros avanços, quase sempre de maneira exagerada em modernismo; depois, de

forma aquietada, porém não estagnada, em sã e criadora modernidade, obtida, parece que invariávelmente, à custa de concessões ou conluios entre o novo e o velho, entre o ímpeto revolucionário e a inércia invencível ou a tradição irredutível, seja esta a que se encontra na política ou na economia, nas artes plástica ou na música, na dança ou na própria arte da modista. Pois não nos esqueçamos de que há uma parenta pobre das artes mais ilustres, muito amada dos ricos e chamada "moda"; e como lembra um ensaista dos nossos dias, Júlio Payró, é a moda que particularmente se antecipa em anunciar o que as outras artes exprimem menos visivelmente ou menos escandalosamente: o fim de uma época, de uma civilização. (18-9)[16]

A transculturação é assim descrita como um processo de velocidades, o que, em última análise, equivale a pensar a modernidade como um movimento em direção ao movimento, isto é, um transformismo generalizado, sem objeto cativo de antemão.[17] Nessa metamorfose agitada pelos Savonarolas de plantão,

> esse processo parece alcançar a umas artes mais rápida ou violentamente do que a outras, sem deixar, porém, de afetar a todas de tornar a quase todas instáveis, de a todas alterar em suas formas que, entretanto, nunca se estabilizam em formas inteiramente novas: terminam sempre retendo ou guardando alguma coisa das antigas, por algum tempo consideradas pelos fanáticos do modernismo renovador, abomináveis, nefandas, intragáveis, intoleráveis. (19)

O cubismo foi, nas artes plásticas, um desses períodos de revolucionarismo "heróico" que, na arte política, é ilustrado pelo marxismo que, conquanto tenha deixado de ser "heróico" na União Soviética, continua a sê-lo para aqueles que, fora dela, ainda a supõem "em fase heróica de intransigência marxista, de ortodoxia revolucionária, de purismo fanático". Daí que Freyre desenvolva um peculiar raciocínio de paralelismos culturais a partir do hibridismo desses movimentos.

> Parece que na arte política tais períodos de fanatismo tendem a prolongar-se mais do que nas artes plásticas, sem que deixe de haver semelhança nos seus modos de formação, nos seus métodos de desenvolvimento e nos seus efeitos de ação. Os historiadores do cubismo destacam o fato de revelar ele pontos de contacto com a arte sem figura humana de Islã, atribuindo alguns essa afinidade à circuntância de terem sido dois dos seus principais criadores, Picasso e Gris, "filhos da Espanha" que alguém já chamou "inquisitorial e moura". Mas não se esquecem de recordar que o movimento foi étnica e culturalmente heterogêneo nas suas origens, embora principalmente espanhol (elemento representado por Picasso), francês (elemento representado por Braque) e eslavo (elemento representado por Apollinaire). Ora, quase o mesmo se tem dito do marxismo; também ele revela pontos de contacto com uma cultura antiga: a hebréia; com um sistema severamente religioso; o dos profetas do Velho Testamento. Ao mesmo tempo agiram sobre sua formação e sobre seu primeiro

desenvolvimento elementos nacionais diversos: o alemão, o francês, o inglês, o eslavo. Entretanto, um e outro foram, ou continuam a ser, revoluções internacionais; duas das maiores revoluções internacionais de todos os tempos. (20)

E tentando assinalar coincidências entre os dois movimentos, isto é, entre suas formas, seus métodos e seus processos de transgressão simbólica, Gilberto Freyre assinala que ambos possuem métodos diversos, tanto do expressionismo quanto do anarquismo.

Ambos – cubismo e marxismo – surgiram violentos em sua agressão à ordem estabelecida e aos valores dominantes. O cubismo querendo tudo nas artes plásticas reduzido a formas geométricas simples, a formas apenas associadas entre si por um processo mental, a volumes puros, a linha justas, a exemplos como que didáticos de uma nova gramática da pintura, da escultura, da arquitetura. O marxismo, também: seu primeiro ímpeto foi substituir uma gramática de arte política por outra violenta e inteiramente nova. Cubismo e marxismo apresentaram-se como "científicos", como "matemáticos", como "anti-românticos", quando na verdade seus criadores ou sistematizadores foram como Apollinaire ou como Marx, como Picasso e como próprio Engels, homens antes românticos que matemáticos, antes poéticos que científicos em sua formação, em seu temperamento, em suas concepções da vida e dos outros homens. O estudo de Marx como poeta está feito magistralmente por um dos maiores críticos do nosso tempo, Edmund Wilson, num ensaio, *Finland Station*, que recomendo a melhor atenção dos estudantes paulistas; o estudo de Picasso como outro grande poeta do nosso tempo está igualmente feito, em páginas sugestivas, por Joan Merli – "Picasso es un filósofo pero también un lírico" – e por outro espanhol, Ramón Gómez de la Serna, para quem dentro de Picasso há quatro homens lutando e estimulando-se: "o mudejar, o mourisco, o universal romano, o espanhol". Esses conflitos de culturas, mais do que de homens, dentro de um indivíduo só, tendem sempre a produzir antes poetas do que lógicos, antes profetas que cientistas puros. Marx, segundo outro dos seus intérpretes mais lucidamente críticos, o Professor Lewis Mumford, procurou esconder sua "visão apocalíptica de profeta judeu" sob a aparência de pesquisa severamente erudita dos fatos; e denominou seu esquema antes filosófico, que científico, de sociologia ou de economia política, de "ciência", para "esconder até de si próprio suas profundas solicitações emocionais sua atitude essencialmente religiosa diante do destino humano". (21-2)

O mesmo raciocínio que Munford sugere para entender Marx, Gilberto Freyre projeta-o a Picasso, "um homem para quem o cubismo foi, por um lado, uma herança de cultura islâmica – reatada, atualizada e exagerada por ele no seu aspecto experimentalmente estético – e por outro lado, um meio de conter-se, e ao seu espanholismo, ao seu fanatismo, ao seu intensismo ibérico, ao seu anarquismo peninsular dentro de cubos disciplinadores, aos quais acabou, entretanto, corrompendo com sua força poética, como um adolescente que corrompesse sua governanta alemã com a força do sexo", com o qual, indiretamente, está a falar de Mário de Andrade, se reparamos que o idílio redigido em 1927, quase contemporâneamente a *Macunaíma*, é precisamente a sedução de uma governanta alemã por um descendente da oligarquia cafeeira paulista, o que leva Mário a intitular a ficção *Amar, verbo intransitivo*. Poderíamos, sem maior violência, substituir o verbo por outro, antecipando-nos, de resto, às teorias de Roland Barthes, e dizer que escrever é um verbo intransitivo. Seria uma forma adicional de frisar o pós-modernismo da ação.

Para Gilberto Freyre, em suma, tanto Marx quanto Picasso são exemplos de revolucionários que se esquivaram de permanecer fiéis a seus próprios sistemas modernistas.

Transbordaram do modernismo. Permanecem modernos. Continuam modernos. Enquanto os sistemas modernistas para cuja criação concorrem mais com seu gênio poético do que com sua inconstante meticulosidade científica são, cada dia mais, sistemas superados, ultrapassados, excedidos por outros sistemas, embora de modo nenhum destruídos ou aniquilados, nem o cubismo por quanto anti-cubismo se tem levantado furiosamente contra ele, nem o marxismo por quanto anti-marxismo se tem inventado para reduzi-lo a pó. (22)

Essa defesa do pós-marxismo coincide com a posição de Oswald de Andrade que julgava atravessarem "uma era de pacificação e de síntese, onde têm que ficar para atrás os esquemas e os sectarismos" (89). Embora não seja citado, observe-se que um alvo evidente desse discurso de Gilberto Freyre é Claude Lévi-Strauss, trazido ao Brasil pela equipe de Mário de Andrade, à frente da Secretaria de Cultura do município de São Paulo.[18] É a partir das experiências paulistas, sob a ditadura do Estado Novo, que Lévi Strauss, defensor da influência do cubismo na vida cotidiana das grandes cidades, decantará, como sabemos, seu método estrutural.

A imanência da memória

Em todo o caso, o ponto central da argumentação de Gilberto Freyre é observar que, tanto nas artes plásticas, como na arte política – aquelas revolucionadas pelo cubismo, esta pelo marxismo – as violências da ruptura sucederam-se gerando, mais tarde,

> acordos, transigências, acomodações, concessões, entendimentos entre o violentamente novo e o imperecível, o permanente, o eterno em todas as artes. Derain, por exemplo, não tardou a afastar-se do cubismo, que o salvara do academicismo decrépito, para aproximar-se do relativo naturalismo ou classicismo em que conseguiu fazer obra já de sabor moderno mas sem nenhum ranço modernista. Em arte política, já haviam começado a fazer o mesmo, políticos de formação marxista. Políticos que vem conseguindo, desde os fins do século XIX, conciliar métodos e princípios de sua formação didáticamente marxista com a técnica pós-marxista. Uma combinação de passos de dança livre com movimentos de exercícios de ginástica aprendida em colégio. E através dessa conciliação, abandonaram eles a rigidez ou a disciplina modernista e tornaram-se criadoramente modernos, uns sob o nome de "fabianos" ou "trabalhistas", outros sob a denominação de "socialistas reformistas", alguns até sob a de "socialistas cristãos" ou "solidaristas"; ou mesmo de néo-marxistas. Os continuadores desses homens transigentes é que são hoje, não apenas modernos, mas moderníssimos, na arte política de contemporização, enquanto os que se conservam intransigentemente marxistas ou fanaticamente anti-marxistas são "modernistas" ou "anti-modernistas" superados já por várias gerações de pós-modernistas. (*Modernidade* 27)

A saída para esses impasses colocava-se, segundo Gilberto Freyre, no sentido de se encontrarem novos esquemas políticos, "que não são, nem podem ser, principalmente científicos, mas principalmente artísticos". A situação, portanto, define a política como uma indecibilidade que, em muitos pontos, afina com as muito posteriores posições de Laclau ou, até mesmo, Derrida.

> Nem o cubismo matou o artista nas artes plásticas substituindo-o pelo geômetra nem o positivismo ou o marxismo destruiu na política a figura do artista político, substituindo-o pelo técnico ou pelo cientista da administração. Como artista, o político é hoje uma figura tão viva, tão necessária, tão moderna, como nos melhores dias da Grécia ou da *polis*. Como cientista, é que ele foi um modernista necessário mas superado. Necessário para trazer à arte política o contato com a ciência, admitindo, como está hoje, que sem esse contato a arte política pode degenerar em bruxaria sociológica. (...) Sua principal recomendação para a atividade política deve ser sua capacidade para exercê-la como artista. Ou como político. Pois política é arte, é dança, é ritmo e quem for incapaz de arte, de dança, de ritmo pode passar pela política como um grande modernista revolucionário –violento, duro, hirto; nunca com o vigor e, ao mesmo tempo, a graça de um moderno de todos os tempos que pratique a sabedoria da contemporização sem sacrificar o essencial das harmonizações ao simplesmente formal. (32-3)

Sociologia científica

Alfred Métraux, um dos mestres da antropologia cultural francesa, que desempenharia papel tão decisivo nas conceituações híbridas de Michel Leiris ou Georges Bataille, considerava *Casa Grande e senzala* uma obra "única na matéria e certamente uma das maiores contribuições de todos os tempos da América Latina às ciências sociais" (Freyre, *Ingleses*, contra capa). Porém, correntes mais pragmáticas não eram tão abertas ao misto de mito e saber que o texto brasileiro propunha. Uma das recepções comedidamente restritivas que recebeu a obra de Gilberto Freyre, aliás, uma das primeiras no exterior, foi a do escritor e sociólogo espanhol Francisco Ayala.[19] Exilado em Buenos Aires, Ayala, que já manifestara certa distância com relação às posições dos *sociologues* franceses ("El curso..."), resenha a tradução argentina de *Casa grande e senzala*.[20] A ocasião serve para um acerto de contas com certa tradição do ensaísmo hispânico, em que se inscrevem o

Ideario español de Ganivet ou a *Radiografía de la pampa* de Martinez Estrada.

Ayala situa a opção híbrida de Gilberto Freyre, "que en cierto modo cae de lleno en la tradición sociológica de su patria, y en cierto modo la supera", num entre-lugar teórico, em outras palavras entre "los canales metódicos de la ciencia denominada 'Sociológica' y el libre tratamiento a sus márgenes de temas que ella ha acotado como propios", julgando que essa opção

> consiente vacilaciones acerca de la legitimidad o ilegitimidad con que puede aplicársele la calificación de sociológica. Es aquella literatura que, lejos de ignorarlas, inserta deliberadamente en su complejo las posiciones de la Sociología; pero que las mantiene como simples supuestos, andamiaje e invisible esqueleto de un trabajo que trata de abarcar y reflejar una plenitud de vida, y en el que abundan elementos que de ningún modo pueden imputarse, o que es difícil imputar a la ciencia sociológica.
>
> El problema de esa literatura, desde nuestro punto de vista, puede reducirse a un aspecto del problema general de la ciencia y del conocimiento científico. La ciencia es sólo una parte del saber; es aquel saber que se adquiere dentro de unos presupuestos metódicos en cuya firmeza encuentra su criterio de certidumbre. Este criterio de certidumbre será, en principio, tan bueno o tan malo como otro cualquiera de que se sirvan ramas distintas, o distintas maneras, del conocimiento; pero a él habrá que atenerse siempre que se quiera hablar de ciencia. En su virtud, el conocimiento científico supone siempre un esfuerzo por reducir la realidad a teoria. Sin duda que este esfuerzo implica un acomodamiento que ha de efectuarse en una doble dirección; la mente impone sus moldes a la realidad; pero la realidad, por su parte, se impone a la mente, obligándola a adaptar sus moldes a su propia configuración. Mas, con todo, cualquier intento de captación científica de una realidad consiente un juego de relativa amplitud, y muchas veces resultará difícil señalar el punto en que concluye la ciencia y empieza ese modo de intuición asistemática de la realidad que, convencionalmente, llamamos literaria. (Ayala, "Ubicación" 21)

Para Ayala haveria então dois campos, o primeiro, segundo ele, mais filosófico, "que se demora y hasta se agota en esquemas mentales, en puras abstracciones, y que cuando toma datos de la realidad es para emplearlos en calidad de ejemplos destinados a corroborar una conclusión teórica, o a aclarar una construcción intelectual mediante una referencia plástica". De outro lado, porém, estaria a Ciência, com C maiúsculo, isto é a sociologia como saber da modernização e de uma concepção evolutiva e progressista da história. Embora discordantes, não haveria, entretanto, choque entre ambos os campos já que, em função de sua matriz fenomenológica, acredita o crítico que

> no les separa más que una diferencia de intensidad en el acento de realidad y teoría: pues las abstracciones del primero son resultado tácito de la realidad a que se pretenden aplicables, y el acopio y selección de hechos realizado en el segundo se cumple de acuerdo con unos tácitos fundamentos de teoría, sin los cuales no sería posible orientarse en la selva virgen de la realidad. El peligro de una y otra dirección está, por cierto, en desconocer el correspondiente bagaje tácito. (Ayala 22)

Observa Ayala o caráter gerador que, na obra do brasileiro, teve a analítica dos espaços de moradia, à maneira de Simmel, estratégia que ilustra o particular enfoque de Gilberto Freyre em relação às estruturas sociais:

> se trata del contraste de los grupos sociales básico, materializado en sus respectivas viviendas. Casa grande y Senzala, la morada del señor del ingenio y el pabellón de sus esclavos, formando la unidad patriarcal de la época de la colonia; los sobrados, residencias señoriales urbanas, y los mucambos, chozas de los esclavos liberados, correspondientes a la época de decadencia del patriarcalismo rural... Y luego, sobre estas antiguas estructuras esenciales de la sociedad brasilera, pasa revista Freyre a los más diversos problemas de la Sociología, tomados en su realidad histórica concreta; desde los residuos totemistas y la constitución de la familia primitiva, hasta la formación de ciertos rasgos tipicos de la psicología nacional, pasando por todas las cuestiones de los contactos culturales, con sus contrastes e integraciones sucesivas. (24)

Para Ayala, o ponto de partida do trabalho teórico de Freyre é, em suma, sociológico. Não espanta, portanto, que

> sobre semejante armazón, haya dispuesto el historiador los materiales de un pasado que investiga con crítica sagacidad, y de que el literato los haya presentado en páginas de deliciosa

lectura. No ha de pensarse con lo dicho que estos tres aspectos
– sociológico, histórico y literario – sean como estratos
independientes, cada uno de los cuales agota su sentido en si
mismo. Su integración responde a un concepto de la Sociología
que tal vez su autor ha alcanzado por intuitivo acierto en
coincidencia con los postulados de direcciones científicas de
esta disciplina a las que probablemente permanece ajeno: me
refiero a aquellas que proclaman el sentido de la Sociología
como ciencia de la realidad y que se complacen en acentuar
que el tipo de conocimiento que le corresponde es un
conocimiento en función de esa realidad proyectada hacia el
futuro. Pues Freyre ve en los conceptos sociológicos, no un
mero saber, sino un instrumento para captar la realidad social.
Y no se reduce a captarla en cuadros desprovistos de sentido,
como acaso los que resultan de ciertos métodos
norteamericanos de descripción social; sino que su
construcción de la realidad está dirigida en forma concreta
hacia posiciones que, por supuesto, se abstiene de formular
en forma programática –cosa que excedería a la misión de la
ciencia–, pero que, contenidas en la estructura social que
reconoce al Brasil, tienden a desprenderse por sí solas y se
imponen a la conciencia con tanto mayor vigor cuanto más
estricto es el recato de quien las sugiere. (24-5)

A profecia como escritura da nação

Para el intelectual vivir significa andar frenéticamente afanado
en que cada cosa llegue de verdad a ser lo que es, exaltada
hasta la plenitud de sí misma. He aquí cómo y el por qué resulta
que las cosas sólo son lo que ellas son cuando le son al
Intelectual. Esto lo presiente a veces la Mujer. Pero ello, claro
está, irrita profundamente al Otro...Y las cosas que el Otro usa
y abusa, que maneja y aprovecha en su sórdida existencia,
fueron todas inventadas por el Intelectual. Todas.[21]

Com estas palavras, magoadas, ressentidas, complemento
paradoxal do recato louvado por Ayala, encerrava Ortega y Gasset
uma colaboração de quase vinte anos com o jornal argentino *La
Nación*. Em julho de 1937, uma desastrada intervenção sobre a
idolatria do intelectual, assinada por Alfonso de Laferrère,
precipitara um mal-estar incontornável e que, a médio prazo,
marcaria o afastamento de Ortega do jornal dos Mitre. Mais tarde,
em fevereiro de 1940, Borges começaria a colaborar no suplemento

cultural de *La Nación* e não custa sublinhar que, entre suas contribuições, figuram vários ensaios sobre Nietzsche, a questão do eterno retorno e até mesmo sobre o problema da escritura, a partir do hibridismo do *Zaratustra*. Quase paralelamente, o diretor do suplemento, Eduardo Mallea, também convida a somar-se ao rol de colaboradores, a Gilberto Freyre, cuja posição a respeito dos intelectuais era menos dogmática do que a de Ortega.[22] A apresentação é eloquente.

> Con el artículo presente inicia Gilberto Freyre su colaboración regular en *La Nación*. Nacido en 1900 en la capital de Pernambuco, esta joven mentalidad brasileña que acaba de visitarnos, comenzó a pensar muy temprano, en la Universidad de Columbia, donde estudiaba, que el deber primordial de una inteligencia con arraigo en su propia tierra ha de consistir en el conocimiento adecuado de las circunstancias sociales propias de la misma, así como del proceso de formación de esas circunstancias y su típica cultura resultante. Su primera gran obra – *Casa grande e sensala* –, que según el decir de un crítico "nació clásica", recogió así una meditación de primer orden sobre los pujantes elementos de unidad que la mezcla de razas revela en el Brasil, o sea sobre la realidad positiva del mestizaje. Todo el resto de la labor de Gilberto Freyre ha sido una metodización y una extensión, en la dimensión sociológica y en la histórica, de esas investigaciones en torno al problema de la estructura nacional. Así ha venido esta brillante inteligencia a ocupar un puesto notable en la tradición de Joaquim Nabuco y de Oliveira Lima (Mallea).[23]

Porém, tão ou mais eloquente do que a apresentação, é a rede sutil que vincula Freyre, Ortega e Borges.[24] Analisando, por exemplo, o *Zaratustra*, nos diz Borges que o tom inapelável e apodíctico, as ambigüidades, os ênfases, as reiterações, a prosa arcaica e a pompa verbal desse livro não podem, nem mesmo devem, ser interpretadas como anomalias de Nietzsche, já que seu propósito não foi escrever nem um livro dialético, nem um poema mas *um livro sagrado*, um evangelho que fosse lido com a piedade que solicitam as sagradas escrituras (Borges, "El propósito"). Nesse pastiche judeu-alemão, um *prophetic book* artificioso e distante, via Borges uma aposta disciplinar numa área em que os homens revelaram-se mais pobres e menos inventivos, a ética (Borges "Algunos pareceres"). Em textos posteriores de *El informe de Brodie*, como "El evangelio según Marcos", Borges não cessaria ainda de lamentar o extravio da ordem, dissolvida na condição horizontal, *sem caráter*, da democracia de massas, ou diluída na verticalidade totalitária que revoga toda forma de pluralismo. Gilberto Freyre, que compartilha aliás a mesma atitude, por isso mesmo louva o "republicanismo democrático" dos setores médios como chave modernizadora para a cultura americana.[25]

Portanto, quando Gilberto Freyre começa, em 1942, a exercer sua crítica no *La Nación*, é em resposta ao vácuo deixado por Ortega mas também em sintonia com essas idéias de Borges que seu discurso se encaixa.[26] Freyre estréia, assim, no jornal portenho pouco antes de, nessas mesmas páginas, lermos que a literatura é uma via para escapar do imediatismo da experiência já que, com suas estratégias de corte e repetição, ela completaria aquilo que é vedado a um sujeito como Funes, o memorioso, de quem aliás tomamos conhecimento, justamente, nas páginas do *La Nación*, em junho de 1942. Borges e Freyre, habitantes de um recuado "arrabal sudamericano" estão nos dizendo, em parceria involuntária, duas coisas: que o esquecimento é um avatar da memória mas que, sem ele, não há pensamento.

Com efeito, boa parte do esforço de Freyre consiste em alcançar aquilo que Funes não consegue mesmo realizar, em outras palavras esquecer diferenças, generalizar e abstrair o empírico. Sem esse esforço ficcional indispensável, qualquer transculturação inter-americana se mostraria completamente inviável. Por isso o esforço paradoxal de Freyre é congenial ao de Menard. Ambos entendem que o processo e as condições de enunciação determinam todo enunciado. O sentido não é uma variável material ou intrínseca dos discursos mas desmaterializa-se em sua disseminação, seu contágio. Não há valor idêntico a seu duplo e, mais ainda, não há certeza de uma interpretação inconteste. A cultura inter-americana é feita tão-somente de versões. Portanto,

> si ninguna originalidad puede ser reclamada por ningún texto, si todo sentido nuevo surge de la lectura o de la escritura en contexto, la inferioridad de "las orillas" se desvanece: el escritor

periférico tiene las mismas prerrogativas que sus predecesores o sus contemporáneos europeos. (Sarlo 81)

Freyre & Borges

A hipótese niveladora com que sempre trabalhou Gilberto Freyre sofreu fortes críticas, notadamente, dos sociólogos da Universidade de São Paulo, que sempre denunciaram a assimetria e desigualdade que subjazia à fábula da democracia racial construída por Freyre.[27] Seu caso aliás, poderia, também nesse particular, ser comparado ao de Borges. Combatidos, a partir dos 30, pela esquerda de seus respectivos países, ambas as recepções mudam drasticamente quando a Academia francesa repara, nos 60, nessa modernidade periférica, acumulada ao arrepio das normas. È o caso de Sartre e Macherrey descobrindo Borges ou de Braudel, Pouillon, ou mesmo Barthes, resenhando Freyre. No caso do autor de *Nordeste*, seu método cultural deixa de ser reacionário, como denuncia Antonio Candido em 45, e passa a ser precursor da Escola dos *Annales* (Burke 1-12). Por isso mesmo não surpreende a mudança de avaliação por parte dos próprios uspianos.

Numa interpretação sem maior recurso documental, Fernando Henrique Cardoso também chegou a fazer um paralelo entre Borges e Gilberto Freyre, argumentando que, como Borges, Gilberto, embora de outro modo, fez o que quis com as palavras e com o pensamento – frase que, de resto, ele toma emprestada de um antecessor, Otávio Tarquínio de Souza.

> Pertence ao mundo dos que encantam. Também, como o argentino, é difícil ver no Parthenon local quem, por mais que lhe façam restrições, se lhe compare em brasões e grandezas intelectuais. Tampouco se vislumbrará em Gilberto Freyre a palavra ou o gesto que dê passagem ao progressismo político. Entretanto, relia-o agora, e apesar das minhas cautelas e das salpicadas que há no livro [refere-se a *Casa Grande e Senzala*] de preconceito disfarçado de exaltações às "raças formadoras", em nenhum momento se produziu em mim o mesmo bloqueio que me impede de reconhecer em Borges o gênio da língua. Em Gilberto, este fazedor de mitos, a atmosfera que ele cria encontra eco para além das miudezas e o eventual reacionarismo cede, como se a criação fosse tão forte e delirante que ultrapassasse o juízo falho (ao ver dos críticos) do criador.

Não é o político manhoso ou o homem que se encanta com os poderosos que se deixa adivinhar em *Casa Grande & Senzala*. Falta ao escritor a têmpera de ferro de Borges, que não se apiada nem de si mesmo e diz a palavra cruel de quem se sente superior a tudo e a todos, a cada instante. Gilberto Freyre vai no embalo, como se fosse a voz do inconsciente coletivo de seu invento, o trópico-lusitanismo, quem escreve por ele. "Todo verdadeiro criador sabe que nos momentos de criação alguma coisa de mais forte que ele próprio lhe guia a mão. Todo verdadeiro orador conheceu os minutos em que se exprime pela boca algo que tem mais força que ele próprio", escreveu alguém que, por seu racionalismo e pela têmpera forte está muito longe de Gilberto Freyre: Trotsky. (Cardoso 116)

Não se trata apenas, na opinião de Cardoso, de que Gilberto Freyre seja um grande escritor. "Borges seguramente o é. Mas dificilmente sua obra está para a cultura argentina como a de Freyre para a brasileira". E, a partir dessa hipótese, pondera que

Os argentinos podem dispensar Borges para conhecerem-se, para saber das mentiras que pregam sobre si mesmos. Daí que os pontos de vista reacionários do autor e sua infinita complacência com a reação mais abjeta sejam defeitos dele, como pessoa concreta, a quem há de negar-se a mão ou a leitura, por inteireza. Com Gilberto Freyre é diferente; a invencionice, a falsidade científica – basta ver o que diz dos índios e comparar com a bibliografia etnográfica – são constitutivas de um mito nacional e, nesta qualidade, menos que dele, são de todos nós. Contém, por certo, seu lado inaceitável; mas até certo ponto é o "nosso" lado inaceitável. E quando não podemos desfazer-nos deste lado, nos apiadamos dele quase comoventemente. Racionalizamos, justificamos, inventamos.

Casa Grande & Senzala tem a estrutura do mito; é a-temporal. Engloba gulosamente todas as casas grandes e senzalas, de toda a parte e desde a fundação da Colônia até nossos dias, até Santo Antônio de Apipucos. Os historiadores recusarão fidedignidade; os sociólogos verão nela a teoria ausente; os etnólogos cobrarão do discípulo de Franz Boas a saturação empírica. Mas a obra continuará navegando, não porque seja preciso, mas porque o colchão de ar que a sustenta é a idéia mitificada de nós mesmos, do Brasil, que é *necessária* para dar a identidade nacional. (116)

Curiosamente, Fernando Henrique observa que, ao fundar o mito, Gilberto Freyre afinou também a *singularidade* da formação patriarcal e escravagista brasileira frente à Europa, buscando raízes no mundo hispânico, justamente no período de sua colaboração para *La Nación*. Foi só em obras posteriores que ele optou por fincar fundo as origens no mundo lusitano, e não mais no hispânico.[28] E acrescenta:

> Por certo, como todo pensamento historicista, o de Gilberto é também romântico e conservador. Mas não se pode dizer, nem mesmo da ardente ótica juvenil e intolerante com que por certo a obra será lida pelas gerações novas que se incorporam à vida nacional, que *Casa Grande & Senzala* seja reacionária. Ao contrário, no plano e na linguagem do mito, há um frescor de popular – eu quase escrevi de "democrático". Em vários sentidos: valoriza o negro (para desmedro, é certo, do índio), fala da vida contidiana, engolfa na mestiçagem as elites, usa um vocabulário coloquial incrivelmente moderno para a época e mostra gostosamente quanto há de mentira na história das antigas grandezas que nunca existiram.
>
> Neste último aspecto o livro é admirável; a mesma pena que louva no mais puro estilo do faz-de-conta as grandezas do patriarca-fundador, destrói desapiedadamente as virtudes que se fizeram crer sobre ele. A sífilis é dos brancos, a bondade do senhor (que, não obstante, perpassa o livro todo) é irmã do sadismo, o negro "bem tratado", que fica ao desamparo depois da Abolição – como se a escravidão fosse melhor – apanha, come terra, suicida-se e assim por diante. É este desvendamento contínuo do Macunaíma (peste que brota do índio, mas poderia ter brotado do escravo, e que está viva em cada branco, que é mito do autor e também do leitor) sem chegar nunca a desmistificá-lo, que mantém viva *Casa Grande & Senzala*. Qualquer sociólogo possuído da patetice da objetividade poderia destruir os argumentos. Poucos, se é que algum poderiam refazê-lo endemoniando o real e deixando-o, como encosto, a perseguir a alma das gentes. (116)

Sem adotar o marxismo, Gilberto Freyre viu, entretanto, na economia, uma chave para entender a cultura[29] já que as técnicas de produção econômica incidiriam sobre a estrutura social e, no caso do Brasil, a produção agrícola extensiva e a mão-de-obra escrava condicionariam o conjunto da vida social.

Antropólogo, não confunde raça com cultura e dá primazia a esta nas explicações; cientista social, vê a cultura como parte da produção da própria vida, mesmo a material. Existe, portanto, uma *ciência* na obra. O mito se mescla com o saber. E a ciência proposta por Gilberto era, para a época, novidade. Mesmo Euclides, que valoriza o outro componente da brasilidade ("o sertanejo é antes de tudo um forte") baseia-se numa antropologia mais física do que cultural. E Oliveira Vianna, contemporâneo de Gilberto Freyre, nem se diga: dera uma volta atrás para agarrar-se às "teorias" do quase-determinismo racial e das superioridades raciais.

Fernando Henrique exalta, finalmente, no clássico de Freyre, o caráter holístico, a vontade de ler o conjunto de uma cultura, apelando, para tanto, a interpretações e extrapolações fortemente ficcionais. Sente falta, em consequência da crise de legitimação que o mesmo Freyre aponta em sua obra, de um tipo de discurso crítico fortemente judicativo, ao mesmo tempo ficcional e político, algo assim como

um *Grande Indústria & Favela*, menos preso às virtudes (de resto mais difíceis de gabar) do capitão de indústrias e mais sensível aos anseios, ao modo de ser e ao intuir do futuro das camadas populares, capaz de ver na favela não o cadinho da marginália mas o ergástulo dos trabalhadores das periferias sem fim, estepes quentes das nossas cidades,

prisão que, paradoxalmente, se flexibilizaria e potencializaria, a partir do governo FHC, como inclusão não-inclusiva dos desempregados e excluídos de toda sorte.[30]

Interamericanismo e insularidade

Vários críticos culturais têm proposto uma dimensão do *entre*, através de uma hermenêutica pluritópica, que auxilie a descriminar pós-modernidade de pós-colonialismo. A pós-modernidade seria, assim, uma forma, a contra-pelo, de ler a modernidade e a desconstrução, uma operação tendente a este fim. O pós-colonialismo, no entanto, visaria questionar toda interpretação na esfera da semiose colonial, valendo-se, nesse sentido, da descolonização. Ambas, entretanto, projetar-se-iam para espaços marginais, entre-lugares concebidos como posições *a partir* das quais pensar, por oposição a locais *sobre* os quais agir. Trata-se, sem dúvida, de lugares híbridos de pensamento que não são, a rigor, espaços para pensar o híbrido, mas espaços onde a condição de entre-lugar afeta as próprias determinações críticas (cf. Mignolo; Santiago; Moreiras; Quintanilla).

A questão da inclusão não-inclusiva, abordada já por Gilberto Freyre em seus ensaios, coloca-nos, portanto, o tema da inexistência de vínculo comunitário de tipo orgânico. A insularidade que dela decorre é pura iminência; define-se como o local onde se espera, mesmo sem nada poder ser esperado, onde nada acontece mas onde também anuncia-se, apesar dos pesares, algo por vir.

> A insularidade sempre teve um lugar privilegiado mas ao mesmo tempo ambíguo, como margem de toda hospitalidade, de toda violência. A insularidade (...) desenha um lugar cujas bordas (*shores, sides, banks*) não compartilham qualquer fronteira terrestre, natural ou artificial com o outro; mesmo que esse habitat, naturalmente protegido em seus limites, veja também seu corpo devassado, desarmado, oferecido em todas suas 'borderlines', entregue a tudo aquilo que, em suas margens, pode acontecer [arriver] ('*arrive*', '*happen*', no sentido da vinda mas também do evento). O corpo de um habitat insular parece defender-se e expor-se mais do que qualquer outro. Oferece-se ao estrangeiro que ele acolhe, e é a *politesse*, é a hospitalidade, opõe-se ao estrangeiro que rechaça, ao guerreiro, ao invasor, ao colono, e é a recusa, o fechamento introvertido, a hostilidade. A menos que por uma certa incorporação do estrangeiro em si, não elabore seu luto do outro e dessa oposição. (Derrida, "Faxitexture" 7)

Há uma série de textos de Gilberto Freyre, escritos durante a guerra, no início dos anos 40, que são, a seu modo, seu luto do outro e da oposição entre próprio e alheio. Creio interpretar que eles derivam da conferência proferida na Biblioteca do Itamaraty em outubro de 1940, publicada no ano seguinte, com o título *Atualidade de Euclides da Cunha*, pela Casa do Estudante do Brasil e, logo a seguir, em tradução argentina, *Euclides da Cunha*. São textos sobre o sertanejo como *homo sacer*.[31] É, com efeito, a partir do paradoxo do civismo brasileiro derivar de uma profecia milenarista, ou em outras palavras, é da aporia de a inclusão republicana repousar na exclusão eterna que Freyre deriva uma teoria do conhecimento social e uma prática simbólica próprias. São elas, além do mais, que marcam sua estréia em *La Nación*, como defensor de um hibridismo político que ele denomina *interamericanismo* e onde se combinariam "la unidad con la variedad. El continentalismo con el regionalismo. La historia con la geografía". O objetivo dessas intervenções seria, portanto, conciliar o sentido da extensão continental da cultura com o de densidade e individualidade das ilhas culturais e políticas que a constituem, perfazendo um continentalismo politicamente pluralista e um americanismo culturalmente heterogêneo.[32] Para tanto, argumenta Freyre,

> La formación histórica del continente no se inició ni evolucionó en su fase más plástica por métodos sólidamente continentales, sino más bien sobre la base provinciana o regional; sobre una a modo de islas sociológicas agrupadas con mayor o menor intimidad: las de colonización inglesa, las de colonización española, las de colonización portuguesa. Y esas propias islas fragmentadas en islotes las revelaria como numerosas un mapa de la formación sociológica de las Américas.
>
> De ahí la predisposición – que nunca debe ser olvidada – a la variedad regional o provincial de cultura – *cultura*, claro está, en su más amplio sentido, el sociológico, y *provincial*, igualmente en la amplia acepción que le da la geografía cultural – que caracteriza a América, en oposición a su continentalidad magníficamente escenográfica, tan rica en sugestiones y hasta de condiciones de unidad y totalidad. Pero una unidad o totalidad en gran parte superficial, cuando se la compara con los profundos motivos de diversidad de vida y de paisaje cultural, que actúan genéticamente sobre los diversos grupos americanos. ("Interamericanismo")

Freyre defende, em *La Nación*, que as nações não existem, que na América Latina nos defrontamos, tão somente, a uma diversidade cultural "no siempre correspondiente, por cierto, a los títulos de 'naciones' con que se presentan algunos de los grupos". Trata-se apenas de diversidade regional ou provincial de cultura, e isto porque, segundo o autor, a América formou-se sociologicamente como um grupo de ilhas, que por motivos ou necessidades sociológicas ou econômicas específicas, foram se agrupando em arquipélagos, "por medio de confederaciones como la anglo-norteamericana, o de reinos y después imperios como el luso-brasileño, o repúblicas como las de la América

78

española", o que perpetuou, entretanto, seu caráter insular originário.

> La conciliación de la historia social con la geografía física estará en que nos consideremos un archipiélago sociológico de proporciones continentales. Ni las islas deben ser, en este caso, olvidadas por el criterio de masa de la continentalidad, ni el continente – la espléndida condición de continente que existe en América y ha menester ser utilizada para el bienestar general – debe ser olvidado bajo un criterio estrecho de insularidad de los pueblos o naciones de las Américas: su balcanización o separación en islas políticas o económicas duramente aisladas unas de otras o crudamente antagónicas y hasta enemigas por intereses económicos o políticos mal combinados o por traiciones al todo americano, basados en particularismos exagerados de alianzas transoceánicas.

mote com o qual Freyre introduz *en passant* o tema da *oceanidade*, quer dizer, das afinidades particulares que mantêm as províncias americanas com outras províncias culturais, européias e africanas, que sobre elas agiram com força. Assim, argumenta Freyre,

> en las Américas existen condiciones favorables a la conciliación del criterio de isla – que de modo general es el de cualidad, o de diversidad, o de especialidad – con el de continente que, de modo también general, es el criterio de cantidad o de totalidad. El criterio de Panamérica. El término 'panamericanismo' se desenvolvió como una especie de glorificación de la idea de masa o totalidad americana, que es sin duda alguna una fuerza que debe ser aprovechada por los estadistas americanos, pero por la cual no debemos dejarnos dominar como por un gigante apenas fuerte. Es un americanismo de cantidad. En las islas, en las provincias, en las regiones se olvida lo que tiene de bueno desde el punto de vista de la calidad. A una Panamérica indistinta, pomposamente maciza, filípicamente una, me parece preferible una combinación interamericana de energías regionales y cualidades provinciales: energías creadoras, susceptibles de ser utilizadas en vasto plano continental, no sólo de la economía o de la política, sino de cultura. Utilizadas sin violencia sus peculiaridades. Utilizadas interamericanamente.
>
> Nada me parece más de acuerdo con el destino de las Américas y de su cultura, no sólo de cantidad cuanto de calidad; no sólo

de extensión democrática como de intensificación y diversificación aristocrática, que la conservación de la variedad dentro de la unidad. Nuestras semejanzas son tan fuertes, tan naturales, tan llenas de capacidad para perpetuarse y hasta desenvolverse, que no necesitamos, por amor exagerado de ellas, sacrificar o aplastar nuestras diferencias. (...) Al estudio así orientado de las semejanzas de carácter patológico – socialmente patológico – la acompañará el de las diferencias. El estudio simpático, y no frío y sin amor, de las diferencias. El estudio de la manera de conciliarlas sin aplastarlas, tanto depende de ellas la verdadera salud social y de cultura del continente.

Em artigo posterior, "Americanismo e Hispanismo", aprofunda a hipótese ao argumentar que o Brasil, por exemplo, tem uma tradição monárquica que talvez o descaracterize, perante seus vizinhos, como um país menos democrático que os Estados Unidos, mas, em compensação, nos diz, seu regime político é bem mais democrático do que outros no tocante ao ajustamiento interétnico, já que "en el propio Imperio se elevaron a situaciones sociales y políticas excelentes, mestizos francos como Rebouças y Saldanha Marinho, y en la República un mulato inconfundible como Nilo Peçanha llegó a la presidencia y a substituir en el Ministerio de Relaciones Exteriores al rubio ministro Lauro Müller".

Repare-se, entretanto, que muito embora defenda a insularidade, Freyre é consciente, como diria Derrida, da ambivalência estrutural em que a hospitalidade coexiste com a hostilidade e, portanto, alerta que

la condición sociológica de la 'isla' de cada gran pueblo americano no puede significar dependencia de cualquiera de los bloques de donde nos vinieron los elementos principales de la formación de cultura. Tal tendencia sería colonialismo. Y colonialismo de saber político. Por consiguiente, contrario, no simplemente a las fórmulas, sino también a las tendencias más íntimas del americanismo como expresión de cultura nueva y más libre que la europea. Por otra parte, los pueblos americanos de formación hispánica – portuguesa o española – estamos en una fase de desenvolvimiento de cultura que nos conviene siga siendo una fase de colonización cultural europea. De postcolonización cultural europea puede decirse. Pero postcolonización cultural en la cual los elementos portugueses y españoles, es decir los verdaderamente de 'élite' y los 'folklóricos' o populares, entren en el desenvolvimiento de la cultura de los pueblos nuevos de América para tornar más vigorosas su individualidad y su tradición hispánica. ("Americanismo...")

Tanto quanto em seus pósteros, Martinez Estrada ou Darcy Ribeiro, a questão, a seu ver, também é de ênfase mas não de orientação. É de força mas não de forma. O contrário ainda seria o pan-americanismo unitário e simplista da modernização autoritária do 1900. No caso específico do Brasil, o inter-americanismo pós-colonial de Freyre

> significa una amplia participación europea, en general, y portuguesa en particular –de 'élites' y elementos populares– en el desenvolvimiento de una cultura que no obstante ser americana en su ritmo y en sus formas más libres de expresión, de creación y ampliación de valores, sea al mismo tiempo hispánica –especialmente portuguesa– en sus motivos más profundos de vida y en sus maneras más características de ser. Al vincularse con América no se pierden tales elementos y 'élites' ni mueren sus energías, puesto que aquí se amplían sus posibilidades de expresión, junto con la de cada pueblo en particular y la de los americanos en general.

A dualidade entre insulares e continentais, no interior das culturas latino-americanas configura assim, segundo Freyre, um antagonismo que não é impossível de vencer mediante a conciliação. Trata-se, pelo contrário, de "una dualidad fecunda que hay que aprovechar. Probablemente sobre ella tendrá que fundarse la verdadera articulación de una cultura americana que no sea un puro americanismo horizontal o de superficie" mas represente, no entanto, uma "ampliación sin sacrificio de la profundidad" daqueles valores herdados da Europa, da África e da Ásia: a luso-tropicalidade.

S/He

Em sua leitura de Heidegger, Derrida frisa que, nessa sua reflexão, trata-se de determinar a *ipsidade* do *Dasein*, seu ser ele-próprio, que não é nem egoísmo nem solipsismo, mas uma dimensão de entre-lugar, uma condição neutra.

Si cette neutralisation est impliquée dans toute analyse ontologique du *Dasein*, cela ne veut dire que le "Dasein dans l'homme", comme dit souvent Heidegger, soit une singularité "égoïste" ou un "individu ontiquement isolé". Le point de départ dans la neutralité ne reconduit pas à l'isolement ou à l'insularité (*Isolierung*) de l'homme, à sa solitude factuelle et existentielle. Et pourtant le point de départ dans la neutralité signifie bien, Heidegger le note clairement, une certaine isolation originale de l'homme: non pas, justement, au sens de l'existence factuelle, "comme si l'être philosophant était le centre du monde" mais en tant qu' "*isolation métaphysique* de l'homme". C'est l'analyse de cet isolement qui fait alors resurgir le thème de la différence sexuelle et du partage duel dans la *Geschlechtlichkeit*. (Derrida, "Geschlecht" 583-4)

Em outras palavras, a condição neutra, a posição de entre-lugar, caminha *pari passu* com um questionamento da diferença, não só ontológica, mas também sexual. É interessante observar, nesse sentido, que, ao falar de inter-americanidade, Gilberto Freyre prefere preservar o americanismo quantitativo, o pan-americanismo da aliança bélica, para a "glorificación de la idea de masa o totalidad americana, que es sin duda alguna una fuerza", a ser aproveitada pelo poder. Propõe, entretanto, "un americanismo de calidad", a seu ver, vivo nas margens, como aliás já previra o manifesto Pau Brasil: ser regional e puro ao mesmo tempo. Voltado, assim, a "una combinación interamericana de energías regionales y cualidades provinciales: energías creadoras, susceptibles de ser utilizadas en vasto plano continental, no sólo de la economía o de la política, sino de cultura", Gilberto Freyre nos apresenta, imediatamente encerrada a guerra, em 1947, a figura de Walt Whitman, como exemplo desse híbrido supra-nacional, soberano, um semblante pop, "um imperfeito, um agreste, um inacabado e, ao mesmo tempo, um clássico", em outras palavras, um super-homem, no sentido nietzscheano da expressão, "o americano saído da classe média que não se revoltou contra a classe média nem se limitou como poeta a ser de uma classe ou de uma raça ou mesmo de um sexo" (Freyre, "O camarada" 23).

A observação é particularmente iluminadora. Ela se vincula a certas reminiscências de juventude que afiançam sua disponibilidade sexual. Roberto Ventura chamou a nossa atenção para o fato de, em várias oportunidades, Gilberto Freyre ter se referido,

> de modo velado, ao seu namoro com Esme Howard Junior, presidente do Oxford Spanish Club, que reunia admiradores da cultura hispânica. Descrito por Freyre como "o mais rosado e belo dos adolescentes de Oxford", Esme era filho do embaixador inglês na Espanha, Lord Howard. Alude ainda à sua curiosidade pelos belos rapazes de Berlim, que se prostituíam devido à fome e à miséria que se abatera na Alemanha entre a Primeira e a Segunda Guerra Mundial. (Ventura 214)

Ora, a observação, longe de ser anedótica, ajuda a amarrar vários conceitos que vimos percorrendo em nossa leitura: o pós-moderno como exaustão da norma e, ao mesmo tempo, a transculturação como potencialização fictiva do social. Diríamos que, a seu modo, Gilberto Freyre decide não mais trabalhar pela sublimação dos particulares, já que o neutro potente que nos apresenta, Whitman, "não quis ser o poeta exclusivo do ideal de uma classe ou de uma raça, de um credo religioso ou de um sexo", e opta por nos mostrar, no entanto, o vazio primordial ao redor do qual giram as forças da vida, em outras palavras a falta constitutiva que assume uma consistência positiva na forma aporética do informe .Essa opção, na cultura brasileira pós-1968, irá adquirindo vários nomes: Clarice Lispector, Hélio Oiticica, Caetano Veloso, Tunga....Essa Coisa que é a identidade (a tal identidade nacional – de classe ou de gênero – que é *das Ding*) não passa, na verdade, de um objeto corriqueiro e cotidiano, que sofre uma espécie de transubstanciação e começa a funcionar, no plano da economia simbólica, como materialização do impossível. Nesse segredo do trânsito – da transubstanciação, da transculturação – reside, justamente, o paradoxo do hibridismo. Ele é um valor que pode muito bem persistir e perdurar nos bastidores da cultura, em estado intermediário, como algo implícito, latente ou rememorado; mas, conforme tentamos sondar-lhe a sombra, percorrer a sua traça e perscrutá-la em busca de maior materialidade, eis que ela se dissolve e o que dela nos resta é apenas um resíduo, a cinza, a borra de uma forma que se desmanchou, irreversível e inapelavelmente, diante de nós.

[1] Freyre é consciente do papel transculturador do sistema universitário. Na *Revista do Brasil* (4/34, Rio de Janeiro, jul. 1941) resenha o livro de Robert Lincoln Kelly, *The American Colleges and the Social Order*, dizendo que "o autor traça o desenvolvimento do sistema universitário nos Estados Unidos –se é que podemos falar em 'sistema' –e procura indicar suas relações com a ordem social. Salienta os efeitos da influência inglesa e a influência alemã sobre tal desenvolvimento e os esforços, que se acentuaram na segunda metade do século passado, de cientistas, intelectuais e educadores norte-americanos de visão larga e coragem de iniciativa, no sentido de associarem o mais possível os centros universitários do seu país a aspirações e necessidades sociais distintamente americanas. Destaca a esse propósito a importância das chamadas 'escolas graduadas', isto é, escolas para altos estudos de filosofia e da ciência denominada pura, acima de qualquer interesse imediato de profissionalismo. Foram essas escolas que permitiram a formação de mestres e professores universitários de acordo com as mais altas exigências intelectuais e científicas e favoreceram o desenvolvimento, nas universidades, da pesquisa científica, da especulação filosófica e da cooperação intelectual nas suas formas mais elevadas. Isto, é claro, nas melhores universidades. Em seis ou oito. Pois é preciso não nos esquecermos de que o grande número das universidades norte-americanas chegaram ao fim do século passado, sem se elevarem àquela situação intelectual, embora desenvolvidas sob outros aspectos. Daí ser tão difícil generalizar sobre universidades ou colégios universitários dos Estados Unidos. O livro do sr. Robert Lincoln Kelly é um livro rico de informações sobre vários aspectos da vida universitária no seu país. Informações por ele reunidas no afã de desenvolver, dentro de um idealismo às vezes convencional, o tema: 'é função dos colégios (universitários) promover o bem geral'. De modo que não lhe parece poder haver retraimento da parte dos colégios universitários em face das 'aspirações populares'".

[2] Exalta, por exemplo, a contratação do mestre do estrutural-funcionalismo britânico, A.R. Radcliffe-Brown, "por uma escola de São Paulo nem sempre feliz nos sociólogos e antropologistas que tem feito subir um tanto a esmo às suas cátedras, mas cujos serviços ao desenvolvimento dos estudos sociais entre nós são inegáveis e maiores que toda a sua falta enorme de discriminação na escolha de mestres estrangeiros". O alvo, claro está, são Dina Dreyfuss e seu marido, Claude Lévi-Strauss ("O antropologista..." 151).

[3] Devo a Gonzalo Aguilar a gentil obtenção das cópias desses textos argentinos de Freyre junto à Princeton University.

[4] Sobre o tópico, consultar Clifford. En *Works and Lives. The Anthropologist as Author*, Clifford Geertz também alude ao estilo de Malinowski como

um discurso pautado pelo *I-witnessing*, calembour teórico que pode ser ouvido como *eye-witnessing* e, portanto, inscrito na esfera dos *Downcast eyes* de Martin Jay. De fato, a posição de Freyre, ao reivindicar a sátira, ainda é tributária de um perfil letrado do intelectual, como detentor do *ponto-de-vista*. Contra ele se posicionaria *el-ojo-mocho* (Horacio González) do intelectual de massas, crítico da cidade letrada e seus valores de *Bildung*.

5 Paradoxalmente, Haroldo de Campos lança mão do conceito de *seqüestro* que Mário de Andrade, em vários escritos, propusera como a tradução do conceito da *Verdrängung* (sublimação) freudiana.

6 Em obra posterior admitirá, na mesma linha de análise, que Max Weber e Simmel são "sociólogos modernos de língua alemã aos quais não falta parentesco com a tradição hispânica de estudo do Homem como um estudo a que não repugna – como repugna ao mais estreito positivismo sociológico – a complexidade dos temas psicossociais que escapem a medições e mensurações. É a tese de Paul Valéry naqueles seus ensaios – *Introduction à la méthode de Léonard da Vinci e Regards sur le monde actuel*– que são talvez dos melhores escritos na nossa época sobre a necessidade de uma reorientação das ciências do Homem como ciências que se assemelham leonardodavincianamente, em seus métodos, às artes plásticas, em sua mesma busca de um homem inteiro, vivente e existente, consciente e subconciente. Uma como convergência de particulares que só considerados gestalticamente adquirem pleno sentido, em vez de um homem quebrado em fragmentos para regalo ou conveniência de especialistas quase mórbidos em seus especialismos. Pois convém não confundirmos a atenção que se deva das aos particulares concretos – a insistência dos nominalistas contra os abstracionistas de outrora – com a obsessão pelo estudo autônomo apenas de um ou dois particulares, à revelia dos complexos para que eles pluralisticamente concorrem, com vários outros particulares, em inter-relações dinâmicas. Foi contra esse risco de particularismos autônomos, considerados isolada e estatisticamente, que Husserl procurou, como sabemos todos, desenvolver seu essencialismo ou sua fenomenologia sem que tal busca de essências deixasse de contribuir para o desenvolvimento do critério de estudo do Homem, voltado para as situações de existência humana, modificadoras de um homem apenas essência, chegando-se à conclusão de ser o indivíduo principalmente um homem e não a Humanidade dos sociólogos comtianos. Um habitante – como lembra Everett W. Knight, em trabalho recente – de uma casa particular; um indivíduo vestido de trajos também particulares; um ser em constante intercurso com particularidades de que Husserl e vários pensadores dos nossos dias, vêm fazendo objetos de especulação filosófica, transferindo o prestígio, outrora atribuído às abstrações, para o concreto; e fazendo o abstrato depender do concreto, como acentua a propósito de algumas das

tendências atuais da filosofia alemã, o Professor Georges Gurvitch, em seu notável livro sobre o assunto. Mas o essencialismo, não tendo resolvido, para alguns dos mais inquietos pensadores do nosso século, os problemas mais pungentes das particularidades com as quais o Homem coexiste, não tardou a desenvolver-se, através de dois ou três desses pensadores modernos, o aliás já antigo existencialismo: aquele existencialismo no qual se consideram objeto de estudo não só os objetos materiais visados pela consciência do homem mas também a existência mesma dessa consciência; e sendo sempre a consciência voltada para alguma coisa que existe, o sentimento nela envolvido tem significação; pois 'revela parte da verdade'. A 'parte da verdade' a que se refere Mr. Everett W. Knight, à página 28 do seu *Literature Considered as Philosophy* (Londres, 1957). E que é idéia já esboçada por J. P. Sartre, apoiando em Heidegger, em sua *Esquisse d'une Théorie des Emotions* (Paris, 1948)" (*Além* 12-3).

7   Muitos anos depois dirá que é o que se verifica, também, no caso das melhores obras, predominatemente literárias, porém com lastro científico, de Aldous Huxley. E pergunta-se: "Que foi, senão uma sociologia mista, que só um humanista completado por um cientista poderia ter produzido a obra, ainda hoje viva e atuante, de Simmel, repelia apenas por pequenos sociólogos pedestres, por lhe faltarem, além de jargão, os números sob que esses pedestres tão confortavelmente repousam das suas andanças raramente úteis àquele conhecimento mais profundo do Homem social que tantas vezes prescinde desse jargão e desses números? Que é, senão sociologia da política, da melhor, a mista, de De Tocqueville, no seu estudo clássico sobre os Estados Unidos – obra que continua viva ao lado de tantas sociologias pedestres já mortas? Ou sociologia da História, da mais autêntica, a de Fustel de Coulanges sobre a "cidade antiga"? Ou antropologia da mais genuína, a de Redfield – tão ostensivamente humanístico no seu modo de ser antropológico quanto Keynes na sua maneira de ser economista? Que fez Nietzsche senão desdobrar-se, como escritor, em psicólogo social, partindo dos rigores convencionalmente científicos da filologia como a cultivavam os alemães do seu tempo e superando-os sem os desprezar? Que é senão misto o atual Toynbee de *A Historian's Approach to Religion*? Que é, senão mista, a sociologia do Direito do há pouco falecido Gurvitch? Que é senão mista a obra arrojada que Jean Duvignaud acaba de publicar sobre Sociologia do Teatro: obra de só um sociólogo apoiado num humanista poderia ter escrito? O caso também de Roger Caillois que levantou o perfil sociológico da novela. O caso, em língua espanhola, de Ganivet, o de Unamuno, o de Ortega e agora o de Julián Marías – tão sociólogos a seu modo de considerar o Homem – pois a Sociologia é uma mansão com muitas moradas – e tão humanistas.

No Brasil, o caso de Euclides da Cunha" (*Além* 87). A questão tem ecos alhures. Paul van den Berghe assinala um deles.

[8] Jorge Amado retoma a metáfora de Gilberto Freyre para radicalizar o debate que ambos mantêm com Mário de Andrade (esse "sub-Wilde mulato") e lança, portanto, a hipótese de que "se fôssemos classificar os movimentos literários e os livros em função do sexo teríamos que o modernismo foi um movimento feminino, se preocupando apenas com a roupa, enquanto, por exemplo, o movimento de ensaios e romances pós-modernistas foi um movimento macho preocupado com o conteúdo. Cai o crítico – diz Amado, em referência a Mário – de certa maneira na 'arte pela arte' que é, realmente, o que se encontra por trás do esteticismo de Mário de Andrade".

[9] Em *Além do apenas moderno*, diz que a situação é diferente à dos Estados Unidos, "sacolejados no sentido de uma renovação social, um tanto – justiça lhe seja feita – pelos intelectuários que o segundo Roosevelt convocou para o serviço de um Estado vigorosamente intervencionalista na vida econômica, por ele oposto ao desbragado "laissez-faire" que culminara na crise de 1931; e outro tanto por intelectuais da independência de palavra ou de opinião dos Veblen, dos Mencken, dos Edgar Lee Masters, dos O'Neill, das Amy Lowell, dos Sinclair Lewis, dos Dreiser, dos Dos Passos, dos Mumford, dos Faulkner, dos Sandburg, dos Pound, dos Frost, dos Vachel Lindsay. Alguns deles sociólogos; ou parassociólogos; ou futurólogos; vários, poetas; um dramaturgo; três ou quatro romancistas; dois ou três críticos literários com alguma coisa de críticos sociais. Escritores de ficção e de não-ficção. Que só analistas de bitola muito estreita deixam de enxergar criatividade máxima nos escritores de não-ficção. A esta altura, é oportuno notar-se, mais uma vez, que o intelectual, podendo, por um lado, extremar-se em intelectualista do tipo abstrato: desligado de um meio concreto e de um tempo específico sem se tornar contemporâneo de um tempo possível, mas apenas de um tempo de todo utópico. Isto é, pode tornar-se um intelectual marcado pelo seu alheamento sistemático do que seja social e do que seja, real ou imaginariamente, tempo; e alienado de gentes e de tempos por uma concepção de criação ou de crítica intelectual desprendida de todo da participação de um criador ou de um crítico que fosse, ao menos, emocionalmente vivente, nas sugestões que lhes viessem de experiências concretas da sua época e do seu meio. Ou de sua concepção de futuros possíveis e não utópicos" (224).

[10] Essas relações estariam passando por substantiva transformação, segundo o Autor, nos Estados Unidos, na transição da sociedade nacional para o Império global. Destaca, a esse respeito, o trabalho de especialistas como Clarence Haring, Lewis Hanke, Bernard de Voto, "o Professor Frank Tannenbaun, – autor de sugestivo ensaio de interpretação sociológica da história rural mexicana – e que substitui,

na Universidade de Columbia, o Professor William Shepherd; o Professor Percy A.Martin, da Universidade de Stanford; os Professores Rudiger Bilden, Handman, James, Bolton, Manchester, Smith, Williams – que acaba de escrever, sob a forma mais atraente, a briografia de D. Pedro II – Donald Pierson, J. A. Robertson, Preston James. O Professor Rudiger Bilden, – atualmente na Universidade de Fisk – vem se especializando no estudo da história social da escravidão na América. Nos seus estudos, o Brasil (...) ocupa lugar saliente. As observações que aqui reuniu, com o fim de comparar o sistema social de escravidão no Brasil com o o do Sul dos Estados Unidos, junta um conhecimento minucioso da biografia brasileira, adquirido na Brasiliana Oliveira Lima, da Universidade Católica de Washngton. De Oliveira Lima, não nos esqueçamos de recordar que não só exerceu, durante o tempo em que foi professor da Universidade Católica de Washington, poderosa influência sobre jovens pesquisadores norte-americanos, como deixou valioso trabalho sobre a evolução da América Latina comparada com a da América Inglesa – conferências realizadas na Universidade de Stanford – no qual aspectos sociais da formação norte-americana são inteligentemente contrastadops com os da formação brasileira. Ainda uma seção dos estudos de história social nos Estados Unidos se impõe ao interesse do leitor brasileiro: os que se referem aos aspectos sociais da historia da agricultura na época colonial e depois da Independência. Os que se referem a época colonial incluem, muitos deles, capítulos sobre as relações das colônias inglesas do Norte com as Índias Ocidentais, com Barbados, com Jamaica e com o sistema latifundiário que aí se desenvolveu sobre a cana de açúcar e a escravidão africana. Nos estudos desses pesquisadores norte-americanos e de alguns ingleses como Harrow, Penson, Williamson, Higham, baseia-se, em grande parte, a obra antes de generalização e de divulgação que de pesquisas ou análise original, de Ramiro Guerra, sobre o açúcar e a populção nas Antilhas; obra ultimamente tão em voga no Brasil. É para lamentar que aqueles estudos fundamentais sobre a agricultura latifundiária e a economia colonial nas Antilhas – nas ilhas tropicais, mais em contato com as colônias inglesas do Norte e depois com os Estados Unidos – estudos cheios de esclarecimentos e sugestões sobre aspectos do desenvolvimento de um tipo de agricultura e de economia que se assemelhou intimamente, em muitos pontos, ao da formação agrária do nosso país, sejam quase desconehcidos entre nós" ("A formação..." 107-8).

[11] Nas conclusões de *Além do apenas moderno* usará de argumento semelhante para validar a *crítica pop*, através da obra de MacLuhan ou Barthes: "Impossível, num livro como este, deixar-se de reconhecer a importância do que sobre 'média', no plano da comunicação, e da cultura denominada 'pop', vem escrevendo o sociólogo (...) Marshall

McLuhan. Entrentanto, o nexo de sua obra não é de todo original: trata-se, nela, de acentuar, sob novas perspectivas, o que de dramático contém o atual embate entre o homem e a técnica. Assunto que já vinha sendo versado por Lewis Mumford, abordado por Aldous Huxley e posto em termos tão dramáticos, sob critério diferente de abordagem, quanto por McLuhan, por C. P. Snow, ao destacar o crescente distanciamento, entre as chamadas duas culturas: a técnico-científica e a humanística ou literária. Poderia ser salientado, a esse propósito, que, no Brasil, começou-se a acentuar e a superar com alguma audácia, desde 1933, o distanciamento, quer entre subespecialismos, dentro de uma só ciência como a social, quer entre especialismo e generalismo. Comunicólogos, como atualmente o Professor McLuhan, e futurólogos, como os brasileiros –inclusive o autor, desde seu curso de conferências na década 60, sobre Futurologia, na Universidade de Brasília – a perspectiva que crêem mais aberta ao futuro é a de especialismo que tendam a conciliar-se com o geral, num relativo neogeneralismo. Se cientistas sociais de hoje, dos Estados Unidos e da Europa, se apresentam, como cientistas sociais modernos – e não mais do tipo comtiano – menos acadêmicos e mais do mundo (...) destaque-se que, em tal modernidade de atitude, foram igualmente antecipados, de forma modesta porém de modo algum desprezível, por sociólogos-antropólogos e pensadores brasileiros. Uma dessas antecipações, a audácia de 'pluralismo metodológico', reconhecida e proclamada pela sua validade, por críticos e pensadores europeus, como o existencilista Jean Pouillon e pelo mestre em crítica de idéias que é Roland Barthes. Criticados, esses pluralistas metodológicos brasileiros, por vezes duramente, sobretudo por americanos dos Estados Unidos, pela sua falta de 'purismo sociológico' ou de 'correção científica', viram-se como que quase enxotados dos 'templos científicos' por cientistas sociais de feito estritamente acadêmico, dos dias em que surgiram aquelas audácias renovadoras do pensamento e das ciências chamadas sociais. Entretanto, atualmente, (...) vai-se além: como que se reconhece, até demais, a necessidade de uma ciência social pós-moderna, em seu modo de ser extra-acadêmica, para intervir em acontecimentos sociais ainda em estado bruto. 'Românticos' foram chamados, com algum desdém, aqueles que, no Brasil, se anteciparam a ultrapassar, em abordagens a assuntos sociais, o puro intelectualismo acadêmico –como que virginalmente cientificóide – pretendendo a essa espécie de sociologia ou de antropologia ou de psicologia ou de filosofia social acrescentar o existencial, o vivido, o imaginado, o só possível de ser captado intuitivamente ou, como reconheceu o Professor Roger Bastide, mestre da Sorbonne, a propósito de um daqueles antecipadores brasileiros por ele e por outros valorizado ou reconhecido, através de abordagens semelhantes à poética" (250-1).

¹² Em "Tropicalistas: sua presença desde o século xvi na literatura em língua portuguesa como ensaistas de um novo tipo", Freyre chama a atenção para a atração pela *cor* que tropicalistas e orientalistas teriam sentido e logo exercido em suas culturas metropolitanas (*Alhos* 62-6).

¹³ Em *Além do apenas moderno* Freyre associa os projetos de José Bonifácio aos de Sarmiento.

¹⁴ Oswald de Andrade, Antônio de Alcântara Machado, Ronald de Carvalho, Manuel Bandeira, Carlos Drummond de Andrade, Sérgio Buarque de Holanda, Prudente de Morais Neto, Tristão de Ataíde, Menotti del Pichia, Cassiano Ricardo, Rodrigo M. F. de Andrade, Afonso Arinos de Melo Franco, Emílio Moura, Tasso da Silveira, Flávio de Carvalho e Aníbal Machado, nessa ordem.

¹⁵ No final dos anos 60, será incluída na segunda edição de *Seis conferências em busca de um leitor*.

¹⁶ Em 1946, Julio E. Payró faz uma série de conferências no Uruguai (na Facultad de Humanidades y Ciencias da Universidad de la República). Numa dessas conferências, "Concepto de modernidad en las artes plásticas", Payró esboçava uma espécie de teoria específica sobre "estilo" (modo otimista) e "anti-estilo" (modo pessimista) que configurariam modas. Algumas dessas idéias já tinham sido publicadas na revista *Nosotros* (Buenos Aires) e no jornal *El País* (Montevidéu), e serão logo aproveitadas em outras conferências, em Buenos Aires e Santiago de Chile. (Cf. Payró). Agradeço a Laura Malosetti Costa e Diana Wechsler a contextualização histórica. Por outra parte, Flávio de Carvalho estava entregue, por esses anos, à redação de um livro, *Dialética da moda*.

¹⁷ Analisando o livro de Charles Howard Hopkins, *The Rise of the Social Gospel in the American Protestantism (1865-1915)*, publicado em Yale em 1940 (*Revista do Brasil* 4/37 [Rio de Janeiro, jul. 1941]: 77), diz Gilberto Freyre que "o autor mostra que o movimento conhecido por 'Social Gospel', nos Estados Unidos, não é nenhum improviso dos começos do século atual. Trata-se da afirmação de tendências que se vêm esboçando desde o fim da guerra civil, no sentido da socialização do protestantismo norte-americano. Em essência, essa socialização é, para o dr. Hopkins, o resultado da influência, sobre as seitas protestantes, da chamada Produção Industrial e do que o autor considera concomitantes da mesma revolução. A necessidade de enfrentar novas condições sociais criadas pela intensa industrialização de áreas, na sua maioria agrárias, e de gente, na sua quase totalidade protestante, acentuou nos vários grupos evangélicos as preocupações éticas, desenvolvendo-se daí um novo evangelismo: menos teológico e mais sociológico. Sociológico, é claro, no sentido largo e um tanto vago da palavra. Nas suas expressões mais avançadas, esse evangelismo tem ido à análise, à crítica e ao ataque aos fundamentos do capitalismo ortodoxo e ao *laissez-faire* da economia clássica. Um

evangelismo socialista, pode-se dizer; e não apenas social. Romanticamente socialista, às vezes".

[18] Para uma revisão da figura de Lévi-Strauss, cf. Spielmann.

[19] Em suas memórias, diz Ayala que encontrou, esporadicamente com Gilberto Freyre durante o ano que passou no Rio, em 1945. "Sus ideas, su caballerosidad antigua y reposada, su gran finura de espíritu despertaban enseguida la simpatía. Andando el tiempo he vuelto a encontrarlo, siempre de manera fugaz, en varios países y ocasiones distintas" (*Recuerdos* 82).

[20] A tradução é assinada por Ricardo Sáenz-Hayes, autor, entre outros, de *Los amigos dilectos*, um romance de 1927 criticado por Borges em *Síntesis*, e de *El Brasil moderno*, livro que, nesse mesmo ano, Gilberto Freyre resenha para *La Nación* dizendo, ao contrário de Borges, que Sáenz-Hayes "es escritor y no simplemente un periodista". Observa que "el Sr. Ricardo Sáenz Hayes descubrió en el Brasil a un país que, aun sin tener una metrópoli que se aproxime en grandiosidad y vigor urbano a Buenos Aires, se desenvuelve industrial y urbanamente. Es que la república lusoamericana ya no ofrece a los ojos del extranjero habituado a las grandes capitales el simple paisaje pacatamente suburbano de los días en que un Roca, un Sáenz Peña, un Ramón Cárcano cuarentañero, al atravesar las calles de Río de Janeiro o de San Pablo en coches de capota baja, tenía por cierto la impresión de rodar por las callejuelas de un arrabal pintoresco, pero sin grandiosidad alguna. Esa impresión sigue dominado a algunos argentinos, inclusive algunos ilustres, que del Brasil no conocen sino tarjetas postales ya antiguas: del tiempo de sus tíos o abuelos. De más de un porteño de calidad escuché el año pasado en Buenos Aires el reparo – al que acabé por acostumbrarme – de que Río 'es naturaleza', es 'belleza natural', es 'paisaje'. Cuando la verdad es que Río, con todos sus horrores de arquitectura milnovecentista, ostenta hoy, entre restos de la vieja corte suburbana de Machado de Assis y Pedro II, algunos de los mayores triunfos de la arquitectura experimental de que pueda enorgullecerse cualquiera de las Américas". Censura-lhe, entretanto, certo estereótipo negrista que não lhe permitiu ver "una liberación de complejos psicológicos colectivos como la realizada por una especie de psicoanálisis sociológico: el emprendido por escritores de formación científicamente sociológica o antropológica. Esos escritores de formación científica vienen poniendo al descubierto los orígenes brasileños en su conjunto; señalando honestamente lo que en ellos se puede considerar como negativo, como cacogénico, como socialmente patológico y, al mismo tiempo, destacando sus valores auténticos. Entre esos valores no debe olvidarse nunca la figura especialísima del colonizador portugués predispuesto por su contacto íntimo con los moros, por su *oceaninidad*, por su heterogeneidad étnica, a la más amplia confraternización de sangre y de cultura con

amerindios y africanos. Confraternización que se realizaría sin sacrificio del desenvolvimiento, en la América portuguesa, de una aristocracia rural auténtica: la formada en lo alto de las *casas-grandes*, en el medio de las plantaciones de caña y después de café" (Freyre, "Un argentino...").

21 Ortega y Gasset, "El intelectual y el Otro". *La Nación* (29 dic. 1940), apud Campomar 394.

22 "Há quem suponha que passou o tempo do intelectual. Engano a meu ver. O que está se processando diante de nossos olhos é a transformação do intelectual; sua maior humanização talvez; mas não a sua pura extinção" (Freyre 147).

23 Em contrapartida, o romancista José Lins do Rego, íntimo de Freyre, vai traduzir e prefaciar *Todo verdor perecerá* de Mallea para a Editora Globo. Em algumas das crônicas de *Poesia e vida* não deixará, ademais, de associar *Casa Grande e senzala* ao esforço interpretativo da radiografia de Martinez Estrada.

24 Disse Arnon de Mello, na "Saudação a Gilberto Freyre" que precedeu a conferência proferida na Sociedade dos Amigos da América em 22 de maio de 1947, que "por sugestão de Ortega y Gasset, *Nordeste* é editado em espanhol pela Espasa-Calpe, e *Interpretação do Brasil* em Nova York por Knopf, e no México pelo Fondo de Cultura Económica" (Freyre, *O camarada* 8).

25 Numa resenha de *The Middle Classes in American Politics* (*Revista do Brasil* 4/32 [Rio de Janeiro, fev. 1941]: 74) Freyre diz que seu autor, "o professor Holcombe, da Universidade de Harvard, estuda, neste livro, o que considera a 'base econômica da política nacional' (dos Estados Unidos), fixando depois aspectos interessantes da influência das classes medias na vida política da grande república americana. O estudo do professor de Harvard não é simplesmente histórico. Sua análise de idéias de governo de estadistas como Adams leva à discussão de problema complexos de filosofia política e social, ligados a sistemas como o de Kant e o de Hegel. Deste acentua a influência enorme que teve sobre Marx e sobre outros pensadores que desde o século passado dedicam atenção particular à questão política e econômica de classes. Para o professor Holcombe não só Marx como vários dos seus revisores tendem a simplificar em extremo o problema de classes. Essa excessiva simplificação resultaria do desprezo pela interpretação política da história, interpretação na qual se baseia principalmente a filosofia favorável às classes médias como a força cujos interesses se harmonizam da melhor maneira com os interesses gerais da comunidade a que pertencem. Com as classes médias o autor identifica o chamado 'republicanismo democrático' que lhe parece tão apto como o fascismo ou o comunismo a desenvolver programas políticos e econômicos de reconstrução, baseados nas possibilidades oferecidas pelo coletivismo nas suas várias formas

('collectivism in its various forms'). Essa aptidão dependeria de vontade, de ânimo e de capacidade de ação, semelhante a que desenvolveu o fascismo diante do fatalismo dos comunistas. Um livro que se lê com interesse até ao fim, o do professor da Universidade de Harvard. Um livro que é uma vigorosa afirmação de americanismo político, em face das interpretações e soluções dos modernos desajustamentos sociais oferecidas por aqueles pensadores europeus que fazem depender seus planos de reconstrução radical das sociedades humanas da existência de antagonismos de classe".

[26] Uma das primeiras manifestações de Freyre a respeito da Argentina, e sintomática de sua colaboração com *La Nación*, lê-se em crônica datada de Baylor University em setembro de 1920. Acabara de receber *Na Argentina* de Oliveira Lima e fica muito impressionado por noções que mais tarde rejeitaria, tais como a do branqueamento da população que, no caso argentino, e baseado na opinião de Oliveira Lima, Freyre reputa, erroneamente, como "breve, fácil e suave" (*Tempo* 87-9). A questão do estereótipo racial é mais tarde estudada por Freyre em *Heróis*.

[27] É o caso de *A integração do negro na sociedade de classes* (1964) de Florestan Fernandes; de *O negro na sociedade de castas* (1961) ou *Capitalismo, escravidão e trabalho livre* (1975) de Octavio Ianni; de *Os brancos e a ascensão social dos negros em Porto Alegre* (1960) ou *Cor e mobilidade social em Florianópolis. Aspectos das relações entre negros e brancos numa comunidade do Brasil* (1960) de Fernando Henrique Cardoso ou mesmo de *O escravismo colonial* (1978) de Jacob Gorender.

[28] Algumas das primeiras manifestações desse luso-tropicalismo dão-se em *O mundo que o português criou* (1940) e *Integração portuguesa nos trópicos* (1958). Já na resenha a *Portuguese Voyages to America in the Fifteenth Century* de Samuel Eliot Morison (*Revista do Brasil* 4/33 [Rio de Janeiro, mar. 1941]) Freyre define o livro como um "estudo em que o autor chega à conclusão de que, em face das evidências atuais, 'as primeiras descobertas portuguesas no Novo Mundo realizaram-se em 1500: a do Brasil por Pedro Alvares Cabral; a da Terra Nova por Gaspar Corte Real'. Quanto à expedição lusitana que teria precedido à de Colombo, tendo sido entretanto conservada em segredo, parece ao autor pertencer, com outras 'viagens secretas' ou misteriosas de 'descobrimento', ao 'reino de fantasia'. O que lhe parece certo – isto sim – é que 'sem o trabalho preliminar dos portugueses, a primeira viagem de Colombo não teria alcançado seu objeto'. Certo, também, que os começos da historia das Américas se acham ligados aos esforços vitoriosos dos portugueses, que no campo da ciência náutica, quer no da arquitetura naval. É o que se vai tornando claro: a importância da ciência dos portugueses e da sua técnica, na obra européia de desbravamento da África, do extremo Oriente e das Américas. Não foram só homens arrojados, aqueles pioneiros

celebrados por Camões: foram também uma vigorosa expressão de espítiro científico e de cultura técnica".

[29] Resenhando o livro de Lídia Besouchet sobre *Mauá y su época*, pondera Gilberto Freyre que "no es en torno a ningún grande hombre de frac – ni siquiera del Emperador – que puede escribirse la historia económica del Imperio, sino – tenemos que escribirla en torno a alguien – en derredor del esclavo negro; pues el negro fue el cimiento vivo del sistema monocultor, esclavocrático y latifundista en que consistió la economía y por cierto toda la civilización – del Imperio. Yo preferiría decir, no sé si actuando literalmente 'pro domo mea', que la historia económica, como la social y la política, del Imperio brasileño debe más bien ser escrita en torno a las *casas-grandes* de los ingenios de azúcar y de las *fazendas* de café, con sus capillas, sus *senzalas*, sus ríos, que en torno a cualquier personaje aislado: barón o esclavo negro, senador del Imperio o negro fugitivo que se oculta. No es que yo sea de los que niegan la importancia de los grandes hombres, de las *élites*, de las aristocracias, de los héroes y de los mártires en el desenvolvimiento o en la vida de un pueblo. Por el contrario, me coloco francamente entre los partidarios de la historia biográfica, de la propia sociologia, por así decir biográfica, como la más apta para corregir la tendencia, tan acentuada en nuestros días, en el sentido de las generalizaciones acerca de un pueblo o de una época sobre evidencias puramente cuantitativas, con sacrificio o desprecio del elemento personal o heroico, olvidadas las personalidades decisivas. Hay épocas que se dejan caracterizar más exactamente por alguna personalidad masculina que por los sistemas o escuelas que entonces predominaran. Mas ¿habrá sido ese el caso de la época imperial en el Brasil? ¿No habrá sido durante ella el sistema monocultor, esclavócrata y latifundista– que venía madurando desde los días coloniales– superior en fuerza creadora, a cualquier grande hombre que se haya distinguido en la defensa o en la crítica del mismo sistema, en su perfeccionamiento o en su negación? ¿No habrá sido nuestra época colonial una época de numerosos grandes hombres creados a la sombra de las *casas-grandes* y *sobrados* patriarcales, ninguno de los cuales, sin embargo, poderosamente grande como para imponer a las instituciones el sello de su personalidad?" (Freyre, "A propósito...").

[30] É ainda de Fernando Henrique Cardoso o prefácio à 48ª edição de *Casa grande e senzala* (São Paulo, Global, 2003) onde não há qualquer referência ao texto anterior.

[31] Ainda em 1942 verá o humanismo científico, sarmientino, de Euclides como uma chave para a insularidade que mais tarde se traduzirá como *tamaño de mi esperanza*. "'Esta exploración científica de la tierra – escribió Euclides da Cunha en palabras que son la repetición vigorosamente literaria de viejas ideas de José Bonifacio de Andrada – cosa vulgarísima hoy en todos los países, es un preliminar obligatorio

de nuestro progreso, del que nos hemos olvidado indisculpablemente, porque en este punto rompemos con algunas de las más bellas tradiciones de nuestro pasado'. Y con palabras de homenaje a sabios olvidados, cuyo saber fuera, no obstante, aprovechado por administradores portugueses (los tan calumniados administradores portugueses del Brasil colonial): 'Realmente, la simple contemplación de los últimos días del régimen colonial, en vísperas de la independecia, nos revela las figuras esculturales de algunos hombres que hoy valoramos mal, tan menguadas andan nuestras energías y tan grandes son la indiferencia y el desamor con que nos volvemos hacia los intereses reales de este país... Nos separamos de esta tierra. Creamos la extravagancia de un destierro subjetivo que nos aparta de ella, mientras vagamos como sonámbulos por su suelo desconocido...' (Freyre, "Otra vez...").

[32] Em novembro de 1940, Gilberto Freyre faz uma conferência, na Biblioteca do Estado do Rio Grande do Sul, em comemoração ao bicentenário de Porto Alegre, onde, pela primeira vez, desenvolve a dinâmica entre continente e ilha. Seria publicada em livro em 1943 e mais tarde reunida em *Problemas brasileiros de Antropologia*. Dela derivam os textos para *La Nación* e a partir dela também se inspira Viana Moog para seu livro de 1943, *Uma interpretação da Literatura Brasileira*.

Obras Citadas

Amado, Jorge. "A solidão é triste". *Dom Casmurro* 116 (2 set. 1939): 2.

Andrade, Oswald de. "Herói de Apipucos". *Estética e política*. Maria Eugênia Boaventura, org. São Paulo: Globo, 1992. 88-9.

Ayala, Francisco. *Recuerdos y olvidos. 2. El exílio*. Madrid: Alianza Tres, 1983.

_____ "El curso de Roger Caillois". *Sur* 73 (out. 1940): 86-18.

_____ "Ubicación en la sociología de Gilberto Freyre". *Sur* 110 (dez. 1943): 18-25.

Berghe, Paul van den. *Lacan lector de Simmel: una extraña alianza*. Buenos Aires: Grama, 2003.

Borges, Jorge Luis. "Algunos pareceres en Nietzsche". *La Nación* (11 fev. 1944): 1.

_____ "El propósito de Zarathustra". *La Nación* (15 out. 1944): 1.

Burke, Peter. "Gilberto Freyre e a nova história". *Tempo social* 9 (out. 1997): 1-12.

Campomar, Marta M. *Ortega y Gasset en La Nación*. Buenos Aires: Elefante Blanco, 2003.

Cardoso, Fernando Henrique. "À espera de *Grande indústria e favela*". *Senhor/Vogue* 2 (maio 1978): 115-21.

Clifford, James. "On Ethnographic Self-fashioning: Conrad and Malinowski". *The Predicament of Culture: Twentieth-Century Ethnography, Literature and Art*. Cambridge: Harvard University Press, 1988.

Derrida, Jacques. "Faxitexture". *Noise* 18/19 (1994).

_____ "*Geschlecht*. Différence sexuelle, différence ontologique". *Cahiers de L'Herne: Heidegger*. Martin Haar, org. Paris: Èditions de l'Herne, 1983.

Freyre, Gilberto. *Modernidade e Modernismo na Arte Política*. São Paulo: s.c.p., 1946.

_____ *O camarada Whitman*. Rio de Janeiro: José Olympio, 1948.

_____ *Além do apenas moderno: Sugestões em torno de possíveis futuros do homem em geral, e do homem brasileiro, em particular*. Rio de Janeiro: José Olympio, 1973.

_____ *Alhos e bugalhos: Ensaios sobre temas contraditórios: de Joyce à cachaça, de José Lins do Rego ao cartão-postal*. Rio de Janeiro: Nova Fronteira, 1978.

_____ *Heróis e vilões no romance brasileiro*. São Paulo: Cultrix/Edusp, 1979.

_____ *Tempo de aprendiz: Artigos publicados em jornais na adolesceência e na primeira mocidade do autor (1918-1926)*. J.A.G. de Mello, org. São Paulo: IBRASA/INL, 1979.

_____ *Manifesto Regionalista*. 7ª ed. Fátima Quintas, org. Prefácio de A. Dimas. Recife: Fundação Joaquim Nabuco/ Massangana, 1996.

_____ Prefacio. *Os ossos do mundo*. Flávio de Carvalho. Rio de Janeiro: Ariel, 1936. 5-9.

_____ "Sociologia e literatura". *Lanterna verde* 4 (nov. 1936): 15-8.

_____ "A formação social norte-americana comparada, em alguns dos seus aspectos, com a brasileira. Os atuais estudos de história social nas Universidades dos Estados Unidos". *Brasil-Estados Unidos. fatores de amizade entre as duas grandes pátrias americanas*. Rio de Janeiro: Diário de Notícias, 1938. 97-108.

_____ "Americanismo e Hispanismo" *La Nación* (12 abr. 1942): 2ª seção, 1.

_____ "O antropologista inglês Radcliffe-Brown". *Ingleses*. Pref. José Lins do Rego. Rio de Janeiro: José Olympio, 1942. 151-5.

_____ "Interamericanismo". *La Nación* (8 fev. 1942): 2ª seção. 1.

_____ "Otra vez Euclides da Cunha". *La Nación* (12 jul. 1942): 1.

_____ "A propósito de Mauá". *La Nación* (21 mar. 1943): 1.

_____ "Un argentino escribe sobre el Brasil". *La Nación* (18 jul. 1943): 1.

_____ "Malinowski". *La Nación* (27 jun. 1943): 1.

_____ "Antropologia social e Antropologia cultural". *Problemas brasileiros de Antropologia*. Pref. de Gonçalves Fernandes. 2ª ed. revista e aumentada. Rio de Janeiro: José Olympio, 1959. 10-19.

Geertz, Clifford. *Works and Lives: The Antropologist as Author.* Stanford: California University Press, 1988.

Lévi-Strauss, Claude. "O cubismo e a vida cotidiana". *Revista do Arquivo Municipal* 2/18 (nov.-dez. 1935): 241-5.

Mallea, Eduardo (?). "Nota". *La Nación* (8 fev. 1942): 2ª seção, 1.

Mignolo, Walter. *The Darker Side of the Renaissance. Literacy, Territoriality, & Colonization.* Ann Arbor: University of Michigan Press, 1995.

Moreiras, Alberto. *Tercer espacio: literatura y duelo en América Latina.* Santiago: LOM/Arcis, 1999.

Payró, Julio E. *Arte y artistas de Europa y América.* Buenos Aires: Futuro, 1946.

Quintanilla. *Interculturalidad: itinerarios críticos.* La Paz: CIE-Universidad Mayor de San Andrés.

Santiago, Silvano. "O entre lugar do discurso latinoamericano". *Una literatura nos Trópicos: ensaios sobre dependência cultural.* 2 ed. Rio de Janeiro: Rocco, 2000.

Sarlo, Beatriz. *Borges, un escritor de las orillas.* Buenos Aires: Ariel, 1995.

Spielman, Ellen. *La desaparición de Dina Lévi-Strauss y el travestismo de Mário de Andrade: enigmas genealógicos en la historia de las ciencias sociales y humanas del Brasil moderno.* Berlim: Wissenschaftlicher Verlag Berlin, 2003.

Suleiman, Susan Rubin. "Bataille in the Street: The Search for Virility in the 1930s". *Bataille. Writing the Sacred.* Carolyn Bayley Gill, org. London: Routledge, 1995. 26-45.

Ventura, Roberto. "Sexo na senzala. *Casa grande & senzala* entre o ensaio e a autobiografia". *Literatura e Sociedade* 6 (2001-2): 212-23.

O Atlântico lusotropical: Gilberto Freyre e a transformação do hibridismo

Robert J. C. Young
New York University

Enquanto eu escrevia a minha história global do anti-colonialismo e suas relações com o pós-colonialismo (Young, *Postcolonialism*), tornava-se progressivamente aparente que cada continente que observei apresentava algum tipo de exceção: no sul da Ásia, a Índia, como observou Ranajit Guha, conseguiu a independência sem um movimento de libertação nacional; o movimento de independência do Oriente Médio foi, e continua a ser, completamente anômalo em relação aos movimentos de libertação em outras partes; na África temos o Pan-Africanismo e a ardente dialética entre a prática da não-violência contra as colônias de extração de recursos (*exploitation colonies*) e o conflito armado contra as colônias de povoamento (*settler colonies*), etc. Deste modo, o que mais me surpreendeu foi a situação disjuntiva da América Latina. Historicamente, claro, a América Latina encontra-se num tipo de disjunção temporal comparado ao resto do mundo não-ocidental, isto é, os países da América Latina tecnicamente, em termos cronológicos, raramente são mais "pós-coloniais" do que os Estados Unidos, tendo alcançado independência no período entre 1808-25. Existiram também anomalias adicionais tais como a do império português, que durante o século dezenove oficialmente abandonou Portugal para estabelecer-se no Brasil.

Pelo fato da maior parte do continente latino-americano já estar independente, ele não participou dos movimentos anti-coloniais do século vinte da mesma forma que o Caribe, a África e a Ásia. Isto fica bem ilustrado pela importante Conferência Anti-Colonial, realizada em Bruxelas em 1927, à qual assistiram os mais importantes líderes do momento, Padmore, Senghor, Kenyatta, Nehru e Ho Chi Minh, entre muitos outros. Com exceção do Caribe, os países latino-americanos estavam escassamente envolvidos. O desfecho disto foi que o continente latino-americano não participou de forma central da história dos movimentos anti-coloniais (com a exceção das Guianas e de países da América Central como Belize), e esta tendência tem se perpetuado em termos de teoria pós-colonial. Hoje, esta história é reiterada quando os teóricos pós-coloniais se voltam para a conferência de Bandung em 1955 como o momento histórico central da política pós-colonial e de seu posicionamento ideológico: Bandung estabeleceu a solidariedade entre os povos asiático e africano, mas esta não estendeu-se para o terceiro continente do Sul, a América Latina.

Porém, a era de Fanon, o decano da teoria pós-colonial, marcou um momento político muito diferente daquele de Bandung. Em termos políticos, Bandung estabeleceu o movimento não-alinhado, uma tentativa de estabelecer uma identidade política para o terceiro mundo distinta dos sistemas rivais do capitalismo e do comunismo. O movimento jamais explicitamente incluiu uma identificação política com o drama do subalterno ou das populações subalternas, o qual vemos atualmente como fundamental para a política pós-colonial. Este deslocamento político em direção ao subalterno foi, contudo, fundamental para aquilo que eu chamo "marxismo tricontinental". Em 1961, Fanon falou de um anti-colonialismo revolucionário em nome "dos condenados" (*Les damnés de la terre*, o título traduzido para o inglês como "The Damned" e "The Wretched of the Earth"). No mesmo ano, num gesto cubano de contraponto, Che Guevara falou da revolução cubana como "uma revolução com características humanísticas. Ela é solidária com todos os oprimidos do mundo" (229).[1] Em 1973, Galeano ecoaria Fanon e Guevara ao finalizar *Las venas abiertas de América Latina* com o seguinte comentário: "a tarefa está nas mãos dos despossuídos, dos humilhados, dos amaldiçoados" (283). Oprimido mas não condenado, e agora resistindo: em todo caso, o que foi distintivo foi o alcance global da categoria política: os condenados *da terra*; os povos oprimidos *do mundo*. Uma fundamental solidariedade global entre "os oprimidos" forma a base da política e da epistemologia pós-coloniais, uma solidariedade institucionalizada não em Bandung, mas seis anos depois da publicação de *Os Condenados da Terra*, na primeira Conferência da Organização de Solidariedade dos Povos da África, Ásia e América Latina, realizada em Havana em 1967, que ficou conhecida como a Tricontinental.

A política revolucionária da Tricontinental veio a se espalhar pelo mundo no ano seguinte. Os historiadores de fato nunca foram capazes de chegar a um consenso com relação a 1968, um momento revolucionário que não operou no tradicional domínio político de outros momentos revolucionários. Isto aconteceu porque a revolução foi tanto epistemológica quanto política, e foi epistemológica a fim de poder ser verdadeiramente revolucionária. Se o imperialismo foi, como sugere Said, não só um projeto político formal senão também um projeto de produção de conhecimentos, então 1968 sinalizou o momento da ruptura epistêmica, quando a forma dominante do conhecimento ocidental, o qual aumentara sua homogeneidade por meio de um desenvolvimento ininterrupto nos últimos duzentos anos, foi interrompida pela intrusão de uma diferente posição subjetiva, de diferentes formações epistêmicas que eram o produto dos movimentos anti-coloniais. Os subsequentes desenvolvimentos dessas formas de conhecimento são comumente identificados com o "pós-colonialismo". Por muitas razões, incluindo o fato de que o termo inclui a América do Sul em vez de excluí-la, eu prefiro chamá-lo não de "pós-colonial", mas de "tricontinental".

Do ponto de vista teórico, a história da América Latina e a resposta intelectual e política a essa história incluem muitas das características que produziram o "pós-colonialismo": internacionalismo; uma teoria revolucionária concebida para favorecer a auto-determinação e a autonomia nacional e teórica; alinhamento com a análise marxista dos problemas da dominação cultural e do neo-colonialismo, dependência e a fundamental identificação tricontinental com a revolução camponesa ou, mais genericamente, subalterna.

Neste sentido, o "pós-colonialismo" como prática acadêmica é de muitas formas completamente latino-americano, um produto da tradição revolucionária caribenha, operando explicitamente na base da *world system theory* [teoria do sistema-mundo] desenvolvido por Wallerstein a partir da teoria da dependência. Ao mesmo tempo, é verdade que em termos disciplinares dentro da academia, o pós-colonialismo tem se expandido de forma relativamente independente dos Estudos Latino-Americanos na Europa, América do Norte e Ásia. Sem dúvida, isto é o resultado, em parte, das diferentes línguas, culturas e condições de apoio institucional das disciplinas, juntamente com o complexo processo no qual um novo campo acadêmico é constituído. Soma-se a isto a diferença claramente cronológica já mencionada entre a situação pós-colonial de países como a Índia, a Nigéria ou a Algéria, os quais ganharam sua independência a partir de 1947, e a situação da América Latina. A América Latina e a teoria pós-colonial também se desenvolveram como discursos diferentes que surgiram de problemáticas históricas compatíveis, mas distintas. Enquanto a teoria pós-colonial emergiu, em grande medida, a partir da base política, filosófica, cultural e psicológica das análises críticas efetuadas pelos movimentos de libertação (ou seja, a partir de um conjunto de conhecimento e de estratégias políticas, articuladas mais fortemente por Gandhi e o Fanon de *Os Condenados da Terra*), na América Latina os discursos dominantes têm se preocupado com o problema dos sem-terra e da reforma agrária, com a sobrevivência dos povos e das culturas indígenas, com o analfabetismo, a dependência, o desenvolvimento e os modos de resistência cultural contra um contínuo imperialismo americano baseado nos parâmetros unilaterais da Doutrina de Monroe. A lacuna entre a América Latina e o pós-colonial é ainda mais notável dada a situação de "dependência" e o domínio dos Estados Unidos sobre o continente ao sul. Grande parte da estrutura teórica dos estudos pós-coloniais, seja a teoria do sistema-mundo ou a teoria econômica da dependência e do neo-colonialismo, atualmente opera dentro de uma estrutura geral originalmente desenvolvida na América Latina.

Apesar disso, pode-se argumentar, a teoria pós-colonial e suas formas de crítica política ainda não levaram suficientemente em conta a América Latina. Até mesmo o Caribe geralmente é considerado na Inglaterra como parte do Atlântico Negro Anglófono e não da América Latina. No passado recente, tem havido relativamente pouca transculturação na zona de contato entre a América Latina e o mundo acadêmico anglófono. De uma perspectiva latino-americana, a frustração não é tanto com o fato de que vários aspectos dos estudos pós-coloniais pareçam como que *déja-vu*: sem dúvida, é ainda mais frustrante para os latino-americanistas quando a teoria pós-colonial divulga idéias que propõe como originais, mas que, de fato, já foram formuladas na América Latina há muito tempo. O processo pelo qual conceitos culturais chaves do discurso crítico dos latino-americanistas tomam uma vida autônoma em metrópoles fora da América Latina sem o devido reconhecimento é indicativo da persistência da problemática central da dependência. Um exame mais

102

profundo, porém, revela uma genealogia mais complicada. A idéia do hibridismo em particular – embora comum aos dois discursos críticos e derivada historicamente das mesmas fontes – foi desenvolvida independentemente para contextos e propósitos muito diferentes.

O hibridismo tem se tornado o marcador cultural por excelência das sociedades pós-coloniais nas metrópoles ocidentais, transformadas pelos efeitos da imigração bem como pelas culturas das ex-colônias, nas quais os legados do feudalismo estão justapostos a formas de modernidade e pós-modernidade. Enquanto a preocupação com a classe camponesa (proletária, agrícola) tem sido uma característica comum de grande parte do radicalismo político tricontinental, da China à Argélia e ao Brasil, o *indigenismo*, a identidade mestiça e o hibridismo seriam justamente entendidos como articulando preocupações políticas mais particulares da América Latina, com Mariátegui no Peru dos anos vinte e Gilberto Freyre no Brasil dos anos trinta como os pioneiros. O "hibridismo", como Néstor García Canclini observa, "tem uma longa trajetória nas culturas latino-americanas" (241).

Eu gostaria de analisar um exemplo desta longa trajetória e, especificamente, verificar como o hibridismo foi formulado como um conceito racial e distintamente cultural por Gilberto Freyre nos anos trinta. O livro de Freyre, *Casa-grande e senzala*, foi publicado em 1933 e traduzido pela primeira vez para o inglês em 1946. Quando se considera o que acontecia no resto do mundo naquele momento, percebe-se que não foi algo insignificante o fato de Freyre propor o hibridismo como algo positivo. Porém, mesmo que Freyre tenha emergido no Brasil como o seu proponente, a idéia, de fato, não era original. Ela já havia sido proposta pelo menos cinquenta anos antes, por vários intelectuais latino-americanos, principalmente no México. Por que a teoria de Freyre tornou-se a mais conhecida?

A história das atitudes políticas, sociais e culturais em relação à raça na América Latina é extremamente complexa, mas foi sem dúvida influenciada pelo impacto das teorias raciais européias, da conquista em diante. No período da independência, no início do século dezenove, ou final do século dezoito, se localizarmos o Haiti dentro da América Latina, havia, de maneira geral, três possíveis posições. A primeira, o movimento de independência, como aconteceu nos Estados Unidos, era, na maioria dos casos, um anti-colonialismo efetuado pelos colonos, e, como nos EUA, deixava os colonos brancos no poder. Dessa forma, a atitude dominante em relação à raça, na maior parte do século, refletia a posição de supremacia dos colonos brancos. Outros grupos étnicos, notadamente os indígenas americanos, eram vistos como uma necessária mão de obra servil, ou como um indesejável grupo a ser extinto, como na Argentina.

Na metade do século, entretanto, duas outras possíveis posições emergiram: o movimento de *indigenismo*, que começou a desenvolver a idéia de uma identidade nacional baseada nas raízes históricas das populações indígenas e suas culturas, privilegiando, dessa forma, o índio e não o colono branco ou as populações mestiças, como no Peru e no Chile (no Peru, Mariátegui é provavelmente a figura mais conhecida neste contexto); ou o argumento de que a verdadeira "raça" latino-americana é agora a "mestiça", que combina as duas. Esta idéia foi desenvolvida no Peru, Chile e Brasil, mas o seu centro mais importante de difusão foi o México. As razões disto são históricas, não somente porque o México era o país mais misturado em termos raciais, mas também por causa dos problemas após a independência, período no qual a guerra contra os Estados Unidos em 1846-1848 e os contínuos conflitos étnicos e de classe resultaram na invasão das forças francesas e britânicas em 1861 e numa breve imposição do imperador Maximiliano da Áustria, entre 1864-1867. A reação nacionalista à interferência européia e uma atitude radical em relação aos conflitos sociais que eram o produto das divisões étnicas significaram que, de 1870 em diante, o mestiço e a mestiça foram promulgados – de modo crescente – como o verdadeiro homem e a verdadeira mulher da nação, e a miscigenação foi defendida como a solução para os problemas sociais e políticos mexicanos.

O contexto para o desenvolvimento das teorias de hibridismo no México e na América Latina retorna, como sempre, para teorias raciais européias, tal como apontei em *Colonial Desire* (1995). Isto de fato tornou um tanto difícil ser moderno, endossando a teoria racial científica, e ao mesmo tempo defender o hibridismo. No século dezenove, era muito comum os teóricos da raça e os europeus racialistas ressaltarem o aparente caos da política latino-americana (para os olhos europeus) como forma de provar o efeito desastroso da miscigenação. Por volta de 1850, teóricos políticos e raciais, de modo semelhante, invocavam o que eles chamavam de anarquia racial (ou seja, a mistura racial) da América do Sul e identificavam a instabilidade política dos seus Estados com aquilo que era chamado do "caos sem raça" da sua população. Inversamente, a estabilidade política era associada com a pureza do tipo racial. Um contundente artigo, publicado na *Anthropological Review*, resenhou os trabalhos de J.S. Mill – *Principles of Political Economy, On Liberty* e *On Representative Government*. Em tal artigo, criticava-se Mill por sua "insensata rejeição do elemento racial" em sua filosofia política, juntamente com sua falta de consideração às diferentes aptidões das "várias raças para a liberdade política". Tais "deficiências e concepções errôneas", na percepção do resenhista, eram justificadas pela falta de referência ao:

> hibridismo como uma obstrução à formação e manutenção de um governo estável. Sem dúvida, é legítimo em termos de lógica para um homem que não acredita em raça negar ou ignorar a existência de mestiços [no original, "*half-castes*"]. Mas, infelizmente, a natureza não ignorará tal fato, como o México e as repúblicas da América do Sul têm descoberto. Onde os elementos paternos e maternos são muito diversos, o híbrido é uma monstruosidade em fermentação. Ele é sempre uma combinação mais ou menos caótica. Ele está em conflito consigo mesmo, e, muito freqüentemente, exibe os vícios de ambos os pais, sem as virtudes de nenhum. Ele é uma mancha no mundo, o produto de um pecado contra a natureza, a qual apressa-se o tanto possível para reduzi-lo à aniquilação. Ele não está em equilíbrio saudável, mental ou fisicamente, e conseqüentemente não pode conduzir nada à estabilidade. Ele está sempre oscilando entre suas inclinações paternas e maternas. Seus próprios instintos são pervertidos. (Farrar 129)

Como nos Estados Unidos durante a Guerra Civil, onde a mistura racial era sempre associada com os amalgamistas liberais *(liberal amalgamationists)*, atitudes liberais em relação à raça eram associadas, pela direita, com o extremo liberalismo de anarquia racial e política. Na teoria racial, as pessoas de raças misturadas eram descritas como física e mentalmente degeneradas, e esta atitude em relação à miscigenação formou parte da ideologia racial posta em prática nos programas eugênicos dos nazistas, na Alemanha – e não somente por estes, mas também na Suécia e em outros países europeus, bem como em antigas colônias tais como Austrália, Argentina e Paraguai. Todos os programas eugênicos operaram com o pressuposto da superioridade do branco e da pureza racial.

Como isto sugere, o escritor no *Anthropological Review* não estava sendo apenas idiossincrático: de fato, o pai do darwinismo social, Herbert Spencer, chegou a endossar completamente tal visão, declarando que as sociedades racialmente misturadas estavam destinadas à anarquia – e, como exemplo, citou o mestiço mexicano:

> O mestiço, herdando de uma linha de ancestrais inclinações adaptadas a um conjunto de instituições, e da outra linha de ancestrais inclinações adaptadas a outro conjunto de instituições, não cabe em nenhum dos dois. Ele é uma unidade cuja natureza não foi moldada por nenhum tipo social, e, dessa forma, não pode, com outros iguais, desenvolver nenhum tipo social. O México e as repúblicas sul-americanas modernas, com suas revoluções perpétuas, mostram-nos o resultado. (592)

Não obstante este argumento amplamente aceito, Basave Benítez demonstra que muitos influentes escritores mexicanos, notadamente Francisco Pimentel, Vicente Riva Palacio, Andrés Molina Enríquez e Manuel Gamio, antes de tudo guiados por impulsos nacionalistas, conseguiram adaptar a própria teoria de Spencer para produzir um contra-ponto mexicano, no qual o mestiço tornou-se a essência da nação, e os conflitos políticos e culturais foram resolvidos pela produção de uma nova raça hispano-americana (Basave Benítez; Pimentel; Molina Enríquez; Gamio and Comas; Gamio). Nos argumentos mais ambiciosos, tais como os de José Vasconcelos (1882-1959), estas idéias foram transformadas em um chamado para a unificação do mestiço americano. Em *La raza cósmica* (1925) e *Indología* (1926), Vasconcelos reivindicava que o México personificasse uma nova síntese racial, uma quinta raça baseada na América hispana, capaz de triunfar sobre os detestados anglo-saxões. Como uma forma de identificação política, a versão latino-nacionalista desta "mestiçofilia" foi endossada em "Nuestra América Mestiza" pelo grande nacionalista cubano José Martí em 1891 e foi subseqüentemente incorporada dentro da ideologia oficial do regime nacionalista de Lázaro Cárdenas no México dos anos 1930. Daquele momento em diante, enquanto permanece uma identidade, em âmbito nacional, contrária à anglo-americana, a identidade do mestiço e da mestiça dentro das nações hispano-americanas tornou-se a forma hegemônica que, por sua vez, excluiu as minorias locais, particularmente aqueles que permaneceram não miscigenados, notadamente a população indígena e – onde quer que eles existissem em número significante – os descendentes dos escravos africanos (de la Cadena; Warren). A invenção da Afro-Cuba foi realizada por Fernando Ortiz, assim como a invenção do Afro-Brasil deve-se a Gilberto Freyre.

Por volta do começo do século vinte, os mestiçófilos eram capazes de fazer uso do fato de que na disciplina acadêmica sumamente responsável pela grotesca teoria do hibridismo humano, a antropologia, estava havendo um esforço concentrado, particularmente pelo antropólogo norte-americano Franz Boas, para contestar seus postulados. Por meio de seu trabalho, conduzido a partir de 1910-11, mostrava como a dieta e o meio-ambiente afetavam aquilo que até então tinha sido percebido como características raciais biologicamente determinadas. Boas foi capaz de provar que qualquer exemplo de aparente debilidade e degeneração híbridas eram o resultado de condições sociais, ao invés de um produto da miscigenação de raças. Foi Boas quem contestou os aspectos raciais da teoria da degeneração: ele mostrou que, se as pessoas estavam realmente se degenerando fisicamente era devido às espantosas condições sociais nas quais estavam vivendo e não por causa de suas origens raciais. Para o seu imenso crédito, onde quer que o conceito de raça fosse contestado como científico neste período fazia-se referência à influência de Boas. No caso de Gilberto Freyre esta influência foi direta: ele estudou sob a tutela de Boas na Columbia University, em Nova York, nos anos 20. No prefácio de *Casa-grande e senzala*, Freyre descreve a si mesmo chegando na Columbia "intensamente preocupado" com o destino do Brasil:

> E de todos os problemas enfrentados pelo Brasil não há nenhum outro que tenha me causado mais preocupação do que o da miscigenação. (Freyre xx)[2]

Após três anos fora do Brasil, Freyre observou uns marinheiros brasileiros atravessando a ponte do Brooklyn e registrou: "eles me parecem caricaturas de homens, e me veio a mente uma frase de um livro sobre o Brasil escrito por um viajante americano: 'o assustador aspecto mestiço da população'. Isto foi o tipo de coisa que a miscigenação causou" (xxi). Ao estudar com Boas, Freyre foi capaz de enfrentar diretamente o problema da sociedade brasileira ser, como ele mesmo diz, "uma das menos eugenicamente prestigiadas entre os povos modernos" (61).

Com Boas, Freyre pôde contestar o pressuposto da inferioridade e da degeneração, bem como considerar o assunto em termos dos "efeitos do ambiente ou experiência cultural separada de características raciais". Se os homens parecem assim, eles são o produto das condições nas quais vivem. Para além disso, diz Freyre, "aprendi a considerar como fundamental a diferença entre *raça* e *cultura*, a discriminar entre os efeitos das relações puramente genéticas e aquelas resultantes de influências sociais, a herança cultural e o ambiente social". *Casa-grande e senzala* é construído sob esta distinção básica entre raça e cultura, e deve ter sido um dos primeiros livros a incorporar o que veio a se tornar somente nos anos 1960 um critério fundamental da sociologia britânica e da "indústria das relações raciais". Freyre, entretanto, não questionou totalmente a noção de raça na medida em que continuou, por exemplo, a descrever características raciais particulares dos indígenas, africanos e portugueses; mas ele negou a sua fixa função ontológica em relação ao fenômeno cultural.

Boas possibilitou que Freyre argumentasse que o Brasil, longe de ser prejudicado por causa da miscigenação, tirava sua força e sua energia fundamental dos hibridismos racial e cultural, fenômenos que efetivamente operavam como espelho um do outro. Freyre afirmou que as relações livres e particularmente as relações sexuais livres entre senhores e escravos sob o sistema latifundiário – um sistema que ainda existe no Brasil, de enormes fazendas, algumas delas maiores que alguns países europeus– foram o principal fator para a miscigenação racial da população, e que este fato compensou os efeitos da divisão social, eventualmente produzindo um tipo de democracia social no Brasil. Ao mesmo tempo, o opressivo sistema latifundiário foi responsável pela subnutrição – a fome crônica – e as doenças que produziram efeitos de debilidade física e infertilidade, até então atribuídas à miscigenação. Assim, o ambiente físico e as condições sociais do Brasil afetaram a sua população. De modo oposto, os colonizadores portugueses foram capazes de impor sobre o meio-ambiente suas próprias formas culturais, trazidas consigo como imigrantes. Por meio desta forma de hibridismo, de "acomodação plástica" (xxvi), a população, enquanto fisicamente se tornou mais miscigenada, tornou-se culturalmente mais européia. O Brasil, argumenta Freyre, era uma sociedade luso-americana, uma sociedade européia transportada para os trópicos – lusotropical. Enquanto a estrutura social do Brasil tradicional permanecia antagônica entre senhores e escravos, a miscigenação, afirma Freyre, atuava como "um óleo lubrificante entre as culturas" (index xxx). "A formação da sociedade brasileira", ele argumentou, "tem sido na realidade um processo de equilíbrio de antagonismos. Antagonismos econômicos e culturais. Antagonismos entre as culturas européias e indígenas. Entre os africanos e os nativos. Antagonismos entre uma economia agrária e pastoril, e muitos outros, entre os quais, acima de tudo, imperava aquele antagonismo entre o senhor e do escravo" (79-80). Ao mesmo tempo, outras condições atuaram "sobre todas essas forças antagônicas, enfraquecendo o choque e harmonizando-as", condições que são peculiares ao Brasil e contribuidoras para a mobilidade social e a fraternização, das quais a primeira foi a miscigenação.

Por todo o livro, Freyre enfatiza o "ambiente social brasileiro" como "sexualmente intoxicante" (85): se ele caracteriza a sociedade brasileira como "híbrida desde a sua formação" (83), é em termos daquilo que considera relações raciais harmoniosas "dentro de um ambiente de práticas de reciprocidade culturais que resultam no benefício dos grupos mais avançados, que derivam o máximo de lucro a partir dos valores e experiências daqueles menos avançados, e no máximo de conformidade entre o estrangeiro e as culturas nativas, entre os conquistadores e os conquistados" (83). Nesta tese, Freyre está, de fato, reescrevendo uma versão do mito nacional brasileiro articulada em 1865 por José de Alencar em *Iracema* (e mais tarde, em 1928, parodiada, mas também criticamente reinterpretada por Mário de Andrade em *Macunaíma*). Neste romance romântico e alegórico, a heroína Iracema, uma bela e morena índia tabajara, cujo nome é também anagrama de América, apaixona-se por um soldado português, Martim, e tem um filho dele, Moacyr, o qual pressagia e inicia o destino da nova raça e da nova nação, o Brasil. Freyre, em seu estudo sobre Alencar, publicado em 1955, aplaudiu sua inovadora ênfase na fundação não-ariana da nação brasileira. Entretanto, Freyre também se diferencia de Alencar de modo radical, pois a narrativa alencariana da formação da nação brasileira focaliza inteiramente a aventura euro-indígena: em Alencar, os africanos estão totalmente excluídos da órbita da identidade nacional.

Apesar de compartilhar a perspectiva alencariana de que a identidade européia absorve e assimila outras culturas sem perder o seu papel dominante, (no romance, Iracema morre e ao condoído Martim é deixada a responsabilidade de criar o filho, enquanto viajam para a posteridade), em *Casa-grande e senzala* Freyre oferece um outra alternativa, uma narrativa da identidade nacional mais dialeticamente original. O hibridismo, no relato de Freyre, é uma força que contribui para a harmonia: é o hibridismo que resolve o antagonismo das relações sociais nas quais a sociedade brasileira foi fundada. Entretanto, isto não é, neste estágio, igual à fusão; nem vai tão adiante quanto a crioulização. Freyre fala sobre como a cultura brasileira mostra características particulares individuais, as quais demonstram influências culturais diferentes. Mesmo que o elemento europeu seja forçado a competir com outros "elementos étnicos" de igual para igual, isto não muda uma situação na qual os senhores mantêm o domínio (83). De fato, Freyre finaliza o prefácio da primeira edição de *Casa-grande e senzala* lamentando a abolição do sistema patriarcal do latifúndio com a abolição da escravidão em 1888.

Então, na narrativa freyreana, o hibridismo é a força que resolve o antagonismo nas relações socias que formam a base da sociedade brasileira. Já no prefácio da edição norte-americana de 1946, Freyre afirma que o hibridismo produziu uma "união benigna e harmoniosa entre as culturas" e a ausência distintiva de "ódio racial" no Brasil (xii). Freyre também faz grandes defesas das tendências democratizadoras trazidas pelo hibridismo, interpretando a formação da sociedade brasileira sob a luz de um "princípio sintético", o qual, ele argumenta, não existiria em nenhum outro lugar. O antagonismo e a distância entre senhores e escravos "tiveram sua força diminuída pela interpenetração de culturas e pela miscigenação", e "a miscigenação e a interpenetração de culturas" significam que o curso da história brasileira tem sido "uma marcha para uma democracia social" (xiv). Claro que em termos históricos imediatos o Brasil estava marchando para uma ditadura em 1964; porém, para ser justo, Freyre, em 1946, dificilmente poderia ter antecipado a resposta contra-revolucionária dos Estados Unidos à Revolução Cubana, que atingiria toda a América Latina.

É claro que o conceito de hibridismo de Freyre era muito diferente daqueles que emergiram na recente teoria pós-colonial. A positividade da mensagem freyriana era mais semelhante à da "negritude" – uma espécie de reversão das hierarquias raciais– do que às tentativas contemporâneas que enfatizam mais a cultura do que a raça. Apesar de distinguir elementos raciais e culturais, para Freyre os dois permaneciam profundamente complementares. Com o passar do tempo, e a diminuição da influência de Boas, a tese racial de fato tornou-se gradativamente fundamental para o argumento freyriano. Em *Sobrados e mocambos* (1951), uma continuação de *Casa-grande e senzala,* ele desenvolveu a idéia de uma distinta sociedade brasileira luso-americana, colocando mais ênfase em seus distintos fatores culturais. Entretanto, ele também dedicou maior atenção à miscigenação, estando particularmente interessado numa comparação da situação brasileira com a da África do Sul e dos estados sulinos dos Estados Unidos. Neste livro, Freyre enfatiza de forma mais contundente o papel dos fatores sociais sobre a patologia de grupos miscigenados, discutindo-os em categorias muito tradicionais, mas sempre negando o determinismo biológico. Ele também chegou a aceitar a idéia de que "é pouco provável que o Brasil venha a ser, como a Argentina, um país quase europeu; ou como o México ou o Paraguai, um país ameríndio. A substância da cultura africana vai permanecer conosco por todo o nosso processo de formação e consolidação como uma nação". As características da cultura africana, tais como as tradições religiosas, entretanto, "adquirirão novas formas por meio da transculturação com os valores europeus e nativos" (Freyre, *Mansions and Shanties* 419). A ênfase permanece na mistura racial, juntamente com um menor foco na "reciprocidade entre culturas", na síntese cultural. Freyre rejeita o desenvolvimento separado e a arianização. Ele rejeita determinismo, ao passo que aceita condicionamento. "Muitas das qualidades associadas com a raça desenvolveram-se como o resultado de forças históricas, ou melhor, forças dinâmicas sobre grupos e indivíduos" (422-7).

Tendo estabelecido tal reivindicação para a excepcionalidade brasileira, a subseqüente carreira de Freyre toma um caminho mais problemático. Convidado a dar palestras nos Estados Unidos em 1944-5, ele publicou *Brazil: A Reinterpretation* em 1945, depois expandido e reescrito como *New World in the Tropics* (1959). Seus escritos tornaram-se gradativamente mais nacionalistas em seu tom, promovendo a tese de que, em contraste com os Estados Unidos, não havia problemas raciais no Brasil, e que todos viviam juntos em uma democrática e igualitária harmonia social. Ele até chegou a invocar a velha tese de um especial "vigor híbrido" masculino, a mestiçagem produzindo os paulistas, descritos como "um novo e estável tipo de homem ou raça, conhecido por seu vigor, sua resistência, sua capacidade de luta, e as qualidades ou virtudes dos pioneiros" (Freyre, *New World* 73). Esta promoção do Brasil como o contraponto aos problemas norte-americanos era compreensível por ser uma deliciosa reversão da dependência. O custo disto foi um crescente nacionalismo e a dedução de que o Brasil estava desenvolvendo um novo tipo racial. A recepção positiva que esta tese recebeu pelos liberais nos Estados Unidos significou que, a partir da década de 50, muitos recursos, em sua maior parte da UNESCO, foram colocados à disposição de estudos da sociedade brasileira, com a crença de que oferecia uma solução para o "problema" da raça. O que aqueles estudos descobriram, claro, foi que de fato os brasileiros de descendência africana e indígena enfrentavam uma ampla discriminação (Fernandes e Bastide).

Ainda mais notável do que o endosso liberal do trabalho de Freyre foi a adoção de sua noção de lusotropicalismo pelo governo fascista de Salazar. Portugal foi a última das potências imperiais européias a tentar manter o seu império, em parte porque estava inteiramente dependente economicamente de suas colônias. Salazar sempre insistiu na unidade daquilo que ele chamou "Portugal, único e indivisível, do Minho ao Timor". O principal mentor ideológico do regime, o Secretário Nacional de Propaganda, António Ferro, instituiu a ideologia estatal em torno de uma "portugalidade" mística como a base para a indivisibilidade e unidade do império. Este "misticismo" era um tanto espectral, e não foi suficiente para conter o aumento da hostilidade mundial ao imperialismo português, nem para justificar a continuidade da existência do império português. Inicialmente recusado como membro das Nações Unidas, sob a dupla alegação de fascismo e imperialismo e sob a pressão da ONU para que se efetuasse a descolonização, Portugal adotou um modelo assimilacionista, reivindicando o hibridismo racial e cultural como a política benigna dos seus regimes coloniais na África e na Ásia. Para realizar isto, olhava para sua antiga colônia, o Brasil, e solicitava o apoio ativo de Gilberto Freyre.

Em 1950, Freyre aceitou um convite do governo de Salazar para visitar Angola e outras colônias e começou a articular seus pronunciamentos sobre a formação de uma cultura atlântica negra muito diferente, de uma civilização lusotropical "espalhada pela América, África e o Oriente... caracterizada pela maior ou menor assimilação dos valores tropicais à herança da cultura européia". Por um lado, isto permitiu a Freyre argumentar sobre "a superação da condição étnica pelas características culturais da civilização lusotropical" (*New World* 46-7). Por outro, ele ousadamente asseverou o surgimento desta nova civilização em países que permanciam sob uma das mais opressivas formas de dominação colonial na história moderna. Isto funciona como um pedido de cautela para com qualquer argumento de hibridismo deste tipo: embora o hibridismo possa funcionar numa sociedade relativamente monocultural como um conceito progressivo, isto não é uma característica intrínseca. O hibridismo pode funcionar nas duas direções. As idéias de Freyre tornaram-se a dominante ideologia auto-justificadora do estado português colonial e fascista, uma situação que Freyre facilitou com seu crescente anti-comunismo e sua ênfase na base "cristológica" da civilização lusotropical. Entretanto, este Atlântico lusotropical não permanecerá sem ser questionado.

Neste período, por razões estratégicas, a ênfase na noção freyreana do lusotropical gradativamente moveu-se em direção a idéias de integração: em 1958, ele publicou *Integração portuguesa nos trópicos* (1958). Em 1961 Freyre também publicou simultaneamente em português e inglês *The Portuguese and the Tropics. Suggestions inspired by the Portuguese Methods of integrating autochthonous peoples and cultures differing from the European in a new, or Luso-Tropical complex of civilisation*. E de novo, no mesmo ano, o povo angolano rebelou-se numa inssurreição armada contra os portugueses. De fato, o líder anti-colonial angolano Mário Pinto de Andrade já atacara em 1955 a noção de um Atlântico lusotropical. Em uma crítica abrangente publicada sob o pseudônimo "Buanga Fele" em *Présence Africaine* ele decreveu a viagem de Freyre pelas colônias portuguesas como uma "moderna mistificação colonial", e denunciou o lusotropicalismo como "inteiramente falso com respeito às circunstâncias coloniais na África". "Nunca houve", ele escreveu, nos países tropicais sob a dominação portuguesa, certamente não na África, um casamento entre duas culturas... mas, ao contrário, uma relação entre cultura dominante e dominada. (26, 29, 34)

Como argumentaram Cabral, Mondlane e outros na União das Populações de Angola (UPA), o Movimento Anti-Colonialista (MAC), o Movimento Popular da Libertação de Angola (MPLA), a Confederação das Organizações Nacionalistas das Colónias Portuguesas (CONCP), o Partido Africano da Independência da Guiné e Cabo Verde (PAIGC) e a Frente de Libertação de Moçambique (FRELIMO) – para mencionar só algumas das alianças anti-portuguesas – esta dominação era essencialmente baseada no "parasitismo" econômico português que não assimilava as colônias mas que vivia de seu trabalho e recursos naturais. Esta foi a realidade do lusotropicalismo português na África. Apesar da ideologia do hibridismo lusotropicalista, de fato menos de 1% dos angolanos negros chegaram a ser *assimilados*, uma classificação legal pela qual em teoria ganhavam os privilégios dos cidadãos portugueses e evitavam o fardo do trabalho forçado (Andrade, "Lusotropicalismo" 25).

Embora Freyre tivesse ousadamente anunciado que o pan-africanismo era insignificante para os afro-brasileiros, no Brasil também, longe de se assimilarem aos senhores, entre os afro-brasileiros uma tendência mais militante estava emergindo, evidente pelo exemplo do trabalho de Florestan Fernandes *O Negro no Mundo dos Brancos* (1972). Em 1974, o Sexto Congresso Pan-Africano, na Tanzânia, foi o primeiro a ser realizado em solo africano e também foi o primeiro a receber uma delegação brasileira. Numa fala entitulada "Revolução cultural e o futuro da cultura pan-africana", o representante da delegação brasileira, Abdias do Nascimento, chamou atenção para a realização da primeira convenção pan-africana no Brasil, em Campinas em 1938, e fez também um relato da história da resistência negra no Brasil, começando com o estabelecimento em 1630 do "primeiro governo de africanos livres no novo mundo, um verdadeiro estado africano, conhecido como a República dos Palmares – quase dois séculos antes do estabelecimento daquilo que é freqüentemente chamada de a primeira república negra, o Haiti". Eu não tenho como prosseguir aqui com a análise desta história, mas é preciso ao menos observar sua refutação de Freyre com 500 anos de resistência africana, e sua identificação não com um Atlântico lusotropical mas com o Atlântico negro da diáspora africana (Pan African Congress 180-9). Por sua parte, a "lusotropicologia" de Freyre tem sido recuperada e re-inventada como um tropicalismo autenticamente brasileiro em vez de português-colonial (por exemplo no trabalho de Silviano Santiago).

A transculturação do hibridismo lusotropical freyreano do Brasil para Angola realça o fato de que, apesar de ser uma estratégia que supostamente opera dentro das relações de poder entre dominante e dominado, sua única função é, de acordo com Freyre, a de reduzir o antagonismo social que resulta desta iníqua relação de poder, proporcionando uma harmonia. A criação desta harmonia é, em grande medida, o resultado do exercício de poder por meio da exploração sexual do dominado, por parte dos patriarcas da classe dominante. O modelo permite a transformação de ambos, ao invés de uma assimilação do mais fraco pelo mais forte, como no modelo ariano. A mestiçagem opera aqui como um modelo de assimilação, predominantemente nos termos da classe ou raça européia dominante, mesmo que também envolva formas de crioulização para aquela classe no nível de certas características culturais, tais como o idioma e a culinária. Efetivamente, entretanto, o hibridismo lusotropical é contrário a qualquer forma de contestação pelo oprimido ou subalterno, e não lhes oferece nenhuma forma de agência ou meios de resistência.

O que a história do trabalho de Freyre nos diz? Como aconteceu que suas idéias aparentemente progressistas tenham sido assimiladas pelos liberais, mas, logo em seguida, tenham tomado uma direção diferente, tornando-se a ideologia de um estado fascista e imperialista? A maior diferença seria que enquanto na América Latina o hibridismo foi desenvolvido como um conceito para definir a identidade nacional, em termos fundamentalmente raciais e culturais, contra uma anglo-América externa mas dominante, nos EUA e Inglaterra, o hibridismo foi introduzido internamente contra culturas nacionais, as quais viam-se como essencialmente brancas. Isto significou que para Brasil, Cuba e México, o hibridismo incorporou-se como uma forma de nacionalismo, enquanto nos EUA e Inglaterra foi uma espécie de anti-nacionalismo. O fato de poder ter sido adotado pelo império português mostra muito claramente que a idéia de mistura cultural não é *ipso facto* uma idéia progressista: sua política é determinada pelo seu contexto. Tal idéia pode ser utilizada para formas opressivas de nacionalismo e imperialismo, bem como para quebrar nacionalismos europeus e asiáticos baseados em noções de pureza racial. Enquanto o conceito de hibridismo for derivado de um modelo de reprodução biológica, suas possibilidades políticas permanecem limitadas ao nacionalismo e ao anti-nacionalismo.

O que também pode mostrar as limitações do modelo é o fato dele ter se conformado, e continuar a conformar-se, à estrutura da subjacente metáfora biológica. Embora alguns teóricos contemporâneos, tais como Néstor García Canclini, tenham tirado a pesada ênfase biológica encontrada em Freyre, os problemas subjacentes, os quais incluem a questão do poder, ainda persistem. Como sugeriu Renato Rosaldo em sua introdução ao livro de García Canclini, *Culturas híbridas: estratégias para entrar y salir de la modernidad*:

> O termo hibridismo, tal como usado por García Canclini, nunca resolve a tensão entre suas polaridades conceituais. De um lado, o hibridismo pode conter um espaço entre duas zonas de pureza. De um lado, pressupõe uma noção biológica que distingue entre duas diferentes espécies e a espécie pseudo-híbrida, que resultaria de sua combinação. Por outro lado, o hibridismo pode ser entendido como a contínua condição de todas as culturas humanas, as quais não contêm uma zona de pureza porque elas passam por um contínuo processo de transculturação (uma via dupla de apropriação e empréstimo entre culturas). Ao invés de hibridismo *versus* pureza, esta perspectiva sugere que tudo é híbrido (como é proposto, eu diria, no trabalho de Paul Gilroy, por exemplo). A partir desta perspectiva, o pesquisador teria que explicar como zonas ideológicas de pureza cultural, seja de cultura nacional ou de resistência étnica, foram construídas.

Rosaldo sugere que o próprio García Canclini "nunca resolveu a tensão entre os dois polos conceituais do hibridismo, mas sua análise favorece mais a última posição" (em García Canclini, xv-xvi). Mesmo aqui seja notável que o hibridismo é representado ou como a mistura de duas formas puras anteriores, ou como um estado original de mistura. No contexto de Rosaldo e García Canclini este é o resultado da história do hibridismo como um componente central do nacionalismo cultural brasileiro e mexicano, o qual, como em Freyre, sempre está presente atrás do seu uso como uma metáfora de interação cultural. Como argumenta John Kraniauskas, em um brilhante ensaio no qual compara as teorias do hibridismo em García Canclini e Homi K. Bhabha, o trabalho de Canclini, apesar do seu uso do hibridismo como uma forma de interrogar as diversas temporalidades da modernidade, retém "uma exagerada ênfase nas identidades nacionais e pós- nacionais" (Kraniauskas 249). Em ambos casos, como os delegados do Congresso Pan-Africano efetivamente demonstraram, a idéia de hibridismo como mistura não oferece uma política de resistência e contestação clara se já foi incorporada dentro da ideologia do Estado. Suas implicações são, em âmbito nacional, mais parecidas com aquelas de Freyre, para quem *resolviam* antagonismos. Isto explica porque um abandono do modelo biológico é importante, de fato, essencial, e porque as teorias pós-coloniais do hibridismo, notadamente aquela proferida por Homi K. Bhabha, têm focalizado a re-teorização do hibridismo de acordo com modelos lingüísticos e, subseqüentemente, espaço-temporais, nos quais o hibridismo envolve não apenas a fusão, mas também a cisão. Para Bhabha, o hibridismo envolve um combativo processo de negociações culturais e políticas pelas minorias excluídas, nos mesmos termos da esfera política constituída. Esta é uma abordagem muito diferente das desenvolvidas pelos latino-americanos, seja Freyre ou García Canclini.

Apesar do cuidado e a formulação radical dessas afirmações, a questão do hibridismo normalmente envolve o modo como, quando é adotado de forma mais geral, as mais antigas formas coloniais repetem-se inconscientemente nas enunciações do presente. O que é curioso e provocativo no trabalho de Freyre é como sua aplicação política mudou em contextos geográficos diferentes, como a América Latina e os Estados Unidos ou a Inglaterra. De muitas maneiras, no próprio Brasil seu trabalho começou como uma atitude progressista e liberal, pelo menos em relação à percepção dos africanos e da cultura africana como uma parte integral da identidade brasileira. No exterior, o trabalho de Freyre tomou duas direções simultaneamente, invocado, por um lado, pelos ideólogos do imperialismo português e, por outro lado, pelos liberais nos Estados Unidos e na Inglaterra nos anos 60 e 70. Na Inglaterra, sob a influência de Freyre, a hibridização biológica foi proposta como uma solução inicial para aquilo que na época era chamado o problema da "barreira de cor" (*colour bar*) pelos radicais tais como o sociólogo jamaicano Fernando Henriques que ensinou na Sussex University. Em 1966 o próprio Freyre, de fato, visitou e fez uma palestra no *Research Centre for the Study of Multi-Racial Societies* [Centro de Pesquisa para o Estudo de Sociedades Multi-Raciais], conduzido por Henriques. Em seu livro *Children of Caliban: Miscegenation* [Os Filhos de Caliban: Miscigenação], Henriques coloca o livro de Freyre, *Casa-grande e senzala*, ao lado do trabalho de Fanon, *Black Skin, White Masks* (91). Alguns dos trabalhos produzidos pelos Estudos Culturais na Inglaterra hoje reivindicam que quando eles usavam a palavra 'hibridismo' nos anos 90 não havia relação com o significado usado por Henriques na década de 70, por Freyre nos 60, ou por Fanon nos 50. O uso da mesma palavra seria uma questão de coincidência (Hall). Parece inútil, entretanto, que os teóricos culturais britânicos neguem as complexas relações históricas entre a teoria racial européia, o desenvolvimento de conceitos de identidade mestiça no anti-colonialismo caribenho e no nacionalismo anti-imperial latino-americano, e o hibridismo das teorias culturais contemporâneas. O que estas relações históricas demonstram é que, enquanto o mestiço americano e o hibridismo pós-colonial estão intimamente ligados, suas formas específicas são também o produto de diferenças locais e constituem intervenções políticas em situações sociais distintas. Hoje a dinâmica da pós-colonialidade necessariamente envolve a compreensão de que o passado colonial e suas formas hegemônicas deveriam ser repetidos somente para poder deslocá-los e interrompê-los no presente. Se o pós-colonial vai fazer a modernidade "gaguejar", como Kraniauskas diz, então os legados perversos do hibridismo lusotropical devem ser efetivamente reinscritos com as forças disjuntivas da contra-modernidade pós-colonial.

Traduzido por Marcus Vinícius Câmara Brasileiro

NOTAS

[1] Nota do tradutor: As traduções, caso não indicadas, são de autoria nossa.

[2] Nota do tradutor: os números de página das citações de *Casa-grande e senzala* correspondem à versão em inglês, *The Masters and the Slaves*, consultada pelo autor ao escrever este ensaio; as citações são da versão original em português, e não traduzidas do inglês.

118

Obras Citadas

Alencar, José Martiniano de. *Iracema: lenda do Ceará* [1865]. São Paulo: Edições Melhoramentos, 1964.

Andrade, Mário de. *Macunaíma: o heroi sem nenhum caracter.* São Paulo: Oficinas graficas de E. Cupolo, 1928.

Andrade, Mário Coelho Pinto de ['Buanga Fele']. "Qu'est-ce que le 'luso tropicalismo'?" *Présence Africaine* NS IV (1955) : 24-35.

Basave Benítez, Agustín F. *México mestizo : análisis del nacionalismo mexicano en torno a la mestizofilia de Andrés Molina Enríquez.* México: Fondo de Cultura Económica, 1992.

Bhabha, Homi K. *The Location of Culture.* London: Routledge, 1994.

Boas, Franz. *The Growth of Toronto Children.* Washington: Govt. Printing Office, 1898.

Boas, Franz. *Curso de antropología general.* México: Fondo de Cultura Económica, 1911-12.

_____ Clark Wissler and Office of United States Education. *Statistics of Growth.* Washington: Govt. Pritnting Office, 1905.

Cadena, Marisol de la. *Indigenous Mestizos : The Politics of Race and Culture in Cuzco, 1919-1991.* Durham, NC: Duke University Press, 2000.

Dillingham William, Paul, George Frazer James, Franz Boas e Commission on United States Immigration. *Changes in Bodily form of Descendants of Immigrants: Final Report.* Washington: Government Printing Office, 1911.

Farrar, F.W. "Race in Legislation and Political Economy". *Anthropological Review* 4 (1866): 113-35.

Fernandes, Florestan. *O negro no mundo dos brancos.* São Paulo: Difusão Europeia do Livro, 1972.

_____ e Roger Bastide. *Relações raciais entre negros e brancos em São Paulo: ensaio sociológico.* São Paulo: Editora Anhembi, 1955.

Freyre, Gilberto. *Casa-grande & senzala: formaçao da familia brasleira sob o regimen de economia patriarchal.* Rio de Janeiro: Maia & Schmidt, 1933.

_____ *Brazil: An Interpretation.* New York: Alfred A. Knopf, 1946.

_____ *The Masters and the Slaves: A Study in the Development of Brazilian Civilization.* Samuel Putnam, ed. New York: Alfred A. Knopf, 1946.

_____ *New World in the Tropics: The Culture of Modern Brazil.* New York: Alfred A. Knopf, 1959.

_____ *The Portuguese and the Tropics: Suggestions Inspired by the Portuguese Methods of Integrating Autocthonous Peoples and Cultures Differing from the European or Luso-tropical Complex of Civilization*. Lisbon: Executive Committee for the Commemoration of the Vth Centenary of the Death of Prince Henry the Navigator, 1961.

_____ *Portuguese Integration in the Tropics*. Lisbon: [s.n.], 1961.

_____ *The Mansions and the Shanties: The Making of Modern Brazil*. New York: Alfred A. Knopf, 1963.

_____ *The Racial Factor in Contemporary Politics*. London, published for the Research Unit for the Study of Multi-Racial Societies at the University of Sussex by MacGibbon & Kee, 1966.

Galeano, Eduardo H. *Open Veins of Latin America: Five Centuries of the Pillage of a Continent*. New York/London: Monthly Review Press, 1973.

Gamio, Manuel. *Hacia un México nuevo : problemas sociales*. México: [s.n.], 1935.

_____ e Juan Comas. *Ensayos sobre indigenismo*. México: Instituto Indigenista Interamericano, 1953.

García Canclini, Néstor. *Hybrid Cultures: Strategies for Entering and Leaving Modernity*. Minneapolis: University of Minnesota Press, 1995.

Guevara, Ernesto. *Che Guevara Reader: Writings by Ernesto Che Guevara on Guerrilla Strategy, Politics & Revolution*. Melbourne/ New York: Ocean Press, 1997.

Guha, Ranajit. *Dominance Without Hegemony: History and Power in Colonial India*. Cambridge: Harvard University Press, 1997.

Hall, Stuart. "When was the 'postcolonial'? Thinking at the limit". *The Postcolonial Question: Common Skies, Divided Horizons*. Iain Chambers e Lidia Curti, eds. London: Routledge, 1996. 242-60.

Henriques, Fernando. *Children of Caliban: Miscegenation*. London: Secker & Warburg, 1974.

Kraniauskas, John. "Hybridity in a Transnational Frame: Latin-Americanist and Post-colonial Perspectives on Cultural Studies". *Hybridity and its Discontents : Politics, Science, Culture*. Annie E. Coombes e Avtar Brah, eds. London: Routledge, 2000. 235-56.

Molina Enríquez, Andrés. *Los grandes problemas nacionales*. Mexico: Impr. de A. Carranza e Hijos, 1909.

Ortiz, Fernando. *Cuban Counterpoint: Tobacco and Sugar*. Harriet de Onís, trad. New York: A.A. Knopf, 1947.

_____ *La africanía de la música folklórica de Cuba*. Habana: Ministerio de Educacion Direccion de Cultura, 1950.

Pan African Congress. *Resolutions and selected speeches from the Sixth Pan African Congress*. Dar es Salaam: Tanzania Pub. House, 1976.

Pimentel, Francisco. *Memoria sobre las causas que han originado la situación actual de la raza indígena de México, y medios de remediarla*. México: Imprenta de Andrade y Escalante, 1864.

Santiago, Silviano. *Uma literatura nos trópicos: ensaios sobre dependência cultural*. São Paulo: Editora Perspectiva, 1976.

Spencer, Herbert. *The Principles of Sociology*. Vol. I. London: Williams and Norgate, 1876.

Vasconcelos, José. *La raza cósmica: misión de la raza iberoamericana; notas de viajes a la América del Sur*. Barcelona: Agencia Mundial de Librería, 1925.

_____ *La cultura en Hispanoamérica*. La Plata: Imp. Benavides, 1934.

_____ *Breve historia de México*. Mexico: Botas, 1937.

_____ *Indología*. México: Universidad Nacional Autónoma de México, Coordinación de Humanidades, Centro de Estudios Latinoamericanos, Facultad de Filosofía y Letras; Unión de Universidades de América Latina, 1978.

Warren, Jonathan W. *Racial Revolutions: Antiracism and Indian Resurgence in Brazil*. Durham: Duke University Press, 2001.

Young, Robert J.C. *Colonial Desire: Hybridity in Theory, Culture, and Race*. London/New York: Routledge, 1995.

_____ *Postcolonialism: An Historical Introduction*. Oxford: Malden/ Blackwell Publishers, 2001.

Reverberações lusotropicais: Gilberto Freyre em África

Fernando Arenas
University of Minnesota

É ponto assente afirmar que *Casa grande e senzala* (1933) constitui a fonte donde emana e para onde reflui toda a produção intelectual de Gilberto Freyre. A teoria lusotropical – contributo fundamental do influente sociólogo – encontra-se implicitamente elaborada ao longo do seu *magnum opus*, mas ela só surge de modo mais acabado e explícito vinte anos depois a partir das conferências reunidas na obra *Um brasileiro em terras portuguesas* (1953), cujo sub-título reza, "Introdução a uma possível luso-tropicologia, acompanhada de conferências e discursos proferidos em Portugal e em terras lusitanas e ex-lusitanas da Ásia, da África e do Atlântico".

Com toda a carga de elementos altamente subjectivos, contraditórios, ambíguos e ideologicamente problemáticos, o complexo teórico lusotropical tem como base a bem propalada noção de que os portugueses foram colonizadores mais suaves e benignos, assim como mais propensos à miscigenação com gentes de cor, habitantes dos trópicos, devido a um conjunto de factores de ordem climatológica, geográfica, histórico-cultural e mesmo genética, que teriam sido decisivos na formação da "maior civilização moderna nos trópicos" (o Brasil) *(Casa grande* 190). A teorização lusotropical baseia-se numa visão idealizada e essencialista da identidade cultural portuguesa, que por sua vez seria o reverso da medalha da própria identidade cultural brasileira, se pensarmos no mito estruturante da "democracia racial", atribuido a Gilberto Freyre, embora como nos lembra Hermano Vianna, tal expressão nunca tenha sido usada de modo explícito em *Casa grande e senzala*, mesmo que o conteúdo da obra possibilite o surgimento de tal mito. De qualquer forma, o contributo teórico de Freyre serviu de "suporte científico" a dois mitos que funcionariam de forma simbiótica num eixo histórico e num espaço linguístico-cultural comuns, cuja influência, como salienta Cláudia Castello em *O modo português de estar no mundo* (1998) em relação ao lusotropicalismo – mas onde nós poderíamos acrescentar a noção de "democracia racial" – "ter-se-á alargado, progressivamente, do campo cultural para o campo político, e deste para o das mentalidades" (14), com efeitos perduráveis até aos nossos dias.

As bases teóricas do que seria o lusotropicalismo extender-se-ão eventualmente a praticamente todo o império colonial português a partir de uma série de conferências proferidas na Europa em 1937 e reunidas na obra *O mundo que o português criou* (1951), onde se exalta a miscigenação e a mestiçagem, sobretudo relativamente ao Brasil, embora projectando-se para o resto do império. Contudo, a teoria lusotropical ganha corpo e nome próprio a partir do périplo realizado por Freyre a Portugal e a diversos territórios do ultramar português (e não só) entre 1951-52, amplamente documentado no seu "diário de bordo" intitulado *Aventura e rotina* (1953). Esta viagem suscitou igualmente a publicação de uma série de obras, hoje em dia pouco lidas, sendo pelo menos duas delas encomendadas pelo governo português, pretendendo ampliar e até "sistematizar" os seus pressupostos teóricos (ver *Um brasileiro em terras portuguesas* [1953] já mencionado, *Integração portuguesa nos trópicos* [1958] e *O luso e o trópico* [1961]).[1]

Este ensaio, no entanto, visa analisar sobretudo as leituras africanas em torno do lusotropicalismo produzidas durante os anos 50 e 60 por intelectuais chaves no dealbar (e no meio) das lutas independentistas nas colónias portuguesas em África, nomeadamente: Baltasar Lopes e Gabriel Mariano (de Cabo Verde), Francisco Tenreiro (de São Tomé e Príncipe), Mário António e Mário Pinto de Andrade (de Angola), assim como Amílcar Cabral (da Guiné-Bissau e Cabo Verde).

O périplo euro-afro-asiático de Gilberto Freyre influiu na solidificação do seu arcabouço epistemológico, assim como no reforço ideológico e simbólico do fascismo-colonialismo português na cena mundial dada à apropriação parcial e estratégica das teses do pensador brasileiro pelo regime salazarista, numa altura em que Portugal era objecto de isolamento diplomático crescente na cena internacional em virtude do anacronismo do seu império colonial em pleno auge independentista da pós-guerra em África, Ásia e no Médio Oriente. As teses gilbertianas que celebram a miscegenação e a mestiçagem cultural, porém, não foram de início bem aceites pelo regime de António de Oliveira Salazar, e quando foram entre os anos 50 e 60, foi de maneira pontual, uma vez que ideologia e política colonial portuguesas assentavam em príncipios ostensivamente eurocêntricas e racistas que se verificaram na prática, tal como tem sido amplamente documentado por historiadores e críticos vários (Charles Boxer, Roger Bastide, Cláudia Castelo, Maria da Conceição Neto). Tanto Castelo como Ives Léonard e Carlos Piñeiro Íñiguez dão conta duma espécie de jogo de sedução com altos e baixos que teve lugar entre o Estado Novo português e Gilberto Freyre numa época crítica na história do colonialismo lusitano.[2] A resposta portuguesa à nova conjuntura mundial surgida da pós-guerra foi a revisão constitucional de 1951, alterando o estatuto jurídico das colónias a "províncias ultramarinas." De tal maneira, Portugal e as províncias de ultramar formariam um estado só, ou como diria simbolicamente Luís Madureira, "um corpo só", portanto, ludibriando (pelo menos teoricamente) o princípio do direito de autodeterminação dos povos proclamado pela ONU. Por outro lado, num plano ideológico e simbólico, algumas vertentes do lusotropicalismo tornar-se-iam úteis ao regime de Salazar e à defesa (na prática) do *status quo* do colonialismo português. Como conclui Cláudia Castelo, o Estado Novo salazarista não se apropriaria *in totum* do ideário lusotropicalista mas só daqueles aspectos que coadunassem com o seu projecto nacionalista e ao mesmo tempo colonialista, nomeadamente a suposta falta de racismo por parte dos portugueses ou a sua empatia em relação a outros povos ou a fraternidade cristã praticada pelos mesmos dentro e fora de Portugal (139). Contudo, os aspectos mais "desnacionalizadores" tais como a celebração do hibridismo e a mestiçagem ou a valorização dos variados contributos culturais (europeus, africanos, ameríndios e asiáticos) para uma civilização transnacional e lusotropical comum, teriam sido geralmente ignorados ou postos de parte pelo regime salazarista, justamente aqueles aspectos que anos mais tarde serão tidos como essenciais a uma identidade comum pós-colonial e lusófona. No entanto, numa leitura sugestiva de carácter simbólico oferecida por Madureira, o lusotropicalismo teria dotado o colonialismo português de uma força produtiva e sedutora, ao mesmo tempo que dinâmica do ponto de vista civilizacional, numa altura em que o colonialismo era já um anacronismo. Aqui convém novamente salientar que o Estado Novo só assimilou aquilo que lhe convinha ideologicamente, tendo em mente a veiculação de uma imagem externa positiva com propósitos diplomáticos ulteriores. O subtexto erótico nessa imagem-mito decorrente da teorização gilbertiana, embora útil ao regime de Salazar em termo simbólicos, ilustraria o paradoxo no cerne da ideologia colonial portuguesa sugerida por Peter Fry, isto é, a co-existência de duas "linhas morais" divergentes; uma representada pelo solteiro e apolíneo Salazar e outra pelo dionisíaco Gilberto Freyre. Esta dualidade radicaria em duas imagens ideais: por um lado, o lar pátrio, doméstico e assexuado, e por outro lado, o império viril e produtor de uma progénie mestiça.

Não obstante, nenhum mito potencializador ou imagem ideal do colonialismo português conseguiria evitar a incorporação dos enclaves coloniais de Goa, Damão e Diu na União Indiana em 1961, nem o início das guerras de libertação nacional em Angola, Guiné Bissau e Moçambique entre 1961-64. Os factos históricos afinal sobrepuseram-se aos mitos. Porém, o desfasamento radical entre o anseio pela libertação nacional dos povos colonizados por Portugal e a teimosia do regime no poder em Lisboa em perpetuar a longevidade do seu império colonial, exacerbado pelo efeito mítico lusotropical via Gilberto Freyre, só deu sinais de atenuação após a revolução do 25 de Abril de 1974.

Na história das ideias à volta deste importante episódio histórico-cultural que envolveu simultaneamente Portugal, Brasil e as colónias portuguesas em África, a obra de Gilberto Freyre, *Aventura e rotina: Sugestões de uma viagem à procura de constantes portuguesas de caráter e ação*, desempenhou um papel preponderante sobretudo no que diz respeito às observações do sociólogo acerca das culturas visitadas por ele em África. Na verdade, numa obra de 547 páginas, pouco mais de 160 são dedicadas à África, enquanto que as restantes focalizam na experiência do sociólogo em Portugal e em Goa. A obra em si consiste em fragmentos do dia-a-dia em todos os lugares por onde Freyre esteve, pormenorizando nos encontros com autoridades governamentais tanto na metrópole como nas colónias, assim como uma plétora de encontros com figuras intelectuais portuguesas de todos os quadrantes ideológicos. Conta-se igualmente um encontro em Lisboa com jovens estudantes angolanos (negros e mestiços) em que estes tentam fazer o ponto da situação vivida na colónia a partir de várias perspectivas. Porém, Freyre com atitude relativamente paternalista e condescendente decide passar por alto os pontos de vista divergentes dos africanos concluindo com a seguinte nota: "Cada um destes estudantes angolanos está com certeza a dizer-me uma verdade. Mas uma daquelas verdades bicudas de que falava Ganivet: verdades que não se harmonizam umas às outras. Só as verdades arredondadas se completam" (37-38).

A obra oferece igualmente uma série de comentários em torno das culturas observadas onde predomina uma tendência à comparação, principalmente com o Brasil, assim como uma tentativa constante de ver confirmadas as teses lusotropicais nos espaços culturais goês, guineense, angolano, santomense, moçambicano e caboverdeano. Freyre não só viu aquilo que o regime quis que ele visse (e o próprio sugere em vários passos do texto que tal teria sido mesmo o caso), mas o autor exibe também uma falta aparente de capacidade ou de vontade de reconhecer quando os factos não confirmam a sua hipótese ou quando os factos confirmam a sua hipótese mas de modo inesperado, obrigando-o a modificar certas premissas teóricas (o exemplo mais flagrante disto seria a sua leitura falhada da cultura caboverdeana que iremos abordar seguidamente). Nota-se também o equívoco na interpretação baseada numa leitura essencialista da cultura portuguesa que o leva a tirar ilações erradas em se tratando das relações inter-raciais num contexto colonial, mais concretamente, do caso das condições de vida dos trabalhadores da Companhia de Diamantes ou Diamang, na localidade de Vila Luso (actual Luena na província do Moxico, no leste angolano). Neste caso, o autor preocupa-se pelo que ele vê como a iminente morte cultural dos chamados trabalhadores "indígenas", submetidos a um esquema laboral capitalista de extracção e à segregação física e cultural dos mesmos no que diz respeito à moradia, em função da sua utilidade económica, sem nenhum tipo de vinculação cultural àquilo que Freyre denomina "valores cristãos ou maometanos". Como solução possível, Freyre sugere que as empresas invistam na intermediação de antropólogos, sociólogos ou missionários afim de atenuarem esta situação. O sociólogo lamenta ainda o tipo de exploração económica realizada em África pelas multinacionais, incluindo a Diamang (subsidiária da Anglo-American Diamond Corporation), que segundo Freyre teria adoptado um paradigma sócio-económico não português (ou veja-se, não luso-tropical). Além do mais, o autor interpreta o esquema de segregação racial/cultural praticado pela Diamang como sendo um sinal da perniciosa influência do colonialismo belga (no Congo Belga vizinho), ou mesmo dos sul-africanos, ambos tidos como racistas na sua essência, em contraste com o portugueses. Como podemos observar neste capítulo, Gilberto Freyre deita mão de uma interpretação culturalmente essencialista, e portanto epistemologicamente implausível, afim de explicar um fenómeno de carácter nitidamente sócio-económico e geopolítico, mais concretamente, a adesão activa de Portugal ao capitalismo multinacional em base à enorme riqueza mineral daquela que foi a colónia mais lucrativa do império português no século xx. Ao mesmo tempo, podemos detectar as limitações da visão interpretativa freyreana na medida em que por razões decorrentes do simples eurocentrismo e/ou impossibilidade de ver além daquilo que as autoridades portuguesas lhe permitiam ver ou dos limites de tempo no local, o sociólogo mal consegue reconhecer a validade das culturas africanas em si próprias ou observar possíveis mestiçagens culturais inter-africanas ou angolanas em curso à revelia do esquema sócio-económica e culturalmente racista da companhia diamantífera. Apesar de celebrar a miscigenação ou a mestiçagem cultural, o lusotropicalismo revela-se como um fenómeno de carácter eurocêntrico na medida em que tal mestiçagem tende ou devia tender, segundo Freyre, a manter um eixo cultural reconhecivelmente europeu ou europeizante. Tal visão será fatal no encontro de Gilberto Freyre com Cabo Verde.

O episódio mais controverso de *Aventura e rotina* talvez seja a breve visita realizada por Gilberto Freyre a três das ilhas do arquipélago caboverdeano (S. Vicente, Santiago e Sal). Esta visita era aguardada com grande expectativa por parte da intelectualidade caboverdeana que protagonizou um dos momentos mais importantes na história da alta cultura daquela nação: a geração da revista *Claridade* (publicada irregularmente entre 1936-66), que aglutinou entre outros, os escritores Baltasar Lopes/Osvaldo Alcântara, Jorge Barbosa, Manuel Lopes e Gabriel

Mariano. Nas consciências e na produção cultural dos claridosos, sobretudo na sua primeira época, a literatura brasileira exerceu uma influência profunda, sobretudo os regionalistas nordestinos (em particular, Manuel Bandeira, José Lins do Rego, Graciliano Ramos, Jorge Amado, Jorge de Lima, Marques Rebelo [também conhecido por Ribeiro Couto], e evidentemente, Gilberto Freyre). A tematização do Nordeste, as secas cíclicas, o destino incerto dos retirantes, a experiência da escravatura, o convívio inter-racial, a mestiçagem cultural, a celebração da fala popular, estes e outros elementos de forma e conteúdo tiveram uma forte ressonância junto do nacionalismo emergente caboverdeano que caracterizou a geração claridosa. Cabo Verde sentiu-se identificado com o Nordeste brasileiro e o poema de Jorge Barbosa, "Você, Brasil", é um dos exemplos mais sentidos dessa identificação: "Eu gosto de Você, Brasil,/porque Você é parecido com a minha terra". Não admira pois, que a visita do autor de *Casa grande e senzala* tenha gerado tanta expectativa. Tal como sugere o poeta, ensaísta e intelectual Baltasar Lopes no seus apontamentos emitidos pela Rádio Barlavento após a visita de Gilberto Freyre (e posteriormente publicados sob o título *Cabo Verde visto por Gilberto Freyre* (1956)), a intelectualidade caboverdeana esperava o aval científico do "mestre".

Eis a primeira impressão do "mestre": "Chego a São Tiago de Cabo Verde sob uma chuva tão forte que parece mentira; pois o (sic) Cabo Verde é uma espécie de Ceará desgarrado no meio do Atlântico. Um Ceará-arquipélago onde raramente chove ou deixa de fazer sol. A mesma aridez do Ceará continental" (*Aventura e rotina* 287). Desde o início Freyre sublinha a analogia Cabo Verde-Nordeste mas quase sempre em desvantagem para o arquipélago. Cabo Verde é etnocentricamente descrito pelo que não tem em quantidade suficiente face ao Brasil segundo o sociólogo: falta de caracterização cultural, nenhuma "arte popular que seja característica do arquipélago" (306), "nenhum prato regional que me parecesse uma daquelas 'contribuições para o bem-estar da humanidade'" (306), e ainda, o arquipélago seria demasiadamente africano e não suficientemente europeu (e portanto, pouco luso-tropical). Uma outra declaração denota condescendência intelectual: "Dez ilhas pirandellicamente à procura de alguma coisa que até hoje não encontraram: um destino definido, claro, digno deles e do autor de sua vida histórica que foi sem dúvida alguma, Portugal" (288). No entanto, Freyre reconhece a ilha de Santiago como sendo o primeiro "caldeirão de ensaio" da miscigenação euro-africana, mas ele lamenta a predominância do elemento de origem africana. Quanto à ilha de São Vicente, uma das ilhas caboverdeanas onde houve maior grau de mestiçagem, o autor foi literalmente cego e não viu nela praticamente nenhuma diferença em relação a Santiago. Não obstante, num lance absolutamente visionário, o autor descreve em 1953 aquilo que de facto seria o destino de Cabo Verde na pós-independência em relação à Guiné Bissau entre 1975-80 e em relação a Portugal nos anos noventa e posteriores:

> [...] Cabo Verde, só ou como parte de um complexo que talvez acabe formando com a Guiné, receberá de Portugal o bastante de assistência económica para desenvolver aqui indústrias ou produções capazes de dar ânimo a populações e terras hoje tristonhamente improdutivas. Renascerá. (289)

O sentimento que mais profundamente feriu as susceptibilidades caboverdeanas foi a "repugnância" exprimida por Freyre em relação ao que ele denomina "o dialecto cabo-verdiano" (301). Baltasar Lopes manifesta estupefacção perante uma atitude que ele sugere ser indigna de um "cientista". Além do mais, salienta que o *Kriolu* é a criação mais perene das ilhas e a expressão mais conseguida de uma identidade "regional" (o termo usado por Freyre e Baltasar Lopes). Baltasar salienta o facto de não ser justo julgar um fenómeno cultural como o *Kriolu* sem conhecê-lo ou entendê-lo, mas insinua que como produto do colonialismo, o *Kriolu* sofre historicamente do desprestígio decorrente de um regime que nós podemos caracterizar como inexoravelmente hierárquico, eurocêntrico e racista. Pode-se argumentar que o *Kriolu* de facto constitui um dos melhores exemplos concretos de lusotropicalismo, isto é, o produto da fusão da língua portuguesa com mais de uma dezena de línguas da costa da Guiné (incluidas o jalofo, o mandinga, o fula, o balanta, o papel, o bijagó – portanto línguas do grupo Mandé que povoava a região entre o rio Casamansa, no sul do actual Senegal e a Guiné Bissau).[3] Dulce Almada Duarte descreve o *Kriolu* como "a conjunção da estrutura gramatical das línguas africanas faladas pelos escravos com o léxico do português de 500" (*Bilinguismo* 162). Tal como argumentam António Carreira, Dulce Almada

Duarte e Manuel Veiga, a ilha de Santiago foi a matriz dos crioulos luso-africanos no século XVI. Gilberto Freyre reconheceu de facto o lugar central de Santiago enquanto "caldeirão de ensaio" da miscigenação, mas infelizmente não foi sensível ao produto quiçá mais acabado do lusotropicalismo que emergiu desse caldeirão. Aliás, nas suas conferências sobre caboverdianidade e tropicalismo, proferidas em Recife no ano de 1989, David Hopffer Almada salienta o aspecto contraditório entre a repulsa sentida por parte de Gilberto Freyre frente ao *kriolu* e os próprios pressupostos teóricos luso-tropicais.[4]

No entanto, cabe a Baltasar Lopes nos anos cinquenta, refutar ponto por ponto, e de modo diplomático, nos seus apontamentos para a Rádio Barlavento, as observações feitas por Gilberto Freyre nos quesitos *Kriolu*, a identidade cultural caboverdeana, gastronomia, arte popular, a caracterização do tipo de mestiçagem que houve no arquipélago, assim como a comparação cultural feita por Freyre entre Cabo Verde e as Antilhas. Nos últimos dois casos, Baltasar Lopes discorda da ênfase excessiva dada por Freyre na vertente africana que ele vê como sendo elemento predominante da cultura caboverdeana (baseado sobretudo naquilo que Freyre observou mal ou bem nas cidades da Praia e do Mindelo), em detrimento do elemento português, que Lopes reivindica como sendo a principal componente da identidade do arquipélago. Curiosamente, tanto Freyre como Lopes veêm como um dado negativo uma possível predominância do elemento africano na cultura de Cabo Verde. Aliás, apesar de nunca ter ido à região do Caribe, Baltasar Lopes recusa a analogia estabelecida por Freyre entre Cabo Verde e a Martinica. Mas, para quem já esteve tanto em algumas ilhas antilhanas como caboverdeanas e estudou o suficiente as duas regiões, facilmente notará paralelos, portanto, a analogia gilbertiana não é descabida. Contudo, chama a atenção o incómodo que os dois críticos sentem relativamente à predominância do elemento africano nos processos de mestiçagem, apesar da atitude pioneira do autor de *Casa grande e senzala* ao destacar o protagonismo do contributo africano na formação do Brasil. A postura de Baltasar Lopes, apesar de ter estudado e destacado o valor do *Kriolu* em *O dialecto crioulo de Cabo Verde* (1957) como património essencial da cultura das ilhas, revela a ambivalência em segmentos das elites caboverdeanas quanto à caracterização cultural de Cabo Verde: será do ponto de vista cultural uma nação predominantemente africana, euro- ou luso-africana ou afro-europeia, mulata, híbrida e/ou mestiça? E, dentro dessa mestiçagem, qual das matrizes terá maior importância? Jean-Michel Massa responde à pergunta da seguinte maneira: "(...) Le Cap-Vert n'est ni l'Afrique, ni le Portugal ni l'Europe, et encore moins un monde afro-portugais" (235).

A despeito da brevidade da visita de Gilberto Freyre a Cabo Verde (três cidades em três ilhas em dez dias) e o falhanço parcial das suas intuições sociológicas em torno da realidade cultural ali encontrada, Baltasar Lopes reconhece que o aparelho conceitual proporcionado pela obra gilbertiana seja pertinente à realidade das ilhas, em particular a noção de "unidade na pluralidade", que bem caracteriza o *Kriolu* (apesar da sua recusa por parte do sociólogo). Mas, concordando com Jean-Michel Massa, a visita foi de facto uma ocasião perdida. Não obstante, o interesse da intelectualidade caboverdeana pela obra de Gilberto Freyre não acaba aí. Na segunda metade da década de 50, o poeta e romancista Gabriel Mariano escreveu uma série de ensaios reunidos num volume intitulado *Cultura caboverdeana* (1991) onde discorre sobre o papel fundamental do mulato na formação cultural das ilhas, praticamente tornando obsoleta a discussão entre Gilberto Freyre e Baltasar Lopes sobre a preponderância de uma matriz cultural sobre outra. Em síntese, Mariano argumenta que em Cabo Verde coube ao mulato o lugar de protagonismo na formação do país que o branco português teve na formação do Brasil. Há portanto no pensamento de Gabriel Mariano uma inversão da equação estabelecida pelo sociólogo brasileiro [d]"o mundo que o português criou" pela [d]"o mundo que o mulato criou", enfatizando a força dinamizadora do mulato ou mestiço numa sociedade onde por diversos motivos a política racial se desenvolveu de modo mais fluido do que no Brasil (ou na região da Bahia mais especificamente). O principal motivo teria a ver com a estrutura sócio-económica estabelecida no Cabo Verde colonial. Contrariamente ao Brasil ou a São Tomé e Príncipe (quando foram estabelecidas as roças de cacau e de café a partir do século XIX), em Cabo Verde não houve grandes plantações (com excepção da ilha de Santiago onde predominou uma estrutura agrícola latifundiária) e isso teve importantes consequências na estrutura social. Assim mesmo, a estrutura latifundiária e escravocrata do Brasil teria sido muito mais agressiva e persistente, influindo profundamente nas mentalidades e na conduta social contrastando com a situação em Cabo Verde, onde, em termos gerais, teria havido menos verticalidade e mais mobilidade nas relações inter-raciais. Esta dinâmica ter-se-á verificado sobretudo nas ilhas de Barlavento (S. Nicolau, por exemplo), povoadas efectivamente a partir do século XVIII e onde predominou o minifúndio dadas as condições limitadas para a agricultura de grandes plantações devido à aridez do clima. Ali, num terreno agreste e seco, surge a pequena propriedade de poucos recursos, e portanto, com poucos escravos, onde teria havido uma compenetração sócio-cultural e co-dependência económica significativa entre senhores e escravos e daí a miscigenação em larga escala. De tal forma, em Cabo Verde, o mulato passaria a ser dono e não mero ajudante ou subordinado do colono; um dado central que se reflecte na disseminação do *Kriolu* em todas as camadas sociais, ilhas, e raças, como língua veicular desde o século XVI. Portanto, a cultura caboverdeana ter-se-á processado de baixo para cima, isto é, do *funku* ao *sobradu*, onde o mulato terá recebido e transmitido a cultura portuguesa, segundo Mariano. O crítico caboverdeano acrescenta que o "equilíbrio de forças antagónicas" que Freyre preconiza para o Brasil teria acontecido de facto em Cabo Verde mas não no Brasil. Seriam pois três os momentos chaves: a propagação, por assim dizer, biológica do mulato; a eventual instalação do mulato em áreas de preponderância social através da actividade comercial e o funcionalismo público; e finalmente, a conquista de posições de poder, acompanhada de prestígio intelectual.

Apesar de breve e de carecer de mais pormenores analíticos relativamente ao lugar do negro no desenvolvimento da sociedade mestiça caboverdeana (um reparo também feito pelo angolano Mário Pinto de Andrade à intelectualidade caboverdeana),[5] o trabalho de Gabriel Mariano coloca Cabo Verde no centro do complexo lusotropical teorizado por Gilberto Freyre, deslocando o luso do lugar de protagonismo, e em contrapartida, dando destaque ao protagonismo do mulato caboverdeano – produto lusotropical por excelência – na construção de uma nova cultura que as circunstâncias específicas de Cabo Verde potencializaram, dada a escassa presença do elemento branco no território, o abandono parcial ao qual Cabo Verde foi votado durante grande parte da história colonial, e outros factores apontados anteriormente.

As reverberações lusotropicais fizeram-se sentir também no trabalho pioneiro do geógrafo, poeta e figura intelectual de maior importância de São Tomé e Príncipe, Francisco José Tenreiro. A sua obra *A ilha de São Tomé* (1961) é um estudo exaustivo dos aspectos históricos, geográficos, sócio-políticos e culturais relacionados com a "ilha de nome santo". Nessa obra, a presença de Gilberto Freyre é palpável a partir do prefácio onde Tenreiro ressalta a originalidade santomense graças

> ao processo de colonização e aculturação (...) e às relações que os seus moradores mantiveram com a terra firme de África, com a Metrópole e com o Brasil. Ilha de substrato cultural vincadamente português, embora aparentada no seu desenvolvimento com as ilhas Atlântidas e com o Nordeste húmido do Brasil. (10)

O quarto capítulo, "A ilha e os homens", começa com um epígrafe curioso extraido de *Aventura e rotina*: "De volta ao Rio de Janeiro, contarei ao poeta Manuel Bandeira que descobri a Pasárgada com que ele sonha: é em São Tomé. Sob os coqueiros de São Tomé" (101). À primeira vista, a obra parece assumir plenamente uma perspectiva lusotropical por forma a dar validade à afirmação pasargadiana de Gilberto Freyre, no entanto, uma leitura cuidadosa permite vislumbrar uma oscilação entre a tentativa irónica por parte de Tenreiro de desmontar aquela afirmação quando confrontada com os factos sócio-históricos e uma adesão plena a uma leitura que enquadra São Tomé e Príncipe inexoravelmente dentro do complexo luso-atlântico com todos os seus desdobramentos históricos, culturais e económicos.

Na sua análise, Tenreiro dá ampla conta da estrutura sócio-económica da ilha ao longo da história, salientando a marginalização à que foram votados os "filhos da terra" que assumiram posições sociais de destaque em São Tomé a partir do final do (breve) ciclo da cana-de-açúcar (no século XVI), altura em que os portugueses abandonaram as terras de cultivo por motivos sociais (as constantes rebeliões de escravos) e económicos (as condições mais propícias para o cultivo da cana no Nordeste brasileiro). No segundo (grande) ciclo produtivo, a partir do século XIX, com a introdução do cultivo de cacau e o café, houve uma re-colonização das ilhas de São Tomé e Príncipe por parte de colonos brancos que montaram grandes roças. Após a abolição oficial da

134

escravatura no espaço colonial português (1878), houve a implantação do regime de trabalho contratado que consistiu num sistema de trabalho forçado em São Tomé, Angola e Moçambique, que no caso das ilhas, serviu de alicerce para as grandes plantações de cacau e de café que constituíram a base económica até pelo menos meados do século xx. O trabalho contratado nas roças de São Tomé praticamente reproduziu o paradigma da casa grande e senzala em pleno século xx.[6] O momento da pior crise do regime de trabalho contratado em São Tomé, mencionado de passagem por Tenreiro, foi o massacre de Batepá (1953) onde morreram aproximadamente 1000 nativos.[7] Tanto este trágico episódio da história santomense, assim como outros aspectos mais gerais relativamente à estrutura sócio-económica desigual e exploradora que imperou em São Tomé e Príncipe, são comentados por Tenreiro com luvas de pelica dada à forte censura exercida pelo regime fascista-colonial (que aliás, o cabo-verdeano Gabriel Mariano descreve eloquentemente na edição da sua obra de 1991). Contudo, Francisco Tenreiro não deixa de afirmar que apesar da aproximação cultural que houve entre "filhos da terra" e europeus em São Tomé e Príncipe, a estrutura sócio-económica subjacente ao colonialismo criou uma sociedade injusta que marginalizou os "filhos da terra". E conclui de modo taxativo: "Por isso, bem enganado andou Gilberto Freyre em chamar-lhe a *Pasárgada* com que Manuel Bandeira sonhara..." (212).

Por seu turno, Mário António – um dos intelectuais angolanos de proa, activista político, poeta, ensaísta e contista – foi entre os pensadores africanos considerados aqui, quem mais absorveu de modo acrítico a influência da teorização lusotropical de Gilberto Freyre, tal como podemos observar na sua análise da identidade cultural angolana, ou mais concretamente *caluanda*, centrada no paradigma da "ilha crioula" em *Luanda, 'ilha' crioula* (1968). Mário António argumenta que a expansão marítimo-colonial portuguesa (com a sua base no tráfico negreiro) produziu uma série de "ilhas crioulas" no Atlântico sul que surgiram a partir de um mesmo sistema de circulação entre Lisboa, Brasil, Cabo Verde, S. Tomé e Angola (Luanda e Benguela, principalmente).[8] Mário António define o termo "crioulo" como sendo o tipo de "amálgama bio-social que os Portugueses realizaram nos trópicos" (13-14). Se bem que as ilhas geográficas de Cabo Verde e São Tomé e Príncipe viram surgir de modo diferenciado novas culturas crioulas na sua essência, e o Brasil, por sua vez, tornou-se o maior espaço paradigmático da hibridação e mestiçagem cultural (sobretudo nos grandes centros da Bahia, Recife e o Rio de Janeiro, nos primeiros séculos da colonização portuguesa), Mário António faz questão igualmente de reivindicar o lugar de alguns núcleos litorâneos que teriam sido criados pelos portugueses no continente africano, sobretudo Luanda. A capital angolana então surgiria do contacto pluri-dimensional entre um grupo etno-cultural minoritário (europeu) e grupos maioritários (africanos), afirmando-se segundo o autor, como "uma cidade luso-tropical, motor de Civilização na África Ocidental" (23). Mas, seguindo a trilha gilbertiana, Mário António argumenta que tal contacto só terá sido fecundo devido à "especial conformação bio-psico-social dos Portugueses" (24). O autor aponta uma série de exemplos de hibridação cultural na sociedade luandense: manifestações religiosas, música, dança, vida doméstica, gastronomia e linguagem. Em termos linguísticos, embora não tenha surgido um crioulo do português em Angola – como por exemplo em Cabo Verde, Guiné ou São Tomé e Príncipe – na região de Luanda, houve um contacto intenso entre o *kimbundu* e o português ao ponto de o português se ter amoldado, segundo Mário António, à musicalidade, fonética, estrutura morfológica e sintáctica do *kimbundu*. O autor conclui que esses exemplos todos de mestiçagem cultural são prova do grau de integração social em Luanda de grupos de diversa origem, pelo menos até ao final do século XIX, período no qual predominou a família mestiça na sociedade luandense (desde o século XVII). No entanto, a partir de finais de século XIX, teve lugar a recolonização de Angola que redundou numa vaga de novos colonos brancos, tendo como resultado a marginalização progressiva das elites crioulas angolenses. Se em Cabo Verde o mulato transitou do *funku* ao *sobradu*, em Luanda, argumenta Mário António, o mestiço foi despromovido da Baixa (isto é, o centro da cidade) para o *musseque* (bairro pobre ou favela).

No seu ensaio, "Angolanidade: o conceito e o pressuposto" (1998), Luís Kandjimbo recusa a definição de angolanidade apresentada por Mário António baseada numa identidade crioula, e em seu lugar postula uma identidade *bantu* comum a toda Angola, em base ao facto de a esmagadora maioria da população ser de origem negro-africana de macro-etnia e língua *bantu*.

Kadjimbo não admite uma crioulidade que negue o substrato maioritariamente bantu da identidade nacional angolana, preferindo uma definição defendida por Mário Pinto de Andrade que vê Angola como um todo heterogéneo, constituido por diversos particularismos (21). Aliás, Mário Pinto de Andrade, centra a sua leitura da sociedade angolana no século xx, e, como consequência, invalidando as teses gilbertianas quase na sua totalidade, enquanto que Mário António centra a sua análise na sociedade *caluanda* anterior ao século xx, possibilitando portanto, uma leitura lusotropical (mesmo que problemática em variados aspectos). Por sua vez, Cláudia Castelo faz questão de lembrar que Mário Pinto de Andrade foi de facto o primeiro crítico a desmontar a mitologia lusotropical.[9] Em dois importantes ensaios, "Qu'est-ce que le 'luso tropicalismo'?" (1955) e "Cultura negro-africana e assimilação" (1958), ambos publicados em Paris (o primeiro sob o pseudónimo Buanga Fele), Mário Pinto de Andrade contrapõe o lusotropicalismo à ideologia negritudinista, imbuída do pensamento marxista e de um sentimento fortemente nacionalista. O autor põe de relevo a falta de uma consciência político-económica da situação colonial nas apreciações críticas de Gilberto Freyre que resultaram do seu périplo pelo continente africano, ao mesmo tempo salientando o desfasamento histórico da grelha interpretativa gilbertiana na medida em que insiste em impor uma leitura (embora questionável em determinados aspectos) do colonialismo português baseada na experiência dos primeiros séculos sobre o tipo de colonialismo praticado pelos portugueses no século xx. Mário Pinto de Andrade entende o lusotropicalismo como "movimento de integração de valores tropicais na cultura lusitana ou como circulação de produtos em áreas de influência portuguesa" ("Cultura negro-africana e assimilação" X), mas não como harmonização dos valores europeus com os africanos ou asiáticos (justamente, como afirma Piñeiro Íñiguez, seria esse entendimento de Mário Pinto de Andrade do lusotropicalismo aquele que ainda hoje tem vigência e aceitação pelas partes implicadas (*Sueños paralelos* 308)). Andrade considera, contrariamente à opinião de Freyre, que o colonizador "assimilou o exótico" muito mais do que contribuiu ao trópico. Numa altura histórica de oposição crescente face ao anacrónico colonialismo português junto dos jovens quadros intelectuais africanos de língua portuguesa aglutinados tanto na Casa dos

Estudantes do Império (em Lisboa) como algures na Europa (nomeadamente em Paris), a mensagem de Mário Pinto de Andrade é contundente: é preciso uma postura crítica frente ao colonialismo português e às suas ideologias legitimadoras (i.e. o lusotropicalismo). No seu ensaio publicado na revista *Présence africaine*, o autor conclui que não houve jamais nos países africanos colonizados por Portugal um "casamento de culturas" mas sim "uma relação entre cultura dominante e culturas dominadas" ("Qu-est'ce que le luso tropicalismo?" 34). Andrade considera a teorização luso-tropical viciada desde a base, argumentando que há inúmeros exemplos dos valores que englobam o verdadeiro espírito da expansão marítimo-colonial extraídos das próprias crónicas portuguesas dos séculos xiv e xv que contradizem rotundamente os fundamentos lusotropicais de abertura e cordialidade portuguesa para com o outro, apregoados por Freyre. Uma década mais tarde, no meio do calor da luta armada contra o fascismo-colonialismo português, o líder da independência da Guiné Bissau e Cabo Verde, Amílcar Cabral, escreve o prefácio à obra do historiador Basil Davidson, *A libertação da Guiné: Aspectos de uma revolução africana* (1975) – publicada primeiro em inglês em 1969 sob o título *The Liberation of Guinea*. Nesse prefácio, Cabral faz eco de algumas das colocações de Mário Pinto de Andrade, afirmando que o lusotropicalismo constitui a base teórica de uma mitologia que serviu de propaganda para a defesa do *status quo* do fascismo-colonialismo, agora chefiado pelo sucessor do recém falecido Salazar, o professor Marcelo Caetano. Cabral acrescenta ainda, com ironia e frustração, que confundindo realidades biológicas com realidades sócio-económicas e históricas, Gilberto Freyre transformou os africanos, habitantes das "províncias-colónias de Portugal, em felizes habitantes de um paraíso luso-tropical" (4). Tão eficaz teria sido a propaganda portuguesa no início dos anos sessenta, que os líderes nacionalistas das antigas colónias em África, incluindo Amílcar Cabral, tiveram dificuldade em serem ouvidos pelos delegados de outras nações africanas no seio da Conferência dos Povos Africanos. Esse teria sido mais outro argumento, segundo Cabral, para empreender a luta armada contra um regime que tinha erguido "uma parede de silêncio" (3) à volta das suas colónias africanas.

Novas leituras em torno do lusotropicalismo têm chamado a atenção para os diversos paradoxos verificados entre a teorização e mitologia lusotropicais e as práticas no campo social. Por exemplo, o escritor angolano Arlindo Barbeitos (1997), baseado na sua própria leitura da obra gilbertiana e na sua experiência da Angola colonial como sujeito mestiço, confirma a flexibilidade (na nossa opinião, relativa) na distância em certas instâncias inter-raciais no quotidiano entre dominadores e dominados, em contraste com outros colonialismos. Mais concretamente, Barbeitos refere-se ao valor simbólico contrastante da cama e da mesa na dinâmica de proximidade e afastamento no seio de casais e famílias mestiços; a cama unia-os no espaço privado, enquanto que a mesa separava-os no espaço público. Por seu turno, a historiadora angolana Maria da Conceição Neto sublinha a contradição profunda a partir da década de cinquenta entre a adopção pelo regime salazarista de um discurso colonial de integração e assimilação entre as raças (derivado da teorização lusotropical) e o reforço da segregação racial em Angola e Moçambique em virtude do fluxo migratório maciço de europeus. José Eduardo Agualusa, por sua vez, um dos escritores mais pan-lusófonos da actualidade, cuja vida e obra circulam entre o eixo Angola-Brasil-Portugal (e não só), tem sido caracterizado por alguns críticos como apologista do luso-tropicalismo, mas o autor defende-se salientando que o romance *Nação crioula* (1997) [que gerou este tipo de comentário], é um exemplo de crítica irónica ao colonialismo português.[10] No romance *Nação crioula*, (citado também na nota 8), observamos de facto o lusotropicalismo em plena acção na sua ambiguidade ideológica intrínseca, onde se vislumbram elementos tanto progressistas como retrógrados. Mais concretamente, temos os dois protagonistas, Fradique Mendes (português do mundo e defensor da causa abolicionista) e Ana Olímpia (ex-escrava, filha de príncipe congolês, tornada [ex-]escravocrata), que cultivam uma mútua paixão onde os dois aceitam plenamente as diferenças raciais e culturais um do outro, habitando simultaneamente um espaço "fronteiriço" cheio de contradições e ambiguidades, ao mesmo tempo em que lutam pela abolição da escravatura. O significante fluctuante "nação crioula" é simultaneamente o "último barco negreiro da história" (65), povoado de escravos, traficantes de escravos e abolicionistas; um exemplo do cronotopo da nau trans-Atlântica teorizado por Paul Gilroy no contexto anglófono, isto é, "um sistema vivo micro-cultural e micro-político em movimento" (*The Black Atlantic* 4).

Ao mesmo tempo, a *Nação crioula* representa o último elo de união a ligar o sistema colonial-escravocrata luso-angolano-brasileiro através do Atlântico sul, com todas as suas contradições históricas e culturais, simbolizando ao mesmo tempo, a comunidade de povos e nações que surgiu deste trágico sistema: sociedades híbridas e multi-culturais, mas profundamente desiguais em termos raciais e sócio-económicos.

Apesar de se ter sensibilizado eventualmente face ao direito à autodeterminação das colónias portuguesas em África e de se ter afastado de forma relativa do regime salazarista,[11] Gilberto Freyre e o seu contributo intelectual caíram consciente e inconscientemente nas malhas que o império teceu. Apesar de ser revolucionário na medida em que reconheceu como fundamental o contributo do africano para a formação do Brasil e de ter estudado minuciosamente e de ter celebrado a mestiçagem cultural (sobretudo no contexto brasileiro), numa altura pouco propícia a leituras multiculturais, o pensamento gilbertiano, uma vez focalizado nas realidades africanas, sofreu dos mesmos defeitos apontados pela crítica nos seus estudos relativos ao Brasil, que não cabe repetir neste ensaio. Todavia, as suas observações em torno das ex-colónias portuguesas em África sofreram sobretudo pela superficialidade, a brevidade do seu contacto directo com África, o eurocentrismo, a ahistoricidade, o etnocentrismo brasileiro, e principalmente, pela falta de uma análise rigorosa das relações de poder no contexto colonial, ou mesmo de uma consciência geopolítica mais apurada (várias destas críticas foram articuladas pelos intelectuais africanos abordados neste ensaio). Contudo, a atenção crítica a processos culturais de hibridação fez com que Gilberto Freyre se adiantasse por várias décadas à teorização das identidades e culturas híbridas no âmbito do pensamento pós-colonial e pós-moderno.[12] Igualmente, o sociólogo lançou mal ou bem os alicerces conceptuais daquilo que seria, após as independências africanas, a *lusofonia,* cujas linhas de força e definição são ainda objecto de debate. Além de ter destacado o papel de Portugal na construção de um espaço cultural comum lusotropical, Freyre nunca perdeu de vista o protagonismo presente e futuro do Brasil naquele espaço (mesmo em termos messiânicos), faltando-lhe, no entanto, uma visão mais clara acerca da evolução e o papel a desempenhar por parte das futuras ex-colónias portuguesas em África. As ambiguidades, as contradições, mas também o visionarismo, fazem parte do legado gilbertiano que ainda hoje reverbera na tentativa de construção de comunidades linguísticas e culturais numa era ambivalentemente pós-colonial, de processos híbridos intensificados e globalização acelerada.

NOTAS

[1] *Integração portuguesa nos trópicos* é uma tentativa de "sistematização" daquilo que Freyre chama de lusotropicologia (incluindo uma simbiose entre aquilo que seria "luso-tropical" e "hispano-tropical"). Na obra, o autor apresenta um pensamento híbrido que inclui aspectos sociológicos, antropológicos, históricos e ecológicos, tentando valorizar o contributo técnico, científico e industrial do trópico. Aqui, o Brasil surgiria como o paradigma da sociedade lusotropical. *O luso e o trópico* é uma continuação da obra anterior, salientando no entanto, aspectos ecológicos que hoje em dia têm extrema validade, nomeadamente, a importância do estudo da ecologia para um melhor entendimento histórico-cultural duma nação ou região. Os vários capítulos desta obra também tratam sobre manifestações lusotropicais na dança, na arte e na cozinha (no mundo lusófono, mas com ênfase no Brasil), e mesmo em figuras culturais portuguesas tais como Luís de Camões e Fernão Mendes Pinto.

[2] Ver as obras *O modo português de estar no mundo* (1998) de Cláudia Castelo e *Sueños paralelos* (1999) de Carlos Piñeiro Iñiguez e o artigo "Salazarisme et luso-tropicalisme, histoire d'une appropriation" (1997) de Ives Léonard.

[3] Informação fornecida pelo historiador António Carreira (1972) e citado pelo linguista Manuel Veiga (2000).

[4] Ver *Caboverdianidade e tropicalismo* (1992).

[5] Ver "Cultura negro-africana e assimilação" XIII. No entanto, em 1989, David Hopffer Almada preenche o vácuo deixado por Gabriel Mariano relativamente ao contributo do negro para a formação da cultura caboverdeana. Nas suas conferências reunidas na obra, *Caboverdianidade e tropicalismo* (1992), Almada discorre com certos pormenores sobre o que ele define como a "real dimensão da participação" (46) do elemento negro-africano na formação da sociedade caboverdeana, até então negligenciada por uma parte significativa da intelectualidade caboverdeana. Contudo, Almada menciona o artigo de Manecas Duarte, "Caboverdianidade e Africanidade" (1953), onde numa tentativa de análise sócio-antropológica, Duarte aborda os contributos negro-africanos à formação social de Cabo Verde, ressaltando, no entanto, a especificidade cultural caboverdeana. Aliás, este ponto merece ser

desenvolvido num estudo aparte, isto é, as tensões entre a identidade cultural cabeverdeana e a africanidade, junto dos intelectuais caboverdeanos ao longo da história.

6 O regime de trabalho contratado nas antigas colónias portuguesas em África é uma temática recorrente nas várias literaturas (angolana, caboverdeana, santomense e moçambicana) dos anos 50 e 60, visando denunciar a prática de trabalho forçado, ao mesmo tempo afirmando uma consciência anti-colonial e nacionalista. Entre os vários poetas que abordaram a questão contam-se Agostinho Neto e António Jacinto (de Angola), Ovídio Martins e Gabriel Mariano (de Cabo Verde), Francisco José Tenreiro e Alda do Espírito Santo (de São Tomé) e Noémia de Sousa (de Moçambique) [Noémia tematiza a figura trágica do *magaíça*, isto é, o trabalhador contratado para as minas de ouro de Joanesburgo]. Na vaga mais recente de ficção com temática africana no âmbito da literatura portuguesa, destaca-se a obra *Equador* (2003) de Miguel Sousa Tavares que tem sido um fenómeno de vendas. Este romance dramatiza o dilema ético-moral, político e económico do trabalho contratado no início do século xx em São Tomé e Príncipe que parece preocupar a monarquia portuguesa em crise e no seu afã de defender um império em decadência frente aos duplos interesses dos ingleses de simultaneamente defenderem os direitos humanos dos africanos e os interesses económicos da Grã Bretanha, neste caso, na produção e exportação de cacau.

7 O massacre de Batepá na ilha de S. Tomé foi perpetrado por milícias portuguesas em 1953 contra os nativos que eram acusados de uma possível insurreição contra o trabalho serviçal. Hoje em dia, após investigação exaustiva nos arquivos da PIDE (polícia secreta portuguesa) e junto de sobreviventes, acredita-se que tanto o governo colonial da ilha como roceiros e comerciantes fabricaram a suposta insurreição com a possível conivência do regime salazarista. Estima-se que tenham sido chacinados mais de mil nativos (ver edição do jornal *Expresso* Online de 18/5/2002).

8 Esta definição em termos gerais coincide com o espaço histórico-cultural e simbólico de "nação crioula" que constitui o nó dramático do romance homónimo do escritor angolano José Eduardo Agualusa, centrado nos últimos anos do tráfico de escravos (ilegal) entre Angola e o Brasil no final do século xix. O historiador brasileiro Luiz Felipe de Alencastro, por sua vez, postula a formação a-territorial do Brasil no Atlântico sul através do tráfico de escravos, argumentando que o Brasil colonial foi totalmente dependente da mão-de-obra escrava fornecida pelas feitorias de Angola. Tanto Angola como o Brasil seriam partes simbióticas de um "mesmo sistema de exploração colonial". O historiador partilha, pois, da opinião expressa pelo Padre Antonio Vieira no século xvii de que sem Angola não teria havido Brasil (ver *Trato dos viventes*, 2000).

⁹ Anos mais tarde, Charles Boxer (1963) oferece uma abordagem histórica sistemática, tentando elucidar a prática das relações interraciais no império português entre os séculos XV e XIX. Após uma narrativa recheada de exemplos, o historiador conclui que os factos históricos no terreno contradizem o ideal lusotropical postulado por Freyre e assumido retoricamente por Salazar. Por seu lado, numa altura em que o pensamento gilbertiano é fortemente questionado pela intelectualidade dentro e fora do Brasil, Roger Bastide (1972) destaca a ahistoricidade do lusotropicalismo, a não-aplicabilidade dos pressupostos luso-tropicais ao espaço cultural africano e o carácter ideologicamente sentimental do aparelho pretensamente científico de Freyre. No seu ensaio, Bastide apresenta uma série de exemplos de práticas religiosas comuns no Brasil (embora mais raros em Angola), argumentando que o sincretismo religioso verificado responde a uma estratégia de resistência cultural que visa adaptar-se ao quadro de relações sociais criado pelo sistema colonial.

¹⁰ Ver entrevista no jornal *Público*, feita por Carlos Câmara Leme, "O quintal da minha casa ocupou o mundo" (2004). *Queria gentilmente agradecer Malcolm McNee pela referência.*

¹¹ Ver Piñeiro Íñiguez (248).

¹² Ver o livro de Joshua Lund, *The Impure Imagination: Toward a Critical Hybridity in Latin American Writing* (2006).

Obras Citadas

Agualusa, José Eduardo. *Nação crioula*. Lisboa: D. Quixote, 1997.

Alencastro, Luiz Felipe de. *O trato dos viventes: Formação do Brasil no atlântico sul, séculos XVI e XVII*. São Paulo: Cia das Letras, 2000.

Almada, David Hopffer. *Caboverdianidade e tropicalismo*. Recife: Fundação Joaquim Nabuco/Editora Massangana, 1992.

Andrade. Mário Pinto de. "Qu-est-ce que le luso tropicalismo?" *Présence africaine* 4 (1955): 1-12.

_____ "Cultura negro-africana e assimilação". *Antologia da poesia negra de expressão portuguesa*. Paris: Pierre Jean Oswald, 1958.

António, Mário. *Luanda "ilha" crioula*. Lisboa: Agência Geral do Ultramar, 1968.

Barbeitos, Arlindo. "Une perspective angolaise sur le lusotropicalisme". *Lusotropicalisme: Idéologies coloniales et identités nationales dans les mondes lusophones*. Paris: Karthala, 1997. 309-26.

Bastide, Roger. "Lusotropicology, Race, and Nationalism, and Class Protest and Development in Brazil and Portuguese Africa". *Protest and Resistance in Angola and Brazil*. Berkeley: University of California Press, 1972. 225-240.

Boxer, C.R. *Race Relations in the Portuguese Colonial Empire 1415-1825*. Oxford: Clarendon, 1963.

Cabral, Amílcar. "Prefácio". *A libertação da Guiné: Aspectos de uma revolução africana*. Basil Davidson. Lisboa: Sá da Costa, 1975. 3-10.

Cabrita, Felícia. "A ilha dos vendavais". *Expresso Online*. 18 maio 2002. <http://www.expresso.pt>.

Castelo, Cláudia. *O modo de estar português no mundo": O luso-tropicalismo e a ideologia colonial portuguesa (1933-1961)*. Coimbra: Afrontamento, 1998.

Carreira, António. *Cabo Verde: Formação e extinção de uma sociedade escravocrata (1460-1878)*. Bissau: Centro de Estudos da Guiné Portuguesa, 1972.

Duarte, Dulce Almada. *Bilinguismo ou diglossia?* Mindelo: Spleen, 1998.

Enders, Arnelle. "Le lusotropicalisme, théorie d'exportation: Gilberto Freyre en son pays". *Lusotropicalisme: Idéologies coloniales et identités nationales dans les mondes lusophones*. Paris: Karthala, 1997. 201-210.

Freyre, Gilberto. *Casa grande e senzala* [1933]. Rio de Janeiro: Record, 1992.

_____ *Sobrados e mucambos* [1936]. Rio de Janeiro: José Olympio, 1977.

_____ *O mundo que o português criou*. Lisboa: Livros do Brasil, 1940.

_____ *Aventura e rotina*. Rio de Janeiro: José Olympio, 1953.

_____ *Um brasileiro em terras portuguesas*. Rio de Janeiro: José Olympio, 1953.

_____ *Integração portuguesa nos trópicos*. Lisboa: Ministério de Ultramar, 1958.

_____ *O luso e o trópico*. Lisboa: Comissão Executiva das Comemorações do V Centenário da Morte do Infante D. Henrique, 1961.

Fry, Peter. "Continental Conquest?" Resenha de *Lusosex: Gender and Sexuality in the Portuguese-Speaking World*. Fernando Arenas and Susan Quinlan, org. *Times Literary Supplement* (11 jun. 2004): 27.

Gilroy, Paul. *The Black Atlantic: Modernity and Double Consciousness*. London: Verso, 1993.

Kandjimbo, Luís. "Angolanidade: O conceito e o pressuposto". *Apologia de Kalitanji*. Luanda: INALD, 1998. 15-23.

Leme, Carlos Câmara. "O quintal da minha casa ocupou o mundo". *Público Online*. Colecção Mil Folhas 3 (2004) <http://www.publico.pt/cmf3/escritores/78-JoseEduardoAgualusa/>.

Léonard, Yves. "Salazarisme et lusotropicalisme, histoire d'une appropriation". *Lusotropicalisme: Idéologies coloniales et identités nationales dans les mondes lusophones*. Paris: Karthala, 1997. 211-26.

Lopes, Baltasar. *Cabo Verde visto por Gilberto Freyre*. Praia: Imprensa Nacional, 1956.

Lund, Joshua. *The Impure Imagination: Toward a Critical Hybridity in Latin American Writing*. Minneapolis: University of Minnesota Press, 2006.

Madureira, Luís. "Tropical Sex Fantasies and the Ambassador's Other Death: The Difference in Portuguese Colonialism". *Cultural Critique* 28 (1994) : 149-73.

Mariano, Gabriel. *Cultura caboverdeana: Ensaios*. Lisboa: Vega, 1991.

Massa, Jean-Michel. "Heurs et malheurs de Gilberto Freyre en Guinée portugaise et au Cap Vert". *Lusotropicalisme: Idéologies coloniales et identités nationales dans les mondes lusophones*. Paris: Karthala, 1997. 227-36.

Neto, Maria de Conceição. "Ideologias, contradições e mistificações da colonização de Angola no século XX". *Lusotropicalisme: Idéologies coloniales et identités nationales dans les mondes lusophones*. Paris: Karthala, 1997. 327-59.

Piñeiro Íñiguez, Carlos. *Sueños paralelos: Gilberto Freyre y el lusotropicalismo*. Buenos Aires: Nuevohacer, 1999.

Tavares, Miguel Sousa. *Equador*. Lisboa: Oficina do Livro, 2003.

Tenreiro, Francisco. *A ilha de São Tomé*. Lisboa: Memórias da Junta de Investigações do Ultramar, 1961.

Veiga, Manuel. *Le créole du Cap Vert*. Paris: Karthala, 2000.

Vianna, Hermano. "Equilíbrio de antagonismos". *Folha de São Paulo Online*, 12 Mar 2000. <http://www.uol.com.br/fsp/>.

Os estudos literários africanos no Brasil
– rumos e problematizações

Laura Cavalcante Padilha
Universidade Federal Fluminense

A área dos estudos literários africanos no Brasil é de consolidação bastante recente, já que tais estudos começam por estabelecer-se em algumas instituições acadêmicas, e não só, a partir da década de 1970. Tal afirmativa considera basicamente o campo do saber literário que tem a África como núcleo e, não, a produção que chamamos afro-brasileira, pelo fato mesmo de esta ter sido objeto do olhar crítico há mais tempo, embora de modo não sistematizado pelo aparato canônico.

Devemos ainda assinalar que, mesmo antes da década de 70 do século passado, um ou outro movimento desconstrutor tentava forçar um certo olhar para a África, mormente no fim dos 50 quando, na lúcida análise de Antonio Candido, a consciência de nosso subdesenvolvimento ganha vulto entre nós (A Educação). A década de 30 é igualmente importante no processo de autognose do país que o modernismo de 20 de certo modo começara, sobretudo a partir do marco fundador representado pela Semana de Arte Moderna de 22. A este propósito, ainda Candido, em texto de abertura de *Raízes do Brasil* de Sérgio Buarque de Holanda – texto pela primeira vez publicado na edição de 1967 –, alerta para a importância de três obras saídas nos anos 30 e que representam formas de interpretação do Brasil, ao mesmo tempo em que, segundo ele, se fazem a expressão de uma "mentalidade ligada ao sopro de radicalismo intelectual e análise social que eclodiu depois da Revolução de 1930 e não foi, apesar de tudo, abafado pelo Estado Novo" (Holanda 9). São elas: *Casa-grande e senzala* de Gilberto Freyre (1933); o ensaio de Holanda (1936) e *Formação do Brasil contemporâneo*, de Caio Prado Júnior (1942).

O presente ensaio, em suas considerações iniciais, e pelo exposto, se valerá dos livros de Freyre e Holanda para neles buscar algumas respostas ou pistas que ajudem a melhor entender o forte apagamento da África no vetor alto da cultura brasileira, para o qual os pressupostos do ocidente branco-europeu, ou o "arquivo de [seus] conhecimentos", na expressão de Aijaz Ahmad (16), são a única via possível para se enfrentarem as demandas locais, desde a colônia até nossos dias.

Tanto Freyre quanto Holanda enfocam a força das matrizes ibéricas na formação da cultura e da sociedade brasileiras, sendo que o primeiro entrelaça-as com as matrizes indígenas e africanas, focando, em especial, a vida sexual do patriarcado rural brasileiro e, em seu âmbito, o importante papel representado pelo negro. Por isso mesmo, Candido adverte para o "impacto libertador" e "força revolucionária" da obra freyriana no imaginário dos jovens do seu tempo ("O Significado" 10). De outra parte, *Raízes do Brasil* oferece até hoje válidas interpretações para que se possa chegar ao estabelecimento de algumas coordenadas da organização de nossa vida social ou, como o ensaísta aponta na abertura da obra, ao dicotomizar "Mundo novo e velha civilização", à questão fundante do nosso "desterramento" de brasileiros em nossa própria terra:

> Trazendo de países distantes nossas formas de convívio, nossas instituições, nossas idéias, e timbrando em manter tudo isso em ambiente muitas vezes desfavorável e hostil, somos ainda hoje uns desterrados em nossa terra. (Candido, "O Significado" 31)

Nesse quadro de exílio, os negros, bem como os povos indígenas, se fazem os desterrados por excelência. Fixamo-nos aqui, por ser nosso objetivo discutir rumos e problematizações dos estudos literários africanos no Brasil, nos descendentes de escravos, objetos de nosso olhar. Eles se definem por semas de exclusão que, ora apontam para a cor de sua pele – negros – ora para o seu primeiro lugar de pertença: afro-descendentes, nomeação, aliás, que o presente ensaio passa a adotar. Pode-se deles ou com eles dizer o que Du Bois afirma sobre o afro-descendente americano, ou seja, a não-consciência de si e a sua condição de um ser refletido no olhar do outro, branco, já que não consegue ver a sua verdadeira imagem projetada no espelho da história. Disso ressalta, segundo Du Bois:

[...] uma sensação estranha, essa consciência dupla, essa sensação de estar sempre a se olhar com os olhos dos outros, de medir sua própria alma pela medida de um mundo que continua a mirá-lo com divertido desprezo e piedade. (54)

Essas "falas" dos anos 30 – Freyre, Holanda, Du Bois – são importantes para analisarmos os vários movimentos de descrição e/ou problematização do modo como a África se projeta nas Américas e os deslocamentos que o imaginário africano – para além do estilhaçamento tanto do corpo físico, quanto do cultural do escravo – sofre na ação de seqüestro perpetrada pelo escravismo. Tal seqüestro levará ao silenciamento histórico uma grande massa de afro-descendentes espalhada pela diáspora que, no dizer de Stuart Hall, "passa bem". E ele explica:

A "África" que vai bem nesta parte do mundo é aquilo que a África se tornou no Novo Mundo, no turbilhão violento de sincretismo colonial, reforjada na fornalha do panelão colonial. (40)

Foi nesse "panelão" que se "cozinhou" o não-lugar do afro-descendente brasileiro; a sua exclusão; o seu apagamento no vetor alto da cultura letrada; o silêncio sobre a história de seu lugar de origem, seus espaços de procedência, seu imaginário, enfim. Essa visão que leva ao apagamento e ao silêncio fundamenta-se em certos ideologemas que o processo colonizatório implantou e a República acabou por consolidar, no momento mesmo em que criou, segundo Holanda, uma "plutocracia", por sua vez um elemento decisivo no traçado do mapa de "[...] nosso aparelhamento político, que se empenha em desarmar todas as expressões menos harmônicas de nossa sociedade, em negar toda espontaneidade nacional" (176-7).

É difícil escapar à tentação de "desarmar todas as expressões menos harmônicas de nossa sociedade" ou de sua formação. Em certa medida a própria leitura das obras de Freyre e Holanda mostra que, soterrado, há um movimento para explicar ou para amaciar a ponta farpada da desarmonia expressa, muitas vezes, em forma de racismo e intolerância. Nessa linha de "amaciamento", encontramos, em *Casa-grande e senzala*, a visão freyriana de uma "doçura nas relações de senhores com escravos domésticos, talvez maior no Brasil do que em qualquer outra parte da América", repetindo-o. E ele continua, arredondando a ponta farpada:

> A casa-grande fazia subir da senzala para o serviço mais íntimo e delicado dos senhores uma série de indivíduos –amas de criar, mucamas, irmãos de criação dos meninos brancos. Indivíduos cujo lugar na família ficava sendo não o de escravos, mas o de pessoas de casa. Espécie de parentes pobres nas famílias européias. (Freyre, *Casa-grande* 406)

Reparem-se soterrados, nas palavras de Freyre, os ideologemas que as movem: a posição no "alto" da casa-grande; a existência, nela, de serviços mais "íntimo[s] e delicado[s]"; a condescendência dos "senhores" aos quais os meros "indivíduos" se contrapõem e, por fim, a naturalidade com que se invocam os "parentes pobres", ou seja, os agregados subalternos das "famílias européias". Tudo parece levar à idéia postulada pelo autor da existência "entre nós" de "uma profunda confraternização de valores e de sentimentos. Predominantemente coletivistas, os vindos das senzalas; puxando para o individualismo e para o privatismo, os das casas-grandes" (*Casa-grande* 409). Assegura-se, assim, a idéia de um trânsito natural pelo qual a casa-grande se completa pela senzala, conforme o sociólogo anuncia no prefácio da primeira edição da obra (*Casa-grande* 49). E se torna "natural que essa promoção de indivíduos" – ainda Freyre – "da senzala à casa-grande, para o serviço doméstico mais fino, se fizesse atendendo a qualidades físicas e morais, e não à toa e desleixadamente". Nesse sentido, *sobem:* "as melhores escravas da senzala. Dentre as mais limpas, mais bonitas, mais fortes". *Excluem-se e não sobem:* as "vindas há pouco da África; ou mais renitentes no seu africanismo" (*Casa-grande* 406-7). Logo, o africanismo é uma marca negativa e só os abrasileirados ou cristianizados, para o autor, têm direito à ascensão. E tudo se avalia como absolutamente natural, com o que não podemos concordar...

Também Holanda ressalta o trânsito entre os espaços excludentes, apontando o fato de as relações de "escravos" com seus "donos" oscilarem "da situação de dependente para a de protegido, e até de solidário e afim" (55). A que poderíamos aduzir, lembrando Freyre: para a de subalternos agregados ou parentes pobres. E segue a visão de uma "ética de fundo emotivo", ressaltada por Holanda como uma das marcas do ser brasileiro, visto como um "homem cordial", expressão, aliás, que ele problematiza, ao aspeá-la e, principalmente, ao mostrar que "a lhaneza no trato, a hospitalidade, a generosidade", ao mesmo tempo em que "representam [...] um traço definido do caráter brasileiro" não significam nem "boas maneiras" nem "civilidade", sendo "antes de tudo expressões de um fundo emotivo extremamente rico e transbordante" (146-7). Talvez se faça esta ética emotiva o fator que acaba por criar o que o ensaísta chama de "regra geral", pela qual o trânsito entre o espaço do escravo e o do senhor se assegura, levando, segundo ele, a que a influência do escravo penetre "sinuosamente o recesso doméstico, agindo como dissolvente de qualquer separação de castas ou raças" (55), com o que igualmente não concordamos.

Basta que se veja a configuração, por exemplo, das grandes cidades brasileiras cindidas entre os espaços privilegiados das classes dominantes e os bolsões de miséria das dominadas, para ver que nada foi dissolvido e que as normas de exclusão entre a casa-grande e a senzala ainda permanecem. Os sujeitos desvalidos ou subalternos se apresentam excluídos ou circunscritos em guetos, cheios de estreitos becos ou labirintos, sem saneamento básico, habitando os espaços periféricos, que chamamos favelas. Os viventes desses guetos são em sua esmagadora maioria afro-descendentes, como comprova a leitura do romance *Cidade de Deus* (nome de uma favela do Rio de Janeiro) de Paulo Lins, recentemente transformado em filme. Nos textos literário e fílmico se demonstra a não-dissolução das fronteiras e que a antiga cidade colonizada descrita por Franz Fanon ainda continua a subsistir em diversos estados democráticos como o brasileiro, nos quais todos os homens deveriam ser iguais perante a lei, porque cidadãos livres e independentes. A cidade descrita por Fanon, como sendo a do colono e que se pode substituir pela das classes dominantes brasileiras, por exemplo, se opõe à do colonizado, ou seja, a das classes subalternas. Tal exclusão espacial é assim desenhada por Fanon, desenho que projetamos para a nossa realidade urbana nacional e, nela, para a grande massa de afro-descendentes que habita as zonas de exclusão:

> A cidade do colono é uma cidade sólida, toda de pedra e ferro. É uma cidade iluminada, asfaltada, onde os caixotes do lixo regurgitam de sobras desconhecidas, jamais vistas [...] A cidade do colonizado, ou pelo menos a cidade indígena, a cidade

negra, [...] é um lugar mal afamado, povoado de homens mal afamados [...] A cidade do colonizado é uma cidade faminta, faminta de pão, de carne, de sapatos [...] é uma cidade acocorada, uma cidade ajoelhada, uma cidade acuada. (*Os Condenados* 28-9)

A configuração da espacialidade urbana brasileira reitera, a nosso ver, portanto e para concluir, o não-trânsito; a ausência de doçura e a não-dissolução de qualquer forma de separação de classes e/ou raças, como deixam entrever algumas reflexões de Freyre e/ou Holanda, principalmente as do primeiro que, com sua teoria do luso-tropicalismo, levará ao máximo o abrandamento da ponta farpada atrás aludido, como mais adiante tentaremos demonstrar. Não obstante, porém, certas contradições que hoje se podem levantar, o certo é reiterar-se a impossibilidade de não se considerar a importância do pensamento de Freyre e do de Holanda, quando o objetivo é pensar os rumos que os estudos africanos tomaram no Brasil, daí o começarmos as reflexões por suas obras em certa medida seminais, no sentido mesmo em que por elas o corpo cultural negro chega à boca da cena do pensamento social brasileiro. Não há como negar a importância de Freyre nesse processo de repensar o Brasil, conforme citação de Candido atrás feita. Na área específica dos estudo literários, que aqui se faz o objeto de nosso olhar, tal obra não representa, porém, um de seus principais balizadores teóricos, muito embora não possamos negar a sua importância, mesmo que seja para apontar-lhe as contradições.

Já agora, e por outro lado, cremos que, para traçar os caminhos críticos que tomaram os estudos sobre as Literaturas Africanas, caminhos hoje já bastante sedimentados, não se pode saltar a questão, no âmbito da área de Letras no país, do ensino de tais literaturas, em especial as que se expressam em língua portuguesa, por ser este meu próprio campo de docência e investigação. Não há como abarcar todas as manifestações literárias expressas em outras línguas européias. Por isso, nossas reflexões se restringem às que têm o português como base de sua expressão. Também vale lembrar, se o objetivo é pensar rumos e problematizações dos estudos literários africanos, uma questão anterior, ou seja, como se erigiram os cursos de Letras entre nós e como surgiu o ensino de tais literaturas, bem como os impasses que enfrentamos ainda hoje. Só assim se pode inquirir a hegemonia de uma neocolonialidade branco-ocidental mascarada sob vários disfarces na cena cultural brasileira e que, com coerência e deliberação, alguns segmentos insistem em procurar reverter, seja com seu trabalho acadêmico, seja como interventores diretos na cena política contemporânea. Uma vez mais convém reforçar o fato de que a obra de Freyre não cobre essa área do conhecimento, razão por que a ela não aludiremos com freqüência, a partir de agora.

Nas margens: o ensino das literaturas africanas no Brasil

Pensar a forma de organização dos currículos dos cursos de Letras no Brasil leva-nos necessariamente a refletir, de acordo com o que tentamos propor neste ensaio, sobre o fundo da cena do imaginário brasileiro, lá onde se alimentam outras matrizes culturais distintas das européias, mas tão fortes e significativas quanto elas. Não obstante a existência desta outra força, os modelos de argumentação, que legitimam e embasam a formulação curricular, não consideram o enraizamento no nosso passado – e aqui sigo a lição de Alfredo Bosi – continuando a pensar ementas e programas sempre de uma forma distanciada da realidade nacional. Cremos ser possível explicar tal desenraizamento pela "sociologia das ausências", tal qual Boaventura de Sousa Santos e João Arriscado Nunes a postulam e que se apresenta, na formulação dos autores, como "capaz de identificar os silêncios e as ignorâncias que definem as incompletudes das culturas, da experiência e dos saberes"(26).[1] A luso-tropicalidade, tal como concebida por Freyre, contribui para que tais incompletudes da experiência e dos saberes ganhem cores mais fortes, a nosso ver.

Em ensaio escrito em 1989, por nós intitulado "Ambíguo vazio" (47-56), tentamos recortar diacronicamente a questão, na busca de surpreender os motivos do fenômeno que nomeamos de neocolonialismo curricular. Não nos parece necessário retomar a discussão então levantada, dado o surgimento de fatos novos que redefinem a questão ali posta. Por isso, e de forma esquemática, recuperaremos apenas parte das reflexões então feitas.

Desde o momento de sua criação, na década de 30, ou seja, naquele tempo histórico em que, como vimos, há um debruçar-se sobre o processo de autognose do país, os cursos de Letras e os jurídicos representavam dois dos mais altos vetores da formação universitária brasileira, já que se faziam os centros por excelência de consolidação do saber humanístico. A consciência de nosso subdesenvolvimento, recorrendo uma vez mais ao ensaio "Literatura e desenvolvimento" de Candido, já atrás apontado (*A educação* 140-162), traz a perda da aura desse saber, principalmente na área da formação do magistério, cujo desprestígio crescente se agravou nas últimas décadas, mormente devido aos baixos salários da categoria no mercado de trabalho. O não-reconhecimento salarial potencializa o desprestígio, pois, como se sabe, vivemos sob a hegemonia dos pressupostos neoliberais que, de um lado, contribuem para dessocializar o capital e, de outro, para aprofundar a desigualdade cada vez maior entre as classes sociais, fixando os papéis por cada uma representados na cena histórica contemporânea, aqui seguindo de perto ainda as postulações de Santos e Nunes.

É interessante notar que mesmo a perda da aura dos estudos das Letras não vai modificar os modelos embasadores da concepção curricular, cujo principal eixo de sustentação continua a ser representado pelo ocidente eurocêntrico. Explica-se, assim, por que os cursos ainda se chamam genericamente de Letras e por que igualmente as habilitações, na graduação, seguem privilegiando, para além de nosso idioma, o olhar para a Europa, suas línguas e suas culturas. Confiramos: Português/Inglês; Português/Alemão; Português/Francês; Português/Espanhol, etc. Poucas são as instituições que pensam o Oriente, por exemplo. Da África, nem se fala. O silêncio reina como um absoluto, muito embora, a partir da metade da década de 70, haja um movimento no sentido de que tal espaço vazio venha a ser ocupado pelos pesquisadores existentes.

Com respeito aos cursos de graduação, as Literaturas Africanas de Língua Portuguesa (mesmo se considerarmos uma habilitação como Português/Literaturas, onde se oferecem mais detidamente as expressas na língua materna) não se elencavam como obrigatórias, como se dava com a Portuguesa e a Brasileira que só com a última proposta de reformulação curricular deixaram de o ser. Quando, salvo em um ou outro programa, catalogavam-se entre as optativas, as Africanas apareciam com uma carga horária mínima, quando não se listavam entre as disciplinas de Literatura Portuguesa, recebendo, com variantes, a denominação de "Manifestações Ultramarinas", mesmo depois das últimas independências, em 1975. Conforme se pode sem esforço perceber, a descolonização curricular, que se representaria, a par de outros gestos, pela inclusão das Africanas, não chegou para os legisladores brasileiros a quem compete normatizar a educação em nosso país. Mantemos aqui o termo descolonização, mesmo sabendo, com Edward Said, que "[...] em nossa época, o colonialismo direto se extinguiu em boa medida; o imperialismo [...] sobrevive onde sempre existiu, numa esfera cultural geral, bem como em determinadas práticas políticas, econômicas e sociais" (40). É o que a visão curricular oficial do campo das Letras no país ensina até hoje. Em 1984, portanto há vinte anos, assim se expressava a pesquisadora Maria Aparecida Santilli, reportando-se à questão das Literaturas Africanas no Brasil e sua relação com a Portuguesa e a Brasileira:

> Sua equiparação às demais literaturas em português, seu reconhecimento, é agora uma questão eminente que cumprirá levar à condição de iminência. Falamos de um tempo ainda de legitimação porque nas três centenas de cursos de Letras no país, apenas em cerca de uma dezena deles, talvez, se cogitou de pô-las em sua programação e, ainda assim, fora do currículo das disciplinas básicas dos cursos de Letras. ("Ano bissexto" 304)[2]

Duas décadas depois, continuamos a luta por essa tão esperada legitimação, como bem demonstrou Tania Macêdo, ainda em 1991 e reforçando a análise de Santilli, no I Encontro de Professores de Literaturas Africanas de Língua Portuguesa.[3] Tal Encontro representou ele próprio uma tentativa de reversão de expectativas, pois historicamente o fórum onde circulavam as pesquisas da área eram os já tradicionais Encontros de Literatura Portuguesa. A comunicação, apresentada por Macêdo em mesa-redonda e instigante em todos os sentidos, tem o sugestivo título de "Indignação necessária: Reflexões em torno do ensino das literaturas africanas em língua portuguesa no Brasil". Em seu balanço, muito mais que apenas reflexões, a docente e pesquisadora lança um

> [...] olhar retrospectivo, abarcando quase uma década e meia (dos fins dos anos setenta até hoje) dos estudos das literaturas

africanas de língua portuguesa entre nós, o que sem dúvida revela-nos importantes etapas vencidas e, como não poderia deixar de ser, indica que ainda outros maiores trabalhos e desafios estão a caminho. (275)

De 1991 até este ano de 2004 realizaram-se, em várias instituições universitárias brasileiras, encontros científicos, congregando docentes e pesquisadores, o que veio a consolidar a área e criar um espaço de circulação para os estudos africanos e para os afro-brasileiros no país. As publicações se multiplicam e para isso muito contribuem os cursos de pós-graduação que, desde a década de 80, vêm formando uma massa crítica considerável pela qual se dissemina uma leitura de África, impensável até bem pouco tempo.

A interdisciplinaridade e o comparativismo são as forças axiais em que tais estudos acadêmicos se vêm alicerçando na área das Letras. Com isso – ou seja, pela tentativa de, por um viés transdisciplinar, tornarmos mais visíveis alguns recessos da cultura nacional –, acreditamos contribuir para a reversão da opacidade por tanto tempo existente. Só assim cremos ser possível reverter o contorno da imagem de nossa distorcida face projetada no espelho da história e no qual, por muito tempo, se elidiu a pluralidade do sujeito nacional.

Vale a pena insistir nas considerações propostas por Homi Bhabha sobre esse sujeito nacional, pensado, na perspectiva etnográfica em que o observador se torna parte de sua própria observação, em gesto deliberadamente inclusivo. Afirma o autor, neste sentido, que "o sujeito nacional se divide na perspectiva etnográfica da contemporaneidade da cultura e oferece tanto uma posição teórica quanto uma autoridade narrativa para vozes marginais ou discursos da minoria" (213). Perseguir tal "autoridade narrativa" se faz o objetivo maior do ensino das Literaturas Africanas de Língua Portuguesa, conforme hoje se apresenta no Brasil. Ou seja, vêmo-lo como um modo de levar o profissional da área a "enraizar no passado [sua] experiência atual" (Bosi 15), para desse modo melhor interpretar o presente e pensar, de maneira mais sólida, a construção do futuro. Talvez assim nos possamos mobilizar, já agora não contra uma postura imperialista ditada pelos centros hegemônicos e à qual servilmente nos submetemos, dada a nossa condição de ex-colonizados, mas a favor – voltando a Santos e Nunes (14) – da construção "de um mundo melhor, mais justo e pacífico" a que sabemos ter direito e que a globalização neoliberal obstaculiza de todas as formas possíveis.

A reatualização de uma metáfora ou breves recortes sobre a crítica brasileira

A necessidade de encontrar modos de tradução da África no espaço crítico brasileiro é, como já apontado para a questão do ensino, um movimento das três últimas décadas entre nós. Representava, e até hoje representa, uma busca de trazer à cena contemporânea as tradições que sempre foram apagadas e/ou se apresentavam como incompreensivelmente exóticas ou diferentes. É o caso de lembrar, uma vez mais, a necessidade sentida pelos pesquisadores então emergentes de redimensionar o papel das culturas africanas entre nós, mostrando todo o afiamento da ponta farpada da desarmonia da sociedade brasileira. Voltamos a Holanda, atrás citado, para reforçar o fato de que nosso aparelhamento político sempre se empenhou "em desarmar todas as expressões menos harmônicas de nossa sociedade" (177). Tratava-se, como postula Hall, para o Caribe, de retrabalhar as nossas tradições, dentro do espaço da própria trama identitária nacional (40). Buscávamos traduzi-las, no sentido derridiano do termo. Não queríamos transportar sentidos, aqui utilizando a leitura de Sarat Maharaj sobre a tradução em Derrida e que citamos a partir de Hall. Objetivávamos, seguindo Derrida, por Maharaj, criar uma "dupla escrita", já que sempre, nesse jogo de tradução de uma língua a outra,

> O tradutor é obrigado a construir o significado na língua original e depois imaginá-lo e modelá-lo uma segunda vez nos materiais da língua com a qual ele ou ela o está transmitindo. (41)[4]

As Literaturas Africanas expressas em Língua Portuguesa, que nunca deixaram de vazar o imaginário local ou a sua memória, se nos ofereciam como um campo da cultura onde já houvera também um primeiro movimento de tradução. Explicando melhor: para os escritores africanos do século XIX ou XX, a "língua original", aquela dos "princípios", já se havia perdido nas brumas do tempo, desde que o colonizador rasurou-a, ao empunhar o chicote com que impunha sua própria norma cultural. Manuel Rui, angolano, relê a cena de rasura e apagamento, para tanto usando a metáfora do canhão (Monteiro, "Eu e o outro") como indicadora do nível de violência do processo. Tanto na África, como em sua diáspora brasileira, o movimento foi o mesmo, ou seja, de supressão, o que não nos permite, em nenhuma hipótese, endossar a tese da luso-tropicalidade de Freyre.

Só para recordar a referida tese, abrimos um parêntese e convocamos o autor, para quem a colonização portuguesa foi, nos Trópicos, "completada com amor". E ele continua: "amor de homem a mulher de cor e amor de homem a terra quente, para amortecer, dulcificar asperezas" (Freyre, *O Luso* 50). O resultado desse amor "dulcificante" seria a criação de uma "comunidade luso-tropical" inclusiva, e que viesse a ser "um tipo novo de federação". Nesta, a cultura ocidental e as tropicais se interpenetrariam de tal modo que acabariam por levar à criação de um "terceiro estilo de cultura que [fosse], também, uma nova forma de civilização tropical". Ter-se-ia, assim, "vários Portugais espalhados em áreas tropicais", em uma ação pantropicalista do ainda então colonizador em África (8, 77 e 86). Quem lembra os massacres de Batepá, em São Tomé, ou do Pijiguiti na Guiné Bissau, sabe que jamais deixou de haver a divisão entre o "Portugal metropolitano" e o "Portugal colonial" e muito menos "um Portugal só" (235) que, na avaliação de Freyre, existiria plenamente em 1961, ou seja, no ano da eclosão das guerras de libertação nacionais africanas. O fascismo salazarista soube explorar –e bem– as idéias luso-tropicalistas e não é por outra razão que *O luso e o trópico* foi editado em Lisboa, no âmbito das comemorações do V Centenário da Morte do Infante Dom Henrique. O subtítulo da obra é simbólico e sintomático de todos os pontos de vista: "Sugestões em torno dos métodos portugueses de integração de povos autóctones e de culturas diferentes da européia num complexo novo de civilização: o luso-tropical." Repetimos: o ano em que isso se diz é 1961...

Obras como as de Freyre e de outros brasileiros contribuíram para o processo de mascaramento, de rasura da África e de sua diferença entre nós. No caso específico de Freyre, ele até aponta a necessidade de preservação do que, em sua leitura sociológica, seriam signos de diferença em nossa própria cultura e que se vinculam a um legado africano. No entanto, ele não consegue ir além do "exótico" que se representa, por exemplo, no vestuário das afro-descendentes, em seus panos coloridos, seus turbantes, nas cores quentes de sua predileção, vestuário etc. e que, para ele, facilmente se faria um material "exportável". Fatos como esse e o endulcoramento das relações entre casa-grande e senzala, para além do arredondamento da ponta farpada, fizeram da África – e a volta a Hall é mais que um mero impulso citacional –

> [...] o significante, a metáfora, para aquela dimensão de nossa sociedade e história que foi maciçamente suprimida, sistematicamente desonrada e incessantemente negada e isso, apesar de tudo que ocorreu, permanece assim. (41)

E é por concordar que "permanece assim" que um grupo de pesquisadores ligado a outras áreas do conhecimento, começou por deixar seus objetos de pesquisa, optando por exercer suas atividades no novo campo das Africanas que se começou a abrir, de modo ainda tímido, nos anos 50 e 60; de forma mais organizada no fim da década de 70 e, de maneira deliberada e interventiva, dos anos 80 até os nossos dias. Queríamos, como queremos, tornar o significante e a metáfora que a África representa mais visíveis, na busca de construir o que Santos e Nunes chamam de "novas formas de solidariedade". Por conseguinte, trabalhamos, de um lado, com o recurso que se nos oferece ainda hoje, ou seja, o da "sociologia das ausências" atrás já referida, buscando na "teoria da tradução" uma forma de "criar", ainda segundo os autores, "inteligibilidades mútuas", articulando, em certo sentido, "diferenças e equivalências entre experiências, culturas, formas de opressão e de resistência" (26).

Projetar um espaço crítico para as Africanas foi buscar as "inteligibilidades mútuas" que nos permitissem traduzir, em nossa "língua crítica" – teórica e metodologicamente embasada nos instrumentais de que então dispúnhamos –, o que até o momento de nossa escolha ainda mergulhava em um fosso de opacidade e silêncio. Começamos, assim, por bordejar as margens, com cuidado e atenção, procurando encontrar novos instrumentos que nos ajudassem em nossa nova navegação, já que aqueles de que dispúnhamos muitas vezes não davam conta, não de essências ou de diferenças inarredáveis, mas do que entendíamos ser o "próprio africano", aqui pensando com Honorat Aguessy. Nessa reconstrução simbólica, outras matrizes, experiências e fatos culturais se erigiam. Voltando a Hall, fomos em busca, através da construção literária e cultural que as produções artístico-verbais africanas acabam por ser, das "rotas" que, ao fim e ao cabo, subsistiam, como afirma o teórico jamaicano, "no interior das complexas configurações" (40) de nossa própria cultura. O percurso pelo discurso, parodiando Manuel Rui (Monteiro, "Só percursso"), não foi fácil, mas costeamos litorais, acatando o sentido do termo *bordejar*, sempre procurando driblar a força contrária dos ventos e levar a bom termo nossa própria embarcação.

As rotas, pelas quais a África de colonização portuguesa e Brasil começaram a traçar os caminhos para nossos novos achamentos, auxiliando-nos a sustentar as trocas literárias e culturais, começaram por levar o Brasil para a África, com a nossa produção romântica do século XIX, mas de forma ainda incipiente, como se pode detectar na leitura do *Almanaque de Lembranças*, por exemplo. Depois tornaram-se rotas mais movimentadas no século XX, no momento mesmo em que o processo de descolonização começou a gritar sua urgência. Tal "grito" leva, no plano histórico e político, às lutas de libertação nacional africanas e, no literário, à reafricanização de antigos modelos estéticos ocidentais, base da assimilada expressão artística até determinado tempo. Foi fundamental, para o êxito desse processo de desocidentalização estética e de independência nacional, a reunião dos estudantes, muitos do quais futuros dirigentes nacionais, no espaço metropolitano, da Casa dos Estudantes do Império (CEI) onde se editou o Boletim *Mensagem* (1948-1964), instrumento cultural de insofismável importância para a disseminação das novas rotas que se pretendia traçar.

No âmbito dos estudos brasileiros que se debruçam sobre tal interlocução, não há como não citar o de Elisalva Madruga, publicado em 1998 – *Nas trilhas da descoberta* –, obra em que a autora analisa "A repercussão do modernismo brasileiro na literatura angolana".[5] Outros textos também recortam o diálogo ou nele tocam, seja no Brasil, seja na África e, de modo especial em Angola, onde encontramos reflexões de Costa Andrade, Carlos Ervedosa, Manuel dos Santos Lima, dentre outros, sobre a questão.

Com relação à chegada das produções africanas até nós, em trançados de novos desenhos e mapas, o percurso foi acidentado, ora em troca expressiva, como se dá com a divulgação feita pela série Autores Africanos da Editora Ática nos anos 80, ora sofrendo os reveses já previsíveis, como o descaso das autoridades culturais brasileiras, mormente quando do recrudescimento da censura no período da ditadura militar (1964-1984), o que não se modifica com a redemocratização do país. Já agora esboça-se uma tentativa de reversão dessa expectativa, pelo fato mesmo de editoras abrirem espaço para a publicação de alguns – embora ainda poucos – autores, como se dá com Pepetela, José Eduardo Agualusa, Ruy Duarte de Carvalho, Mia Couto e, já agora, Paulina Chiziane.

Neste quadro geral de divulgação de obras literárias africanas em língua portuguesa entre nós, não dá para deixar de citar a revista *Sul*, editada em Florianópolis pelo chamado Grupo Sul (1948-1958), e cuja periodicidade é, aliás, bastante irregular. Remetemos à comunicação feita por Salim Miguel, um de seus organizadores, no I Encontro de Professores das Africanas, já referido, onde o intelectual catarinense relata como a revista ganhou circulação internacional e como passou a publicar obras de vários escritores da então chamada "África portuguesa". O certo é que no fim da década de 40 até 1958, com alguma freqüência, a *Sul* publicizou para nós textos aos quais, na mesma fase, ou em momento posterior, passamos a ter acesso, muitas vezes mesmo em antologias portuguesas que abriam espaço para autores "ultramarinos". "Malhas que o império tece", como já disse Fernando Pessoa. Também não há como elidir, quase como adendo, o fato de a primeira edição de *Terra morta,* de Castro Soromenho, ter sido brasileira, vindo a público em 1949.[6] Como sabemos, este autor tem importância inequívoca no processo de formação da Literatura Angolana e o fato de ter, como exilado, vivido no Brasil é significativo. Não podemos afirmar, pois para tanto não dispomos de dados seguros, se Freyre, por exemplo, lia os autores africanos ou mesmo mantinha com eles qualquer espécie de vínculo intelectual. É de se supor, porém, que conhecesse a obra de Soromenho, já que editada no Brasil. Reforçamos que se trata de suposições e nada mais.

Voltando à construção de nosso edifício crítico, não há como omitir, no sentido do que atrás se expôs, a inexistência, em principio, de um instrumental teórico-metodológico de que nos pudéssemos valer. As obras fundamentais de Fanon e Albert Memmi ganham traduções nos anos 70, sendo, em certa medida, os nossos primeiros "astrolábios". Deles nos valíamos em cursos, artigos, enfim, em nossas primeiras reflexões.

De outra parte, ensaios de dois autores brasileiros – Antonio Candido e Silviano Santiago – serviram como base teórica de nossas incursões iniciais pelas Africanas. As suas considerações teórico-críticas sobre literatura e subdesenvolvimento, dependência cultural, formas de desconstrução e a questão da tradição davam-nos o necessário suporte para a leitura de textos como os de Viriato da Cruz, António Jacinto, José Craveirinha, Alda Espírito Santo, Luandino Vieira, Pepetela, Orlando Mendes, Luis Bernardo Honwana e tantos outros. Em tais textos se encena, como se sabe, o enfrentamento do próprio e do alheio, do uno e do diverso, tanto estética quanto ideologicamente, abrindo-se, assim, pelo imaginário, um espaço híbrido ou um entrelugar onde a diferença e o mesmo terçavam por suas armas, aqui seguindo de perto Santiago e o seu seminal ensaio o "Entrelugar do discurso latino-americano", publicado em 1978, em *Uma literatura nos trópicos*. Do mesmo modo a obra de Candido, em especial a recolha *A educação pela noite e outros ensaios*, de 1987, revelou-se muito produtiva e organizadora em todos os níveis.

Na década de 80, começam a aportar no país textos produzidos por africanos, em diversas línguas, alguns já traduzidos como *Introdução à cultura africana*, onde se encontram ensaios de Honorat Aguessy, Ola Balogun, Alpha Sow, etc., para além de diversos outros não traduzidos, como os de Mohamadou Kane, Makhily Gassama, Alassane Ndaw, Georges Ngal e tantos mais, isso sem falar nas reflexões já sedimentadas em língua portuguesa, de autoria de Manuel Ferreira, Alfredo Margarido, Carlos Ervedosa, Manuel Rui, dentre tantos. A base antilhana também foi de grande valia, Edouard Glissant e Aimé Césaire à frente.

Todos os ecos dessas vozes – e nos perdoem a extensa, mas necessária listagem nominal – contribuíram para que nossas próprias reflexões nacionais se fizessem ouvir, a começar pelas do grupo de pesquisadores pioneiros da Universidade de São Paulo: Maria Aparecida Santilli, Fernando Mourão e Benjamim Abdala Júnior. Hoje, podemos considerar que há um aparato crítico construído em várias e diversas direções e pelo qual um pensamento brasileiro sobre as Africanas já se estatui.[7] Este pensamento é tributário, de um lado, dos pressupostos da

Literatura Comparada e, de outro, dos Estudos Culturais, em convergência com os Literários, convergência que, segundo Noé Jitrik, a ponte da crítica, sempre um gesto desocultador, acaba por estabelecer.

Para concluir, retomamos Hall a fim de com ele lembrar que esse novo gesto consentido de enfrentar o apagamento histórico da face africana talvez no fundo de sua cena escamoteie o desejo de descentrar os modelos ocidentais, questioná-los, em deliberada busca de disseminar a diferença. Reiteramos que o estético não pode caminhar sem o ético e que hoje, como ontem, não dá mais para transigir ou pactuar com qualquer forma de ocultamento do corpo simbólico-cultural africano cuja imagem por séculos não se conseguiu ver refletida no espelho de nossa história.

NOTAS

[1] Referimo-nos à introdução da obra *Reconhecer para libertar,* organizada por Boaventura de Sousa Santos e por ele assinada juntamente com João Arriscado Nunes (25-68).

[2] Trata-se de uma comunicação apresentada no X Encontro de Professores Universitários Brasileiros de Literatura Portuguesa e I Colóquio Luso Brasileiro de Professores Universitários de Literatura de Expressão Portuguesa, realizado em Portugal.

[3] O I Encontro teve lugar em Niterói, na Universidade Federal Fluminense, com o apoio da Associação Brasileira de Literatura Comparada, União dos Escritores Angolanos e Universidade de São Paulo.

[4] Ver Maharaj (3).

[5] Além do cotejo entre poemas, Eisalva Madruga traz vários depoimentos e elenca os pontos de contato entre produções angolanas e brasileiras, sobretudo no que respeita ao âmbito temático.

[6] A edição foi de responsabilidade da Casa dos Estudantes do Brasil (cf. Obras Citadas).

[7] Lembram-se nomes como os de Carmem Lúcia Tindó Secco, Rita Chaves; Tania Macêdo; Maria do Carmo Sepúlveda Campos; Teresa Salgado, por exemplo, para além dos já citados no corpo do ensaio e de outros pesquisadores como Maria Nazareth S. Fonseca, com vários ensaios publicados em periódicos e/ou capítulos de livros. Nas Referências Bibliográficas elencam-se apenas obras monotemáticas, deixando-se de parte a organização de obras coletivas, capítulos de livros, artigos em periódicos, etc, pois há um limite a ser seguido.

Obras Citadas

Abdala Jr., Benjamin. *Literatura. História e Política: Literaturas de língua portuguesa no século XX.* São Paulo: Ática, 1998.

Ahmad, Aijaz. *Linhagens do presente.* Sandra Guardini Vasconcelos, trad. São Paulo: Boitempo, 2002.

Aguessy, Honorat. "Visões e percepções tradicionais". *Introdução à cultura africana.* Sow, Alpha et al, org. Emanuel L. Godinho, trad. Lisboa: Edições 70, 1980. 95-136.

Bhabha, Homi K. *O local da cultura.* Myriam Ávila, trad. Belo Horizonte: Ed. UFMG, 1998.

Bosi, Afredo. *Dialética da colonização.* São Paulo: Companhia da Letras, 1992.

Campos, Maria do Carmo Sepúlveda. *Estórias de Angola: fios de aprendizagem em malhas de ficção.* Niterói: EdUFF, 2002.

Candido, Antonio. *A educação pela noite e outros ensaios.* São Paulo: Ática, 1987.

_____ "O significado de *Raízes do Brasil*". *Raízes do Brasil.* Sérgio Buarque Holanda. 26ª ed. São Paulo: Companhia das Letras, 1995. 9-21.

Chaves, Rita. *A formação do romance angolano.* São Paulo: Coleção Via Atlântica, nº1, 1999.

DuBois, W.E.B. *As almas da gente negra.* Heloísa Toller Gomes, trad. Rio de Janeiro: Lacerda, 1999.

Fanon, Franz. *Pele negra, máscaras brancas.* 2 ed. Alexandre Pomar, trad. Porto: Paisagem, 1975.

_____ *Os condenados da terra.* 2. ed. José Laurênio de Melo, trad. Rio de Janeiro: Civilização Brasileira, 1979.

Freyre, Gilberto. *Casa-grande & senzala.* Ilustrações: Cícero Dias e Antonio Montenegro. 45 ed. Rio de Janeiro: Record, 2001.

_____ *O luso e o trópico: sugestões em torno dos métodos portugueses de integração de povos autóctones e de culturas diferentes da Europa num complexo novo de civilização:luso-tropical.* Lisboa: Comissão Executiva das Comemorações do V Centenário da Morte do Infante D. Henrique, 1961.

Hall, Stuart. *Da diáspora: identidades e mediações culturais.* Adelaine La Guardia Resende, trad. Belo Horizonte: Editora UFMG; Brasília: Representação da UNESCO no Brasil, 2003.

Holanda, Sérgio Buarque de. *Raízes do Brasil.* 26 ed. São Paulo: Companhia das Letras, 1995.

Jitrik, Noé. "Estudios culturales/estudios literarios". *Literatura e estudos culturais*. Maria A. Pereira e Eliana L. Reis, org. Belo Horizonte: Faculdade da UFMG, 2000. 29-41.

Lins, Paulo. *Cidade de Deus*. São Paulo: Companhia das Letras, 1997.

Macêdo, Tania. "Indignação necessária: Reflexões em torno do ensino das Literaturas Africanas de Língua Portuguesa no Brasil". *I Encontro de Professores de Literaturas Africanas de Língua Portuguesa – Repensando a africanidade*. Laura C. Padilha, org. Niterói: Imprensa Universitária da UFF, 1995. 275-280.

_____ *Angola e Brasil: Estudos comparados*. São Paulo: Arte & Ciência, 2002.

Madruga, Elisalva. *Nas trilhas da descoberta: A repercussão do modernismo brasileiro na Literatura Angolana*. João Pessoa: Editora Universitária/UFPB, 1998.

Maharaj, Sarat. "Perfidions Fidelity". *Global Visions*. Jean Fisher, org. London: Institute of the International Visual Arts, 1994.

Memmi, Albert. *Retrato do colonizado precedido pelo retrato do colonizador*. 2 ed. Roland Corbisier e Mariza P. Coelho, trads. Rio de Janeiro: Paz e Terra, 1977.

Miguel, Salim. "Raízes de um intercâmbio". *I Encontro de Professores de Literaturas Africanas de Língua Portuguesa – Repensando a africanidade*. Laura C. Padilha, org. Niterói: Imprensa Universitária da UFF, 1995. 53-67.

Monteiro, Manuel Rui. "Eu e o outro – o invasor ou em poucas três linhas uma maneira de pensar o texto". *Sonha, mamana África*. Cremilda Medina, org. São Paulo: Epopéia, 1987. 308-310.

_____ "Só percursso pelo discursso". *I Encontro de Professores de Literaturas Africanas de Língua Portuguesa – Repensando a africanidade*. Laura C. Padilha, org. Niterói: Imprensa Universitária da UFF, 1995. 87-95.

Mourão, Fernando A Albuquerque. *A sociedade angolana através da literatura*. São Paulo: Ática, 1978.

Padilha, Laura Cavalcante. "Ambíguo vazio: O ensino das Literaturas Africanas de Língua Portuguesa". *Letras na Universidade*. Caderno de Letras 1 (Niterói 1990): 46-56.

_____ *Entre voz e letra: O lugar da ancestralidade na ficção angolana do século XX*. Niterói: EdUFF, 1995.

_____ *Novos pactos, outras ficções: Ensaios sobre literaturas afro-luso-brasileiras.* Porto Alegre: EDIPUCRS/Lisboa: Imbondeiro, 2002.

Said Edward. *Cultura e imperialismo.* Denise Bottman, trad. São Paulo: Companhia das Letras, 1995.

Santilli, Maria Aparecida. "Ano bissexto, um tempo de saúde para a convivência em português". *Actas.* Lisboa/Coimbra/Porto: Instituto de Cultura Brasileira–Universidade de Lisboa, 1984. 300-307.

_____ *Africanidade.* São Paulo: Ática, 1985.

Santos, Boaventura de Sousa e João Arriscado Nunes, org. *Reconhecer para libertar: Os caminhos do cosmopolitismo multicultural.* Rio deJaneiro: Civilização Brasileira, 2003.

Secco, Carmem Lúcia Tindó. *A magia das letras africanas: Ensaios escolhidos sobre as literaturas de Angola, Moçambique e alguns outros diálogos.* Rio de Janeiro: ABE Graph/Barroso Produções Editoriais, 2003.

Soromenho, Fernando M. de Castro. *Terra morta.* Rio de Janeiro: Casa do Estudante do Brasil, 1949.

Nação brasileira e mistura dos genes:
As mestiçagens de Gilberto Freyre

Michel Agier
Centre d'Études Africaines (Paris)

Evocarei, neste texto, a questão da mestiçagem tal e como foi construída nos *múltiplos* mundos de Gilberto Freyre. Primeiro no mundo histórico e social do próprio Brasil. Procuraremos ver como o pensamento de Gilberto Freyre concebeu, nos anos 20 e 30, a nação brasileira como um fato de cultura. Logo, um mundo de representações e de conceitos, o do pensamento racialista em geral, enquanto um dos componentes maiores, até o momento atual, da cultura global. Neste particular, a contribuição de Gilberto Freyre é do tipo "bio-cultural": trata-se da *cultura feita natureza*, de uma certa maneira, que prolonga o modelo da cultura nacional. Natureza, cultura e nação assim formam os termos unidos de uma lógica simbólica brasileira, segundo Freyre. Para além destas leituras contextualizadas, nós veremos que subsiste, hoje em dia, o aporte mais duradouro e universal da obra de Gilberto Freyre: uma excepcional descrição da troca social no Brasil.[1]

Foi na Bahia que Gilberto Freyre, em 1943, veio se reconfortar após ter sido criticado violentamente e colocado no índex no Recife, sua terra natal, por ter se manifestado excessivamente contra o racismo e pela democracia. Para ele, a cidade da Bahia evocava exatamente a imagem que ele se fazia do Brasil mestiço. Via mesmo nela, dizia, a "doçura materna" que todos os brasileiros recebiam como herança, como as suas crianças. Considerando-se ele mesmo "cidadão baiano", ele via na velha São Salvador, primeira capital do país, a "Mãe das cidades", a raiz de tudo o que existia de civil, de urbano e de político no Brasil. Mas ele percebia nela também o modelo e a antecipação de um mundo "fraternalmente mestiço": "antecipação de uma convivialidade democrática, graças à miscigenação" (*Bahia e bahianos* 136), escrevia em 1951 após ter se encontrado com o etnólogo suíço Alfred Métraux no momento em que este dirigia um vasto programa de pesquisas da UNESCO sobre as relações raciais no mundo do após-guerra, o que o havia trazido ao Brasil e, mais particularmente, a Salvador da Bahia.

Ao colocar o elogio da mestiçagem brasileira, feito por Gilberto Freyre, dentro do contexto histórico em que nasceu, mesmo com o risco de torná-lo menos estético e mesmo, por vezes, ridiculamente ultrapassado, não pretendo julgar as práticas que ele designa, mas antes colocar em evidência o peso das interpretações que as oneram e as constrangem. O que procuro fazer, se é permitido a um simples trabalho reflexivo visar a um objetivo tão ambicioso, é, afinal de contas, livrar as mestiçagens de todo pensamento racial e identitário, assim possibilitando o seu elogio sem segundas intenções. Ora, são justamente as segundas intenções, os pesos da história doméstica e da intimidade que estiveram bem presentes na obra de Gilberto Freyre.

Existem páginas da literatura sociológica que marcam particularmente os nossos espíritos pela sua força de convicção, pela sua originalidade estilística ou pela sua capacidade para concentrarem em algumas linhas todo o pensamento de um autor. Tal é o caso das primeiras páginas do capítulo 4 de *Casa-grande e senzala* de Gilberto Freyre. Páginas consagradas à escravidão dos negros, à vida sexual e à família, que poderiam ser mencionadas na sua totalidade, mas que as primeiras linhas bastam para ilustrar. Tão familiares que, com freqüência, temos a impressão de conhecê-las de cor, de tanto que foram ditas; e têm um tal ar de verdade que, ao lê-las, já não sabemos se é Gilberto Freyre que fala ou se é todo o pensamento do Brasil que se exprime através dele:

> Todo brasileiro, mesmo o alvo, de cabelo louro, traz na alma, quando não na alma e no corpo – há muita gente de jenipapo ou mancha mongólica pelo Brasil – a sombra, ou pelo menos a pinta, do indígena ou do negro. No litoral, do Maranhão ao Rio Grande do Sul, e em Minas Gerais, principalmente do negro. A influência direta, ou vaga e remota, do africano. (283)[2]

À imagem da referência à "mancha mongólica" (um sinal de nascença no corpo que lembra, supostamente, a parte indígena na mestiçagem biológica indígena/branca do *mameluco*), páginas inteiras são consagradas por Freyre à formação da epiderme, à reação dos corpos ao sol, à transpiração. As suas reflexões estão sempre na fronteira entre uma espécie de senso comum sobre os efeitos da mistura ou o funcionalismo de uma natureza sempre adaptativa, por um lado, e referências pseudo-científicas sobre a epiderme, o suor, o clima, etc., por outro. Assim, se pode ler, a propósito do suor que escorre sobre os corpos dos trabalhadores negros da cana-de-açúcar:

> [O] negro [pode] transpirar por todo o corpo e não apenas pelos sovacos. De transpirar como se de todo ele manasse um oleo, e não apenas escorressem pingos isolados de sour, como do branco. O que se explica por uma superficie máxima de evaporação no negro, mínima no branco. (287)

Para completar estas "descrições", Freyre evoca um outro autor, Osorio de Andrade, cujas análises de tipo socio-biológico foram provavelmente suscetíveis de tranqüilizar a consciência branca face ao trabalho agrícola dos negros, na época da escravatura e depois:

> De todas as raças humanas [...] só os negros são perfeitamente adaptados à vida nos trópicos e só eles podem sem sofrimento suportar completamente nus o sol ardente dessas regiões; essa resistência especial devem eles à sua pele negra que os protégé contra os raios actínicos mas que apresentaria o grave inconveniente de se superaquecer ao sol se não fosse aquele mecanismo de defesa completado por um outro geral, seja a de possiírem uma grande capacidade de sudação que corrige a tendência ao superaquecimento da superficie cutânea. (cf. em Freyre 380)

De fato, Freyre se debate com e contra as teses da antropologia física e as do eugenismo ainda vigentes nos anos 30. Anti-racista à maneira da época, ele procura reabilitar o contributo do negro para a formação do Brasil. Para tanto, retoma a tese de Nina Rodrigues, segundo o qual houve, de fato, contrariando as opiniões da época, uma importante presença de sudaneses (em detrimento de apenas bantos). Além disso, insiste Gilberto Freyre, houve uma presença disseminada de "sangue hamita" e "não negro" entre todos os "stocks" de escravos. Afinal de contas, criou-se uma diversidade tal que se pode deduzir dela que "estas é que nos parecem indicar ter sido o Brasil beneficiado com um elemento melhor de colonização Africana que outros países da América. Que os Estados Unidos, por exemplo" (304). O Brasil recebeu belos e grandes sudaneses e ternas mulheres da Guiné, "excellentes compagnes", evitando os "Hotentotes e boximanes verdadeiramente grotescos com as sus nádegas salientes (esteatopigia)" (314). Jamais avaro em matéria de termos científicos, Freyre os mistura, em uma fórmula literária única e inigualada, com uma escrita sensual, aliás erótica, particularmente prolixa. Escrita divertida também quando fala da "seleção eugênica e estética" das "as negras mais em contato com os brancos das casas-grandes; as mães dos mulatinhos criados em casa – muitos deles futuros doutores, bacharéis e até padres" (314). Afinal de contas, Gilberto Freyre plasmou uma maneira *encantada* de ser brasileiro, numa escrita também encantadora, em harmonia perfeita com o seu objeto. As linhas abaixo representam exemplares desta estranha e singular alegria de ser brasileiro:

> Na ternura, na mímica excessiva, no catolicismo em que se deliciam nossos sentidos, na música, no andar, na fala, no canto de ninar menino pequeno, em tudo que é expressão sincera de vida, trazemos quase todos a marca da influência negra. Da escrava ou sinhama que nos embalou. Que nos deu de mamar. Que nos deu de comer, ela própria amolengando na mão o bolão de comida. Da negra velha que nos contou as primeiras histórias de bicho e de mal-assombrado. Da mulata que nos tirou o primeiro bicho-de-pé de uma coceira tão boa. Da que nos iniciou no amor físico e nos transmitiu, ao ranger da cama-de-vento, a primeira sensação completa de homem. Do muleque que foi o nosso primeiro companheiro de brinquedo. (283)

É doce ser brasileiro é o que se imagina ao ler estas "expressões sinceras" da vida e outras manifestações da "la glu de la promiscuité"! (328).

Há, segundo Freyre, uma confusão, uma mistura do que é "próprio" (atualmente, diríamos étnico) com o que é social e se liga à relação escravagista: a distinção entre "a influência pura do negro (que nos é quasi impossível isolar) e a do negro na condição de escravo" (314) leva a uma discussão complicada e pseudo-científica sobre a transmissão dos caracteres adquiridos, procurando efetuar a passagem da cultura ao biológico. Todo o empreendimento de Freyre naquele momento consiste, pois, em produzir literalmente uma *cultura feita natureza*. O conceito de *miscigenação* ("mistura dos genes") faz esta transferência: trata-se de uma noção sociobiológica por excelência. Ele teria inventado semelhante conceito hoje em dia? Tratava-se apenas de uma versão brasileira da noção americana de "sangues misturados" tão em uso naquela época? Ou ele teria falado, hoje em dia, de hibridização, noção decorrente igualmente da linguagem das ciências naturais mas utilizada explicitamente num sentido metafórico como faz Néstor García Canclini com as "culturas híbridas"?

A força política de tal idéia (e da obra de Gilberto Freyre em geral) consiste em ter colocado a natureza em toda a parte, como o argumento último de todo pensamento, como o mais ambíguo e, ao mesmo tempo, o mais convincente alicerce da nacionalidade: o de uma nação *naturalmente* mestiça. Assim ele imagina uma identidade nacional única, original, e chega a qualificá-la em termos de civilização, a do "luso-tropicalismo": uma natureza, uma cultura, uma nação. As datas falam por si mesmas: *Casa grande e senzala*, a obra na qual esse raciocínio toma corpo, é publicado inicialmente em 1933, isto é no momento do crescimento do nacionalismo brasileiro que resultará no golpe de estado nacional-populista de Getúlio Vargas em 1937. E não é única no seu entusiasmo pelas ciências sociais: em 1935, Artur Ramos publica *O folclore negro do Brasil*, e em 1936 Sérgio Buarque de Holanda lança *Raízes do Brasil*.

É nessa época também que Freyre (com Sérgio Buarque de Holanda e outros intelectuais empenhados no mesmo combate) vão conhecer na noite do Rio os melhores sambistas do momento (Donga, Pixinguinha) (ver Vianna). Freyre é assim seduzido pelas inspirações múltiplas e pela originalidade que ele considera toda brasileira ("brasileiríssima") do samba do Rio. O ano 1929 marca o nascimento do primeiro samba-canção ("Pelo telefone") e também é o ano da primeira escola de samba: justamente no momento em que ele começa a existir como tal, o samba se torna ao mesmo tempo um emblema nacional e um modelo da mestiçagem, à diferença do seu predecessor, o *batuque* africano (ver Agier).

O elogio à mestiçagem no Brasil à qual concorrem estes grandes intelectuais da nação só data dos anos 30, participando essencialmente de uma busca da nacionalidade. Esta ideologia se formou não sobre os contornos de um passado harmonioso do qual estes escritos seriam apenas a simples explicitação, e sim sobre um pensamento racial cuja impressão permanece.

Na segunda metade do século XIX, o racialismo europeu se difunde no país, notavelmente graças à presença de Gobineau, o pensador da "desigualdade das raças", na embaixada da França no Rio, em 1869-1870 (ver Raeders). A famosa "fábula das três raças" – branca, indígena e negra – da qual falou Roberto Da Matta, data desse momento, e produziu os principais estigmas que têm prevalecido após a abolição da escravatura de 1888: a marginalidade e a não-nacionalidade do indígena, a inferioridade social do negro e a superioridade social, moral e estética do branco. Coetânea dessas teorias, uma representação romântica da pureza racial desenvolveu uma aversão a respeito da mestiçagem. Pois, a partir da abolição da escravidão e até os anos 30, se desenvolveu uma política visando ao branqueamento da população: campanhas públicas favoreceram a imigração européia, com o objetivo da "arianização" do país. E deram uma conotação particular às uniões inter-raciais: entre a "intelligentsia", falava-se de fazer desaparecer a raça negra dentro de algumas décadas; nos meios populares negros, dizia-se que a união com pessoas mais claras lhes permitia "lavar a raça", "melhorar a raça" ou "purificar o seu sangue" (ver Skidmore; Schwarcz).

Nos anos 40 e 50, ao sair da segunda guerra mundial, o programa de pesquisas da UNESCO visando a mostrar a possibilidade da paz racial dentro da diversidade humana, deu um lugar importante para o Brasil.[3] Pesquisadores brasileiros e estrangeiros publicaram preciosas monografias sobre as relações raciais em diferentes regiões e cidades do Brasil. A vontade de mostrar a possibilidade de relações raciais harmoniosas dominou estes escritos, embora todos os autores reconhecessem a existência dos preconceitos de cor (geralmente interpretados como um legado da escravatura).

É, aliás, dessa época que data a distinção, famosa nas ciências sociais do Brasil, entre o "preconceito de cor" e o "preconceito racial", distinção essa que se deve ao sociólogo Oracy Nogueira. Segundo esse autor, os preconceitos referentes à "origem", tais como os que vigoram nos EUA, por exemplo, constituiriam autênticas formas de racismo, enquanto que o preconceito de cor, tal como se conhece no Brasil, não passaria de uma atitude negativa para com a aparência (a "marca"), que pode ser modificada. A possibilidade de tais modificações é bem atestada na história das relações raciais do Brasil. É o que revelam as diferentes estratégias chamadas de "branqueamento": estas se manifestam no acesso a um estado social respeitável, historicamente associado aos brancos, nas maneiras de se considerar, de falar, de se vestir, ou ainda nos diversos artifícios físicos (desencrespar o cabelo, branquear a pele do rosto com produtos de fabricação química), como no casamento com uma pessoa mais clara, o que permite ao negro primeiro entrar nos círculos de sociabilidade onde os brancos estão presentes, e logo ter filhos mais brancos de pele do que ele mesmo (trata-se ainda de naturalizar o social à geração seguinte). Longe de negar a existência do racismo, este trabalho sobre a aparência mostra ao contrário que a cor de pele negra é tida como um problema a ser resolvido assim que se contemplar uma mudança social.

Nos anos 70, o Instituto Brasileiro de Geografia e Estatística (IBGE) compilou, numa enquete no fim da qual o qualificativo "pardo/parda" seria adotado para designar os mestiços nos recenseamentos oficiais seguintes, uma lista de 135 cores declaradas pelas pessoas recenseadas (Rodrigues, "Racismo cordial" 33). A abrangência e a variedade dessa lista reforçaram as impressões de indefinição, de liberdade e de opção, próprias do Brasil de Gilberto Freyre: cada um se situaria livremente no gradiente das cores, recorrendo mesmo, se quisesse, às metáforas de plantas ("cor de canela", "de trigo", "de abóbora"), de frutas e flores ("castanha", "laranja", "lilás", "rosa") ou de objetos ("cobre", "bronze", "ouro", "enxofre", "queimado", "grelhado"), etc.! De fato, os procedimentos de classificação são mais complexos ainda. Numa sondagem realizada em 1995 sobre os preconceitos raciais no Brasil (a primeira do gênero realizada no Brasil), o instituto de pesquisa DataFolha revelou que "curieusement, la plus grande manifestation de préjugé contre les noirs a été captée dans le Nordeste, où il y a le plus grand mélange racial (miscigenação)" (Rodrigues 19).[4] Sob a sua aparência de neutralidade fenotípica, a identificação de cor no Brasil se associa a um pensamento racial que estabelece hierarquias entre três "raças" historicamente imaginadas. Duas delas são precisamente enunciadas sob a aparência cromática – a branca e a negra –, apenas o indígena sendo classificado de acordo com a etnicidade, o que corresponde à sua secular exclusão da ordem nacional. Nesse caso, as categorias cromáticas são de fato *classes raciais*.[5]

A argumentação de Gilberto Freyre o mostra bem claramente: a noção da mestiçagem não é exclusiva de um pensamento racial; muito pelo contrário, ela nasce no seu seio. Aliás, um deslize lingüístico se opera progressivamente, entre os anos 30 e 50, indo do desenvolvimento das virtudes da "miscigenação", conceito esse de que o próprio Freyre foi o iniciador, até o mito brasileiro da "democracia racial", que outros se encarregaram de sistematizar por ele.[6] Mais tarde, nos anos 60, os governantes fizeram desse mito a base de uma enganosa "paz racial" – "enganosa" por estar fundada não sobre a igualdade real entre todos, mas sobre o "preconceito de não ter preconceito" segundo a expressão atribuída ao sociólogo Florestan Fernandes e, em conseqüência, sobre a interdição oficial de falar do racismo.

No decorrer dos anos 70, num contexto nacional de forte crescimento urbano e industrial, desenvolveram-se movimentos negros contra a discriminação racial, reagindo contra as ilusões de justiça associada à mestiçagem e contra as maneiras cordiais de impor o imobilismo e o domínio social e racial dos brancos. Nasceram também estratégias identitárias "raciais", como em diversas partes do mundo na mesma época, nos EUA e na África do Sul em particular (ver Agier "Racism"; Guimarães, *Racismo*). No Brasil, por ambíguo que fosse, o mito da democracia racial estendeu-se, nesse ínterim, o bastante para tornar irrecusável no fundo a reivindicação de igualdade entre brancos e negros que estes movimentos colocavam no palco político.

Essas revoltas situaram-se em terrenos políticos bem particulares: a negação da cordialidade dos brancos, as campanhas contra o sincretismo religioso, a valorização e a difusão dos sentimentos amorosos do homem negro pela mulher negra, etc.[7] Isto é, um conjunto de slogans dificilmente compreensíveis fora de uma resposta lógica ao "elogio da dominação"[8] e de uma reivindicação de igualdade que o próprio mito da democracia racial havia legitimado sem satisfazê-la.

De fato, o "mito" da democracia racial se entende, atualmente no Brasil, nos dois sentidos do termo "mito": por um lado, no sentido comum de uma mistificação ideológica que encobre a presença de verdadeiros preconceitos e discriminações e, por outro lado, no sentido de um mito fundador da identidade nacional brasileira, cujo aparecimento foi contemporâneo da formação de uma cultura nacional. Nesse último sentido, o mito faz parte do passado nacional: isso lhe permite tomar hoje em dia um caráter *performativo* que se traduz, entre outros efeitos, numa reivindicação de igualdade e justiça racial.

Os movimentos negros de protesto deram lugar às procuras de identidade própria, dentro de um imaginário que eles desejavam colocar à margem das hierarquias nacionais. É dentro desse quadro que se desenvolve, entre uma elite local ao mesmo tempo culta, relativamente abastada e *etnicizante*, uma representação racial das genealogias culturais que não corresponde em nada à mestiçagem "de fundo" que prevalece na cultura popular brasileira: a cultura afro-brasileira seria, segundo essa concepção, o bem próprio dos negros brasileiros, e seria, a esse título, uma cultura "negra", no sentido racial, ou "africana", no sentido da pureza original. O método é no fundo semelhante ao que Gilberto Freyre tinha estabelecido em sua época para pensar a nação mestiça como um fato tanto de natureza como de cultura.

A crítica *política* da mestiçagem – ou, para ser preciso, do racismo considerado como subjacente ao elogio da mestiçagem – parece ser, no seu conteúdo, tão excessiva quanto é o seu elogio. Mas esse movimento não é próprio ao Brasil, nem aos outros países da América Latina ou do Caribe, entre os quais tais elogios e rejeições da mestiçagem são comparáveis entre si, uma vez conhecidas as versões específicas de acordo com os lugares e os momentos. Preocupa-se de maneira mais geral com a relação entre raça, identidade e cultura em diversos pontos do planeta. Na ideologia de numerosos movimentos identitários no mundo, uma transparência, que perturba a noção de mestiçagem, se supõe existir entre as identidades raciais e as identidades culturais. Dentro desse quadro, o elogio de uma preservação ou recriação das diferenças culturais vai de par com as estratégias identitárias de tipo étnico e, por vezes, com a rejeição da mestiçagem, tanto cultural como racial, considerada como alteração delas. Assim, os "sincretismos" se tornaram muito mais do que um simples tema de reflexão: para uma parte dos movimentos identitários, tais práticas deviam ser combatidas para encontrar e defender a essência de uma "identidade cultural" capaz de impor a distância, e assim o respeito, a favor de populações que foram socialmente marginalizadas ou excluídas, em função da raça, da etnia ou da casta.

O Brasil múltiplo e misturado de Gilberto Freyre é o sufientemente rico e complexo para inspirar dois debates atuais em torno da mestiçagem. Primeiro, o debate sobre o racismo e a discriminação racial, no qual a mestiçagem biológica (a *miscigenação*) se assimila a um comportamento que seria por si mesmo igualitário, mas que se apóia na idéia da existência natural das raças. Racismo, contra-racismo e retornos atuais do sociobiologismo: estamos ali na pior herança de Freyre e do Brasil *racializado* – no sentido de um povo que se pensa ainda dentro das descrições raciais, naturais ou biológicas. A "nação mestiça", de que Freyre foi o inspirador, é uma invenção prisioneira de tal pensamento racial.

Depois, o debate sobre a cultura, no qual a mestiçagem cultural (ou as "hibridizações culturais" como se diz segundo um pensamento mais recente mas ainda marcado pelo modelo classificatório naturalista) é tida pela causa ou, pelo menos, pelo corolário do fim das identidades. A maior circulação das pessoas e das imagens tem por conseqüência uma permeabilidade das fronteiras nacionais e locais e uma distensão da relação entre cultura e identidade; esta relação hoje em dia já não seria mais "natural", como explica, por exemplo, um dos expoentes da antropologia textualista "pós-moderna", James Clifford. Este debate assimila a cultura à etnicidade – ou, mais geralmente às "diferenças culturais" associadas a estratégias identitárias bem atuais.

Enquanto isso, os escritos de Freyre desenvolvem uma outra concepção da cultura. Trata-se da cultura que emerge dos lugares e relações da vida cotidiana, e não das atribuições identitárias. É uma "invenção do cotidiano"[9] da qual o pensamento antropológico de Freyre é familiar: uma cultura construída dentro da *troca*, que está na base do funcionamento de toda sociedade, sejam quais forem as suas clivagens "raciais" e as "identidades culturais" de que se prezam uns e outros. A cultura do cotidiano é inesgotável, permanente, à diferença da relação cultura/identidade que, por sua parte, se transforma constantemente, segundo os interesses políticos e econômicos do momento, dando a impressão de que uma cultura morre quando ela está em vias de se transformar num contexto modificado.

Dentro dessa cultura do cotidiano e dos lugares, o mestiço, à maneira de um arlequim, não se define de um ponto de vista racial (no sentido de uma não-identidade: nem branco, nem negro) nem étnico (por alusão às "diferenças culturais"), mas pela multiplicidade das socializações e dos saberes sociais aprendidos em zonas étnica e culturalmente intermediárias, indefinidas, entre-lugares. Mais do que outros, o mestiço é esse "tiers instruit" de quem fala o filósofo Michel Serres. A pele do mestiço é a roupagem de Arlequim, feita de pedaços justapostos de que ele mesmo se ocupou em fazer o agenciamento resultando em uma peça única e reconhecível entre todas. O seu lugar virtual não se situa nem aqui, nem lá, mas num alhures, e ele tem sabido tirar todo o proveito da duplicidade, isto é todos os saberes, para fazer deles um outro, o seu próprio, mais rico que todos os outros. A mestiçagem que Michel Serres designa assim é a da cultura concebida como um processo permanente de aprendizagem, de criação e de transformação.[11] Estamos ali dentro do que é mais duradouro e antropológico na herança freyriana.

O Brasil ainda é *de* Gilberto Freyre? Ainda, devíamos concluir, apesar ou por causa da recente crítica anti-freyriana, que volta a lançar o debate. O Brasil atual oscila entre duas interpretações de uma mestiçagem de fundo, autêntica, mas que por definição não pode estabelecer identidades rígidas, e um multiculturalismo de fachada que depende de outro nível de realidades: uma etnicidade institucional, política e elitista. Conseguirá o Brasil se tornar um dia um país a-racial, e assim mestiço sem ter de fazer dessa prática uma narrativa identitária, sem segundas intenções sociais e sem a lembrança das dominações políticas, familiares e de gênero dentro das quais essa prática se originou?

O desafio, de fato, é, hoje em dia, complexo e o pesquisador não tem outra contribuição a propor nesse debate político senão a explicitação de suas próprias aporias. Esta bem poderia ser uma aporia neo-freyriana: como ser uma sociedade a-racial e, ao mesmo tempo, lutar contra a discriminação racial, o que implica em utilizar uma linguagem racial?

Traduzido do francês original por Bobby J. Chamberlain

NOTAS

[1] Uma primeira versão deste ensaio foi apresentada na mesa redonda "Gilberto Freyre et les sciences sociales au Brésil", 20 de outubro de 2000 como parte da *Semaine Brésil* (Paris, Mistère de la Recherch) e também no painel "Anthropolgie et biologie" da Association Française des Anthropologues (Paris, 30 de maio de 2001).

[2] Este programa levou Alfred Métraux a conhecer Gilberto Freyre em 1951.

[3] Lembremos que em 1991 a população identificada como parda (mestiça) chegou a ser 65,3% no Nordeste do Brasil, versus 27,1% no Sudeste e 13% no Sul.

[4] Claro, o uso de "classes" aqui é no sentido estatístico.

[5] A propósito da formação da palavra e o mito da democracia racial no Brasil, ver Guimarães.

[6] "Beije sua preta em praça pública!" dizia um slogan do Movimento Negro Unificado no final dos anos 80.

[7] Título da obra crítica de M.A. Aguiar Madeiros.

[8] Seguindo o significado de cultura que surgiu do trabalho de Michel de Certeau.

[9] Se pode ver, a partir deste ponto de vista, que os militantes negros brasileiros hoje, no seu trabalho cultural orientado para questões identitárias, são os mais mestiços do Brasil. À propósito das relações dinâmicas entre racismo, mestiçagem e produção cultural, ver a conclusão do meu livro *Anthropologie du carnaval* (2000).

Obras Citadas

Agier, Michel. *Anthropologie du carnaval. La ville, la fête et l'Afrique à Bahia*. Marseille: Parenthèses, 2000.

_____ "Racism, Culture and Black Identity in Brazil". *Bulletin of Latin American Research* 14/3 (1995): 245-64.

_____ "*Samba*, la politique et la transe". *Danses latines. Le désir des continents*. E. Dorier-Aprill, dir. Paris: Autrement, 2001. 270-81.

Aguiar Medeiros, M. A. *O Elogio da Dominação. Relendo Casa Grande e Senzala*. Rio de Janeiro: Achiamé, 1984.

Certeau, Michel de. *L'invention du quotidien*. Paris: Gallimard, 1980.

Clifford, James. *Malaise dans la culture. L'ethnographie, la littérature et l'art au XXème siècle*. Paris: ENSBa, 1996.

Da Matta, Roberto. "A fábula das três raças, ou o problema do racismo à brasileira". *Relativizando. Uma Introdução à Antropologia Social*. Rio de Janeiro: Rocco, 1987. 58-85.

Freyre, Gilberto. *Casa-Grande & Senzala: Formação da Família Brasileira sob o Regime da Economia Patriarcal*. [1933] 32ª ed. Rio de Janeiro: Record, 1997.

_____ *Maîtres et esclaves*. [1933] Roger Bastide, trad. Paris: Gallimard, 1974.

_____ *Bahia e Bahianos (textos reunidos por Edson Nery da Fonseca)*. Salvador: Fundação das Artes / EGBa, 1990.

Guimarães, A. S. *Racismo e Aantiracismo no Brasil.* São Paulo: Editora 34, 1998.

_____ "Démocratie raciale". *Cahiers du Brésil Contemporain* 49-50 (2002): 11-37.

Moritz Schwarcz, L. *O Espectáculo das Raças. Cientistas, Instituicões e Questão Racial no Brasil (1870-1930).* São Paulo: Cia das Letras, 1993.

Nogueira, Oracy. "Preconceito racial de marca e preconceito racial de origem". *Anais do XXXI Congresso Internacional de Americanistas* Vol. I. São Paulo: Anhembi, 1955. I: 409-34.

Raeders, G. *Le comte de Gobineau au Brésil.* Paris: Nouvelles Éditions Latines, 1934. 250-58.

Rodrigues, F. "Racismo cordial". *Racismo cordial. A mais complete análise sobre o preconceito de cor no Brasil.* C. Turra et G. Venturi, eds. São Paulo: Atica, 1995. 33.

Serres, Michel. *Le Tiers-instruit.* Paris: François Bourin, 1991.

Skidmore, Thomas. *Preto no branco. Raça e nacionalidade no pensamento brasileiro.* Rio de Janeiro: Paz e Terra, 1976.

Vianna, H. *O mistério do samba.* Rio de Janeiro: Jorge Zahar/Ed. UFRJ, 1995.

El discurso de la lengua nacional en Freyre y Bello

María del Pilar Melgarejo
University of Pittsburgh

> Nations, like narrative, lose their origins in the myths of time and only fully realize their horizons in the mind's eye.
> Homi K. Bhabha. *Nation and Narration*

> Lo que encontramos en el comienzo histórico de las cosas no es la identidad aún preservada de su origen –es su discordancia con las otras cosas– el disparate.
> Michel Foucault. *Nietzsche, la genealogía, la historia*

I

A la pregunta por la nación, el tema de la lengua emerge inmediatamente. Existen muchos modos posibles de explorar esta relación, y sin embargo cualquier intento de respuesta acerca del vínculo que las conecta parece inaprensible. Desnaturalizar esta relación para indagar acerca del "disparate" que la sustenta es el propósito de este artículo. Siguiendo este propósito, me interesa explorar el discurso de la lengua nacional tanto Gilberto Freyre (1900-1987) como Andrés Bello (1781-1865), protagonistas claves de épocas distintas de la historia cultural de Latinoamérica. Leer a Freyre frente a Bello amplía y complejiza el estudio de la formación del discurso de la lengua y ofrece una perspectiva de análisis de este discurso a partir de una lógica de inclusión-exclusión desde la cual se construye la idea misma de nación.

Para sostener este argumento, divido el siguiente ensayo en tres secciones. En la primera sección me ocuparé del proyecto gramatical de Bello y la comprensión sobre la lengua nacional que emerge de allí, esto a partir del análisis de las políticas lingüísticas que atraviesan su *Gramática de la lengua castellana destinada al uso de los americanos* (1847). En la segunda sección rastrearé el discurso de la lengua nacional que, desde una perspectiva antropológica, emerge de los textos de Freyre. Finalmente, en la tercera sección exploraré los encuentros y desencuentros entre los dos autores. La gran ventaja de esta comparación está en que ofrece la posibilidad de contrastar dos visiones sobre el *deber ser* de la realidad lingüística de dos naciones y al mismo tiempo da cuenta del modo en que la representación de esta realidad supone también unos modos de exclusión. Esta lógica de inclusión-exclusión sería uno de los pilares sobre los cuales se fundaría la nación misma.

II

Bello es considerado el gramático más prominente en la historia de los países latinoamericanos. Además, como es bien reconocido, su influencia ha sido importante a nivel continental no sólo en asuntos relacionados con el lenguaje sino con el sistema jurídico, la educación y la literatura de varios países. Sin embargo, puede decirse que sus estudios sobre el lenguaje y la gramática atraviesan toda su producción intelectual y constituyen el centro de su pensamiento. Más aun, su trabajo sobre el lenguaje puede reconocerse como un proyecto político en sí.

La *Gramática* de Bello representa el esfuerzo moderno más importante de sistematización del idioma castellano en Latinoamérica y toda una revolución con respecto a las gramáticas que la antecedían. Generalmente la prioridad de los manuales de gramática había sido dictar la norma que debe regir el uso de la lengua. Tal como se ha interpretado la importancia lingüística de Bello consiste en introducir en su gramática un énfasis en el *uso* de la lengua. Por tanto, se trata para Bello no tanto de producir una gramática que dicte la norma que debe regir el uso, sino una gramática que sea reflejo de una práctica que ya existe. Su preocupación estaba dirigida al análisis de la lengua en la medida en que ésta es producto de un contexto socio-político específico: el de las nuevas naciones americanas que ahora eran independientes de España. La propuesta de Bello es reconocida como innovadora en el sentido de que contradice a las gramáticas científicas (Alonso xix) y los estudios lingüísticos que se basaban en las leyes de la lógica, como, por ejemplo, la *Gramática general y razonada* de la escuela de Port Royal, que era hegemónica desde fines del siglo XVII (Durán 166).

Más de diez años antes de la publicación de su *Gramática*, Bello ya expresaba con claridad la importancia del proyecto lingüístico para el desarrollo de las nuevas naciones americanas:

> [el] cultivo [de la gramática] la uniforma entre todos los pueblos que la hablan, y hace mucho más lentas las alteraciones que produce el tiempo en ésta como en todas las cosas humanas; que, a proporción de la fijeza y uniformidad que adquieren las lenguas, se disminuye una de las trabas más incómodas a que está sujeto el comercio entre los diferentes pueblos, y se facilita así mismo el comercio entre las diferentes edades, tan interesante para la cultura de la razón y para los goces del entendimiento y del gusto; que todas las naciones altamente civilizadas han cultivado con esmero particular su propio idioma. ("Gramática castellana" 175)

En este pasaje ya se vislumbra el proyecto político inherente a sus estudios sobre el lenguaje. Para Bello la gramática debía cultivarse entre todos los pueblos que *ya* hablan el castellano con el propósito de uniformizarlo. Las consecuencias políticas de este gesto, central en Bello, se explicarán más adelante. Por ahora quiero resaltar solamente que el método del gramático consiste en *irradiar* con la gramática a los ya irradiados. Por otro lado, la importancia de la gramática se encuentra no solo en que modela el habla como una práctica sino también las funciones cognitivas más elementales, como la razón y el entendimiento. Finalmente, es clave tener en cuenta que el proyecto de Bello tiene no solo un propósito de carácter continental, de unificación de los pueblos americanos a través del cultivo del idioma, sino nacional, de fortalecimiento de la comunidad lingüística de cada una de las naciones. La uniformización es la base del discurso de la lengua nacional y constituye el principal propósito no sólo lingüístico sino político de la gramática. Es así como sostiene que ésta funciona como un instrumento no sólo de normativización de la lengua sino de promoción de la cultura material, intelectual y moral, todo esto como parte de un proyecto civilizatorio. Veamos ahora algunas de las características del discurso de la lengua nacional de Bello a partir de su modelo gramatical.

El primer parámetro del modelo gramatical de Bello que define su discurso sobre la lengua nacional tiene que ver con el público al que va dirigido. Desde el título de su *Gramática* se asoma la intención de definir este público: "*destinada al uso de los americanos*". Más adelante sostiene: "No tengo la pretensión de escribir para castellanos. Mis lecciones se dirigen a mis hermanos los habitantes de Hispanoamérica..." (*Grámatica* 8). Sin embargo, el modelo a seguir para la producción de la gramática no son "todos" los americanos sino un grupo socio-cultural específico. Es así como en el primer numeral de su obra, Bello sostiene que "la gramática de una lengua es el arte de hablarla correctamente, esto es, conforme al buen uso, que es el de la gente educada" (15). La gente educada es el modelo de la gramática viva y dinámica de Bello, no sólo conocedora del uso correcto sino productora del mismo. Es en este sentido que sostiene en uno de sus ensayos: "Sometamos ahora nuestro proyecto de reformas [ortográficas] a la parte ilustrada del público americano" ("Indicaciones" 391). No basta para la gramática con emitir la norma gramatical. Esta debe corresponder al comportamiento lingüístico del grupo ilustrado. De este modo la "gente educada" no es solo el modelo, el emisor, sino también el receptor de dicho conocimiento.

> Desearíamos que no declinase el interés con que ha empezado a verse los estudios de la lengua y literatura patria y que se generalizase más cada día y se considerase como indispensable en la educación de ambos sexos, *sobre todo entre aquellas clases* que, por el lugar que ocupan en la sociedad, están destinadas a servirle de ornamento y de ejemplo. ("Estudio..." 4, énfasis mío)

No es casual que esta declaración sobre los métodos de la internalización de las normas gramaticales ("estudios de la lengua y literatura *patria*") corresponda a un texto de jurisprudencia. Es válido sostener que la "ley" de la lengua es para Bello la gramática, ya que establece los límites que pueden protegernos de la barbarie. La revolución gramatical de Bello cuando señala que su interés va dirigido a la descripción de las prácticas de la lengua castellana, deja de ser meramente descriptiva para convertirse en prescriptiva al postular una serie de normas que debían corresponder con el modelo de la gente educada. La normatividad que ofrece la gramática brinda las condiciones necesarias para el ejercicio de la ley (Ramos 42). Por otra parte, se puede observar en esta cita cómo la función de "aquellas clases", la "gente educada", es doble. Por un lado, es el público de la gramática, ya que los estudios sobre la "lengua y la literatura patria" deben propagarse entre ellos. Esto supone que la gramática fracasa en su pretendida universalidad. Por otro lado "aquellas clases" deben ser el modelo a partir del cual se instaura la norma como "ornamento y ejemplo" para la sociedad. La norma deberá ser irradiada a través de la gramática. La paradoja es que el objeto de su irradiación termina siendo en Bello esta misma "gente educada" de la cual proviene la norma. Lo interesante aquí es que más allá de la educación en letras, lo que define a la gente educada es el lugar que ocupa *a priori* en la jerarquía social. La educación es la fachada del argumento de elite que está en la base de su modelo gramatical.

El siguiente pasaje, tomado de la "Memoria correspondiente al curso de la instrucción pública en el Quingenio 1844-1848", puede considerarse síntesis del pensamiento social y político de Bello. Prestemos atención especial a cómo se ilustra quién es verdaderamente el público de la gramática:

> Si se considerase indispensable *a todos los que no vivan del trabajo mecánico* esta instrucción general, sin la mira ulterior a una profesión literaria, no veríamos tan frecuentemente *personas de otras clases*, que, no habiendo recibido más cultivo intelectual que el de las primeras letras, o no habiendo dedicado tal vez a la instrucción colegial una parte considerable de la edad más preciosa, no pueden mostrarse decorosamente en el trato social, lo deslucen en cierto modo, y *tampoco pueden ejercer, como es debido, los derechos del ciudadano*, y los cargos a que son llamados en el servicio de las comunidades o en la administración inferior de la justicia. (366, énfasis mío)

Este pasaje es crucial por varias razones. En primer lugar, Bello establece que su instrucción va dirigida a los que "no vivan del trabajo mecánico". Asumimos que con "trabajo mecánico", se refiere al oficio que se encuentra en oposición al mundo de la letra. Pero si su instrucción no va dirigida a aquellos que no están familiarizados con el mundo de la letra, quiere decir que no se ocupa de quienes supuestamente necesitarían de mayor instrucción. La educación literaria que sirve como base para producir un habla gramaticalmente correcta, y así, como ha explicado Julio Ramos, la elocuencia, *no es* para todos, o al menos

185

no para los que se ocupan del trabajo mecánico. Pero el modelo de la gramática no sólo se define a partir de la figura del letrado. Cuando Bello sostiene: "no veríamos tan frecuentemente personas de otras clases", hace una distinción que va más allá del argumento de la letra y la educación poniendo en evidencia el argumento que se encuentra en la base de su afirmación, un argumento de clase. La clase se parece más a una esencia que pertenece a ellos de modo inherente y natural. Por tanto, el lugar que ocupan los sujetos dentro de la jerarquía social antecede a su definición como gente educada y los marca como modelo de la gramática. Estos son los que deben ser, en últimas, educados. Como explica en la *Gramática*, el buen uso –la fuente misma de sus renovaciones gramaticales– no puede ser universal:

> Se prefiere este uso porque es el más uniforme en las varias provincias y pueblos que hablan una misma lengua, y por lo tanto el que hace que más fácil y generalmente se entienda lo que se dice; al paso que las palabras y frases propias de la gente ignorante varían mucho de unos pueblos a otros, y no son fácilmente entendidas fuera de aquel recinto en que las usa el vulgo. (15)

Bello no sólo afirma que es necesario difundir el uso de la "gente educada" para uniformar la lengua, sino que sostiene que hay que difundirlo porque éste *ya* es el "más uniforme", el que se habla en "varias provincias y pueblos", permitiendo que las personas se entiendan. Por supuesto, el uso uniforme de una misma lengua hace que "se entienda lo que se dice", es decir, parece obvio que las personas que hablan una misma lengua se entienden entre sí. Lo clave es que la obviedad deja expuesto el hecho de que el ánimo expansivo de la gramática no es más que una etiqueta. La gramática confirma el lugar social de una clase y el uso de una lengua por parte de esa misma clase. El problema con el uso variado de ciertas palabras y frases no es sólo que varíen de un lugar a otro sino que son "propias" de la "gente ignorante", "el vulgo". Esto las hace ya problemáticas. ¿Quién es la "gente ignorante"? La gente que utiliza estas frases que varían de un lugar a otro. Estas frases son *propias* de esta clase y en esa medida hay que identificarlas y abandonarlas.

Si la integración del continente americano depende de la homogenización del castellano, Bello asume su apostolado idiomático y se dedica a denunciar los peligros de la corrupción de la lengua asociando la heterogeneidad lingüística con la desintegración nacional.

> Pero el mayor mal de todos, y el que, si no se ataja, va a privarnos de las inapreciables ventajas de un lenguaje común, es la avenida de neologismos de construcción, que inunda y enturbia mucha parte de lo que se escribe en América, y alterando la estructura del idioma, tiende a convertirlo en una multitud de dialectos irregulares, licenciosos, bárbaros; embriones de idiomas futuros, que durante una larga elaboración reproducirían en América lo que fue la Europa en el tenebroso período de la corrupción del latín. Chile, el Perú, Buenos Aires, Méjico, hablarían cada uno su lengua, o por mejor decir, varias lenguas, como sucede en España, Italia y Francia, donde dominan ciertos idiomas provinciales, pero viven a su lado otros varios, oponiendo estorbos a la difusión de las luces, a la ejecución de las leyes, a la administración del Estado, a la unidad nacional. (12)

En este pasaje Bello explica cómo la importancia de la uniformidad en el idioma no es sólo lingüística sino crucial para la expansión del conocimiento, la ley y el Estado. Es decir, la unidad de la lengua no es solo un elemento entre muchos otros sino el elemento clave para promover la unidad nacional. La unidad nacional depende directamente de la unidad lingüística. Teniendo en cuenta esto, Bello considera que el "mal" más grande en el proceso de construcción nacional son las innovaciones en el lenguaje (neologismos), las cuales *inundan, enturbian y alteran* el idioma. Los verbos utilizados por Bello evidencian su profundo desacuerdo con todo aquello que pretenda modificar la estructura fija del idioma, lo cual por un lado iría a contravía de su defensa del uso –que dependería del contexto americano– pero al mismo tiempo, en su apelación a la fijeza del idioma, confirma la existencia de un modelo que vela por mantener la estructura de la lengua.

La defensa de la unidad del idioma justifica la vehemencia de la crítica de Bello a la "multitud de dialectos irregulares, licenciosos, bárbaros", ya que estos representan los peligros más grandes para la unificación de Hispanoamérica. Así, a las innovaciones lingüísticas producidas por el "habla popular" (10) se les opone un uso correcto de la lengua. Bello reconoce entonces la heterogeneidad lingüística presente en el continente, pero la reconoce como un obstáculo para el desarrollo de una sociedad civilizada. Por esta razón promociona "el buen uso de nuestra lengua, en medio de la soltura y libertad de sus giros, señalando las corrupciones que más cunden hoy día..." (12).

La diversidad lingüística, "lo otro" de la gente educada no es simplemente excluido del proyecto gramatical, sino que es nombrado bajo el rótulo de "viciosa". Su "olvido" es estratégico. "En las notas al pie de las páginas llamo la atención a ciertas prácticas viciosas del habla popular de los americanos, para que se conozcan y eviten, y dilucido algunas doctrinas con observaciones que requieren el conocimiento de otras lenguas" (10). Para Bello la población no sabe usar "gramaticalmente su propia lengua" ("Indicaciones" 71). Entonces, si parecía que la *Gramática* de Bello se preocupaba por difundir el uso de los americanos, como sostiene en el prólogo y en el título mismo de su obra, lo que parece aquí es que lo que en realidad había que difundir es el uso de "ciertos" americanos que sí conocen y usan la gramática correcta de su lengua.

Algunos autores han hecho hincapié en el modo en que el proyecto gramatical de Bello termina por confirmar el lugar de una clase social, invisibilizando así las diferencias lingüísticas (Moré 71, Ramos 49). Me interesa resaltar aquí cómo cuando Bello nombra como viciosas aquellas alteraciones de la lengua producidas por el habla popular, que no se ajustan a los parámetros impuestos por la elite, se lleva a cabo otra operación. Bajo esta categoría de "vicio" su gramática no solo oculta las diferencias en el uso del lenguaje, sino que al mismo tiempo las hace visibles en las notas al pie de página. Algunas de las aclaraciones del uso del lenguaje en las notas al pie que aparecen en su *Gramática* son una crítica al modo en que el habla popular distorsiona el castellano.[1] Este acto de poner al margen el "habla popular" es iluminador en el sentido de que devela lo que Bello quiere olvidar, los neologismos y la diversidad lingüística que causarían el caos babilónico.

> ... demos carta de nacionalidad a todos los caprichos de un extravagante neologismo; y nuestra América reproducirá dentro de poco la confusión de idiomas, dialectos y jeringonzas, el caos babilónico de la edad media; y diez pueblos, perderán uno de sus más preciosos instrumentos de correspondencia y comercio. (17)

Rama, Ramos y González-Stephan entre otros, han mostrado cómo la ciudad letrada responde a un proyecto de elite tras cuyo propósito irradiador se busca la afirmación de la jerarquía social ya existente. Bello ha sido considerado como uno de los representantes clave de este esfuerzo. Sin embargo, como hemos visto, el proyecto irradiador de Bello termina irradiando a los "ya irradiados", es decir, a los que ya pertenecen a la categoría de "gente educada". Esto significa que aunque su propósito irradiador pueda leerse como un fracaso, dado que no alcanza a *todos* los americanos, si es leído con más cuidado resulta claro que triunfa ya que "irradia" al público al que en realidad está dirigido: la gente educada, confirmando así el lugar de una clase social. El énfasis que quiero hacer aquí es que lo que parecía en un principio un proyecto que tenía el ánimo de regenerar a la población, refinando sus formas de hablar y decir, tiene su verdadera fuerza en un gesto de abandono que nombra el habla popular como viciosa, corrupta o bárbara precisamente para ocultarla. Al ubicarla en las notas e pie de página la invisibiliza pero visibilizándola, ya que le da espacio dentro de la *Gramática*. A través de este mismo gesto produce y rechaza la heterogeneidad lingüística. Al perder este detalle la crítica ha dejado por fuera la estructura básica de la fuerza de la lengua en el siglo xix.

Tras la pretendida universalidad de la gramática, que anuncia que busca alcanzar a todos los americanos con el propósito de unificar a los pueblos del continente, emerge su particularismo. Como se ha dicho no es a toda la población a la que va dirigida sino a un grupo social en particular, su gesto inclusivista –"los americanos"– es en realidad exclusivo –"la gente educada". Su mera existencia la convierte no sólo en el público de la gramática sino en la autoridad que decide y establece las reglas enunciadas por ella. La gramática entonces no representa tanto un proyecto de integración del continente como proponía Bello en el prólogo de su *Gramática*, como un proyecto cuyo gesto político más claro es el abandono de la diferencia.

III

Hasta aquí hemos visto cómo Bello construye un discurso sobre la lengua nacional basado en su proyecto gramatical. Un siglo más tarde, en el contexto brasileño, el escritor e historiador cultural Gilberto Freyre, en su obra *Casa Grande y Senzala*, que ha sido crucial para los estudios sobre el carácter nacional brasileño, se ocuparía del asunto de la lengua para tematizar la cuestión de la heterogeneidad lingüística. Mostrar el contraste entre los dos planteamientos es productivo para un análisis sobre los rasgos y tensiones del discurso de la lengua nacional.

La perspectiva de Freyre sobre la lengua nacional no parte de la gramática, como en el caso de Bello, sino de una perspectiva antropológica sustentada en la lógica del mestizaje cultural y racial. Como es bien sabido, para Freyre el mestizaje le otorga plasticidad al sistema de colonización portuguesa y desempeña "uma função ao mesmo tempo de diferenciação e de integração dos luso-descendentes" ("Aspectos..." 20). La lógica del mestizaje determina la formación del discurso de la lengua nacional en Freyre en el sentido de que le permite interpretarla como el resultado del encuentro entre culturas, sobre todo la lengua portuguesa y la influencia africana.

En el ensayo "A língua portuguesa: aspectos de sua unidade e de sua pluralidade nos trópicos" (1957) Freyre ubica la lengua al centro de la relación elemental de su trabajo, que se establece entre civilización y trópico:

> E aspecto particularmente expresivo dessa crescente consolidação de valores civilizados... nas áreas tropicais marcadas por aquela presença, e a também notável expansão da língua portuguesa, como a língua conveniente, e até talvez se deva dizer, essencial, às populações tropicais das mesmas áreas; juízo da conservação, para fins particulares, das suas sublínguas regionais ou tribais. (249)

Para Freyre, la lengua portuguesa es la lengua conveniente para el proceso de civilización, una lengua que contribuiría al desarrollo de las áreas tropicales, las cuales "sabemos estarem atualmente em foco pelas suas possibilidades de desenvolvimento econômico" (248). La lengua portuguesa es para Freyre portadora de los "valores civilizados" que necesitaría el trópico para desarrollarse. La romantización del trópico como tierra de posibilidades lleva a Freyre a defender la idea de una lengua que encamine el proceso histórico del trópico promocionando los valores adecuados.

En el mismo ensayo, Freyre explica la clasificación de las lenguas realizada por H. L. Koppelmann entre lenguas confidenciales –de sonidos discretos, son resultado de casas demasiado próximas unas con otras–, lenguas del interior – habladas en el interior de casas de paredes gruesas– y lenguas habladas al aire libre –como la de los pescadores–, que son caracterizadas por la predominancia de vocales (250). Según Freyre, a esta última, por su carácter "ecológico-social" pertenece la lengua portuguesa, esto, gracias al contacto de la población lusitana con el mar y a la existencia de espacios tropicales propicios, lo cual produce los sonidos indiscretos y la abundancia de vocales (e.g "ãos"). A través de la tropicalización de la lengua Freyre establece una asociación entre territorio, clima y lengua. La lengua portuguesa desde sus orígenes lusitanos posee ciertos rasgos que facilitarían y harían provechoso su encuentro con otras lenguas.

El encuentro entre el portugués y las lenguas del trópico constituye una gran ventaja para Freyre en la medida en que deja abierta la puerta para la tarea de la civilización. El hecho de que la lengua portuguesa se halla desarrollado en América, Asia y África parece mostrar que no hay incompatibilidad entre civilización y trópico, aun más, que el trópico es el lugar propicio para el desarrollo de la civilización como *proyecto*, pues todo está por hacer. Al contrario de Bello, la civilización para Freyre no resulta tanto de la purificación, en este caso de la lengua nacional, como de la apropiación, por parte del portugués, de algunos africanismos e indigenismos. La civilización sería por lo tanto el producto del mestizaje entre lenguas y culturas. Al mismo tiempo, como se sabe, esta relación de mezcla está atravesada por relaciones jerárquicas de poder. La lengua portuguesa es la lengua del civilizador, que "logra" desarrollarse a pesar de y en relación con el trópico. Para Freyre la civilización portuguesa deja de ser europea por impacto del trópico: "impacto que vem atingido em cheio a língua portuguesa. Inclusive sua estética. Sua forma. Sua predominância de formas e até de cores" (252).

Aunque la lengua portuguesa no pierde su lugar como lengua hegemónica, la lengua del Brasil es descrita por Freyre como el resultado del encuentro con los africanismos. Más aún, la influencia africana es para Freyre una de las claves más importantes de análisis de la lengua portuguesa.

En el ambiente pervertido de la esclavitud brasileña, las lenguas africanas, sin causa para que subsistan aparte, en oposición a la de los blancos, se disolvieron en ella, enriqueciéndola con expresivos modos de decir; con toda una serie de deliciosas palabras pintorescas, agrestes y nuevas en su sabor, muchas veces sustituyendo ventajosamente a vocablos portugueses que estaban como gastados, deteriorados por el uso (*Casa-grande* 310)

Así vemos cómo el discurso de la lengua nacional no solo romantiza, sino también *naturaliza* el pasado esclavista incorporándolo como componente necesario para su producción. Este ambiente relajado sería propicio para el encuentro armonioso entre las lenguas, el cual termina siendo productivo en la medida en que enriquece y, además, define los parámetros de la lengua nacional: Brasil, como entidad, es definida por la africanización radical del portugués. La retórica del discurso de Freyre, entonces, es la incorporación y conciliación de las diferencias lingüísticas dentro de la lengua del Brasil. Y así vemos un gesto formalmente igual al de Bello, pero con tono distinto: al reconocer los africanismos e indigenismos para incorporarlos dentro de la lengua del Brasil Freyre visibiliza "lo otro" de la lengua del Brasil. Pero justo al hacer este gesto de inclusividad, Freyre borra su especificidad.

… porque a América portuguesa é um continente –da cultura de origem portuguesa, tornada aqui plural, aberta a outras culturas, conservados os valores tradicionais portugueses como o necesário lastro comum, conservada a língua portuguesa como instrumento nacional único de intercomunicação verbal entre os brasileiros de todas as regiões e de todas as procedências, não só por sentimento de tradição como por necessidade prática de articulação das mesmas regiões em nação… (*Uma cultura* 24)

Para Freyre, el portugués realizó una obra notable de integración de su civilización con las culturas en vigor en las poblaciones no europeas. Freyre sostiene que ese dominio cultural del hombre sobre la naturaleza diferente de la europea se realizó a través de una lengua en que esa naturaleza extraña pasó a ser definida, caracterizada y hasta interpretada de modo vivo y a veces exacto, es decir, a través de la considerable asimilación de indigenismos y africanismos[2]. Tal asimilación tuvo resultados de carácter estético que terminaron por transformar la lengua portuguesa. Ahora es ésta la herramienta precisa para mantener cohesionadas a las regiones como nación.

> Mas uma língua comum que não sacrifique a um ideal absurdamente filípico de uniformidade as diversidades regionais e as espontaneidades populares, nem as queira abafar sob seu critério de pureza. Uma língua comum que se enriqueça pela assimilação de quantos elementos de origem popular ou regional possa acrescentar ao todo transnacional valores humanos e interesses universais, que muitas vezes se revelam sob formas de expressão intensamente regional, local ou folclórica. (30)

Para Freyre, la lengua portuguesa es la lengua hegemónica a la cual se someten otras lenguas, dialectos o alteraciones, las cuales son funcionales y provechosas para la formación de la lengua nacional y así de la nación brasileña. Este encuentro "desigual" entre las lenguas produciría la lengua nacional. Así mismo, todas las alusiones de Freyre a los aspectos regionales, locales y folclóricos giran en torno a la lengua portuguesa como el pilar de construcción de un sentimiento y una cultura. Además de tomar en consideración, y aun celebrar, las diferencias lingüísticas y los diversos usos que la población brasileña hace del lenguaje, el discurso de la lengua nacional en Freyre establece un puente con el pasado colonial. La lengua portuguesa, al encontrarse con la cultura y el territorio brasileños, se tropicaliza a través de voces y sonidos que corresponden a estilos y conveniencias propias de poblaciones de varios orígenes étnicos y culturales integradas en "países caentes".[3] El "suavecimiento" del portugués, gracias a la influencia africana, es prueba de lo positivo, hasta lo poético, de este encuentro que tiene su origen en la violencia institucionalizada de la esclavitud.

> El ama negra muchas veces hizo con las palabras lo que con la comida: machucólas, les quitó las espinas, los huesos, las durezas, dejando solamente para la boca del niño blanco las sílabas blandas. De ahí ese portugués de niño que, principalmente en el norte del Brasil, es uno de los idiomas más dulces de este mundo. Sin *erres* ni *eses*, blandas las sílabas finales, palabras a las que sólo les falta desleirse en la boca de

la gente. El lenguaje infantil brasileño, y aún el portugués, tiene un sabor casi africano: *cacá, pipí, bumbum, dindinho, bimbinha, ten-ten, nenen, tatá, papá, papato, lili, mimi, au-au, bambanho, cocó*. Ablandamiento que se produjo, en parte principal, por la acción del ama negra junto a la criatura, del esclavo negro junto al hijo del amo blanco. Los nombres propios están entre los que más se suavizaron, perdiendo la solemnidad, disolviéndose deliciosamente en boca de los esclavos. Las Antonias se hicieron *Dondon, Toinha, Totonha*; las Teresa, *Teté*; los Manuel, *Nezinho, Mandú, Mané*; los Francisco, *Chico, Chiquinho, Chicó*; los Pedro, *Pepé*; los Alberto, *Bebeto, Betinho*. Todo esto sin hablar de las *Yayá*, de los *Yoyó* de las *Sinha*, de los *Manú, Calú, Bembem, Dedé, Maroca, Noca, Nonoca, Yeyé*. Y no sólo el lenguaje infantil se ablandó de esa guisa, sino también el idioma en general, el habla seria, solemne, de las personas mayores, todo él experimentó en el Brasil, al contacto del amo con el esclavo, un ablandamiento de resultados, a veces, deliciosos para el oído. Efectos semejantes a los que sufrieron el inglés y el francés en otras partes de América, bajo la misma influencia del africano y el clima cálido. Pero principalmente del africano. (*Casa-grande* 308-9)[4]

Freyre celebra que gracias a la influencia africana la sonoridad de la lengua portuguesa se suaviza, se endulza. El resultado "delicioso" se da a través de la negociación entre la cuidadora negra que mastica las palabras y el niño blanco que las incorpora y asimila en el portugués. Dos lenguas habladas que existían por separado, la del señor y la del esclavo, establecen una alianza que aunque desigual elimina este doble carácter y produce un idioma placentero al oído: el portugués del Brasil. De ahí que Freyre sostenga:

Ocurrió, empero, que la lengua portuguesa ni se entregó del todo a la corrupción de las senzalas, en el sentido de la mayor espontaneidad de la expresión, ni se mantuvo calafateada en las aulas de las casas-grandes, bajo la mirada severa de los maestros clérigos. Nuestro idioma nacional es el resultado de la compenetración de ambas tendencias. (*Casa-grande* 311)

La oposición entre la lengua del amo y la lengua del esclavo se disuelve y el portugués del Brasil termina beneficiándose. El trasfondo ideológico de la celebración de este encuentro es el discurso del *mestizaje*, el cual es reconocido por Freyre como una fuerza de actuación social y psicológica más larga y más profunda que la esclavitud. De dicho discurso se desprende la preocupación por la compatibilidad entre civilización y trópico y la exaltación de la influencia negra sobre el portugués.

En la conferencia presentada en la Universidad de Londres (King's College), "Aspectos da influência da mestiçagem sobre as relações sociais e de cultura entre portugueses e luso-descendentes" (1938) Freyre, expandiendo la tesis básica de *Casa-grande y senzala*, sostiene que gracias al modo en que se aplicó el sistema de producción en el Brasil, se posibilitó una constante movilidad entre clase y clase y de una raza a otra (9), lo cual por supuesto tuvo repercusiones en la producción del idioma nacional. El mestizaje se impuso entonces como una fuerza física, biológica, psicológica y más particularmente sentimental, una fuerza contra la cual ningún otro elemento podía prevalecer y que como resultado afectó todos los aspectos de la vida social y política del Brasil (16).[5] Freyre se oponía radicalmente a los puristas de raza, de cultura y de idioma, que basaban su posición en la paranoia frente a las supuestas desventajas biológicas de la mezcla de razas y a los males generados por la disolución de estilos tradicionales de cultura.

> Males que sempre acompanham o contacto demasiadamente íntimo de um povo adiantado, com populações atrasadas. Na mestiçagem à larga, ou antes, na miscigenação, que vem se praticando livremente no Brasil estaria se comprometendo não só a pureza do sangue, a pureza européia da raça ou do povo português, como a sua pureza de costumes, de arte, de idioma. De idioma, sim. E para alguns talvez principalmente esta: a pureza de idioma. (16)

Para Freyre, el mestizaje, antes que una fuerza corruptora, es una fuerza renovadora que se enriquece con los elementos de otras procedencias (18). Esta es la fuente de producción del idioma nacional del Brasil, gracias a la cual la lengua adquiere movilidad y dinamismo.

> Era natural que num ambiente antes desfavorável que simpático à mística de pureza de raça, também a mística da pureza de idioma alcançasse fraca repercussão no sentimento brasileiro, embora a seu favor tenham pelejado sempre campeões vigorosos. E foi realmente o que sucedeu: ao

> dinamismo biológico correspondeu um dinamismo lingüístico
> como também um dinamismo religioso: um dinamismo de
> valores de cultura em geral – como já disse. (18)

La lengua nacional es pues para Freyre el resultado, y también el ejemplo más sublime del "encuentro", del mestizaje, entre el portugués como lengua hegemónica y las otras lenguas, un encuentro que es productivo en la medida en que suaviza y aliviana la lengua imperial. Así se convierte en un espejo perfecto del error central que promueve toda la obra freyreana, la imagen de un imperialismo "tolerante", suave, excepcional. Y como la propaganda imperial misma, al visibilizar las diferencias entre el portugués y los africanismos, Freyre termina borrando las tensiones entre uno y otro, disolviendo su diferencia, todo esto en favor de la producción de una lengua nacional. Pareciera que las transformaciones estéticas del idioma –plasticidad, movilidad, dinamismo y fluidez– fueran el resultado de una negociación amable entre las lenguas; de este modo queda así naturalizada la explotación y la violencia que supone tal proceso. Así, el olvido de la particularidad de las otras lenguas es una estrategia indispensable para la formación nacional.

IV

Tanto en Bello como en Freyre el discurso de la lengua nacional se basa en una paradoja. Por un lado, hay una pretensión de ambas partes por promover una lengua común que representaría un acto de independencia del colonizador que busca fortalecer la idea de "lo nacional". Por otro lado, la lengua del colonizador es la condición de posibilidad para construir naciones independientes, es la materia sustancial a través de la cual se piensa la resistencia nacional. Llamemos a este *impasse* la *paradoja de Calibán*: la lengua proveniente de Europa paradójicamente sería el instrumento propicio para fomentar la libertad e independencia del viejo continente. A través de la lengua del imperio –el castellano para Bello, el portugués para Freyre– es posible ser *otra cosa* diferente del imperio y así llegar a constituirse y consolidarse como naciones. El discurso de la lengua nacional necesita por lo tanto olvidar la presencia de otras lenguas distintas a la lengua hegemónica en favor de la formación nacional. En este *olvido* se encuentra la posibilidad de la unidad.

Si nos atenemos a dos de las más importantes obras de estos autores, *Casa-grande y senzala* y *La gramática castellana destinada al uso de los americanos,* es evidente que son textos de carácter diferente. La obra de Freyre es principalmente un estudio historiográfico, basado en fuentes antropológicas, que se ocupa de las relaciones patriarcales e interraciales, los rasgos del sistema de plantación esclavista de Brasil y la formación de la familia brasileña. La obra de Bello, por su parte, es normativa y por tanto se ocupa de las reglas que regulan el castellano. Mientras Gilberto Freyre participó en la modernización del discurso antropológico que cambió los términos del debate en torno a cuestiones de cultura nacional, la obra de Andrés Bello se encuentra marcada por la hegemonía disciplinaria de la filología y la gramática.

En el discurso de la lengua nacional en Bello no se da, como en Freyre, el encuentro supuestamente armónico entre las lenguas del cual emerge la lengua de la nación. El uso de la lengua que Bello promueve es "incontaminado", el uso de la gente educada. Por otra parte, ambos discursos, en tanto discursos seccionan la realidad y en esa medida constituyen un acto de violencia (Foucault, *El orden* 44). La violencia en el discurso de la lengua nacional en Freyre se ejerce a través de la apuesta al mestizaje –en sí violento, enraizado en una invasión, conquista y opresión de poblaciones enteras–, en la medida en que a través de él se mimetizan las diferencias lingüísticas. La violencia en el discurso de la lengua nacional en Bello se instaura al imponer como modelo de este la educación en letras, la cual está restringida a las clases con acceso al poder institucional y económico.

El discurso de Bello no se encuentra marcado por la exaltación del encuentro con otras lenguas sino por el llamado a darle un uso correcto a la lengua con el fin de promover la independencia política y cultural del continente. Para Freyre la lengua nacional debe reflejar el encuentro entre el portugués y las lenguas africanas, mientras que para Bello la lengua nacional debe contribuir a la unificación de los pueblos americanos, a través de una única lengua: el castellano. Esto para evitar el "caos babilónico" en el que se había sumergido Europa. Su idea de civilización no supone, como en Freyre, el encuentro con otras lenguas, sino el afianzamiento del castellano como el idioma de las nacientes repúblicas. Mientras uno celebra la supuesta inclusividad del encuentro, el otro defiende cierto tipo de exclusión a través de un uso adecuado de la lengua según los parámetros otorgados por la buena educación. Mientras en Freyre la formación de la lengua nacional se produce en el encuentro desigual de la lengua del imperio con otras, para Bello la lengua nacional se forma en la imitación de un modelo.

Tanto en el caso de Freyre como en el de Bello la lengua constituye un elemento cultural clave que define una sociedad nueva, en el primer caso la sociedad brasileña, en el segundo caso la nueva sociedad de los países hispanoamericanos independizados. La preocupación por la formación de una lengua nacional responde a la necesidad de que ésta funcione como un dispositivo de control de la población, pero al mismo tiempo surge de la vida creativa del pueblo. A través de este gesto, los dos confirman la hegemonía de una lengua nacional al abandonar a las otras lenguas que ocupan el territorio nacional, esto con el propósito de construir un país unificado.

Así vemos cómo la lengua nacional se basa en una operación de inclusión-exclusión del otro. El olvido productivo de la diversidad lingüística, al que obliga la formación de una lengua nacional, es el modo en que se expresa el poder político de la lengua.

Finalmente, se puede concluir que tanto Freyre como Bello están abogando por una lengua nacional que cohesione a la población. A través de la lengua la nación debe ser imaginada y producida. Para Freyre las áreas tropicales, así como los países americanos, por su carácter de tierras nuevas y jóvenes, son el lugar donde la civilización tiene "esperanza" de formarse. Son la tierra de la posibilidad y es ahí donde la lengua tiene su mejor lugar para germinar. La lengua nacional organiza en este sentido el tejido social para producir sociedades menos bárbaras y más civilizadas: como dice Freyre, la "primera" civilización moderna en el trópico.

El discurso de la lengua nacional es una representación de la realidad lingüística de un pueblo que produce un sistema de exclusiones. Este no es un discurso en el sentido en que simplemente traduce e interpreta un sistema de dominación: es un instrumento de lucha para imponerse como discurso hegemónico (Foucault, *Orden* 8). Este discurso defiende un propósito amplio que apela a la necesidad de fundar un sentimiento nacional, en realidad sigue fundamentándose en los parámetros ofrecidos por la lengua dominante.

Al plantearse como un proyecto inclusivo "a los americanos", Bello termina invisibilizando la diversidad lingüística y se convierte en un proyecto obsesionado con todo aquello que no corresponda con un modelo ya fijo impuesto por "la gente educada". Por otro lado Freyre, que postula desde un principio un proyecto de reconocimiento e integración de la diversidad lingüística, cancelada por Bello, visibiliza las particularidades lingüísticas de cada grupo para incorporarlas dentro de la universalidad de la lengua nacional y así borra sus especificidades. Los dos realizan un olvido, el olvido "necesario" para la construcción de una idea de "lo nacional". Desde su modelo universalista Bello quiere olvidar los particularismos; desde su pretensión de reconocimiento de los particularismos Freyre borra las diferencias entre unos y otros.

El discurso de la lengua nacional no es un discurso unívoco y homogéneo sino multiforme y complejo, producto de un proyecto por mantener el poder cuyo pilar es la dinámica generada por la relación entre un mismo gesto que incluye y excluye. Este discurso evidencia una comprensión de la nación como un proyecto cuyas pretensiones de universalidad terminan diluyendo la diversidad lingüística. La invizibilización que realiza Bello de lenguas diferentes al castellano y las variaciones producidas por el habla popular, termina subrayando las desarticulaciones nacionales; mientras que la visibilización de Freyre de africanismos e indigenismos termina naturalizando las relaciones jerárquicas de poder y diluyendo las diferencias en un todo que es la lengua nacional. A su manera, cada uno termina efectuando "el olvido" que exige la nación. Siguiendo a Renan: "la esencia de una nación es que todos los individuos tengan muchas cosas en común y todos hayan olvidado muchas cosas... la nación moderna es, pues, un resultado histórico producido por una serie de hechos convergentes en el mismo sentido..." (67). La fuerza del discurso de la lengua nacional se encuentra entonces en aquello que olvida, la diversidad, "el disparate" que es abandonado. En este olvido está su verdadero poder.

[1] Un ejemplo es la siguiente nota: "La frecuencia con que se encuentra *dende* por *desde* en libros antiguos proviene sin duda de la incuria de los impresores, pero da a conocer que el vulgo confundía ya estas dos palabras como todavía lo hace" (Nota 119). Aquí explícitamente se nombra al grupo social que produce el habla popular y corrompe el idioma: el vulgo.

[2] Por medio de la lengua portuguesa y a través de Gonçalves Dias y de José de Alencar se manifestó en la literatura romántica neolatina aquella parte más amerindia de la población brasilera que por el gusto de algunos indianistas debería haber hecho de la lengua tupi su propia lengua literaria. La mejor solución cultural para el Brasil parece haber sido la tendencia de absorber el tupi por la lengua portuguesa, sin que esta hubiese dejado de acoger un número considerable de indianismos y otras infiltraciones como la africana, italiana, alemana, siria y polonesa. La lengua portuguesa, la lengua nacional, es una lengua plástica, que no se cierra a las infiltraciones ("A lingua..." 251, traducción mía).

[3] Según explica Freyre, Caldcleugh atribuye el "suavecimiento" del portugués brasileño al clima y al calor de los trópicos. Para Freyre, los prejuicios puristas no podían separar dos fuerzas que tenían el hábito de fraternizar muy frecuente e íntimamente. De acuerdo con João Ribeiro, autoridad en la lengua portuguesa y la historia del idioma nacional y para quien el clima cuenta como una influencia importante sobre la lengua, las alteraciones en la lengua portuguesa al encontrarse con otras no sólo tienen que ver con el vocabulario sino con la gramática misma. Además de la influencia africana, Ribeiro reconoce la influencia de los nativos, *gypsies* y españoles" (*Casa-grande* 309).

[4] Freyre explica cómo el proyecto de enseñanza del portugués por parte de las mujeres blancas fracasa frente a la influencia de las madres de crianza negras sobre el niño blanco. Los jesuitas también fracasan, según Freyre, en su intento por enseñar a los niños indios y semiblancos la lengua portuguesa, contribuyendo a aumentar la disparidad entre lengua escrita y lengua hablada en el Brasil (*Casa-grande* 309).

[5] A partir de la idea del mestizaje como la solución a los conflictos biológicos y sociales Freyre desarrollaría las nociones de "democracia social" y "democracia racial", véase "Aspectos" 16.

Obras Citadas

Alonso, Amado. "Introducción a la Gramática de Bello". *Gramática de la Lengua Castellana destinada al uso de los americanos. Obras Completas de Andrés Bello*. Caracas: Fundación La Casa de Bello, 1981. 4:ix-lxxxvi.

Bello, Andrés. *Obras completas de Andrés Bello*. 26 vols. Caracas: Fundación La Casa de Bello, 1981.

_____ *Gramática de la Lengua Castellana destinada al uso de los americanos* [1847]. *Obras Completas* IV: 15-382.

_____ "Gramática castellana" [1832]. *Obras completas* V: 173-84.

_____ "Estudio de la Jurisprudencia" [1835]. *Obras completas* XVIII: 3-4.

_____ "Ortografía" [1844]. *Obras completas* V: 97-116.

_____ *Gramática de la Lengua Castellana destinada al uso de los americanos* [1847]. *Obras completas* VI: 15-382.

_____ "Memoria correspondiente al curso de la instrucción pública en el Quinquenio 1844-1848". *Obras Completas* XXI: 28-81.

Bhabha Homi K., ed. *Nation and Narration*. London: Routledge, 1990.

Coutinho, Edilberto, ed. *Gilberto Freyre*. Rio de Janeiro: Agir, 1994.

Durán Luzio, Juan. *Siete ensayos sobre Andrés Bello, el escritor*. Santiago: Editorial Andrés Bello, 1999.

Foucault, Michel. *Nietzsche, la genealogía, la historia*. Valencia: Pretextos, 1997.

_____ *El orden del discurso*. Barcelona: Tusquets, 1987.

Freyre, Gilberto. "Aspectos da influencia da mestiçagem sobre as relações sociais e de cultura entre portugueses e luso-descendentes". *Conferencias na Europa*. Rio de Janeiro: Ministerio da Educação e Saude, 1938. 7-33.

_____ *Uma cultura amaeçada: A luso-brasileira*. Recife: [s.n.], 1940.

_____ *The Gilberto Freyre Reader*. Barbara Shelby, trad. New York: Alfred A. Knopf, 1974.

_____ *Casa-grande y senzala* [1933]. Caracas: Ayacucho, 1977.

_____ "A lingua portuguesa: aspectos de sua unidade e de sua pluralidade nos trópicos". *Vida, forma e cor*. Rio de Janeiro: Record, 1987. 248-55.

_____ "Reinterpretando José de Alentar". *Vida, forma e cor*. Rio de Janeiro: Editora Record, 1987. 119-39.

González-Stephan, Beatriz. *Fundaciones: canon, historia y cultura nacional: la historiografía literaria del liberalismo hispanoamericano del siglo XIX.* Madrid: Iberoamericana; Frankfurt am Main: Vervuert, 2002.

_____, Javier Lasarte, Graciela Montaldo y María Julia Daroqui (comps). *Esplendores y miserias del siglo XIX. Cultura y sociedad en América Latina.* Caracas: Monte Ávila, 1994.

Jiménez Borja, José. "La Gramática de Bello: antes, entonces y ahora". *Bello y la América Latina. Cuarto congreso del bicentenario.* Caracas: Fundación La Casa de Bello, 1982. 265-82.

Moré, Belford. "La construcción ideológica de una base empírica: selección y elaboración en la gramática de Andrés Bello". *La batalla del idioma. La intelectualidad hispánica ante la lengua.* José Del Valle y Luis-Gabriel Stheeman, eds. Madrid: Iberoamericana; Frankfurt am Main: Vervuert, 2004. 67-92.

Needell, Jeffrey D. "Identity, Race, Gender, and Modernity in the Origins of Gilberto Freyre's Oeuvre". *American Historical Review* 100/1 (February 1995): 51-77.

Pinto, Estevao. "Introduzindo Uma Ciencia Nova, a Tropicologia". *Journal of Inter-American Studies* VIII/2 (April 1966): 245-58.

Rama, Ángel. *La ciudad letrada.* Hanover: Ediciones del Norte, 1984.

Ramos, Julio. *Desencuentros de la modernidad en América Latina. Literatura y política en el siglo XIX.* México: FCE, 1989.

Renan, Ernst. *¿Qué es una nación? Cartas a Strauss.* Madrid: Alianza, 1987.

Skidmore, Thomas E. "Raizes de Gilberto Freyre". *Journal of Latin American Studies* XXXIV (February 2002): 1-20.

Primitivismo e identidad nacional en Gilberto Freyre

Odile Cisneros
University of Alberta

El llamado de la selva[1]

"Só antropofagia nos une. Socialmente. Economicamente. Filosoficamente" (Andrade 3). Esta exhortación de Oswald de Andrade a adoptar un "primitivismo duro"[2] en su "Manifesto antropófago" de 1928 resume de manera emblemática la manera en que ciertos discursos occidentales imbuyeron las estrategias de construcción nacional en importantes escritores y pensadores latinoamericanos del siglo XX. Así, en sus proyectos modernos de "forjar patria", intelectuales tales como los mexicanos José Vasconcelos y Manuel Gamio, el cubano Fernando Ortiz y el brasileño Gilberto Freyre[3] se apropiaron de discursos culturales y científicos occidentales, intentando subvertirlos hasta cierto punto, pero frecuentemente sucumbiendo también ante la lógica viciosa de sus definiciones. Analizar este mecanismo puede ser productivo, ya que quizás la tensión que emerge de la incorporación de tales discursos a las prácticas locales sea el elemento clave en un hipotético mapa de la especificidad de las vanguardias y la modernidad latinoamericanas, proyecto hacia el cual se ha apuntado, pero que no ha sido hasta hoy formulado satisfactoriamente.[4]

La dinámica de las contradicciones implícitas en tal apropiación ha sido analizada, entre otros, por Roberto Schwarz en su célebre ensayo "As idéias fora do lugar". Me parece válido extender las implicaciones de ese ensayo más allá de sus límites históricos[5] para describir también el carácter de las vanguardias y la modernidad latinoamericanas y tal vez de otros contextos.[6] El mismo "descentramiento" o "desajuste" que Schwarz diagnostica en los escritores del siglo XIX podría detectarse, por ejemplo, en intelectuales típicos de la modernidad latinoamericana tales como Freyre,[7] que también ensayaron la "rectificación" de dichos discursos en su aplicación a América. Es decir, al transplantar a sus contextos las ideas occidentales en boga, los intelectuales latinoamericanos intentaron combatir prejuicios culturales y formular modelos viables de construcción nacional, pero, al mismo tiempo, se vieron implicados tanto en las contradicciones inherentes a tales discursos, como en las que surgieron como consecuencia de su translación a tierras americanas. Este ensayo pretende ilustrar esta dinámica a través del caso de Gilberto Freyre, proponiendo una lectura de su obra bajo la lente del primitivismo, estrategia, hasta donde sé, inédita.

¿Freyre primitivista? La idea quizá resulte extraña a primera vista. Los estudiosos de este momento cultural en Brasil suelen reservar tal etiqueta para los casos más llamativos de Oswald de Andrade y Mário de Andrade, aunque en ambos el primitivismo, si bien irreverente y lúdico, quizá no pase de la adaptación de un manierismo europeo al contexto local, una inversión de jerarquías antes que una crítica profunda de fundamentos ideológicos. En Freyre, el primitivismo se manifiesta más sutilmente, pero, como veremos, de manera más penetrante y con implicaciones más profundas. En otras palabras, desde esta óptica, Freyre aparece como un intelectual latinoamericano paradigmático, construyendo (aunque no de manera obvia) su proyecto de identidad nacional bajo el influjo del discurso contracultural del primitivismo, negociando las diferencias y confrontando a un tiempo las paradojas propias a tal discurso, como las que se derivan de su aplicación al Brasil. Esta lectura, además de iluminar el hasta ahora ignorado aspecto primitivista de la obra de Freyre, pretende cuestionar los trillados juicios de su trabajo como "reaccionario" o "tradicionalista",[8] revalorándolo e incorporándolo, por el contrario, a la experiencia de la modernidad en América Latina. De paso, el ejemplo de Freyre sugiere una pluralidad o "variedad de la experiencia 'moderna'". En el contexto de las vanguardias occidentales, Peter Nicholls ha sugerido, en su uso deliberado del término plural "modernisms"[9] (más generoso que nuestras "vanguardias"), que lo que hoy se ve y critica como un monolítico y conservador "modernism", es en realidad "sólo una corriente dentro un conjunto muy complejo de tendencias culturales a principios del siglo xx"(vii). Hay entonces una diversidad de respuestas a la modernización, incluyendo aquellas que, como el primitivismo, la cuestionan y/o hasta rechazan. Desde esta perspectiva, Freyre surge entonces no como el "conservador" o "modernista *malgré lui*" que algunos han visto,[10] sino como una figura ejemplar, un típico y complejo hombre de letras cuya obra ilustra la red de tensiones ideológicas que caracterizan a la modernidad en América Latina.

Para este objetivo, será necesaria una discusión preliminar del concepto y discursos sobre el primitivismo (incluyendo las nociones de primitivismo cronológico y cultural, así como las diversas actitudes en que se manifiestan). Tal mapa conceptual nos permitirá después observar como la obra de Freyre implícitamente se vale de esas nociones en su construcción de modelos de identidad nacional en varios escritos, en particular su revolucionario y paradigmático ensayo *Casa-grande e senzala*.

La idea del primitivismo

En su importante estudio *The Idea of Primitivism* (1935), los filósofos norteamericanos Arthur Lovejoy y George Boas sostienen que, ya desde la tradición clásica,[11] el primitivismo designa dos tipos distintos de tendencias intelectuales que con el tiempo se fusionaron: el primitivismo "cronológico" y el "cultural" (1). El primero es

> una especie de filosofía de la historia, una teoría o una suposición consuetudinaria, sobre la época (pasada, presente o futura) en la cual la más excelsa condición de la vida humana o el mejor estado de cosas en el mundo en general habría de ocurrir. (1)

Un tipo de primitivismo cronológico asume un principio y un fin de la historia, y ubica el grado más excelso o de mayor felicidad al principio de la misma. Desde entonces, según esta "teoría de la decadencia", ha ocurrido una degradación, y sólo es posible añorar esa época de esplendor pretérito, esperando una recuperación temporal. Por su parte, el primitivista "cultural" valora la simplicidad y falta de sofisticación, antes que procurar ubicar las mejores condiciones de vida en un momento previo. En el esquema de Lovejoy y Boas, el

> primitivismo cultural es el descontento del civilizado con la civilización [...]. Es la creencia sostenida por aquéllos en una condición cultural relativamente avanzada y compleja que una vida mucho más simple y menos sofisticada en algunos o todos los aspectos es una vida más deseable. (7)

Así, el primitivismo cultural surge como un subproducto del concepto de civilización, postula que la vida de los "menos civilizados" era envidiable y busca a los ejemplares de tal vida ya sea en el pasado (estrategia que coincide con el primitivismo cronológico) o en gente contemporánea cuya vida se percibe como "primitiva" o "salvaje" (8). Esta actitud, como se verá más adelante, es la que resulta, particularmente en su aplicación al contexto latinoamericano, la más problemática.

A pesar de estas distinciones conceptuales, las varias actitudes llamadas "primitivistas" mezclan características de ambas nociones, por lo cual quizá una descripción más allá de estas distinciones sea útil. En lo que sigue procuraré identificar y describir cuatro actitudes asociadas con el primitivismo que son evidentes en Freyre. La primera actitud se constituye como una *nostalgia por el pasado*, la idealización de un tiempo pretérito bajo el esquema horaciano del *laudator temporis acti*. El primitivista busca una "Edad de Oro" en un mundo perdido o en vías de extinción, la evoca e intenta recuperarla. Relacionada con esta nostalgia retrospectiva, otra actitud primitivista se centra en la evocación de un pasado personal, principalmente la *idealización de la infancia*. Tanto cronológica como culturalmente, el niño representa para el primitivista el "origen", el "ideal" o la "plenitud", ya que es percibido no sólo como el individuo en su estado primigenio, sino también como un ser inocente que no ha sido corrompido por los artificios de la civilización. Dada esta visión negativa de la "civilización" como potencial "corruptora", no es casual que otra de las actitudes principales del primitivismo se caracterice por una *desconfianza de la modernización* (a veces inclusive una oposición acérrima a la misma) que se manifiesta como un rechazo al crecimiento urbano y un énfasis en la naturaleza y los aspectos sensuales o no racionales de la vida.[12] Finalmente, la cuarta actitud de la cual me ocuparé en el análisis es la percepción de que este estilo de vida (falto de sofisticación, próximo a la naturaleza, menos intelectual y regido más por los sentidos) no sólo es envidiable, sino que es característico de los individuos "primitivos" o que se encuentran alejados de la civilización, resultando en una admiración o privilegio acordado por el primitivista a la gente rural, marginal y/o de origen no-occidental. Esta actitud corresponde al mito rousseauniano del "buen salvaje" y, a pesar de idealizar a los llamados primitivos, también frecuentemente guarda semejanza con el esencialismo de los discursos exotistas y orientalistas descritos por Edward Said en su estudio *Orientalism* (1978).[13] Esta última actitud, como veremos, forja un vínculo problemático entre genética y cultura.

En busca del tiempo perdido: Años de formación y "Los viejos tiempos"

El contraste entre los orígenes familiares de Gilberto Freyre, descendiente de una antigua familia pernambucana, y su "inusual" trayectoria educativa ha llevado a estudiosos como Jeffrey Needell a preguntarse "¿cómo llegó un joven formado en un ambiente tan ajeno a las tradiciones y cultura de su país a escribir un libro hoy considerado la más acertada explicación y apología del Brasil?" (54). La perplejidad de Needell merece ser meditada, ya que justamente es un eco de la aproximación que este trabajo pretende. Los estudios liberales de literatura, sociología y antropología durante los años de formación de Freyre en los Estados Unidos y sus viajes por Europa le legaron un universo de referencias que contrastaban con el cotidiano nordestino, especialmente a su regreso.[14] Quizá sea este universo intelectual aunado al distanciamiento geográfico y cultural lo que le proporcionó esa visión idiosincrástica de su propio entorno. Como escribió en "Social Life in Brazil in the Middle of the Nineteenth Century," su tesis de maestría en Columbia University, el proyecto

> había comenzado inconscientemente años antes, cuando, de niño, solía preguntarle a mi abuela sobre "los viejos tiempos." Ella era la única de nuestra familia en admitir que aquellos tiempos habían sido buenos; todos los otros parecían ser "futuristas" y "post-impresionistas" de algún tipo u otro. Pero al estudiar, más recientemente, los días de mi abuela, me he aproximado a ellos no para alabarlos ni denigrarlos –sólo para experimentar la alegría de entender el antiguo orden social. (597)

No obstante, la advertencia de Freyre (ni alabar ni denigrar) difícilmente coincide con el contenido y tono del ensayo, un retrato positivo y un tanto iluso del extinto sistema esclavista del Nordeste brasileño donde los esclavos "vivían una vida de querubin[nes]

... tan felices como niños" (607). También en esta visión idílica, "el amor por la música es lo que quizá había vuelto a los propietarios de esclavos amables y bondadosos" (614). Entre las cándidas afirmaciones del joven Freyre sobre la condición de los esclavos en esta cuestionable "Edad de Oro," aparecen ya algunas de las características del primitivismo, tanto cronológico como cultural, que vendrán a consolidarse en su obra posterior. Primeramente, Freyre presenta el retrato nostálgico de ese mundo cortés, armonioso y encantador (selectivamente exento de las desagradables realidades de la esclavitud) como un paraíso perdido al que podía acceder sólo a través de los recuerdos de su abuela. Como el primitivista cultural descontento con la civilización, Freyre establece una diferencia cualitativa entre la vida de las plantaciones y la de la ciudad, donde aquélla es alabada sin reservas, y ésta, criticada severamente. Por ejemplo, en materia de sanidad pública, Freyre nota: "es sorprendente cómo los brasileños de la década de 1850 conseguían vivir en condiciones de suciedad y olor tan ínfimas como las que soportaban [...] Rio de Janeiro [...] 'una ciudad que, se podría decir, no tenía aire, luz, cloacas ni aseo público'" (625). Al describir la pobreza urbana, Freyre apunta que el "Brasil de los cincuenta estaba lleno de pordioseros –pordioseros en las calles [...] viejos esclavos negros, enfermos de lepra que eran enviados por sus amos para inspirar piedad en la gente caritativa" (624-5).[15] Para Freyre, no sólo la simplicidad de la vida había sido reemplazada por la excesiva complicación urbana, sino que también la vida rural de las plantaciones azucareras había sido destruida por la industrialización y el crecimiento de las ciudades que engendraban suciedad, pobreza y abuso capitalista. *Casa-Grande e Senzala*, escrita once años más tarde y resultado de investigación y reflexión más profundas, no ignoró la obscena realidad de la esclavitud, pero, como veremos, tampoco abandonó la nostalgia proustiana por el pasado señorial de los ingenios.

Este sentimiento de nostalgia característico del primitivismo acompañó a Freyre en el recorrido que hizo por Europa al terminar su maestría en Columbia y hasta su regreso a Recife. En París, en 1922, por ejemplo, describiendo un grupo de conocidos franceses, observó:

Velhos fidalgos de modo tão encantador já não parece gente deste mundo mas de outro: já acabado. Ou de outros: todos reduzidos a sombras. Eles próprios me falaram da Europa do tempo da Rainha Vitória como ainda outra Europa: senão melhor, mais Europa. (*Tempo* 86)

Vale la pena enfatizar aquí la "autenticidad" que Freyre confiere a la Europa del *ancien régime* así como la conciencia de que tal mundo se hallaba en vías de desaparición. Esta idealización del pasado, que se prolongó hasta su regreso a Recife,[16] proviene entonces (por lo menos parcialmente) de su distancia geográfica e intelectual, pero también de su interacción con discursos nostálgicos de la Europa de entreguerra, especialmente su frecuentación del grupo Action française, el partido realista y nacionalista francés, cuyo periódico homónimo era dirigido en la época por el poeta y periodista Charles Maurras.[17]

La atracción de la infancia

Después de un viaje prolongado por varios países europeos, Freyre regresó finalmente al lugar de su infancia, Pernambuco. Paralelamente a su retorno físico, Freyre también volvió intelectualmente a la infancia. Como observa Needell, la tesis de maestría de Freyre "idealizaba una sociedad que Freyre había vislumbrado con ojos de niño [...]. Ahora, a sus veintitantos años, su interés se extendía a la investigación sobre la socialización del niño en Brasil" (64). Freyre aludió constatemente en su diario de esos años a una jamás realizada historia del niño brasileño: "o menino através de vários tempos e em várias regiões: engenho, fazenda, cidade, Rio, Recife, Bahia, Rio Grande do Sul, Pará, séculos coloniais, século XIX, começo do XX" (*Tempo* 136-7). Esta etnografía infantil puede también verse como un proyecto en la misma línea,[18] ya que "es fácil sustituir al Niño por lo cronológicamente primitivo, pues la niñez es obviamente la primera etapa en la biografía de cualquier individuo" (George Boas 11).

Aunque Freyre nunca concretizó ese proyecto sobre la infancia de manera autónoma, este interés se manifestó en observaciones detenidas sobre la socialización del niño en varias obras. Freyre mantenía que la socialización del niño –como paralelo de la evolución social de un Estado "primitivo" a uno más avanzado– no necesariamente traía consigo una mejor vida, sino, con frecuencia, lo contrario. Por ejemplo, Freyre se lamentaba de que, en el siglo xix, el niño brasileño "había nacido ya de edad madura" y "'un viejo antes de los doce años de edad, usando un sombrero negro rígido, un cuello duro y un bastón [...]. No corre, ni salta ni hace rodar aros o arroja piedras'" ("Social Life" 618-9). En *Casa-Grande e Senzala* también dedicó un cierto grado de atención a la socialización del niño, pero esta vez el énfasis cayó en cuestiones sexuales y raciales, en particular el despertar sexual del niño blanco. Además, consideró la educación del niño indígena, sosteniendo que, a pesar de ciertas reglas, éste se encontraba en una posición no sólo mejor que la de sus padres, sino también que la del niño blanco "civilizado". Freyre nota que "o menino indígena [...] crescia livre de castigos corporais e de disciplina paterna ou materna. Entretanto, a meninice não deixava de seguir uma espécie de liturgia ou ritual, como aliás toda a vida do *primitivo*" (*Casa-Grande* 204-5, énfasis mío). Aquí también las ideas de Freyre coinciden con el primitivismo en su énfasis en una vida libre de disciplinas y contacto con lo espiritual. Además, como nos recuerda George Boas, "el niño también es un buen modelo para el primitivista cultural, ya que es igualmente obvio que al tiempo que emerge en el mudo adulto, es inocente de todas las artes y ciencias y está por tanto exento de los artificios de la civilización" (11).

Es claro que el proyecto de Freyre no se limitaba a un interés en el niño *per se*, sino como sinécdoque de una realidad social más vasta, incluyendo la posibilidad de entender la evolución de la sociedad a través del estudio de la infancia del niño brasileño. Así, la búsqueda de tal infancia en el pasado implica también la búsqueda de la "infancia" de la nación. Esta idea, que venía fermentándose por lo menos desde 1924, se manifiesta nuevamente al inicio de *Casa-Grande e Senzala*, donde Freyre afirma: "A história social da casa-grande é a história íntima de quase todo brasileiro [...]. O estudo da história íntima de um povo tem alguma coisa de introspecção proustiana" (56).[19] Así, el proyecto de construcción nacional que Freyre esboza en ese libro converge con actitudes primitivistas tanto en su interés teórico en la infancia, como en la introspección o, más acertadamente, la nostalgia por ese pasado señorial.

Desconfianza de la modernización

La infancia, como modelo del primitivista cultural, corresponde también a la idea de que el niño se halla en un estado ideal que no ha sido aún corrompido por los artificios de la civilización, la educación entre ellos, pero también por la influencia de la modernización y la vida urbana. Esa desconfianza en la modernización es evidente en mucha de su obra y frecuentemente le ha valido a Freyre los títulos de "tradicionalista" y "regionalista" que él mismo adoptó y promovió. No debemos olvidar, sin embargo, que tal escepticismo existía también en otras corrientes de vanguardia, entre ellas el expresionismo alemán, al cual Freyre también había estado expuesto en su juventud.[20] Podemos recordar la visión pesimista de la modernidad urbana parisina en *Los cuadernos de Malte Laurids Brigge* de Rilke, el extremo opuesto de las exaltaciones cubistas y futuristas de la ciudad. En el caso particular de Freyre, durante su larga estancia fuera de Brasil, el ambiente social, económico y político de su región había cambiado a raíz de la modernización, amenazando el estilo de vida que él estimaba, de modo que Freyre "pintaba tal proceso como la perversión de su naturaleza esencial" (Needell 76). Los cambios fueron aun más fuertes al estallar la Revolución de 1930, que lo llevó al exilio en Lisboa, donde redactó la mayor parte de *Casa-Grande e Senzala*, obra en que se verifica el escepticismo del que hablamos. A su regreso, Freyre y su hermano Ulisses se dedicaron a documentar el amenazado estilo de vida nordestino en obras como *Guia prático, histórico e sentimental da cidade do Recife* (1934) y *Olinda 2° Guia prático, histórico e sentimental de cidade brasileira* (1939).[21]

Aparte de la asociación de la modernización y el crecimiento de las ciudades en Brasil con el ocaso de un modo de vida ejemplar, Freyre también se remontó a un pasado más lejano, atribuyendo la decadencia de Portugal y de toda la península ibérica al menoscabo de la economía agraria y a la transformación del país en un sistema mercantil en los años que siguieron al período de exploración y conquista (*Casa-Grande* 300-2). Es posible detectar aquí una crítica implícita del capitalismo europeo. Por motivos de espacio, hemos concentrado nuestra atención en una selección de obras, pero es claro que el motivo de la problemática urbana y sus vínculos con el capitalismo surge también en la monumental secuela a *Casa-Grande e Senzala*, *Sobrados e Mucambos* (1936), que describe la transición de la vida de los *engenhos* a la de las ciudades. Por ejemplo, en esta transición, los dos componentes de la antigua sociedad patriarcal que antes "formavam uma só estrutura econômica ou social, completando-se [...] tornaram-se metades antagônicas" (*Sobrados* 271), siendo el interés comercial el principal motivo. Esta apología del sistema patriarcal de los ingenios y el rechazo de un culto del progresismo ha sido el blanco de muchas críticas. Martins, por ejemplo, califica a esta "añoranza del pasado" de *saudosismo* (205), un término de condescendencia, en el mejor de los casos, y que la ubica en el universo intelectual finisecular, aludiendo también de manera indirecta (y tal vez irónica) a un romanticismo indianista. Otra manera de ver esta "nostalgia" y, quizá más acertadamente, esta desconfianza de la modernización sería un escepticismo saludable, un descontento consciente con los modelos positivistas y burgueses de desarrollo que Europa y Norteamérica imponían al resto del mundo, manifestado ya por intelectuales europeos de esa época. Lucien Lévy-Bruhl,[22] Franz Boas[23] y Oswald Spengler,[24] para citar sólo algunas figuras afines a Freyre, esgrimieron críticas importantes a la hegemonía occidental, tanto en términos ideológicos y culturales, como raciales. En otras palabras, percibir este escepticismo como un tipo de primitivismo, en lugar de *saudosismo*, no sólo hace justicia a la compleja formación intelectual de Freyre, a su negociación de distintos discursos; sino que también ubica su obra bajo otra luz, como una respuesta alternativa a la modernización que se debatía entre el deseo de ser moderno y la necesidad de crear los fundamentos de una "auténtica" y autónoma cultura nacional, combatiendo los discursos occidentales sobre la inferioridad racial y cultural de América Latina.

Regionalismo: Fetichismo, franciscanismo y las artes culinarias

Tal rechazo de los modelos metropolitanos de modernización instó a Freyre a buscar alternativas en el movimiento que denominó "regionalismo". El término es engañoso, ya que lo que Freyre proponía era un énfasis en los valores "regionales" en lugar de los "extranjeros" y no un separatismo cultural por regiones; es decir, un modelo de *integración* nacional o, en sus términos, una "articulação interregional". Así, el polémico *Manifesto Regionalista de 1926* (leído en el congreso del mismo año pero sólo publicado en su vigésimo quinto aniversario) señalaba que os animadores desta nova espécie de regionalismo desejam ver se desenvolverem no País outros regionalismos que se juntem ao do Nordeste, dando ao movimento o sentido orgânicamente brasileiro e até americano, quando não mais amplo, que êle deve ter. (15)

A pesar de su programa americanista y emancipador, su impacto no llegó a sentirse con tanto vigor. Parte del problema fue la competencia con el modernismo de São Paulo.[25] Para alguien como Wilson Martins, por ejemplo, el "regionalismo" no era más que una "falsa vanguardia" que de manera contradictoria intentaba construir modernismos basados en tradicionalismo y conservadurismo ideológico (104). El juicio de Martins parece infundado, especialmente si consideramos que muchos de los participantes y movimientos de las "verdaderas" vanguardias (de Pessoa a Pound) también tuvieron vínculos problemáticos con las ideologías de derecha.

Al final, Martins sin embargo concede que "Freyre sistematizó en *Casa-Grande e Senzala* una concepción instintiva que ellos [los modernistas de São Paulo] tenían de Brasil y a la cual no podían dar expresión" (204). Esta "concepción instintiva" podría denominarse una visión primitivista de la cultura brasileña –el deseo de construirla de manera "auténtica" rechazando influencias que la volvieran "inauténtica" y "postiza," para recordar nuevamente a Schwarz ("Nacional por subtração" 29).[26] También el regionalismo consistió en una serie de actitudes que pretenden combatir y/o desdeñar la naturaleza corruptora de la civilización occidental. De ahí que Freyre busque distinguir claramente esa contribución, enfatizando elementos afines a la oposición primitivista entre el racionalismo intelectual de Occidente y un estilo de vida "primitivo" definido por la espontaneidad, lo espiritual, lo no-racional y lo corporal. De los muchos ejemplos de esta tendencia en *Casa-Grande e Senzala*, me enfocaré en tres que me parecen particularmente elocuentes: el énfasis de Freyre en el animismo y fetichismo, una crítica de la perniciosa influencia de los jesuitas en contraste con una apología del franciscanismo y, finalmente, el perdurable e intenso interés freyreano en las artes culinarias.

Como parte de la estrategia de ubicar los orígenes de la cultura brasileña en la niñez, Freyre considera las experiencias infantiles típicas, entre las que describe el "complexo do *bicho*". Para Freyre, casi todos los niños en Brasil sufren de este vago pero enorme miedo de un animal genérico, sintético, místico, horrible e indefinible llamado el "carrapatu", sentimiento que se transmite por una

> espécie de memória social, como que herdada [...] sobretudo na infância, quando mais instintivo e menos intelectualizado pela educação européia, se sente estranhamente próximo da floresta viva, cheia de animais e monstruos, que conhece pelos nomes indígenas e, em grande parte, através das experiências e superstições dos índios. (199)

En este pasaje rico en equivalencias, asociaciones y evocaciones primitivistas, una cadena casi metonímica asocia al niño con el instinto, la selva, los animales (que conoce, no por sus nombres europeos, sino *indígenas*) y finalmente con el indio, en un proceso facilitado por la ausencia de "educación intelectual". Se debe subrayar que esta memoria "heredada" tampoco se adquiere por ninguna operación racional, sino (misteriosamente) mediante la experiencia *ajena* y la "superstición" nativa. Freyre menciona más ejemplos de miedos irracionales y atracciones fetichistas infantiles como la actitud totémica y animista del niño frente a plantas y animales, juegos que involucran animales, etc., provenientes de la cultura indígena pero que se reafirmaron con la influencia africana (204-8). Se establece así un vínculo directo entre la superstición, este aspecto no-racional de la psique brasileña, y la supervivencia de tendencias animistas y totémicas de los pueblos indios y africanos, una "ancestralidade selvagem" en la médula del inconsciente brasileño; así concluye Freyre que "o brasileiro é por excelência o povo da crença no sobrenatural" (209). No es ocioso notar, de paso, que el lenguaje descriptivo en el que Freyre se deleita crea en el lector una fascinación análoga al fetichismo que el niño experimenta con tal animal, a la vez vago y horroroso.

Hay una crítica implícita en la idea de que la condición de supervivencia de los rasgos positivos "fetichistas" indios y africanos es la falta de la educación intelectualizada. El blanco principal de la crítica son los jesuitas y el papel que tuvieron al establecer un sistema de enseñanza represivo. Nota Freyre, por ejemplo, cómo la colonización tomó un cauce más puritano bajo la influencia de los jesuitas, tendiendo a "sufocar muito da espontaneidade nativa" (179). Esta invectiva nos recuerda el énfasis primitivista en lo sensual, lo instintivo y no racional por encima de lo intelectual. Según Freyre, los jesuitas, "[s]epararam a arte da vida. Lançaram os fundamentos no Brasil para uma arte, não de expressão, de alongamento da vida e da experiência física e psíquica e do grupo social; mas de composição, de exercício, de caligrafia" (180). Nada de espontáneo ni expresivo había en las tareas mecánicas que los jesuitas obligaban a los indios a practicar; por el contrario, sólo lograron reprimir las tendencias artísticas "naturales" de los indios. Por esto, los jesuitas, empecinados en su eduación intelectual, fracasaron: las actividades que obligaban a los indios a realizar solamente conseguían "desviar-lhes a energia em direções as mais *repugnantes à sua mentalidade de primitivos* [sic]" (213, énfasis mío).

Según Freyre, los indios se habrían beneficiado más de una eduación a manos de los franciscanos, quienes adiestraban a la gente en labores manuales y artísticas en lugar de tareas intelectuales (212). La apología freyreana del franciscanismo se extiende a describir una actitud presente quizá de manera "inherente" en la cultura nordestina. En el *Manifesto Regionalista de 1926*, por ejemplo, Freyre afirma que "há no Nordeste [...] uma espécie de franciscanismo, herdado dos portugueses, que aproxima dos homenes, árvores e animais. [...] Conheci uma negra velha que toda tarde conversava com uma jaqueira como se conversasse com uma pessoa íntima" (49). Este franciscanismo resulta entonces afín a la visión primitivista de una convivencia humana con otras formas de vida de manera casi animista. Esta vida próxima a la naturaleza, a su vez, constituye un rechazo implícito de las formas de modernización que alejan al ser humano de sus tendencias sensuales y no-racionales.

Finalmente, otra de las maneras en que la obra de Freyre enfatiza los aspectos sensuales de la vida es su duradero interés en la culinaria, particularmente la preparación de dulces. En *Casa-Grande e Senzala*, Freyre dedica más de diez páginas a los ingredientes y técnicas africanas de cocina afirmando: "Um traço importante de infiltração de cultura negra na economia e na vida doméstica do brasileiro [é] a culinária. O escravo africano dominou a cozinha colonial, enriquecendo-a de uma variedade de sabores novos" (504-5). Freyre se explaya líricamente sobre la variedad de los platos afrobrasileños, en particular los postres llamados "doce ou quitute de tabuleiro", originalmente elaborados por las

215

mujeres negras liberadas en formas con "reminiscencias de velhos cultos fálicos ou totêmicos" (506). Aquí, Freyre forja un vínculo importante entre los placeres de la cocina y los placeres sexuales, dando a esta relación un matiz primitivista al indicar que son evocaciones de cultos ancestrales. La conexión entre ancestralidad, vida animal, comida y energía sexual también se manifiesta en el uso de la gallina que "figura em várias cerimônias religiosas e tisanas afrodisíacas", haciendo que tales platos mantengan "alguma cousa de religioso e litúrgico na sua preparação" (508).

El *Manifesto Regionalista de 1926* ya había enfatizado el valor de la culinaria en la cultura brasileña, y su extensa apología pretende subvertir clichés intelectualizantes que niegan el valor de lo corporal: "A verdade é que não só de espírito vive o homem: vive também do pão –inclusive do pão-de-ló, do pão-doce, do bolo que é ainda pão" (31). Esta ingeniosa inversión no sólo insiste en valorar lo físico sobre lo intelectual, sino hacerlo también de manera lúdica y epicúrea. Además del énfasis en los valores culinarios del Nordeste, se destaca también la preocupación por preservar un modo de vida que está en peligro de extinción en la advertencia que "[t]oda essa tradição está em declínio ou, pelo menos, em crise, no Nordeste. E uma cozinha em crise significa uma civilização inteira em perigo: o perigo de descaracterizar-se" (42). Una de las primeras respuestas de Freyre a este riesgo fue la publicación en 1939 de *Açúcar*, un libro de recetas de pasteles y dulces tradicionales y a la vez una etnografía del dulce y su importancia en la cultura nordestina. Este libro, que incluye también ilustraciones del papel picado en forma de animales y plantas que se usa en la presentación de los postres, no sólo identifica el placer de las golosinas con el carácter brasileño, sino que, como las guías de Recife y Olinda, pretende también impedir la pérdida de la riquísima tradición de confitería de los ingenios y las casas-grandes.

Primitivismo y esencialismo

Todas las actitudes que hemos estado describiendo en el último apartado, aunque positivas a ojos del primitivista como paliativo contra los males de Occidente, presentan por lo menos dos tipos de problemas. El primero se deriva de una contradicción interna del primitivismo en sí y que no necesariamente tiene que ver con su adaptación a América Latina. La segunda, por el contrario, surge del problemático transplante de los discursos occidentales al ámbito latinoamericano: para citar a Schwarz nuevamente, tales ideas "enquanto enviesadas –fora de centro em relação à exigência que elas mesmas propunham" resultan "reconhecivelmente nossas, nessa mesma qualidade" ("Idéias" 21). El juicio de Schwarz coincide con lo que propusimos al inicio de este ensayo: es precisamente ese desajuste o ambigüedad lo que constituye, en parte, la especificidad de los proyectos de vanguardias y modernos en América Latina, es decir, su difícil negociación de objetivos encontrados. Volviendo a la primera dificultad, la contradicción reside en, por un lado, el valor positivo que se asigna al estilo de vida de los "primitivos" (con todo su énfasis en lo corporal, no- racional e instintivo), y, por otro, la percepción de que este comportamiento es inherente a tales grupos humanos (sea cultural o genéticamente). Es claro que esta dinámica esencializa a los supuestos primitivos, además de tácitamente aceptar y promover ideas de inferioridad y/o atraso cultural y racial que el término "primitivo" conlleva.[27] Aunque esta ideología nos parece hoy impolítica, en el contexto europeo de la época, el problema era más teórico que práctico, pues los primitivistas occidentales podían llevar a cabo su objetivo de manera abstracta y en la comodidad de sus talleres y gabinetes, social y políticamente alejados de los individuos cuyo estilo de vida admiraban.[28] En su caso, el primivismo, a pesar de sus cuestionables principios, constituía una fuerza renovadora que traería un vigor nuevo a la agotada cultura occidental.

Esta percepción del primitivismo tuvo un impacto importante en América Latina, dados los componentes no occidentales de su cultura, adquiriendo, como señalan Erik Camayd-Freixas y José Eduardo González, un carácter propio: "[El primitivismo en América Latina] se postula como el regreso de la mirada por parte del colonizado, una reapropiación de identidad" (x). Esta propuesta es sólo parcialmente verdadera, ya que no podemos asumir una homogeneidad cultural. La élite latinoamericana había, durante siglos, ignorado el legado no occidental, identificándose principalmente con la cultura europea y considerando a las mayorías no-europeas marginadas de sus propios países como una suerte de Otro "exótico". Por otro lado, esas mismas élites, de las cuales Freyre es un representante ejemplar, luchaban contra los discursos de inferioridad cultural y racial que el neodarwinismo venía promoviendo al respecto de América Latina.[29] Es así que, dada la suposición general del primitivismo como un discurso occidental sobre el Otro, lo que podemos ver como la asimilación de tal discurso en Freyre asume un carácter peculiar. Estas versiones "latinas" del primitivismo (por así decir) acusan las tensiones involucradas en valorar y (re)incorporar a un Otro que no se hallaba convenientemente ausente o remoto, sino, por el contrario, palpable y presente, y no siempre de manera armoniosa. A pesar de su propósito renovador y hasta emancipador con respecto a Occidente, este proyecto adolecía no sólo de las contradicciones internas del primitivismo, sino que presentaba una problemática nueva dadas las desiguales relaciones de poder (raza, género y clase) existentes en la sociedad latinoamericana.

Breve conclusión

Así, el primitivismo que anima la obra temprana de Freyre pone en evidencia no sólo la contradicción interna entre una apreciación positiva de lo llamado primitivo; supone también la inferioridad racial y cultural de los individuos cuyo estilo de vida se admira románticamente. En relación a la exaltación primitivista de la infancia y del pasado, podemos decir brevemente que, a pesar de constituirse como una alternativa a los modelos capitalistas y urbanos a favor de una "autenticidad rural", no puede desvincularse de la chocante realidad de la esclavitud. En ambos casos, esa valoración, que también implícitamente es una crítica de occidente y de la modernización, se ve enmarañada en tensiones ideológicas que surgen al construir una identidad nacional "auténtica" y autónoma y por otro buscan ser "modernas".

En última instancia, la obra de Freyre, en su uso de este discurso contracultural occidental para la construcción de modelos identitarios que cuestionaran tanto la modernización como la hegemonía de Occidente, ejemplifica lo que Schwarz ha descrito como las "ideas fuera de lugar" (no en el objetivo consciente, mas sí inconsciente de Freyre). Es decir, el primitivismo, un discurso que funcionaba de manera ambigua en Europa adquiere un matiz más complejo en las Américas y en Freyre: por un lado surge de una ansiedad frente a (y una crítica de) prejuicios raciales y culturales que ubicaban a América Latina al margen de la modernidad. Por otro, se sirve de las mismas categorías y definiciones de ese discurso para forjar nuevas jerarquías, en lugar de cuestionar las actitudes que confirman esas mismas construcciones. Con todo, dejando de lado la incorreción política que tanto se ha atribuido a Freyre, vale la pena atender, como ha señalado DaMatta, a las *presencias* que Freyre convoca: "essa visão do Brasil recheado de presenças...antropologicamente, com o que ele tinha e com o que era, ou seja: sem preconceitos comparativistas negativos" (16). Son esas presencias y las tensiones ideológicas generadoras que se manifiestan en su obra las que la tornan verdaderamente moderna, quizá paradigmática de nuestra modernidad.

NOTAS

[1] En este ensayo, todas las traducciones al español de textos en inglés son mías.

[2] Como sugiere Maximillian Novak,"[l]as ilustraciones de los libros sobre el Nuevo Mundo contenían imágenes de lo que se podría distinguir como primitivismo 'duro' y 'suave', aquellas imágenes de la vida salvaje que tendían a admirar su rusticidad y sencillez (y excusar su brutalidad) y aquéllas que la sentimentalizaban en la dirección de lo pastoral"(457). Andrade aboga por un lúdico "primitivismo duro"; el caso de Freyre, aunque más complejo, se aproxima a la exaltación pastoral.

[3] Lourdes Martínez Echazábal establece un paralelo entre estos autores, bosquejando la influencia del pensamiento positivista, especialmente el de ciertas tendencias darwinistas y racistas, en el debate en torno al *mestizaje* entre 1850 y 1950.

[4] En su excelente estudio *Latin American Vanguards: The Art of Contentious Encounters*, Vicky Unruh insiste acertadamente en la aproximación comparativa de las vanguardias latinoamericanas, enfatiza su carácter contencioso, pero no llega a definir la especificidad de las reacciones a la modernidad en América Latina. Lo que este ensayo pretende es un análisis distinto que enfatice tales tensiones como generadoras justamente de la moderna "experiencia latinoamericana" y no epistemológicamente previas a tal confrontación.

[5] Schwarz también abordó brevemente las vanguardias en su magistral lectura de Oswald de Andrade ("A carroça, o bonde e o poeta modernista"), aunque su trabajo principalmente se centra en Machado de Assis y otros escritores del siglo XIX, analizando la contradicción entre las ideas liberales del Brasil decimonónico y el régimen de trabajo esclavista.

⁶ El mismo Schwarz sugiere que "[a]lgo de comparável, talvez, ao que se passava na literatura russa...dentro de seu atraso histórico, o país [Rússia] impunha ao romance burguês um quadro mais complexo [...] O sistema de ambigüidades assim ligadas ao uso local do ideário burguês –uma das chaves do romance russo– pode ser comparado àquel que descrevemos para o Brasil [...]. Também na Rússia a modernização se perdia na imensidão do território e da inércia social, enquanto entrava em choque com a instituição servil e com seus restos" ("Idéias" 27-28). Algo parecido dice Marshall Berman cuando habla de un "modernismo que surge del atraso y del subdesarrollo. Este modernismo surgió primero en Rusia, de manera más dramática en San Petersburgo, en el siglo xix; en nuestra propia era, al expandirse la modernización –pero generalmente, como en la vieja Rusia, una modernización truncada y deformada –se ha extendido por el Tercer Mundo" (232).

⁷ Para Schwarz, que ya había analizado esta tendencia en la novela del siglo xix, esta dualidad anima la parte crucial de la tradición literaria brasileña, indicando que "[t]ambém Gilberto Freyre, Sérgio Buarque de Holanda e Caio Prado Jr. escreveram a respeito os seus livros clássicos" ("A carroça" 13).

⁸ Señala Roberto DaMatta en su prefácio a la 14ª edición de *Sobrados e Mucambos* que cuando él reinició un diálogo con Freyre, "seus livros jaziam esquecidos e, graças a um intolerante e antidemocrático curto-circuito entre a posição política e a obra, ele fazia parte da lista negra dos estudos sociais e era considerado má-companhia sociológica" (13).

⁹ El interés de Nicholls no es sólo señalar la diversidad, sino "explorar la interacción entre política y *estilos* literarios en este intenso periodo de experimentación" para sondar cómo la inscripción ideológica es aun más profunda en los estilos modernos, que son un vehículo más poderoso y ambiguo que la política como simple expresión retórica" (vii). Analizar las actitudes que en Freyre identifico como "primitivistas" correspondería a este mismo impulso, enfatizando, como nota Nicholls, la ambigüedad que transpiran estas actitudes transformadas en estilo literario.

¹⁰ Para Martins, "Gilberto Freyre... no es un modernista, ni deseaba serlo. *Casa Grande & Senzala* no fue escrita desde un punto de vista modernista", o, en el mejor de los casos, "*malgré lui*, uno de los autores básicos del modernismo [...] (en lo que concierne a los estudios brasileños y no a la literatura en el más estricto sentido de la palabra)" (204, 294). Es claro que si por "modernista" entendemos una adhesión a los grupos de São Paulo y/o Rio, esta afirmación es válida. Sin embargo, no reconocer en Freyre, como intelectual, una visión moderna (de una modernidad escéptica de la modernización) sería inexacto.

[11] Para Lovejoy y Boas, aunque no podría establecerse ninguna relación directa o indirecta entre la tradición primitivista clásica y el primitivismo del siglo xx, es notable que haya "paralelos sorprendentes con, por ejemplo, tales obras como *La civilización y sus descontentos* de Freud y *El hombre y la técnica* de Spengler" (xi).

[12] Como señala Michael Bell, "el primitivismo moderno puede verse como un aspecto de tendencias más amplias del antirracionalismo del siglo xx" (56).

[13] No es irrelevante notar que, como muchos intelectuales latinoamericanos de ese período, Freyre también cayó bajo el embrujo orientalista y exotista de las lecturas de los Goncourt, Pierre Loti y Lafcadio Hearn, a quienes (irónicamente) citaba de vez en cuando para confirmar sus propias observaciones sobre Brasil. En sus años de estudiante, anota, "cada dia eu me torno mais atraído pelo exotismo romântico de Lafcadio Hearn. Se é que o que ele fixa como exótico é de fato exótico para um nativo do trópico criado vendo mulheres de cor como eu sou", y, varios años después, afirma, "Sem o conhecimento deles [de Pierre Loti e J. K. Huysmans] não se concebe homem que seja realmente moderno no seu saber intimamente psicológico e autenticamente sociológico da natureza humana condicionada pela civilização européia mais sofisticada. Civilização de que há reflexos no Brasil do mesmo modo que sobre nós se projetam *culturas primitivas* em toda a sua primitividade" (*Tempo* 37, 146-47, énfasis mío).

[14] Ver Chacon 169-180.

[15] Freyre compara la fortuna de los esclavos "urbanos" a la de los que vivían en las plantaciones: "Los trabajadores de las plantaciones estaban bien alimentados y atendidos por su amo y ama como una 'gran familia de hijos'. Recibían tres comidas por día y un poco de ron (*caxaca* [sic]) [...]. Después bailaban al son sensual del *batuque* [...] o cantaban y tocaban la *marimba*" ("Social Life" 607).

[16] Comentando, en Recife, en 1924, una misiva de su amigo de Action française, Régis de Beaulieu, Freyre escribe: "carta de inconformado com o mundo e com o tempo imediatos. Mais: nostalgia ou desejo de outros tempos ou outros mundos. O que talvez seja a atitude de quase toda a minha geração: na América e na Europa, pelo menos. Somos uns desajustados a lugares e a tempos que nos são como que impostos pelos adultos. Pelos velhos ... É curioso como os inquietos hoje de vinte e de trinta anos buscam, talvez com mais intensidade do que nunca, mundos ideais distantes ou remotos: Régis de Beaulieu, meu amigo francês, chega a admitir que eu no Brasil [...] esteja num mundo paradisíaco em contraste com o francês" (134-5). Es interesante notar cómo el amigo de Freyre asocia la evocación nostálgica del pasado con el deseo de una vida en un lugar exótico, supuestamente más deseable, ambas actitudes primitivistas.

[17] Action française contaba entre sus lectores a nada menos que Marcel Proust, de ahí que los ecos de Proust en Freyre no sean enteramente casuales.

[18] En un texto de 1924 titulado "O menino e o homem", Freyre considera la pregunta de una secta mística de si "o menino é a larva do homem" u "o menino é ser perfeito que aos poucos se deforma no homem", sólo para afirmar conclusivamente "eu sinto, com os da seita *primitiva*, que o homem é a *degeneração* da criança. É a criança sem os seus encantos" (9-10, énfasis mío). No sólo salta a la vista la denominación de tal secta como "primitiva", sino que se adivina la teoría de la decadencia en la caída de ese estado ideal de la infancia a la imperfecta vida adulta.

[19] Ya desde 1924, Freyre reflexionaba sobre el uso de la retrospección proustiana para un libro sobre su infancia personal, sobre la infancia del niño en Brasil y, por extensión, la infancia *del* Brasil: "Há em Proust o mesmo sentido de *histoire intime*....*ce roman vrai* que, dos Goncourt, eu vinha desde 1922 procurando aplicar à minha tentativa de uma análise e revelação da vida de menino no Brasil... uma 'história da vida de menino' no Brasil que venha dos primeiros tempos coloniais (cartas jesuíticas, relações, diários de viajantes) aos dias atuais" (*Tempo* 137, 147).

[20] En 1922, en Munich, Freyre registra la fuerte impresión que le causó el teatro expresionista (*Tempo* 89).

[21] Al hablar de los motivos de su proyecto de rescate histórico, Freyre comenta en 1926, "O Recife está sendo desmanchado pelos 'progressistas' e é preciso que fique ao menos em fotografias e desenhos" (*Tempo* 205).

[22] El antropólogo Lucien Lévy-Bruhl cuestionó la popular atribución de "debilidad" o "estupidez" a las llamadas sociedades primitivas y, aunque no abandonó los términos "primitivo" y "civilizado", al considerar a la mentalidad primitiva *dentro de su contexto*, en lugar de compararla artificialmente a la mentalidad civilizada, sentó las bases para el relativismo cultural (33).

[23] En 1927, Franz Boas, abrió su importante estudio *El arte primitivo* con la siguiente afirmación: "Hasta donde llega mi experiencia personal y hasta donde me considero competente para juzgar información etnográfica en base a tal experiencia, los procesos mentales del hombre son los mismos en todo lugar, sin distinción de raza y cultura, y a pesar de la aparente ridiculez de cualquier creencia o costumbre" (1). Las ideas de Boas sobre la predominancia de factores culturales por encima de factores raciales o genéticos influyeron notablemente en Freyre, quien, como se sabe, fue su estudiante en Columbia en los años veinte.

[24] Aunque hoy en día ha sido casi enteramente olvidado, el historiador alemán Oswald Spengler fue muy influyente en su época,

particularmente en América Latina. Su monumental obra *Decadencia de Occidente* (1918-1922) predecía el final del ciclo de dominación occidental (e, ímplicitamente, el principio de una nueva Edad de Oro para las civilizaciones no occidentales). Los ecos primitivistas se oyen también en Spengler cuando identificaba a la "civilización" con la muerte de una cultura: "Las grandes culturas logran sus majestuosos ciclos periódicos. Aparecen de repente, en línas esplendidas, se nivelan nuevamente y desaparecen [...]. Una vez logrado su objetivo [...] la cultura entonces se endurece, se amortece, su sangre se coagula, su fuerza desaparece y se convierte en civilización [...]. [E]sta es la finalidad que espera a toda cultura viva –el significado de las 'decadencias' históricas" (73-4).

[25] La relación de Freyre con el modernismo de São Paulo es compleja y, hasta donde sé, no ha sido estudiada a fondo. Freyre profesó gran admiración por Tarsila do Amaral y Oswald de Andrade, a quienes conoció en París en 1922 (*Tempo* 120). Su apreciación de Mário de Andrade parece haber sido menos generosa.

[26] Es curioso notar que uno de los emblemas que Schwarz cita como evidencia del carácter inauténtico de la cultura latinoamericana, "o Papai Noel enfrentando a canícula em roupa de esquimó" ("Nacional" 29), aparece mencionado por Freyre con una leve variación en el *Manifesto regionalista de 1926*: "Papai Noel que, esmagando com suas botas de andar em trenó e pisar em neve, as velhas lapinhas brasileiras, verdes, cheirosas, de tempo de verão" (19).

[27] Como George Boas observa, "[L]a idea de que algunos salvajes o pre-letrados se hallan en un estado de inmovilidad justo en el punto de desarrollo en el cual se hallaban los hoy civilizados en un momento prehistórico sigue vigente en la mente de muchos, a pesar de los esfuerzos de los antropólogos por combatirla" (62).

[28] Lovejoy y Boas sugieren que "ejemplos contemporáneos de este ideal [primitivista] usualmente se han ubicado entre razas considerablemente alejadas y desconocidas por las personas a quienes el primitivista las recomienda como ejemplo" (8).

[29] Según Thomas Skidmore, a finales del siglo XIX, el darwinismo social penetró gran parte de América Latina. En su búsqueda de ideas avanzadas en Europa, los intelectuales constantemente se deparaban con teorías de Gobineau, Le Bon y Vacher de Lapouge sobre la "inferioridad inherente" de las razas no-europeas. A esto se unieron dudas sobre el futuro de un país con una población biológicamente "condenada" por el mestizaje. En un curioso giro de lógica, sin embargo, encontraron una solución: "Sin la posibilidad de alegar pureza racial para ningún lugar del país [...] los brasileños parecían aceptar la teoría racista de la superioridad del ario (o por lo menos del blanco) y rápidamente escapaban la trampa determinista negando las diferencias raciales absolutas. Mientras más blanco, mejor" (17).

Obras Citadas

Andrade, Oswald de. "Manifesto antropófago". *Revista de antropofagia* (mayo 1928). São Paulo: Editora Abril & Metal Leve, 1975. 3.

Berman, Marshall. *All That Is Solid Melts Into Air.* New York: Penguin, 1988.

Bell, Michael. *Primitivism.* London: Methuen, 1972.

Boas, Franz. *Primitive Art* [1927]. New York: Dover, 1955.

Boas, George. *The Cult of Childhood* [1966]. Dallas: Spring Publications, 1990.

Camayd-Freixas, Erik. "Introduction: The Returning Gaze". *Primitivism and Identity in Latin America: Essays on Art, Literature, and Culture.* Eric Camayd-Freixas & González, eds. Tucson: University of Arizona Press, 2000. vii-xix.

Chacon, Vamireh. *Gilberto Freyre: Uma Biografia Intelectual.* Recife: Fundação Joaquim Nabuco, Editora Massangana; São Paulo: Companhia Editora Nacional, 1993.

Freyre, Gilberto. *Manifesto regionalista de 1926.* Rio: MEC/Serviço de Documentação, 1953.

_____ *Tempo Morto e Outros Tempos.* Rio de Janeiro: José Olympio, 1975.

_____ *Casa-Grande e Senzala.* 45a. ed. Rio de Janeiro: Record, 2001.

_____ *Sobrados e mucambos.* 14a. ed. São Paulo: Global, 2003.

_____ "Social Life in Brazil in the Middle of the Nineteenth Century". *Hispanic American Historical Review* 5/4 (1922): 597-630.

_____ "O menino e o homem". *Retalhos de jornais velhos.* 2a. ed. Rio de Janeiro: José Olympio, 1964. 10-11.

Lévy-Bruhl, Lucien. *Primitive Mentality.* Lilian A. Clare, trad. London: George Allen & Unwin, 1923.

Lovejoy, Arthur & George Boas. *Primitivism and Related Ideas in Antiquity.* Baltimore: The Johns Hopkins University Press, 1935.

Martínez Echazábal, Lourdes. "Positivismo y racismo en el ensayo hispanoamericano". *Cuadernos americanos* 2/3 (1988): 121-29.

Martins, Wilson. *The Modernist Idea.* Jack E. Tomlins, trad. New York: New York University Press, 1970.

Matta, Roberto da. "O Brasil como morada–Apresentação para *Sobrados e mucambos*". Freyre, *Sobrados e Mucambos* 11-20.

Needell, Jeffrey D. "Identity, Race, Gender, and Modernity in the Origins of Gilberto Freyre's Oeuvre". *The American Historical Review* 100/1 (Febrero 1995): 51-77.

Nicholls, Peter. *Modernisms*. Berkeley: University of California Press, 1995.

Novak, Maximillian E. "Primitivism". *The Cambridge History of Literary Criticism, IV: The Eighteenth Century*. H. B. Nisbet & Claude Rawson, eds. Cambridge: Cambridge University Press, 1997. 456-69.

Schwarz, Roberto. "As idéias fora do lugar". *Ao vencedor as batatas*. 5a. ed. São Paulo: Duas Cidades/Editora 34, 2000. 9-31.

_____ "A carroça, o bonde e o poeta modernista". *Que horas são?* São Paulo: Companhia das Letras, 1987. 11-28.

_____ "Nacional por subtração". *Que horas são?* São Paulo: Companhia das Letras, 1987. 29-48.

Skidmore, Thomas E. "Racial Ideas and Social Policy in Brazil, 1870-1940". *The Idea of Race in Latin America, 1870-1940*. Richard Graham, ed. Austin: University of Texas Press, 1990. 7-36.

Spengler, Oswald. *The Decline of the West*. Helmut Werner & Arthur Helps, eds. Charles Francis Atkinson, trad. New York: Oxford University Press, 1991.

Unruh, Vicky. *Latin American Vanguards: The Art of Contentious Encounters*. Berkeley: University of California Press, 1994.

Gilberto Freyre e a Baianidade

Patricia de Santana Pinho
The State University of New York, Albany

> E quem diz Bahia ou baiano diz festa, bolo, doce, mulata, alegria, e até pecado. Os sete pecados mortais e não apenas todos os santos da igreja, mais os dos candomblés: Bahia de Todos os Santos. Diz música, dança, canto, foguete, capoeiragem, pastel enfeitado com papel de cor, caprichosamente recortado, caruru, violão, balangandã (...), camisa ou cabeção picado de renda, guardando peitos gordos de negras, de mulatas, de quadrumas provocantes.
> Gilberto Freyre, "Acontece que são baianos"

O que hoje se chama de "baianidade" tem sua origem nas décadas de 1920 e 1930, quando a apologia à miscigenação racial e cultural do povo brasileiro destituiu a crença até então hegemônica de que seríamos um "povo triste", ou mesmo um projeto inviável de formação de povo, em função deste mesmo caráter miscigenado. A mistura de "raças" e culturas, que antes havia representado a causa da inviabilidade, ou ao menos da vulnerabilidade, da formação do nosso povo, passou a significar o oposto, tendo sido adotada como mito de origem da nação, classificando o Brasil não apenas como um país mestiço mas, como conseqüência que seria natural à mestiçagem, isento de racismo. Nesta construção de nação e povo brasileiros, a Bahia foi projetada como *locus* de realização máxima da brasilidade, sobretudo devido à presença de uma vigorosa cultura negra que serviria para confirmar um dos pilares básicos, senão o principal, da nossa "fábula das três raças" (Da Matta).

Gilberto Freyre teve um papel fundamental na definição da Bahia como maternidade do Brasil, chegando a afirmar que

> triste do brasileiro que não tenha dentro de si algumas coisas do baiano. E não só de urbanidade baiana; não só de polidez baiana; não só de gentileza baiana; não só de civilidade baiana; não só do bom gosto baiano; não só de religiosidade baiana; não só de ternura baiana; não só de civismo baiano; não só de inteligência baiana; mas também alguma coisa de malícia, de humor, de gaiatice compensadora dos excessos de dignidade, de solenidade e da própria elegância. (*Bahia e Baianos* 10)

Nos dias de hoje, a noção da Bahia como maternidade do Brasil continua a ser fomentada, desta vez pela publicidade do governo do estado, que promove a si mesmo ao divulgar o slogan: "Bahia: o Brasil nasceu aqui".

Este ensaio tem o objetivo de mostrar de que maneira a obra de Freyre ainda se encontra no nosso trabalho acadêmico, mas acima de tudo como está presente no nosso dia a dia enquanto brasileiros. O legado de Freyre teve desdobramentos não apenas nos estudos científicos, mas também no senso comum, na forma como os brasileiros vêem-se a si mesmos enquanto povo e nação. É quase impossível falar na Bahia hoje sem ter em mente os *tipos humanos* descritos por Freyre e que foram mais tarde imortalizados nos personagens dos romances de Jorge Amado. A noção de uma Bahia mágica, repleta de uma negritude mística e de uma mestiçagem dengosa permeia não apenas o imaginário de turistas e visitantes mas, sobretudo, a idéia que os próprios baianos possuem sobre a Bahia. Uma das intenções contidas neste ensaio é mostrar que ler Freyre hoje é importante para compreendermos os intricados processos pelos quais nos definimos como brasileiros, baianos, negros, mestiços. Ou, de modo que seria bem ao gosto de Freyre: como as quatro coisas ao mesmo tempo.

Minha intenção está longe de exaltar uma suposta essência nacional, ou de olhar para a baianidade e a brasilidade ou, ainda, para a obra de Freyre, com deslumbramento. Ao contrário, busco fazer uma análise crítica de como as verdades – sobre região, nação, regionalidade e nacionalidade brasileiras – têm sido construídas e disseminadas, examinando o papel dos escritos de Freyre nesta empreitada. De modo mais específico, analiso aqui a centralidade da sua obra para o que mais tarde se convencionou chamar de baianidade, noção para a qual seus escritos constituem uma presença fundacional.

A dinâmica de significação que orienta os escritos de Freyre sobre a Bahia é a mesma que orienta a ficção de Amado e alimenta a imagem pública do estado. Freyre participa diretamente não só da formação do imaginário sobre a Bahia, mas também da origem do discurso da baianidade, para o qual ele inaugura uma lógica narrativa que será seguida por Amado e outros intelectuais. Como veremos adiante, esta lógica narrativa é sinedótica e seleciona uma parte específica da cultura negra para representar uma suposta cultural baiana total.[1]

Negritude e Baianidade

A primeira visita de Freyre à Bahia ocorreu em março de 1926. Inspirado pelo contato com terra e povo baianos, escreveu "Bahia de Todos os Santos e de Quase Todos os Pecados", poema, segundo Fonseca, impregnado de apelos visuais, olfativos e táteis, a exemplo da sua descrição da gordura, dos cheiros e do ar mole, oleoso e lúbrico da cidade (*Bahia e Baianos* 15).[2] Os cheiros da Bahia são "de comida", "de incenso", "de mulata": aromas que estimulam os sentidos do olfato e do paladar e acendem os prazeres sensuais do sexo. Em uma fusão de natureza e povo, a "gente da Bahia" é descrita como:

> preta, parda, roxa e morena / cor dos bons jacarandás de engenho do Brasil / (madeira que cupim não rói)/ sem rosto cor de fiambre / nem corpos cor de peru frio / Bahia de cores quentes/ Bahia de cores quentes, carnes morenas, gostos picantes/ eu detesto teus oradores, Bahia de Todos os Santos/ teus ruisbarbosas, teus otaviosmagabeiras/ mas gosto das tuas iaiás, tuas mulatas, teus angus (...). (*Bahia e Baianos* 16)[3]

Além da negação da branquitude, expressa na recusa aos "corpos cor de peru frio", e no "rosto cor de fiambre", há uma exaltação das cores escuras da gente mestiça baiana, festejada ainda na parte final do poema quando Freyre destaca o "seio moreno brasileiro" da Bahia.[4] A presença negra ocupará um posto central na Bahia de Gilberto Freyre, bem como, mais tarde, na formação da idéia de baianidade de um modo geral. No entanto, como discutirei adiante, a exacerbação da negritude para a formação da baianidade carrega muito mais problemas do que pode parecer à primeira vista, principalmente por desempenhar a função – tão cara a Freyre – de harmonização.

Freyre retornou à Bahia em outubro de 1930, acompanhando o governador deposto de Pernambuco, Estácio Coimbra, que havia aportado em Salvador em viagem de exílio a Lisboa. Esta segunda visita está registrada no prefácio à 1ª edição de *Casa Grande & Senzala*. O terceiro, e talvez mais intenso, contato de Freyre com a Bahia, aconteceu em 1943, quando foi recebido por estudantes e intelectuais baianos em ato que juntou homenagem e desagravo, já que pouco antes Freyre havia sido hostilizado pelo interventor federal em Pernambuco (Fonseca, *Gilberto Freyre de A a Z*). Na ocasião desta visita, Freyre exaltou não apenas as qualidades regionais da Bahia, que lhe seriam conferidas pelo *povo*, mas também as qualidades acadêmicas e intelectuais da *elite* baiana, a quem Freyre definiu como "progressista e avançada". A Bahia é então descrita como o lugar dos estudos e da intelectualidade, palco de resistência e rebeldia: "E ai do Brasil se aqui não houvesse Bahias e estudantes e povo e intelectuais como os baianos (...)" (Freyre, *Na Bahia em 1943* 35). Antes disso, referindo-se aos "grandes homens baianos", Freyre havia por diversas vezes repetido as palavras de Joaquim Nabuco, chamando a Bahia de "'Virgínia Brasileira', mãe dos maiores dentre os grandes do Império" (*Bahia e Baianos* 29).

Tendo dialogado intensamente com escritores e intelectuais baianos, como Thales de Azevedo, Anísio Teixeira[5] e Luís Viana Filho, Freyre influenciou e foi influenciado por estas trocas. O impacto das suas idéias é mais fortemente visível nos romances de Jorge Amado. Se Freyre pode ser considerado o mentor da apologia à miscigenação, Jorge Amado foi fundamental na tarefa de transformar o que era entrave em impulso à imaginação da nação brasileira. Além das "mulatas faceiras", outros "tipos baianos" permeiam sua obra, onde afloram heroínas e heróis mestiços e negros sobre uma paisagem mística, completada pela presença de mães de santo, capoeiristas, baianas de acarajé e os mais diversos tipos de artistas. Aliás, a presença quase transbordante de artistas nessa Bahia imaginária alimenta a noção de que o baiano seria artista por natureza, como se confirma no ditado popular "baiano não nasce: estréia". Embora muitas das criações literárias de Amado tenham retratado Ilhéus, o imaginário sobre esta cidade também serviu de palco para a divulgação de uma noção de baianidade mestiça que se encontraria mais tarde em livros cujos cenários seriam as ruas, becos e bairros de uma encantadora Salvador, a chamada "Cidade da Bahia".

Ainda na década de 1930, quando *Casa Grande & Senzala* destacou-se em meio à busca dos intelectuais por *brasileirismos*, elementos selecionados da cultura negra começaram a ser utilizados para compor a imagem da Bahia e, conseqüentemente, para definir as características da "baianidade". O candomblé, por exemplo, até então intensamente perseguido pela repressão policial, adquire status de símbolo da celebrada mistura cultural do Brasil e da Bahia, exatamente em função de "conter africanismos", caráter que antes havia servido como justificativa para a sua expurgação. É necessário reconhecer que tanto Freyre quanto Amado, ao lado de outros intelectuais, tiveram um papel importante na valorização e defesa do candomblé.[6] Ambos pregaram contra a perseguição das autoridades aos terreiros e Amado divulgou intensamente a religião em seus romances.[7]

Além do candomblé, outros ícones recheados de "africanidade" passaram a adquirir status de baianidade, a exemplo da baiana de acarajé e dos pratos da chamada culinária baiana, formada sobretudo por comidas africanas ou combinações inventadas pelos escravos no Brasil. No prefácio à primeira edição de *Casa Grande & Senzala*, onde Freyre descreve sua primeira visita à Bahia, a cozinha recebe a mesma importância que os estadistas:

> Demorando-me em Salvador, pude conhecer com todo o vagar não só as coleções do Museu Afro-Baiano Nina Rodrigues e a arte do trajo das negras quituteiras e a decoração dos seus bolos e tabuleiros como certos encantos mais íntimos da cozinha e da doçaria baiana (...) Certos gostos mais finos da velha cozinha das casas grandes que fez dos fornos, dos fogões e dos tabuleiros de bolo da Bahia seu último e Deus queira que invencível reduto. (...) Foi a Bahia que nos deu alguns dos maiores estadistas e diplomatas do Império; e os pratos mais saborosos da cozinha brasileira em lugar nenhum se preparam tão bem como nas velhas casas de Salvador e do Recôncavo. (xlv)

As guloseimas da Bahia, celebradas por Freyre, ganham ainda mais sabor nos romances de Jorge Amado, onde são preparadas pelas mãos da exímia cozinheira que é a mulata Gabriela, e pela mestra em culinária, também mulata, Dona Flor. As gordas e velhas cozinheiras negras, se já não mais oferecem as delícias do corpo apresentadas pelas jovens mulatas, saberiam ainda agradar ao paladar e ao estômago. Esta oposição, bastante presente na obra de Amado, entre a "negra velha" e a "mulata jovem", narradas como pares que se complementam, pode ser encontrada com grande freqüência nos escritos de Freyre.

A negra velha e a mulata jovem

No famoso poema de Freyre sobre a Bahia, lê-se:

> Negras velhas da Bahia / vendendo mingau, angu, acarajé / Negras velhas de chale encarnado / peitos caídos / mães das mulatas mais belas dos Brasis / mulatas de gordo peito em bico como pra dar de mamar a todos os meninos do Brasil (...)[8]

Se as negras são mães de mulatas, presume-se que houve – ou defende-se que haja – miscigenação. Os peitos caídos indicam o quanto essas mulheres já deram de mamar. Esgotadas em seus seios e sexo, hoje oferecem apenas os deleites produzidos por suas mãos. Já os peitos gordos em bico das mulatas jovens sugerem o quanto elas ainda têm para oferecer e define que elas existem para dar; para fornecer prazer e conforto. É necessário que se pergunte, contudo, para quem os prazeres e confortos são oferecidos. Aos homens sobretudo, embora saibamos que as iaiás brancas também mamaram nos peitos negros das amas de leite e tiveram o couro de seus cabelos acariciado pelo cafuné das mucamas.

Tanto a obra de Freyre quanto a de Amado descrevem os corpos negros femininos como dotados de uma "magia" que transforma em prazer aquilo que toca. Existindo para sempre agradar aos outros, essa celebrada magia emanante reforça a idéia da posição natural de servidão das mulheres negras. No Manifesto Regionalista, Freyre exalta mais uma vez as mãos das negras velhas e o prazer por estas oferecido:

> Pois há comidas que não são as mesmas compradas nos tabuleiros que feitas em casa. Arroz doce, por exemplo, é quase sempre mais gostoso feito por mão de negra de tabuleiro que em casa. E o mesmo é certo de outros doces e de outros quitutes. Do peixe frito, por exemplo, que só tem graça feito por preta

de tabuleiro. (...) As negras de tabuleiro e de quitanda como que guardam maçonicamente segredos que não transmitem às sinhás brancas (...)⁹

As representações de gênero são fundamentais para os processos de construção da nação. As nações são imaginadas a partir de identidades que são, em si mesmas, racializadas e concebidas como femininas ou masculinas. Idealizada a partir de determinadas noções de "raça" e de gênero, a narração da nação, por sua vez, também serve para reafirmar as atribuições do que seria feminino, masculino, negro ou branco. Com suas aptidões culinárias "naturais" e sua capacidade para preparar os "pratos típicos da região", as personagens femininas negras e mulatas de Jorge Amado asseguram um dos principais ideais do Manifesto Regionalista: a preservação dos valores culinários do Nordeste contra o que Freyre via como a "crescente descaracterização da cozinha regional".

Além da cozinha baiana, em si um elemento que comprovaria e ilustraria a mestiçagem cultural, há uma série de outros elementos centrais para a formação da noção de baianidade, comuns tanto à obra Freyre quanto aos romances de Amado. Peças chave no trabalho de ambos são os *tipos humanos negros*, personificados nas cozinheiras, nas baianas de acarajé e nos negros do eito, e os *tipos humanos mestiços*, como as caricaturais mulatas, as estereotípicas morenas, os brancos "salpicados de sangue negro" e os mulatos ora efeminados – "mulatos de fala fina",¹⁰ – ora possuidores de grande virilidade devido a uma predominante ancestralidade negra. Evidentemente, a relação entre cor e gênero é fundamental na composição destes "tipos".¹¹ Em menor medida, a orientação sexual, combinada com cor e gênero, também é levada em conta. No Manifesto Regionalista, por exemplo, Freyre descreve os cozinheiros ou mestres-cucas de sexo masculino como "pretalhões efeminados ou amaricados", sugerindo que a cozinha seria um espaço feminino por excelência. Nos romances da chamada "segunda fase"¹² da obra de Amado, certos tipos que repetidamente combinam cor e gênero também se repetem com grande freqüência, a ponto de criar uma unidade destes tipos, beirando mesmo o estereótipo.

As expressões culturais negras (e negro-mestiças) também se constituem como elementos fundamentais para a formação da noção de baianidade. Abundantes tanto nos escritos de Freyre como nos romances de Amado, as expressões culturais descritas como típica ou exclusivamente "baianas" aparecem sempre como se emanassem dos tipos humanos: as delícias da já citada cozinha, a magia do candomblé, a habilidade da capoeira, a sensualidade das mulatas e, para usar as palavras de Freyre, "tudo que há de mais expressivo da singular força criadora e maternal que a Bahia guarda até hoje" (*Bahia e Baianos* 27). Freyre se gaba de buscar na Bahia "os valores expressivos do ethos do povo", em lugar dos símbolos "oficiais, burgueses, convencionais ou rotarianos". A ironia é que, nessa inversão de valores proposta for Freyre, as expressões populares de origem africana, a exemplo da comida de dendê e da indumentária das baianas de acarajé, terminaram por se transformar nos próprios *símbolos oficiais* da baianidade, como comprovam os cartazes turísticos e a publicidade do governo do estado.

Atualmente, a grande maioria dos cartões postais da Bahia e, certamente, quase todos que possuem pessoas em suas fotografias, exibem corpos negros jogando capoeira, sambando ou cozinhando acarajés, sem mencionar aqueles que literalmente enfocam as nádegas das celebradas mulatas em biquínis minúsculos. Refletindo a oposição "mulata jovem" – "negra velha", os cartões postais representam o corpo negro feminino também através das "baianas de acarajé". Com seus tabuleiros repletos de acarajés, abarás, vatapás, carurús, cocadas e mingaus, as baianas estão entre os símbolos que mais africanizam a imagem pública da Bahia. Poderíamos mesmo afirmar que não há ícone maior de baianidade do que as "baianas de acarajé". Seus corpos negros, vestidos com indumentárias brancas "africanas" e decorados com colares, guias e balangandans, desde muito têm sido considerados "objetos pitorescos" que "enegrecem" o cenário da cidade da Bahia.[13]

Muitos dos "tipos humanos" e dos elementos culturais baianos destacados por Freyre habitam hoje não apenas os cartões postais, mas, de um modo mais geral, as imagens turísticas que divulgam a Bahia em cartazes e revistas. Apesar de Freyre haver sugerido, em alguns momentos, que os turistas são pessoas atentas apenas ao superficial, como quando afirmou que os encantos mais íntimos da Bahia "escapam aos simples turistas",[14] ironicamente, sua descrição – de certa forma, inaugural – de uma determinada visão sobre a Bahia é hoje elemento central na mercadorização da baianidade feita pela indústria do turismo.

Transformando o *popular* em *oficial*

Um exemplo emblemático da mercadorização atual de uma baianidade inspirada por Freyre é o modelo de restaurante de "comida típica baiana", encontrado nos quatro cantos da cidade de Salvador. Na década de 20, Freyre havia se mostrado indignado com a crítica a seu regionalismo feita por um "modernista ortodoxo" cujo nome não é citado. Este havia afirmado que, caso se fosse seguir as sugestões do Manifesto Regionalista,

> se devia abrir na cidade um restaurante com "comidas de negro", com uma preta da Costa à porta, assando milho ou fazendo tapioca. Restaurante servido não por "garçons" convencionais (...), mas por mucamas de xale encarnado e chinelo sem meia e que oferecesse aos fregueses água de côco no próprio côco, garapa de tamarindo, refresco de maracujá pingado de cachaça (...)

Irônica e involuntariamente, esta caricatura descreve de modo exato e minucioso os principais restaurantes de "cozinha baiana" existentes hoje em Salvador, nos quais garçonetes negras, vestidas como mucamas, com grandes lenços cobrindo a cabeça, servem a baianos e turistas as comidas e bebidas típicas da região.

Outro exemplo fundamental de expressão popular que se transformou em símbolo central de baianidade é a Festa do Bonfim. Ainda em 1947, Freyre se encantava com o sincretismo do evento e criticava a intransigência do bispo que não permitia a lavagem da escadaria, conservando-se, no seu entender, "insensível ao que há de festa liricamente cristã, fraternalmente brasileira, no modo da gente da Bahia comemorar o dia de Nosso Senhor do Bonfim" (*Bahia e Baianos* 89). O sincretismo, para Freyre, não seria apenas a fusão de traços religiosos de diferentes culturas, mas o modo pelo qual o cristianismo estaria "docemente vencendo" os cultos africanos, "sem precisar de polícia ou de soldado para essa obra mansa de cristianização" (*Bahia e Baianos* 89).

No momento presente, a Festa do Bonfim configura-se em um dos principais palcos de performance da baianidade, onde expressões culturais negras – como a lavagem das escadarias pelas negras "baianas" e o desfile pré-carnavalesco de blocos afro e afoxés – são celebradas pelos políticos tradicionais que aproveitam a ocasião para legitimar-se perante o "povo", desfilando em meio aos tecidos brancos sagrados e às bênçãos das águas de cheiro, levando a crer que uma nova forma de "obra mansa" de harmonização de conflitos está em curso.

O "mistério" da religiosidade afro-baiana e a exaltada "magia" da cidade também aparecem com abundância na obra de Freyre e Amado, carregando a atmosfera da Bahia de um misticismo emanante e contagiante. Na página de abertura de *Bahia de Todos os Santos*, obra que carrega o sintomático subtítulo *Guia de Ruas e Mistérios*, Amado afirma que o livro "reflete esses mistérios da Bahia, cidade onde a magia faz parte do quotidiano". Vale citar que o livro teve mais de quarenta edições no Brasil e foi publicado também na Argentina e em Portugal. Fascinado pelos detalhes e sutilezas da concretude da vida diária, e desafiando – ou, para muitos de seus críticos, ignorando – os métodos científicos, Freyre também se ateve ao "mistério" das gentes e dos lugares. Sobre isso, Renato Carneiro Campos destaca que, para Freyre "a vida possui mistério, é um descobridor de sensações poéticas e não apenas de verdades cientificamente exatas do domínio das Ciências Sociais" (119).

A "magia", elemento essencial, místico, irracional é, de modo revelador, relacionada à presença negra, ou mesmo, como em alguns momentos Freyre explicita, emanaria da pessoa – principalmente da mulher – negra:

> Rara é a meninice, raro é o passado de brasileiro, hoje pessoa grande ou grave, a que falte a imagem de uma negra dessas, vendedora quase mística de angú, de tapioca ou de bolo ou alfenim recortado em forma de gente, de cachimbo, de bicho, de árvore, de estrêla. ("Manifesto Regionalista")

A celebrada "magia baiana", que estaria ligada à forte religiosidade do seu povo, é no momento presente, parte central da divulgação da imagem oficial da Bahia, na qual a cultura baiana é formulada a partir de objetos selecionados da cultura negra, como pode ser percebido neste texto do *website* de um político baiano:

> Na Bahia, a religiosidade não é apenas um espetáculo ou uma encenação de uma crença. O místico está presente a toda hora e em todos os lugares. Jovens e velhos, de todas as classes,

costumam amarrar fitinhas coloridas no pulso, ou mesmo no retrovisor do carro ou numa ferramenta de trabalho. Não são meros enfeites, mas símbolos da fé em nosso Senhor do Bonfim, protetor dos baianos. No candomblé, o Senhor do Bonfim é Oxalá, sua cor é o branco e sexta-feira é o seu dia. Por isso, nas sextas-feiras você vê na Bahia tanta gente vestida de branco, mesmo pessoas sem qualquer vínculo com o candomblé. A "figa" – amuleto que é uma mão fechada com o polegar entre o dedo médio e o indicador – está em todos os lugares e é símbolo de sorte. Nas casas, algumas plantas parecem enfeitar, mas estão ali para proteger seus moradores. Os baianos costumam benzer-se quando passam diante de uma igreja e é muito comum jogar rosas e perfumes no mar: presentes para Iemanjá. Até nos restaurantes a comida típica servida –o vatapá, o caruru, o efó e tantas outras – é praticamente a mesma oferecida aos deuses nos terreiros. Mulheres de origem africana vendem nas ruas o acarajé e o abará, espécies de pão africano, feitos com feijão. É um meio de vida e um meio de cumprir suas obrigações com seus terreiros, os templos da religião dos orixás.[15]

A magia, o misticismo e a religiosidade, insistentemente divulgados e entranhados no imaginário dos baianos, possuem um papel central na conciliação dos conflitos sociais e raciais. Favorecendo a noção de "equilíbrio dos contrários", Freyre exaltava, ainda nos anos 20, a capacidade da Bahia em *harmonizar os conflitos*, já que o baiano seria, no seu entender, "o mestre por excelência da arte da conciliação e da ciência da contemporanização" (*Bahia e Baianos* 87) e a Bahia, o lugar no qual:

se antecipa como em nenhuma cidade de hoje o mundo fraternalmente mestiço para que o homem caminha, se a bomba atômica não lhe interromper a marcha. (...) Salvador da Bahia é uma antecipação e um exemplo. Antecipação de convivência democrática, através da miscigenação. Exemplo de solução pacífica para os problemas de desajustamento entre os homens, tantos deles causados pelos ódios de raça, de casta, de seita que quase não existem numa cidade não só de todos os santos como de todas as raças. (*Bahia e Baianos* 135-136)

Para Freyre, a Bahia possui "tradições e valores caracteristicamente brasileiros" não encontrados em nenhuma outra parte do Brasil com tanto viço, exuberância e autenticidade.

Sua gente seria "a mais harmoniosamente mestiça da América e a mais expressivamente brasileira do Brasil" (*Bahia e Baianos* 29). Em função desta suposta harmonia entre as raças, que decorreria da miscigenação, Freyre descreve a Bahia como a "mãe da democracia brasileira":

> Democracia que não é a que repousa simplesmente sobre o sufrágio universal, como a Suíça, ou sobre a forma republicana de governo, como a dos Estados Unidos, mas a de culturas que se interpenetram, a de antagonismos sociais que se harmonizam, a de raças que se aproximam umas das outras, com preconceitos cada vez menores a separá-las. (*Bahia e Baianos* 29)

O equilíbrio dos antagonismos é cuidadosamente desenvolvido também na obra de Jorge Amado. O carnaval, as festas de largo, o ambiente dos prostíbulos e mesmo os velórios e funerais possuem um caráter festivo e são representados como ocasiões de encontro e confraternização entre pessoas de classes e "raças" distintas. Os namoros de casais "inter-raciais", geralmente narrados como homens brancos que se apaixonam por morenas ou mulatas irresistíveis, também representariam instâncias de harmonização dos conflitos, importante não apenas ao estabelecimento da idéia da nação como também à sua viabilidade emocional. Como nos mostra Sommer (1991), o pertencimento nacional é freqüentemente expressado através de metáforas da família e do amor romântico, de modo a apagar as desigualdades e naturalizar a comunidade política da nação.

Como demonstra Teresa Sales (1994), a idéia da miscigenação na cultura política brasileira, nos moldes da "democracia racial" de Gilberto Freyre, torna nebulosas as nossas diferenças sociais. A ideologia da miscigenação funciona como um fator mediador das nossas relações de classe e de "raça", funcionando como um "fetiche da igualdade" que, sendo uma forma de transpassar o outro, tenta criar a ausência da alteridade, transformando conflito em conciliação. A representação homogeneizadora da baianidade alimenta a crença em uma unidade que dissolveria a exclusão, fortalecendo a indivisibilidade da nação – ora negra ora mestiça – chamada Bahia.

Fusão Povo/Lugar

Ao narrar a Bahia, Gilberto Freyre descreve o *povo* – especialmente o *povo negro* – e o *lugar* como uma fusão. O poema "Bahia de Todos os Santos e de Quase Todos os Pecados" foi escrito ao mesmo tempo em que Freyre lançou o artigo "Bahia à Tarde", por ocasião de sua primeira visita a Salvador. No artigo, a cidade é descrita não apenas no feminino – já que *cidade* é de fato um substantivo feminino – mas como se fosse mesmo uma mulher e, mais precisamente, uma mulher negra, ora velha, de colo gordo, ora jovem, de seios fartos, respectivamente como as cozinheiras e as amas de leite de *Casa Grande & Senzala*. Salvador é chamada de "cidade-mãe", "cidade ama de leite das cidades do Brasil", "cidade gorda", e cidade de "igrejas gordas e matriarcais". Assim como as negras jovens, encarregadas de gerar os rebentos mestiços do Brasil, a cidade da Bahia é também descrita em sua função de maternidade: "cidade de montes que se empinam como ventres de mulher no sétimo mês de gravidez. E como a prometerem dar outras cidades ao Brasil".[16]

Ainda fundindo *povo* e *lugar*, Freyre descreve as baianas de acarajé – a quem chama de "pretalhonas imensas" – como se compusessem o cenário da cidade, sentadas às esquinas a oferecerem, em seus tabuleiros repletos, guloseimas africanas tornadas brasileiras. As "igrejas redondas" se fundem com as "pretas gordas" e com as "mulatas cheias de corpo", como celebra Freyre em seu citado poema. Esta fusão de cidade e povo, representada aqui pelo formato arredondado que marcaria as igrejas e as mulheres baianas, está presente também nos romances de Jorge Amado. Em *Dona Flor e Seus Dois Maridos*, a mulata com quem Vadinho se diverte no carnaval é comparada com uma igreja:

> Vadinho (...) postou-se ante a romena carregada na cor, uma grandona, monumental como uma igreja, e era a igreja de São Francisco, pois se cobria com um desparrame de lantejoula doirada. (citado em Salah 97)

Se a mulata corpulenta de Amado é narrada como monumental, as negras baianas de Freyre são descritas como sendo, elas mesmas, os próprios monumentos, estátuas eternas, a compor, junto com os chafarizes e árvores, o cenário da cidade:

E o tabuleiro foi se tornando (...) uma arte, uma ciência, uma especialidade das "baianas" ou das negras: mulheres, quase sempre imensas de gordas que, sentadas à esquina de uma rua ou à sombra de uma igreja, pareciam tornar-se, de tão corpulentas, o centro da rua ou do páteo da igreja. Sua majestade era às vezes a de monumentos. Estátuas gigantescas de carne. E não simples mulheres iguais às outras. Muitas envelheceram como que eternas, como os monumentos – as fontes, os chafarises [sic], as árvores matriarcais – vendendo, no mesmo páteo ou na mesma esquina, doce ou bolo a três gerações de meninos e até de homens gulosos. (Freyre, Manifesto Regionalista)

Nos escritos de Freyre, os negros fazem parte do cenário da Bahia tanto quanto os elementos da natureza. Comentando sobre o botânico inglês, Gardner, que havia ficado impressionado com a maior abundância de coqueiros e o maior tamanho e imponência das mangueiras da Bahia em comparação com as mesmas árvores no Rio de Janeiro, Freyre destaca, como a confirmar, a impressão do inglês quanto ao maior tamanho e abundância dos negros da Bahia.

Comparados com os do Rio e de outras províncias, os homens e mulheres africanas e de origem africana do Salvador impressionaram o inglês pela sua estatura elevada, pelas suas boas formas do corpo, por sua inteligência às vezes de letrados. (...) Pode dizer-se, em comentários aos reparos de Gardner, que coqueiros, mangueiras e negros de Salvador e dos seus arredores adquiriram na paisagem brasileira um ar, uma vitalidade às vezes arrogante de triunfadores e, ao mesmo tempo, uma doçura satisfeita de senhores antigos da terra e iguais aos brancos e aos índios, aos cajueiros e às laranjeiras. (*Bahia e Baianos* 75)

Afirmações deste tipo nos levam a questionar o quanto que, de fato, Freyre teria aprendido com Franz Boas a diferença entra "raça" e cultura.[17] No determinismo presente nesta fantasia de baianidade, o *povo* e a *cidade* são mesclados formando um todo indivisível. Se, para Freyre, o lugar determina o povo, por outro lado, o povo – negro, mestiço – é também fundamental para definir o lugar. Embora a mestiçagem ocupe lugar central em sua análise, Freyre ao mesmo tempo destaca a presença negra como fator decisivo para tornar a Bahia especial. Enfatiza ainda que não teria sido uma presença negra qualquer, mas de um tipo a seu ver muito especial de gente negra: os sudaneses. Exemplo disso é que, apesar de elogiar o livro de Luís Viana Filho, *O Negro na Bahia*, Freyre ressalta que teria sido a presença sudanesa (e não a banto) que teria conferido à Bahia um status de superioridade. O sudanês teria sido responsável pela:

> estabilização de um tipo de negro e, principalmente, de mulato – o negro ou mulato baiano de cidade – superior em estatura, em harmonia de proporções de corpo, em beleza de traços do ponto de vista europeu, em ritmo de andar, em encantos sexuais e graças pessoais, aos negros e mulatos das demais regiões brasileiras coloridas pela influência do negro africano em sua formação. (*Bahia e Baianos* 74)

Esta fusão entre lugar e povo é coerente com o projeto regionalista[18] de Freyre, visível em suas detalhadas descrições da integração do "povo" com o meio, nas análises em que gente, bichos e plantas são desenhados como parte de um mesmo quadro e dentro de um sistema de influências mútuas. É o mesmo regionalismo que pode ser encontrado nos romances de José Lins do Rêgo e de Jorge Amado, constituindo-se numa espécie de nacionalismo regionalista, onde o apego à noção de brasilidade apóia-se nos aspectos regionais que confeririam o caráter da nação. Para Antônio Cândido (1962), o nacionalismo de Freyre o liga aos românticos e o leva a escolher, nos romances, o que contribui para a confirmação de aspectos especificamente brasileiros.

O conceito de regionalismo em Freyre sempre esteve conciliado com o de nação, ainda que se possa dizer que sua exaltação do Nordeste fosse parte de sua defesa da manutenção dos valores patriarcais desta região em face de um Brasil que se industrializava e modernizava. "Um Brasil regionalista seria um Brasil não dividido, mas unido nas suas diversidades. E coordenando-as num alto sentido de cultura nacional", afirmou o autor em 1926 (citado em Fonseca, "Gilberto Freyre" 107). Freyre defendia, portanto, que os valores regionais e tradicionais se preservassem da melhor maneira possível diante da modernização, como pode ser percebido em seu exemplo da cozinha,[19] elemento fundamental em seus escritos e seus pensamentos:

É claro que a época já não permite os bolos de outrora, com dúzias e dúzias de ovos. Mas a arte da mulher de hoje estaria na adaptação das tradições da doçaria ou da cosinha [sic] patriarcal às atuais condições de vida e de economia doméstica. Nunca em repudiar tradições tão preciosas para substituí-las por comidas incaracterísticas de conserva e de lata, como as que já imperam nas casas das cidades e começam a dominar nas do interior. (Manifesto Regionalista)[20]

Parece-me que hoje, quando ultrapassamos a fase inicial de exacerbado entusiasmo, bem como a fase posterior de exagerada rejeição pela obra de Freyre, podemos rever, de modo mais equilibrado, como o autor trabalhou alguns de seus principais temas e conceitos. A própria noção de região, mais especificamente da região Nordeste, tão cara à obra de Freyre, foi tratada de forma bastante complexa e integrada em seus fatores econômicos, sociais e culturais.

É muito importante ressaltar que o sertão é excluído dessa noção de "Bahia" exaltada por Freyre.[21] A Bahia por ele descrita é a cidade de Salvador à qual ele às vezes adiciona expressões culturais do recôncavo, embora sem definir exatamente onde estas se localizam. A Bahia de Freyre é o litoral, entendido como a faixa extensa que começa na costa, inclui a zona onde se plantava a cana de açúcar e termina no limite que a separa do sertão. Nesse sentido, a Bahia de Freyre constitui-se em uma *região*, ao mesmo tempo integrada à grande *região Nordeste*, mas separada desta por sua influente presença negra. Exemplo disso é a distinção entre a "culinária baiana" e a "culinária nordestina" feita por Freyre no Manifesto Regionalista:

> Três regiões culinárias destacam-se hoje no Brasil: a Baiana, a Nordestina e a Mineira. A Baiana é decerto a mais poderosamente imperial das três. Mas talvez não seja a mais importante do ponto de vista sociologicamente brasileiro.

Este último ponto destacado por Freyre se explicaria pelo fato de que, ao contrário do povo baiano, a cozinha baiana não representaria uma harmonização das três influências – portuguesa, negra e índia, como teria ocorrido na cozinha do Nordeste agrário – já que, ao seu ver, conteria um "excesso africano", o que resultaria em "desequilíbrio".

Influenciando povo e elite

Impressionados pelo enorme alcance da obra de Freyre, intelectuais baianos destacaram o quanto este teria conseguido exercer influência ao mesmo tempo sobre a elite e o povo. Para Luís Viana Filho, por exemplo, Freyre teria colocado sua extraordinária capacidade de divulgação e convicção a serviço da "reabilitação do negro". Viana escreve que "somente depois de Gilberto Freyre tomou o Brasil conhecimento do negro, na base daquela fundamental distinção ente raça e cultura. (...) Viu-se, então, que a inferioridade do negro decorria da incultura e não de algum estigma racial, como aqueles imaginados em outros tempos pelo Conde de Gobineau" (536). A obra de Freyre teria tido então o papel de ensinar à elite branca brasileira a "compreender melhor o negro" e a sentir por ele "simpatia humana". Por conta desta suposta valorização, Viana chega a afirmar que o negro brasileiro possuiria uma "dívida" à obra *Casa Grande & Senzala*. Sabemos, no entanto, que os mais influentes intelectuais e militantes negros brasileiros posicionaram-se contra o pensamento de Freyre, especialmente pela sua celebração da democracia racial, tida por eles como engodo e entrave à organização política negra.[22]

Se, para Viana, Freyre teria sido capaz de transformar o pensamento da *elite*, para Amado, a principal qualidade de Freyre teria sido exatamente o seu contato com o *povo*. Além do conhecimento adquirido em gabinetes e bibliotecas, em livros e documentos, Freyre teria conferido às gentes, em especial às pessoas mais humildes e freqüentemente ignoradas, o poder de documentos vivos.

> Homem de estudo, de muito livro lido e muito documento pesquisado, homem assim de gabinete, em realidade ele foi e é um homem do meio da rua, do meio do povo. Homem do candomblé de Pai Adão e do babalaô Martiniano do Bonfim, homem dos restaurantes populares, da boa comida pernambucana e baiana (...), homem do documento empoeirado, mas sobretudo da vida vivida (...). Meu Deus!, só vivendo se pode apreender a ciência dos livros, só vivendo se pode amassar a experiência dos livros, só vivendo aprende-se a amar, a respeitar e a compreender o povo e a ser sua expressão. (Amado, "Casa Grande" 33-4)[23]

Narrando sua própria relação com o "povo" como elemento que conferiria autenticidade aos seus escritos, Amado afirmou: "Os pretos meus amigos me levaram às suas macumbas e candomblés, aos seus paes [sic] de santo mais importantes, comemos juntos muito vatapá e acarajé (...)" ("Biblioteca do Povo" 262). Entusiasmado com a proximidade de Freyre com o povo, Jorge Amado elogiou *Casa Grande & Senzala* e descreveu o livro como "uma revolução (...) em nossa literatura, em nossa vida cultural, em nosso crescimento nacional" ("Casa Grande" 31). Ao seu autor, Jorge Amado atribui a proeza de haver contribuído para a "democratização da cultura em nosso país" por haver feito ciência em formato de prosa, tornando acessível ao senso comum a erudição daquela que seria a mais completa interpretação do Brasil. Graças a "uma língua envolvente, brasileira, sensual, quente e íntima do leitor" ("Casa Grande" 33), Freyre teria conseguido levar ao grande público o gosto por livros de história, sociologia e antropologia.[24]

Valorizando a combinação do popular com o erudito, Jorge Amado criou um dos seus personagens mais importantes: Pedro Archanjo, protagonista de *Tenda dos Milagres*. Mestiço e de origem humilde, Archanjo é, ao mesmo tempo, uma representação dos tipos humanos de Freyre e um porta-voz popular das suas principais idéias.[25] Em entrevista a Alice Raillard, Jorge Amado declarou que se inspirou muito em si mesmo para a criação do personagem (Citado em Goldstein 173). Vindo do "povo", Pedro Archanjo é adepto do candomblé e conhece, de dentro, a cultura popular da Bahia. Trabalhando como bedel na Faculdade de Medicina da Bahia, se inteira das teorias raciais da época e passa a rejeitá-las através de seus próprios escritos. Conciliando conhecimento popular e erudito, em um contexto marcado pelo racismo científico e pelas idéias de que a miscigenação levaria à degeneração racial, Archanjo torna-se o maior defensor da mestiçagem, portando assim as idéias de Freyre para o público leitor de Amado.

Se Amado define o sociólogo Gilberto Freyre como escritor, Freyre, por sua vez, retribui o elogio e afirma que Amado é mais que um escritor: é quase um historiador social disfarçado de romancista, cujos romances não seriam feitos apenas de "ficção pura" mas incluiriam muito de crônica social e memória.[26] Amado, de fato, rejeitava o rótulo de acadêmico. Concebia-se a si mesmo como um "jornalista do povo", afirmando que não inventava nada e que descrevia o povo baiano como este realmente seria.[27] Freyre é louvado por Amado também pelo estímulo que deu aos estudos afro-brasileiros. Além de haver organizado o 1º Congresso Afro-Brasileiro em 1934 em Recife, Freyre convidou mães de santo e artistas negros, representantes autênticos do "povo", para participar do evento ao lado de importantes intelectuais.[28]

Freyre fazia o que hoje se chama de sociologia do cotidiano. Apegado aos detalhes da vida diária, das minúcias do dia a dia daqueles sobre quem pesquisava, valorizava a cozinha e os recantos da casa grande como fontes de informação tão importantes quanto as bibliotecas e os acervos. E mais, sabia que colheria, em cada um desses lugares, dados diferentes, porém complementares e essenciais a um entendimento mais completo das vidas pesquisadas. Aliado a isso, havia também o seu desejo de ser reconhecido como *escritor*, título que ele tanto se empenhou por conquistar, em contraposição ao rótulo – mais formal e "distante" – de *acadêmico*. Para Skidmore (2003), a desobediência de Freyre às regras do debate acadêmico normal, bem como sua ausência de argumentação sistemática, fizeram com que *Casa Grande & Senzala* se parecesse com um livro de recortes e não um livro culto, aumentando assim a sua acessibilidade ao leitor comum. Skidmore defende que esse resultado não teria ocorrido por acidente: "Foi o resultado direto da determinação ferrenha de Freyre de ser (e ser tratado como) um escritor, não um catedrático" (57).

Conclusão

Na introdução ao livro *Gilberto Freyre: sua ciência, sua filosofia, sua arte*, coletânea de ensaios comemorativa do 25º aniversário de *Casa Grande & Senzala*, Jorge Amado afirma que, se fosse pedido a ele uma palavra-resumo que caracterizasse o significado essencial da obra de Gilberto Freyre, esta palavra seria "distabuzação", já que, a seu ver, Freyre foi o grande destruidor de tabus do Brasil. Podemos argumentar, no entanto, que se por um lado, Freyre destruiu tabus, por outro, construiu mitos. Mitos entendidos aqui não como mentiras ou engodos, mas em seu sentido antropológico, contendo as dimensões mais sutis e ao mesmo tempo mais poderosas das estórias sagradas que construímos para explicar e interpretar o mundo. Carregando valores, mensagens e ideais, os mitos são centrais para as narrativas e representações produzidas na formulação das identidades regionais e nacionais. Além do mais do que debatido e controverso "mito da democracia racial", tão freqüentemente atribuído a Freyre, outros mitos da nação foram impulsionados por sua obra, como o mito da baianidade, que se cristalizou a partir das suas descrições e interpretações sobre a Bahia e os baianos.

Como procurei mostrar ao longo deste ensaio, Freyre não atuou sozinho na formação da idéia de baianidade, mas influenciou de maneira significativa as elites intelectual, artística e política que continuamente produzem o mito da baianidade. Estas elites, por sua vez, também se influenciam mutuamente para produzir a baianidade, como pode ser visto na descrição de Jorge Amado da inauguração do Centro Administrativo por um político tradicional baiano, no livro *Navegação de Cabotagem*. Os prédios inaugurados para acomodar as secretarias do governo do estado foram decorados com símbolos de baianidade, como a imensa escultura de Mário Cravo que representa "as curvas da mulher baiana".

> (...) Na Secretaria do Planejamento já se podiam admirar a matriz de Calasans Neto e a escultura de Mário Cravo (...) Carybé trabalhava a parede da Secretaria das Finanças, Hansen Bahia a do Quartel da Briosa, Floriano (Teixeira) a do prédio da Secretaria de Energia (...)[29]

Produzida no interior de um ideal regionalista nordestino, a noção de baianidade transformou-se, ao longo do século 20, em uma concepção cada vez mais delimitada ao estado da Bahia, ou, de maneira ainda mais específica, a Salvador e as cidades (também negras) do recôncavo baiano. Portanto, se uma determinada noção de baianidade *nordestina* serviu inicialmente para fortalecer um sentido de brasilidade, atualmente, uma baianidade cada vez mais calcada numa concepção delimitada de *negritude* tem servido para mediar os profundos conflitos raciais e de classe no contexto específico da Bahia, a "Terra da Felicidade", como a define o slogan oficial do governo do estado.

É possível definir a relação entre negritude e baianidade como uma relação sinedótica, isto é, que elege um pequeno segmento da cultura para representar a cultura como um todo e ainda assim lhe conferir autenticidade. Geralmente, a representação sinedótica da cultura de um determinado grupo étnico contribui para fazer com que esta apareça como um "componente do patrimônio cultural nacional", como um vestígio contemporâneo das raízes da miscigenação. Para Briggs (1996), conceber as culturas das minorias como se fossem reduzidas a conjuntos de objetos e representações que comporiam a dominante e hegemônica cultura nacional serve para domesticar as contraculturas, criando uma falsa imagem de harmonia.

Os elementos da cultura negra que são utilizados na definição da cultura baiana são geralmente os mesmos utilizados na construção das identidades negras, compondo o mercado de bens simbólicos e criando uma superposição que confunde ainda mais a já ambígua situação racial e social de Salvador. Verificamos portanto que, embora iniciado nos anos 20, o processo de construção da baianidade continua em pleno vigor, e mesmo os símbolos contemporâneos recentemente criados ou ressignificados pela juventude negra para afirmar sua identidade afro-descendente – como a valorização das danças e do suíngue e a adoção dos penteados negros e do visual "afro" que utiliza as estampas "africanas", os turbantes e as cores fortes – também têm sido utilizados para forjar a noção de baianidade.

O processo de formação da baianidade chega ao século 21, portanto, testemunhando a contínua adoção de elementos da cultura negra para formar o discurso oficial e comercial da baianidade. A adoção destes novos elementos, aliada à inversão de valores ocorrida com os velhos símbolos da cultura negra, é concomitante ao seu processo de transformação em parte significativa da imagem pública do estado da Bahia. Ao promover a idéia de baianidade, o governo do estado contribui para a consolidação de um discurso homogeneizador, no qual a negritude, embora celebrada como central, é ao mesmo tempo aprisionada em um papel auxiliar. Dessa maneira, as contradições e as desigualdades têm sido atenuadas pela noção de uma baianidade calcada na negritude que, definindo-se como "natural" e "espontânea", acomoda conflitos e visa convencer que aqueles que são excluídos e colocados à margem ocupariam o "centro" da "Bahia de todos os santos, encantos e axés".

[1] Ver Pinho, *Reinvenções da África na Bahia* (2004).

[2] Dentre a indiscutível influência de Gilberto Freyre sobre a obra de Jorge Amado, há um momento curioso em que Amado utiliza-se do termo "oleoso" – tão presente nas descrições da Bahia feitas por Freyre – para referir-se ao "mistério negro da cidade de Salvador da Bahia". Em seu discurso de posse na Academia Brasileira de Letras, em 1961, Amado afirmara: "Os anos de adolescência na liberdade das ruas da cidade de Salvador, misturado ao povo do cais, dos mercados e feiras, nas rodas de capoeira e nas festas populares, nos mistérios dos candomblés e no átrio das igrejas centenárias, foram minha melhor universidade, deram-me o pão da poesia, que vem do conhecimento das dores e das alegrias de nossa gente (...). Com o povo aprendi tudo quanto sei (...) no *oleoso mistério negro* da cidade de Salvador da Bahia" (citado em Salah 86, grifo meu).

[3] A expressão "madeira que cupim não rói", utilizada por Freyre para descrever a gente da Bahia, foi posteriormente utilizada por Ascenso Ferreira em poema sobre a mulata brasileira (Campos 114). A expressão intitula também uma famosa marcha-de-bloco do compositor pernambucano Capiba, cantada nos carnavais de Recife e Olinda. O artista Antônio Nóbrega também utiliza "madeira que cupim não rói" para nomear show e cd lançados em 1998. A expressão é de uso corrente na linguagem popular brasileira e tem geralmente o significado de resistência, no sentido de não ceder a forças opressoras. Creio, no entanto, que Freyre utiliza a expressão no sentido de enfatizar a idéia, originada durante a escravidão, de uma suposta maior resistência e durabilidade físicas do negro, sua capacidade de "agüentar" as dores e a brutalidade do trabalho escravo.

[4] Também utilizando o feminino para descrever as cores da gente baiana, Jorge Amado exalta as "mulheres morenas da Bahia, gama de cores que vai do marfim ao cobre, e o dengue infinito" (Amado, *Bahia de Todos os Santos* 17).

[5] Com Anísio Teixeira, Gilberto Freyre desenvolveu uma intensa relação acadêmica. Ao organizar a Universidade do Distrito Federal, Teixeira convidou Freyre para reger a primeira cadeira de Antropologia Cultural.

[6] Em 1961, Amado foi convidado a se tornar obá-mangbá do terreiro Ilê Axé Opô Afonjá. O obá-mangbá, ou obá de Xangô corresponde a um cargo hierárquico do terreiro Ilê Axé Opô Afonjá, representando os ministros de Xangô, em número de doze. Este cargo é oferecido pelo terreiro a pessoas não praticantes do candomblé, escolhidas por seu prestígio para representarem a antiga corte de Oyó, antiga capital política dos iorubás. A valorização e defesa dos candomblés haviam contado também com o trabalho fundamental de Pierre Verger que,

durante as décadas de 40 e 50 realizou viagens entre a Bahia e a África, buscando confirmar as semelhanças entre os cultos aos orixás nos dois lados do Atlântico.

7 Em *Tenda dos Milagres*, publicado em 1969, há vários trechos em que o autor narra com cores fortes a repressão policial aos terreiros de candomblé, relacionando esta prática autoritária às idéias racistas de Nina Rodrigues, que ainda encontravam respaldo nos discursos acadêmicos e das autoridades.

8 Do poema "Bahia de Todos os Santos e Quase Todos os Pecados" (*Bahia e Baianos* 17).

9 Consultei para este ensaio a versão eletrônica do "Manifesto Regionalista" (http://bvgf.fgf.org.br/portugues/obra/opusculos/manifesto.htm), assim as citações desta obra não indicarão o número de página.

10 Do poema "Bahia de Todos os Santos e Quase Todos os Pecados".

11 Vale ressaltar que o termo "cor" é aqui muito mais adequado do que o termo "raça", já que o tom da pele representa um elemento fundamental na composição dos tipos de Freyre e dos personagens de Amado, como podemos conferir na oposição entre as "negras velhas" e as "mulatas jovens", analisada neste ensaio.

12 A segunda fase da obra de Jorge Amado inicia-se em 1958 com a publicação de *Gabriela Cravo e Canela*. Diferentemente da primeira fase, caracterizada por "romances engajados" onde aflorava a utopia revolucionária, na segunda fase predominam o humor e a gaiatice baianas e se consagram as personagens das mulatas.

13 Para exemplos de como a imagem das baianas impressionou os "viajantes" estrangeiros no começo do século 20, ver Verger (1999).

14 Edson Nery da Fonseca, em Freyre, *Bahia e Baianos* 9.

15 *Website* do senador Antônio Carlos Magalhães.

16 "Bahia à Tarde", publicado no *Diário de Pernambuco* de 19 de março de 1926. Reproduzido em Freyre (*Bahia e Baianos*). Essa idéia de Bahia como maternidade pode ser encontrada nos escritos de intelectuais baianos influenciados por Freyre, como no discurso do professor Nelson Sampaio, em 1943, que chama a Bahia de "matriarca brasileira" (Freyre, *Na Bahia em 1943* 121).

17 O resquício de determinismo pode ser encontrado em diversos pontos dos escritos de Freyre, onde a natureza e a cultura se superpõem e se confundem. "Pois de regiões é que o Brasil, sociologicamente, é feito, desde os seus primeiros dias. *Regiões naturais* a que se sobrepuseram *regiões sociais*" (Fonseca, "Gilberto Freyre" 109, grifos meus).

18 Em 1924, Freyre fundou, junto com outros intelectuais pernambucanos, o Centro Regionalista do Nordeste. Nas reuniões, eram servidos licores, sobremesas e sorvetes regionais (Fonseca "Gilberto Freyre"). Dentre os líderes do Movimento Regionalista e

Tradicionalista, Gilberto Freyre foi, sem dúvida, o escritor mais influente.

[19] Afinal, "uma cosinha [sic] em crise significa uma civilização inteira em perigo: o perigo de descaracterizar-se" ("Manifesto Regionalista").

[20] Se Freyre estava preocupado com a industrialização e modernização do Brasil, ele demonstrava, contudo, confiar na manutenção das tradições patriarcais, dentre as quais a manutenção do lugar da mulher na cozinha, como ilustra o trecho a seguir: "As novas gerações de moças já não sabem, entre nós, a não ser entre a gente mais modesta, fazer um doce ou guisado tradicional e regional. Já não têm gôsto nem tempo para lêr os velhos livros de receitas de família. Quando a verdade é que, depois dos livros de missa, são os livros de receitas de doces e de guisados os que devem receber das mulheres leitura mais atenta. O senso de devoção e o de obrigação devem completar-se nas mulheres do Brasil, tornando-as boas cristãs e ao mesmo tempo boas quituteiras para assim criarem melhor os filhos e concorrerem para a felicidade nacional. Não há povo feliz quando às suas mulheres falta a arte culinária. É uma falta quase tão grave como a de fé religiosa" ("Manifesto Regionalista").

[21] Examinando Os Sertões e, ao mesmo tempo, Euclides da Cunha, Freyre destaca o que faltaria de brasilidade em obra e autor: "Nem moças bonitas, nem danças, nem jantares alegres, nem almoços à baiana, com vatapá, carurú, efó, nem feijoadas à pernambucana, nem vinho, nem aguardente, nem cerveja, nem tutú de feijão à paulista ou à mineira, nem sobremesas finas segundo velhas receitas de iaiás de sobrados, nem churrascos, nem mangas de Itaparica, abacaxis de Goiana, açaí, sopa de tartaruga, nem modinhas ao violão, nem pescarias de Semana Santa, nem ceias de siri com pirão, nem galos de briga, nem canários do Império, nem caçadas de onça ou de anta nas matas das fazendas, nem banhos nas quedas d'água dos rios de engenho – em nenhuma dessas alegrias caracteristicamente brasileiras Euclides da Cunha se fixou" (Citado em Candido 123).

[22] Para tanto, ver Nascimento, 1979, e Carneiro, 1999, dentre outros.

[23] Talvez Freyre tenha levado às últimas consequências a tarefa de "ser expressão do povo". Comentando sobre escritores brasileiros lidos nos Estados Unidos, Freyre (1978) elogia a tradução e disseminação dos livros de Jorge Amado, mas considera "com menor razão" a leitura das páginas, a seu ver "espúrias", de Carolina Maria de Jesus, que teria produzido uma "subliteratura" (Alhos e Bugalhos 187, 191). A crítica incisiva, resvalando mesmo num certo desdenho pela obra de Carolina Maria de Jesus leva a crer que, para Freyre, o "povo", tão valorizado e celebrado enquanto objeto de análise do cientista social, não estaria autorizado para liderar a análise da sua própria vida ou das condições sociais que a afetam. Comparando a poesia negra estadunidense, feita por negros, à poesia "afro-brasileira", feita por

brancos, Freyre defende a vantagem da última sobre a primeira, o que confirma a sua inclinação paternalista. A poesia estadunidense, porque feita por negros, carregaria um caráter segregacionista e ressentido, hostil ao branco, enquanto que o fato de a poesia "afro-brasileira" ser feita por brancos – como Castro Alves, Mário de Andrade, Jorge de Lima – comprovaria ser produto do fraternalismo e democracia (ver Camilo).

[24] Posicionando-se como uma testemunha do impacto da obra seminal de Freyre, Jorge Amado enfatiza a importância de todo o trabalho do intelectual pernambucano, sem esconder que havia entre os dois divergências políticas.

[25] Agradeço ao meu colega Malcolm McNee por esta observação sobre Pedro Archanjo.

[26] "Fogo Morto e Terras do Sem Fim", reproduzido em Freyre (*Bahia e Baianos*).

[27] Ver Patai (1979).

[28] Embora tenha havido alguns desentendimentos entre Freyre e intelectuais baianos em relação à organização do 2º Congresso Afro-Brasileiro, ocorrido em Salvador em 1937 sob a batuta de Edison Carneiro, manteve-se, contudo, a prática de convidar mães de santo e produtores culturais negros para participar do evento.

[29] Jorge Amado, *Navegação de Cabotagem*, citado em Goldstein (74).

Obras Citadas

Amado, Jorge. *Bahia de todos os Santos: Guia de Ruas e Mistérios*. 42ª edição. Rio de Janeiro: Record, 2002.

_____ "Casa Grande & Senzala e revolução cultural". *Gilberto Freyre: sua ciência, sua filosofia, sua arte. Ensaios sobre o autor de Casa Grande & Senzala e sua influência na moderna cultura do Brasil, comemorativos do 25º aniversário publicação desse seu livro*. Rio de Janeiro: José Olympio Editora, 1962. 30-36.

_____ "'Bibliotheca do Povo' e 'Coleção Moderna'". *Novos Estudos Afro-Brasileiros*. Segundo Tomo. Freyre, Gilberto e outros. Trabalhos apresentados ao 1º Congresso Afro-Brasileiro do Recife. Rio de Janeiro: Civilização Brasileira, 1937. 264-324.

_____ *Gabriela, Cravo e Canela*. São Paulo: Martins, 1958.

_____ *Jubiabá*. São Paulo: Martins, 1963.

_____ *Tenda dos Milagres*. Rio de Janeiro: Record, 1978.

_____ *Tereza Batista Cansada de Guerra*. São Paulo: Martins, 1973.

_____ *Tieta do Agreste*. Rio de Janeiro: Record, 1977.

Andrade, Manuel Correia de, organização e apresentação. *Gilberto Freyre, pensamento e ação*. Recife: Fundação Joaquim Nabuco, Editora Massangana, 1995.

Araújo, Ricardo Benzaquen de. *Guerra e Paz. Casa Grande e Senzala e a obra de Gilberto Freyre nos anos 30*. Rio de Janeiro: Editora 34, 1994.

Briggs, Charles L. "The Politics of Discursive Authority in Research on the 'Invention of Tradition'". *Cultural Anthropology* 11/4 (1996): 435-469.

Camilo, Vagner. "Notas sobre *Os Poemas Negros* e o diálogo poético de Jorge de Lima e Gilberto Freyre". *Gilberto Freyre em Quatro Tempos*. Ethel Volfzon Kosminsky, Claude Lépine, e Fernanda Arêas Peixoto, org. São Paulo: Editora Unesp, 2003. 347-359.

Campos, Renato Carneiro. "Gilberto Freyre: Regionalista, Tradicionalista e Modernista". *Gilberto Freyre: sua ciência, sua filosofia, sua arte. Ensaios sobre o autor de Casa Grande & Senzala e sua influência na moderna cultura do Brasil, comemorativos do 25º aniversário publicação desse seu livro*. Rio de Janeiro: José Olympio Editora, 1962. 112-119.

Candido, Antonio. "Gilberto Freyre Crítico Literário". *Gilberto Freyre: sua ciência, sua filosofia, sua arte. Ensaios sobre o autor de Casa Grande & Senzala e sua influência na moderna cultura do Brasil, comemorativos do 25º aniversário publicação desse seu livro*. Rio de Janeiro: José Olympio Editora, 1962. 120-124.

Carneiro, Sueli. "Black Women's Identity in Brazil". *Race in Contemporary Brazil*. Rebecca Reichmann. University Park: The Pennsylvania State University Press, 1999. 217-228.

Da Matta, Roberto. *Carnavais, Malandros e Heróis*. Rio de Janeiro: Zahar, 1981.

Freyre, Gilberto. *Casa Grande & Senzala*. Rio de Janeiro: Record, 1989.

_____ *Na Bahia em 1943*. Rio de Janeiro: Companhia Brasileira de Artes Gráficas, 1944.

_____ *Novos Estudos Afro-Brasileiros*. Rio de Janeiro: Civilização Brasileira, 1937.

_____ "Manifesto regionalista". *Brasil Açucareiro* LXX/4 (Rio de Janeiro, out. 1967): 20-23, <www.fgf.org.br>

_____ *Manifesto Regionalista de 1926*. Recife: Região, 1952.

_____ *Alhos e Bugalhos. Ensaios sobre temas contraditórios: de Joyce à Cachaça; de José Lins do Rêgo ao cartão-postal*. Rio de Janeiro: Editora Nova Fronteira, 1978.

_____ "Anísio Teixeira: um depoimento". *Anísio Teixeira: pensamento e ação. Por um grupo de professores e educadores brasileiros.* Rio de Janeiro, Editora Civilização Brasileira, [s.d.]. 118-125.

_____ *Bahia e Baianos. Textos reunidos por Edson Nery da Fonseca.* Salvador: Empresa Gráfica da Bahia, 1990.

Fonseca, Edson Nery da. "Gilberto Freyre: a questão regional e a unidade nacional". *Gilberto Freyre, pensamento e ação.* Manuel Correia de Andrade, organização e apresentação. Recife: Fundação Joaquim Nabuco, Editora Massangana, 1995. 105-114.

_____ org. *Gilberto Freyre de A a Z. Referências essenciais à sua vida e obra.* Rio de Janeiro: Zé Mário Editor, 2002.

Gilberto Freyre: sua ciência, sua filosofia, sua arte. Ensaios sobre o autor de Casa Grande & Senzala e sua influência na moderna cultura do Brasil, comemorativos do 25° aniversário publicação desse seu livro. Rio de Janeiro: José Olympio Editora, 1962.

Goldstein, Ilana S. *O Brasil Best Seller de Jorge Amado. Literatura e Identidade Nacional.* São Paulo: Editora Senac, 2003.

Hollanda, Sérgio Buarque de. *Raízes do Brasil.* Rio de Janeiro: José Olympio, 1990.

Kosminsky, Ethel Volfzon, Claude Lépine, Fernanda Arêas Peixoto, org. *Gilberto Freyre em Quatro Tempos.* São Paulo: Editora Unesp, 2003.

Nascimento, Abdias do. Mixture or Massacre? Essays in the Genocide of a Black People. Elisa Larkin Nascimento, trad. Dover: Majority Press, 1989.

Patai, Daphne. "Jorge Amado's Heroines and the Ideological Double Standard". *Women in Latin American Literature: a Symposium.* Program in Latin American Studies occasional papers series, n.10. International Area Studies Program, UMASS, Amherst, 1979. 15-36.

Pinho, Patricia de Santana. *Reinvenções da África na Bahia.* São Paulo: Editora Annablume, 2004.

Salah, Jacques. "A cidade como personagem". *Bahia, a Cidade de Jorge Amado, atas do ciclo de palestras "A Bahia de Jorge Amado".* Salvador: Casa de Palavras, 2000. 85-104.

Sales, Teresa. "Raízes da Desigualdade Social na Cultura Brasileira". *Revista Brasileira de Ciências Sociais* 25/9 (2004): 26-37.

Skidmore, Thomas. "Raízes de Gilberto Freyre". *Gilberto Freyre em Quatro Tempos*. Ethel Volfzon Kosminsky, Claude Lépine, e Fernanda Arêas Peixoto, org. São Paulo: Editora Unesp, 2003. 41-64.

Sommer, Doris. *Foundational Fictions: The National Romances of Latin America*. Berkeley: University of California Press, 1991.

Viana Filho, Luís. "Gilberto Freyre e a Valorização do Negro". *Gilberto Freyre: sua ciência, sua filosofia, sua arte. Ensaios sobre o autor de Casa Grande & Senzala e sua influência na moderna cultura do Brasil, comemorativos do 25º aniversário publicação desse seu livro*. Rio de Janeiro: José Olympio Editora, 1962. 533-537.

Verger, Pierre. *Notícias da Bahia-1850*. Salvador: Editora Corrupio, 1999.

Ambivalente, ambíguo ou amalgâmico?
O discurso de Gilberto Freyre sobre os judeus

Nelson H. Vieira
Brown University

Sem o intermediário judeu, é quase certo que o Brasil não teria alcançado domínio tão rápido e completo sobre o mercado europeu de açúcar...
Gilberto Freyre, *Sobrados e Mucambos*, 1936

Todas as etnias que imigraram para o Brasil sofreram algum tipo de valorização negativa. Em geral, o preconceito criou-se diretamente na interação dos imigrantes com o meio social que os absorvia. No caso dos judeus, temos a particularidade de já existir um estereótipo mundial bem sedimentado pesando sobre o grupo, que será simplesmente acionado entre nós.
Robert Grün, "Identidade e representação: os judeus na esfera política e a imagem na comunidade", 1994

A verdade, porem, é que da Sociologia da Literatura, como de outras sociologias especiais, tanto quanto da geral, se pode sugerir que dificilmente se deixará mecanizar ou matematizar numa pura sociologia servida por computadores ou por números. Dificilmente ela se passará de moderna a pós-moderna, deixando de depender...dos sociólogos. Isto mesmo: dos sociólogos. Dos sociólogos como criadores e, por conseguinte, como artistas e pensadores, que se apóiem, é claro, em estudos científicos.

Não há indícios de que, à medida que o moderno passe a pós-moderno, as sociologias e a Sociologia se tornem de todo impessoais.

Gilberto Freyre. *Heróis e vilões no romance brasileiro*, 1979

Um enfoque sobre o discurso de Gilberto Freyre em relação a qualquer assunto tratado na sua obra exige uma análise da linguagem do narrador gilbertiano (o seu emprego da repetição, do coloquial, do impreciso) junto com as diversas perspectivas manifestadas pelos múltiplos pontos de vista embutidos na sua construção histórica, sociológica, antropológica, culturalista, e personalista. Na sua totalidade, estes fatores servem para evocar uma reprodução do passado, um passado representativo da formação social do Brasil. Nesta linha, e em face das epígrafes registradas em cima que evocam a imagem histórica dos judeus no Brasil e na obra freyreana, pretendemos analisar o discurso de GF sobre os judeus que, em geral, são perfilados pelo sociólogo como agentes "intermediários", sócio-econômicos e culturais durante a colonização até a época moderna da América Portuguesa.

A imagem dos judeus em *Casa Grande e Senzala* (CGS) se baséia muito nos documentos históricos sobre a presença sócio-econômica deste grupo em Portugal e depois sobre a sua emigração para o Brasil como contribuição à colonização, mostrando como os judeus se adaptaram ao "trópico". Esta adaptação, tratada no primeiro capítulo, "Características gerais da colonização portuguesa no Brasil: formação de uma sociedade agrária, escravocrata e híbrida" e, no terceiro, "O colonizador português: antecedentes e predisposições", se filia muito ao conceito neolamarckiano da influência do "meio físico" e do clima sobre um grupo étnico, visto por Wissler, Spengler, Boas, e Giddings como um "contexto bioquímico" (Ver Marcos Chor Maio e Ricardo Benzaquen de Araújo).[1] Apesar deste conceito se referir às características de grupos étnicos, sugestivas de um elemento biologizante e racial, na verdade, esta idéia se associa mais à experiência social hereditária de um grupo, aludindo às condições sócio-históricas que inculcaram certos comportamentos e predisposições na vivência de um grupo étnico. Uma ênfase culturalista e não racial. Assim, a imagem dos judeus no Brasil colonial é descrita desta forma no primeiro capítulo de CGS:

> Os portugueses não trazem para o Brasil nem separatismos politicos, como os espanhóis para o seu domínio Americano, nem divergências religiosas, como os ingleses e franceses para as suas colônias. Os marranos em Portugal não constituíam o mesmo elemento intransigente de diferenciação que os huguenotes na França ou os puritanos na Inglaterra; eram uma minoria imperecível em alguns dos seus característicos, economicamente odiosa, porém não agressiva nem perturbadora da unidade nacional. Ao contrário: a muitos respeitos, nenhuma minoria mais acomodática e suave. (90-91)

Em CGS, esta imagem "acomodática e suave" parece se contrastar com certa linguagem empregada (por exemplo, "economicamente odiosa"), também em alguns outros trechos, pelo narrador gilbertiano, sugerindo uma visão preconceituosa contra os judeus. É o nosso propósito analisar estas instâncias em que o discurso criado por Freyre *parece* contradizer a sua aplicação neolamarckiana e culturisata dos judeus. Por exemplo, no trecho citado em cima, o comentário – "economicamente odiosa" – reflete uma realidade histórica e não um ponto de vista preconceituoso da parte do sociólogo.

Em *Sobrados e Mucambos* (SM) temos uma apresentação da "rua" e das influências que os judeus exerceram durante a decadência do patriarcado rural junto com o desenvolvimento do urbano. Nesta linha, SM demonstra como os judeus tiveram um papel de integração sócio-econômica, sobretudo na fundação da lavoura de cana e na indústria do açúcar no Brasil. Além disto, temos a descrição do seu envolvimento como comerciantes, mascates e técnicos, ligados ao comércio internacional israelita, que trouxeram benefícios para o Brasil durante o século XVIII, especialmente em certos centros e regiões como Minas, Salvador e Recife: "Beneficiado pelo que o judeu pôde oferecer de mais substancioso à América, em valores de cultura e em estímulos ao nosso desenvolvimento intelectual" (SM 447). E com *Ordem e Progresso* (OP) temos uma apresentação menos desenvolvida sobre os judeus, mas sempre frisando a sua integração social e suas contribuições à diferenciação cultural e diversificada na composição da nação brasileira. Aliás, em *New World in the Tropics:*

The Culture of Modern Brazil (NWT), uma adaptação ampliada em inglês de *Brazil, an Interpretation* (BI), temos uma exposição mais detalhada sobre a contribuição judaica, esta sendo uma repetição de alguns trechos de CGS e SM, enfatizando como este grupo enriqueceu a cultura brasileira. Ademais, esta contribuição e integração são descritas concisamente por Ricardo Benzaquen de Araújo no seu volume de reapreciação da obra do sociólogo, *Guerra e Paz: Casa-Grande & Senzala e a Obra de Gilberto Freyre nos Anos 30* (1994) quando ilustra o conceito de Freyre perante a ordenação civilizadora da casa-grande e do papel dos grupos étnicos, incluisive os judeus: "...o que ele [Freyre] vai nos apresentar é uma concepção de vida social em condições de admitir, plasticamente, a influência de qualquer tradição, muçulmana, negra, judaica ou francesa, ampliando e alterando, no mesmo movimento, a própria noção de cultura sob a qual transcorreu parte da sua formação" (103). Com este breve preâmbulo sobre a imagem dos judeus na sua obra, vamos agora frisar no que é polémico e questionável no discurso gilbertiano sobre este grupo étnico.

Selecionamos um enfoque sobre o tratamento dos judeus no *discurso* de Gilberto Freyre porque alguns estudos recentes têm sublinhado a sua articulação da imagem do judeu; uns críticos em defesa, revelando a influência neolamarckista sobre Freyre e sua ênfase na maleável "adaptação" cultural dos judeus ao longo da sua história e especificamente no Brasil1; e outros, acusando abertamente GF de ser anti-Semita (Ver Needell e Darcy Ribeiro).[2] Em vista destas publicações e outras polémicas à volta da obra de Freyre, o nosso estudo tem como finalidade principal o objetivo de melhor compreender a abordagem e o tratamento gilbertianos sobre o papel dos judeus no desenvolvimento do Brasil. A nossa abordagem se singulariza pelo fato de que analisaremos o discurso de Freyre, levando em conta a proclividade literária do sociólogo pela ficção junto com o lado "pessoal" e quase autobiográfico ligado ao seu material sócio-antropológico.

Para este fim, também lembramos de que é necessário posicionar os textos de Freyre perante o ambiente social e a mentalidade intelectual da sua época, por um lado, a fim de não cair facilmente no que hoje consideramos "politicamente correto" e, por outro lado, de não esquecer do debate predominante na primeira parte do século vinte entre o determinismo biológico (a eugenia) e o pensamento de culturistas internacionais e brasileiros como Freyre e, por exemplo, a sua associação com "sanitaristas, engenheiros e reformadores da educação como Anísio Teixeira, [que] já aponta para essa dimensão modernizante da sua reflexão" (Araújo 199). O papel de Freyre nesta polêmica foi intensificado pela publicação de CGS porque a sua posição culturista desafiou o determinismo biológico com a sua insistência na diferença entre raça e cultura. Porém, a crítica negativa sobre a sua apresentação dos judeus na colonização do Brasil, na verdade, se assenta na ênfase de certas passagens sobre a imagem geral atribuída aos judeus (sobretudo em CGS e SM) em que a descrição dos judeus "parece" ser mais um tratamento de determinismo biológico do que o de culturalismo sócio-antropológico. Eis aqui a questão central –Freyre está sendo ambíguo ou ambivalente na sua opinião sobre a contribuição dos judeus na colonização do Brasil? O que existe no seu discurso que possa explicar os famosos trechos em que aparecem referências metafóricas, supostamente preconceituosas da parte de Freyre, dirigidas aos judeus como, por exemplo, "ave de rapina"?

Para responder a tais questões, é significativo considerar com seriedade a crítica que viu na obra de Freyre uma imaginação criadora, até literária e romanesca (Coutinho, Araújo). O fato de Freyre também ser romancista e crítico literário, em algumas das suas publicações, ilustra esta dimensão criativa e variada do sociólogo. Seguindo esta linha de pensamento, podemos apreciar o termo que Edilberto Coutinho empregou para descrever *Casa Grande e Senzala* – um "ensaio-epopéia" (*Gilberto Freyre* 20-21). Citando Otto Maria Carpeaux, Coutinho continua: "e como todas as epopéias, sem começo, sem fim e sem conclusões fechadas – se pode tirar, assinala Carpeaux, 'conclusões em favor da época patriarcal, recordada com saudades íntimas, e outras conclusões, diferentes, em favor da reforma radical, da abolição das injustiças do regime latifundiário'" (21). Em *A imaginação do real*, Coutinho fala do "hibridismo orgânico" de CGS e da mistura de elementos ficcionais e ensaísticos que ele descreve como a "presença do histórico na estória" (xiii). Ao nosso ver, a epopéia narrada por uma voz gilbertiana é uma "estória" que se abre em muitas direções, e evoca as vicissitudes de uma colônia/nação (o Brasil) através da imagem de um herói (homem brasiliensis) durante séculos da sua formação.

Apesar da nossa abordagem aqui se focalizar sobretudo nas obras que formam a famosa trilogia – *Casa Grande e Senzala* (1933),[3] *Sobrados e Mucambos* (1936) e *Ordem e Progresso* (1959) – será mencionada *en passant* uma seleção de outros textos, palestras, e artigos jornalísticos que se relacionam direta e indiretamente à sua imagem dos judeus. Ao analisar a apresentação dos judeus na sua obra, vamos sobretudo sublinhar o lado narrativo/literário e o de oralidade sugeridos por Coutinho e outros como Araújo, justapondo este com o lado retrospectivo/nostálgico (pessoal), alvo de muita crítica negativa, mas que esclarece a predisposição e o gosto que Freyre demonstrou pela oralidade (Araújo 185-208).

Se Freyre reconhece os sociólogos "como criadores e, por conseguinte, como artistas e pensadores" (ver uma das epígrafes), é necessário ter em mente esta visão porque ela se integra na abordagem do seu próprio discurso sociológico, frequentemente identificada pela crítica (mencionada em cima) como "literária" e articulada no famoso Prefácio de CGS como "proustiana":

> O estudo da história íntima de um povo tem alguma cousa de introspecção proustiana; os Goncourt já o chamavam "*ce roman vrai.*".... Estudando a vida doméstica dos antepassados sentimos aos poucos nos completar: é outro meio de procurar-se o "tempo-perdido". Outro meio de nos sentirmos nos outros – nos que viveram antes de nós; e em cuja vida se antecipou a nossa. É um passado que se estuda tocando em nervos; um passado que emenda com a vida de cada um; uma aventura de sensibilidade, não apenas um esforço de pesquisas pelos arquivos. (44-45)

Estas palavras ubiquamente citadas nos revelam o projeto de GF de "construir" um texto com uma visão "sensível" sobre o passado. Para poder reproduzir esta evocação do passado, o sociólogo tinha que criar uma ou várias "personas" que transmitissem o clima social de diversas étapas na história do Brasil. Nesta linha e segundo Araújo: "o nosso autor se converte, até certo ponto, em personagem de si mesmo, como se escrevesse não só um ensaio histórico-sociológico mas também as suas mais íntimas memórias" (189) e "ao transformar-se em personagem de seu próprio livro" (201). O seu projeto não se posiciona muito longe daquele do autobiógrafo que se apropria de uma voz recente para recriar memorialisticamente, "ao seu modo", uma voz ou vozes do passado supostamente representativas daquele momento. Ao falar da perspectiva discursiva tomada por Freyre, Roberta DaMatta alude a um modo de falar no Brasil, "usando a mesma língua que todos falam e podendo *sentir por dentro* a problemática da sociedade e da nação" ("A originalidade" 3-5, ênfase minha). Esta linguagem é referida assim por Araújo: "O tom de conversa, de bate-papo que ela propicia" (208). Ao lado desta linguagem na memória reconstruída pelo narrador gilbertiano, observamos a presença de uma memória cultural coletiva, muito representativa da mentalidade da época colonial e frequentemente referida pela crítica como uma expressão mítica que em si sugere um pensamento coletivo impregnado na cultura.

Com estas observações, estamos também entretendo o conceito literário do "second self" ou "implied author" (Booth 71-73, 83) que não é necessariamente o "self" do autor genuíno/ real. Obviamente, estamos falando aqui de um texto sociológico e não ficcional, mas ao mesmo tempo não podemos esquecer da predisposição literária claramente articulada por Freyre de embarcar numa "aventura de sensibilidade". Por isso, as seguintes palavras de Wayne C. Booth comunicam, segundo nós, uma das possíveis explicações atrás da "reconstrução" gilbertiana da formação do Brasil:

> O nosso sentido do autor implícito inclui não somente os significados extraíveis mas também o conteúdo moral e emocional de cada bocado de ação e sofrimento de todos os personagens. Concisamente, inclui a apreensão intuitiva de um todo artístico completado; o valor principal com o qual "este" autor implícito está comprometido, independente de qualquer partido a qual o seu criador pertence na vida real, é aquilo que está expressado na sua forma total. (73-74)

Na sua montagem "total," mas não totalizante, da formação social do Brasil, o narrador gilbertiano "transmite" os valores, preconceitos, erros, triunfos, e tradições vivenciados pela população daquela época: "impregnando tanto a voz de seu narrador, que nos garantia estar diretamente envolvido com a sociedade que analisava" (Araújo 201). Por isso, as suas narrativas representam uma interpretação da experiência sócio-histórica brasileira e o importante está mais no modo de contar do que retratar. Os seus textos demonstram as obrigações discursivas para poder evocar um grande panorama da formação do Brasil: "Um grande artista é capaz de criar um autor implícito que pode ser desligado ou envolvido, dependendo das necessidades da obra a ser construída" (Booth 83).

Ao considerar *Casa Grande e Senzala* um tipo de narrativa nova, Edilberto Coutinho descreve Freyre e a sua obra desta forma: "Interpretada por um artista de consumada expressão literária. Um imago escritor. [...] Oferece-nos então as suas observações – sempre impregnadas de forte lirismo, sem perda do valor de denúncia da injustiça social, por vezes do crime cultural..." (11-12). Em outras palavras, uma construção e desconstrução do sistema patriarcal. E dentro do contexto de Freyre ser um sociólogo literário que cultiva vários gêneros, Coutinho assinala o famoso elogio de Roland Barthes:

> Freyre apresenta o homem histórico sem o desprender de seu corpo vivo, o que importa na quase realização da quadratura do círculo dos historiadores, o ponto último da investigação histórica, o empenho de Michelet e o de Bloch agora atingido por alguém que tem o senso obsessional da substância, da material palpável, do objeto vivo. (22)

É este tratamento palpável que vai explicar em parte a caracterização do judeu feita por Freyre, junto com o seu método personalista em que "uma das vozes" do *sociólogo* se acrescenta ao tema estudado, sugerindo um lado performativo[4] da sua atuação nos textos. Vamos delinear em frente como este aspecto performativo se manifesta na sua imagem dos judeus.

Apesar dos elogios da sua obra, tem havido crítica negativa, sobretudo contra o seu conceito do mito da "democracia racial" e da sua predisposição conciliadora que para muitos encobriam conflitos. A escola de São Paulo (a uspiana) durante muito tempo manifestou uma grande distância e um certo "desconforto" perante a obra de Freyre (Machado). Além disto, o conceito de uma apresentação "científica" com adornos literários e "pessoais" que tente recuperar "o tempo perdido" nutriu ainda mais a crítica desfavorável. No seu artigo histórico, admiravelmente pesquisado, sobre Freyre, a sua vida e obra, "Identity, Race, Gender, and Modernity in the Origins of Gilberto Freyre's *Oeuvre*" Jeffrrey D. Needell propõe esta leitura sobre a decisão de Freyre "personalizar" o seu estudo ou de justapor o passado histórico com a sua própria infância:

> O seu apêgo intermediário ao *regionalismo* poderia ser entendido como a glorificação de uma sociedade do passado cuja natureza essencial ele continuava a associar com a sua infância. A ligação entre todos os três interesses, tópico de dissertação, *regionalismo* e pesquisa renovada sobre infância, era uma busca pessoal a fim de resgatar a sua própria infância e o seu conteúdo, o patriarcado do fazendeiro de Pernambuco. ...[E]le juntaria a sua busca de uma infância perdida com a busca da sociedade desafiada pelas alarmantes forças modernas que ele associava com a Revolução de 1930. Na essência, Freyre, mais uma vez no exílio, parece ter decidido não ceder. O seu projeto era construir o passado do Brasil como a infância da nação, assim definindo e defendendo a sua identidade essencial e, com ela, a sua própria. (64)

Enquanto o artigo de Needell revela uma pesquisa histórica altamente minuciosa e bem documentada com uma argumentação convincente, a sua leitura da obra freyreana parece minimizar a emergente corrente memorialista/autobiográfica na literatura e na cultura brasileira (ver A. Candido), sobretudo o seu aspecto "personalista", e o papel que esta tradição tem exercido na sua ideologia, i.e., no discurso de Freyre para recuperar a atuação de "agentes" (judaicos) do passado. Na "Introdução à Segunda Edição" de SM, Freyre chama atenção a uma série de autobiografias e biografias brasileiras do século XIX que serviram como documentos históricos e sociais sobre a formação do Brasil (71-72). Freyre defende a sua posição perante esta abordagem "nostálgica" mais tarde em *Ordem e progresso*: "Sem empatia, não é possível o estudo do passado assim amplo e intenso a um tempo; social e pessoal. Estudo que nos transmita do passado humano um pouco do que nele foi valor vivo, símbolo vivo; ou existência, vivência, experiência condicionada por valores e símbolos" (citado em Coutinho, *Gilberto Freyre* 51). Como resposta aos ataques contra sua sociologia de nostalgia, Freyre continua:

> Daí um professor dos nossos dias como Johnson [...] recomendar aos seus leitores a página 341 de livro estritamente didático, como é o seu *Theory and Practice of the Social Studies* [Teoria e Prática dos Estudos Sociais]: "Tente o seu melhor

para criar uma nostalgia pelo passado." Precisamente o pecado anti-sociológico de que mais tenho sido acusado no Brasil por críticos nem sempre idônios: o de me mostrar "nostálgico" das épocas que evoco. O Professor Johnson reconhece a necessidade de irmos até a saudade – ou nostalgia do passado, na busca de compreendê-lo, reconstitui-lo, interpretá-lo através da penetração em seus valores e em seus símbolos. (citado em Coutinho, *Gilberto Freyre* 51-52)

Esta posição perante o fenómeno regionalista se assenta no reviver deste passado, das suas raízes como recursos para entender o futuro. Na sua interpretação do regionalismo freyreano e das "fearsome modern forces he associated with the Revolution of 1930", Needell despreza este elemento nostálgico e personalista e, por cima, atribui o posicionamento de Freyre como um exemplo de um reacionário anti-modernista. Ora, é muito claro que o conceito de regionalismo articulado e defendido por Freyre se relaciona com o passado, mas também ele é associado ao futuro do país: não era um projeto "passadista" como Needell sugere. E isto é declarado pelo jovem Freyre em 1926, bem antes da Revolução de 1930: "O Movimento Regionalista no Nordeste não é necrófilo. Não tem a superstição do passado. Ama, porém, nas velhas coisas, a sugestão de brasileiridade, o traço, a linha de beleza a ser continuada, avivada, modernizada, pelo Brasil de hoje" (*Tempo de aprendiz*, vol. 2 280). Por cima, uma das grandes motivações atrás do movimento regionalista se direcionava à esperança do Nordeste não ser absorvido por um nacionalismo dirigido pelas forças do Sul da nação: "O regionalismo é um esforço no sentido de facilitar e dignificar criadores locais desembaraçando o que há de pejorativo em 'provinciano'" (*Tempo de aprendiz*, vol. 2 265). Na mesma linha, esta evocação ao passado regional tinha como objetivo mostrar como o regional é complementar ao nacional, sublinhada por Freyre em 1926: "A verdade é que não se repelem, antes se completam, regionalismo e nacionalismo, do mesmo modo que se completam nacionalismo e universalismo" (*Tempo de aprendiz*, vol.2 264).

O argumento que Freyre era nostálgico e por isso um conservador reacionário que via negativamente as forças modernizantes contribuirem para o declínio do sistema patriarcal latifundiário não se sustenta quando se analisa a desconstrução que Freyre fez do regime feudal/patriarcal e das suas injustiças.

Por cima, perante a recente reavaliação das críticas à sua obra, encontramos um momento em 2000 quando "USP acerta contas com Gilberto Freyre" e em que o "Sociólogo é associado ao modernismo". Estas declarações foram publicadas na *Folha de S. Paulo* na altura do seminário "Gilberto Freyre – Patrimônio Brasileiro" que teve lugar na USP Oficina no dia 17 de agosto de 2000 (Machado e Grillo). Ao defender o modernismo de Gilberto Freyre, gerado pela sua associação com o seu mestre Franz Boas, o filósofo alemão Oswald Spengler e o sociólogo Thorstein Veblen, a antropóloga Mariza Veloso, professora da Universidade de Brasília e do Instituto Rio Branco, delineou a proximidade entre Freyre e os modernistas:

> Para ela, estes [os modernistas] se voltam para o estudo do passado sem serem passadistas, aproximando-se da vida cotidiana e das tradições – traços que os unem a Freyre. "Eles buscavam uma tradição viva, capaz de emergir no presente, e não tumular. Apostavam na mistura de culturas, conceito chave para entender a obra de Freyre". (Grillo)

Faremos outras referências ao artigo de Needell porque, além da sua leitura, o estudo de Needell acusa Freyre abertamente de ser um anti-Semita, uma declaração interpretada em grande parte pela associação que Freyre faz entre os judeus e as forças "modernizantes", uma das causas principais para o declínio do sistema patriarcal; e também pelo suposto perfil preconceituoso dos judeus apresentados na obra do sociólogo – a tal metáfora e outras aludidas em cima. Ao nosso ver, esta crítica merece ser desafiada, especialmente com um olhar na construção do discurso freyreano porque é através das palavras do seu discurso que descobriremos como o sociólogo "teatraliza" a presença dos judeus (e outros grupos) no Brasil colonial e patriarcal. Em OP, Freyre apela "para uma sociologia de tempos perdidos" que reconhece a necessidade de ir até a saudade, ou a nostalgia, na tentativa de reconstituir esse passado:

> Para a interpretação de uma época, não é suficiente o analista dela, desdobrado em intérprete, familiarizar-se com o que no seu decorrer foram fatos; ou apenas valores-coisas. É preciso que ele se torne quanto possível íntimo das relações entre as pessoas e esses valores; entre as pessoas e os valores imateriais; entre as pessoas e os símbolos mais característicos da época.

O conhecimento da realidade que o cientista social procura é o que se baseia mais na interpretação que na descrição dessa realidade. (citado em Coutinho, *Gilberto Freyre* 50)

É óbvio que tais valores e símbolos manifestados nas perspectivas sobre os "agentes" colonizadores (aqui os judeus) não foram sempre positivos e sem preconceitos. Com certeza, sem mencionar os judeus, é este lado "forte" do seu discurso ao qual Araújo se refere quando alude ao tom confessional, autobiográfico e ao

> "pertencimento" [de Freyre] à própria sociedade que está examinando. É como se não lhe fosse permitido recuar diante de nenhuma constatação, mesmo das mais escabrosas, mesmo daquelas que pudessem porventura vir a chocar o seu leitor, pois de algum modo, ele parece tanto escrever quanto *transmitir* a sua obra. (188)

Por isso, temos em Freyre uma vivaz transmissão de sentimentos, perspectivas e comportamentos expressos por indivíduos e grupos do passado a fim de, segundo Freyre, "*sentir-nos nos outros* – nos que viveram antes de nós" (Prefácio a CGS). Este "sentir-nos nos outros" se assemelha com o "sentir por dentro," justamente o que citamos de DaMatta, em cima, quando Araújo fala do tom de "autenticidade" que o discurso de GF evoca. Curiosamente é este "sentir-nos nos outros" que encontramos em Sérgio Buarque de Hollanda, articulado como "um viver nos outros", no ensaio, "O homem cordial", em *Raízes do Brasil* (1936), que serve para explicar a característica personalista e performativa do *ethos* brasileiro. Noutros estudos nossos temos referido a esta expressão para demonstrar como os brasileiros assumem papéis/personas "situacionais" para lidar com as suas relações inter-pessoais.[5] E quando considerarmos que Freyre se via como um "homem *situado* no trópico", isto confirma o lado da sensibilidade gilbertiana perante o fenômeno da "persona" e das circunstâncias/situações sociais no trópico do Brasil. Esta expressão do "situacional" também sugere uma capacidade de "entrar" na personalidade ou no ambiente ideológico dos outros que afinal de contas pode revelar dramaticamente valores *e* preconceitos. Como Freyre diz no famoso Prefácio de CGS: "É um passado que se estuda *tocando em nervos*; um passado que emenda com a vida de cada um; uma aventura de sensibilidade, não apenas um esforço de pesquisa pelos arquivos" (45). Este "tocar em nervos" anuncia aspectos culturais nem sempre agradáveis, até "escabrosos" para usar a palavra de Araújo, como, por exemplo, o preconceito sócio-econômico contra os judeus que tem uma longa tradição antes da sua manifestação na Península Ibérica que depois foi transferido noutra forma para o Novo Mundo.

Em CGS, Freyre recria concisamente a história dos judeus em Portugal para mostrar a sua presença aventureira e auto-proveitosa na economia portuguesa e também o ódio social resultante do sucesso dos empreendedores israelitas. Para reproduzir o ambiente social da época, o narrador gilbertiano assume aqui a perspectiva preconceituosa dos clientes portugueses alvos da usura praticada pelos judeus. E num trecho que parece ser um exemplo de um puro determinismo biológico chocante, este narrador gilbertiano evoca a atitude social da época contra os judeus:

> Em essência o problema do judeu em Portugal foi sempre um problema econômico criado pela presença irritante de uma poderosa máquina de sucção operando sobre a maioria do povo, em proveito não só da minoria israelita como dos grandes interesses plutocráticos. Interesses de reis, de grandes senhores e de ordens religiosas. Técnicos da usura, tais se tornaram os judeus em quase toda parte por um processo de especialização quase biológica que lhes parece ter aguçado o perfil no de ave de rapina, a mímica em constantes gestos de aquisição e de posse, as mãos em garras incapazes de semear e de criar. Capazes só de amealhar. (*Casa-grande* 304-305)

O que é significativo neste trecho é o "quase biológico" que representa para alguns leitores o tal determinismo ímplicito na narração, confirmado pelas metáforas "ave de rapina" e "mãos em garras". Mas quando se pensa na voz do narrador gilbertiano que colocou o "quase" para mostrar o pensamento da época e ao mesmo tempo lançar dúvidas sobre o valor deste pensamento, que para Freyre é cultural e não racial, vemos que este trecho é muito performativo. Performativo porque adjetivos como "irritante" e substantivos como "máquina de sucção" evocam a situação e os pensamentos subjetivos do momento, os de uma voz do passado, e não a do sociólogo. Por cima, Freyre também demonstra que esta prática da usura funcionava "em proveito não só da minoria israelita como dos grandes interesses de ordens religiosas". Existe nesta voz do passado uma dramatização do ódio gerado pela prática da usura, o aproveitamento da qual não beneficiou somente os judeus. Esta última declaração não serve para justificar a prática da usura mas mais para mostrar que era uma realidade histórica.

A exposição paradigmática na obra freyreana de justapor vários lados da situação não se traduz somente em ambiguidade ou ambivalência mas sim numa maneira de reproduzir dramaticamente os vários lados da situação ou as múltiplas situações nesta época do passado em Portugal e mais tarde no Brasil. Na obra seguinte, SM, o sociólogo descreve e analisa a tradição de hostilidade contra os judeus na cultura luso-brasileira:

> Contra "judeus" e mouros conservou-se sempre vagamente hostil o brasileiro da era patriarcal não só rural como urbana, mais impregnado de reminiscências portuguesas das lutas entre cristãos e infiéis na Península e no Oriente. ...[E] os sábados de aleluia acabassem – ou principiassem – com os Judas de pano ou de trapo – Judas em efígie – estraçalhados nas ruas e queimados pelos moleques, numa evidente expressão popular de ódio teológico do católico ao judeu e de ódio social do oprimido ao opressor: do moleque pobre de rua ao homem apatacado e nem sempre de sangue israelita, embora quase sempre considerado "judeu", de sobrado comercial. (590)

Esta explicação histórica mostrando a gênese e também uma das manifestações do preconceito contra os judeus é, de novo, performativa, apesar de ser muito mais moderada do que o trecho anteriormente citado de CGS. E o "vagamente hostil" não quer dizer necessariamente ambigüidade ou ambivalência da parte do sociólogo, mas sim uma amostra do preconceito abstrato e irracional contra o judeu da parte do brasileiro da época. Em outras palavras, este preconceito foi baseado na longínqua gênese deste ódio que se transportou para a era moderna (Ver Luís da Câmara Cascudo para uma descrição desta tradição em *Mouros, franceses e judeus: três presenças no Brasil*). Mas mais uma vez, o narrador gilbertiano apresenta outra dimensão desta realidade ao falar do ódio ser dirigido ao "homem apatacado e *nem sempre* de sangue israelita", sugerindo a persistência do preconceito mas deste ser uma expressão cultural da memória coletiva e não uma de racismo da parte de Freyre.

Na introdução à segunda edição de SM observamos o sociólogo se defender contra as "acusações de 'faccioso'" e ao mesmo tempo elogiar os comentários de outros críticos que destacaram nos seus textos a "ausência de 'discriminações tendenciosas'". E neste espírito, Gilberto Freyre afirma:

> A verdade é que, sem pretendermos ser indivíduo inteiramente livre de preconceitos, cremos ter o direito de sorrir quase toda vez que nos acusam de sistemática "negrofilia" ou "lusofilia", de "anti-jesuitismo" ou "antibacharelismo" sistemático, de "anti-marxismo" ou de "anti-catolicismo" de "judaísmo" ou de "anti-judaísmo", de "burguesismo" ou de "proletarismo" sectário. Pois seria, talvez, impossível um indivíduo reunir sistematicamente tantos preconceitos em conflito uns com os outros. (*Casa-grande* 102-103)

No primeiro capítulo de SM, "O sentido em que se modificou a paisagem social do Brasil patriarcal durante o século XVIII e a primeira metade do XIX", o narrador valoriza a chegada da Família Real Portuguesa como o primeiro grande contato da Colônia com o mundo e a Europa nova, burguesa e industrial. Ao mesmo tempo alude ao domínio holandês no século XVII que antecipou este contato e também à presença no século XVIII de muitos judeus no Recife, cidade em fase de grande desenvolvimento com muitos sobrados. Esta presença dos judeus é descrita como um dos exemplos de diferenciação social que não hostilizou a religião dominante. Também aparece descrições sobre a população de mercadores e mascates judeus em Minas como intermediários nos negócios e técnicos na indústria de pedras preciosas. E para o financiamento à lavoura colonial de açúcar, os judeus são perfilados desta maneira: "judeus com o espírito de aventura comercial aguçado como em nenhuma outra gente. Daí, talvez, o relevo que alguns historiadores – um deles Sombart – dão aos judeus na fundação da lavoura de cana e na indústria do açúcar no Brasil" (*Sobrados* 113). E aqui há também alusões aos ajustes de casamentos entre judeus e gente dos senhores de engenho já endividados e na fase do déclinio mas que resultou em "fortunas acumuladas pelos intermediários e negociantes, alguns de origem israelita" (*Sobrados* 113). Nestas páginas, o narrador de Freyre registra positivamente a função dos judeus no comércio, declarando enfaticamente o seguinte:

> Mas não foi, de modo algum, o judeu no Brasil colonial um parasita que só tivesse sugado a riqueza do outro — o "Cristão velho".... Não importa que esse capital, eles [os judeus] o desenvolvessem com o talento, especializado nos "homens de nação" por uma experiência muitas vezes secular". (*Sobrados* 116)

Aqui surge uma explicação neolamarckiana, frisando a experiência cultural milenar dos judeus. Mas curiosamente na página seguinte, judeus e não-judeus mineiros são mencionados como intermediários que também eram conhecidos como "comboeiros": "Um cronista das minas de diamante define o comboeiro: 'o comboeiro era o judeu usurário [...]. O comboeiro era o hediondo vampiro.' O mineiro temia-o; fugia dele; mas afinal 'a necessidade ou novas esperanças o lançavam em suas garras'" (*Sobrados* 117). De novo, temos a metáfora das "garras" mas esta repetição da imagem representa mais uma vez a manifestação da memória histórica coletiva, e também performativa, demonstrando o poder destas imagens do judeu no Brasil.

No segundo capítulo de SM, "O engenho e a praça; a casa e a rua", aparecem os judeus que eram mascates espertos que muito senhor de engenho odiava mas, "por cima, hospedava" (141). Este capítulo também explica os papéis de muitos mascates judeus que moravam na Rua dos Judeus; e no Capítulo V, "O sobrado e o mucambo", há referências ao bairro dos judeus. Ao voltar à época do domínio holandês no Capítulo VII, "O brasileiro e o europeu", para evocar a europeização do Brasil, o narrador dedica várias páginas à contribuição dos sefarditas:

> [...] atuou entre nós, no sentido de diferenciação social e intelectual dos colonos, poderosa corrente de cultura sefárdica: a de judeus portugueses vindos de Amsterdã. Aliás, parece que já encontraram aqui, principalmente na Bahia, praticando a medicina, numerosos cristãos-novos; outros no comércio e até na indústria do açúcar (*Sobrados* 440).

Neste capítulo, os judeus sefarditas são descritos como gente "quase de casa" e apreciados por causa de sua cultura cosmopolita e da mediação plástica da técnica judaica, "tão cheia de tentáculo por toda parte" (*Sobrados* 447). A mesma metáfora surge aqui mas dentro de um contexto ilustrando os benefícios trazidos pelos judeus para o Brasil. Quando Needell interpreta os judeus vistos por Freyre como agentes modernizantes associados ao declínio do sistema patriarcal (Needell 73), ele sublinha demasiadamente a nostalgia de Freyre como um fator contra o progresso do Brasil. Do ponto de vista do narrador gilbertiano, não é para desprezar o papel dos judeus como agentes destruidores da tradição, mas sim para indicar o papel ativo deles na formação e no progresso do Brasil. A predisposição de Freyre pela tradição perante as suas críticas à modernização não se transforma num anti-semitismo. Ao contrário, a sua referência em SM ao primeiro poeta do Brasil, Bento Teixeira, ser provavelmente judeu é mais uma amostra da sua apreciação pela cultura judaica, junto com as várias referências à probabilidade dos protagonistas serem judeus em *Diálogo das grandezas do Brasil*, de Ambrósio Fernandes Brandão.

Nos próximos livros, *Ordem e progresso* (1959) e *New World in the Tropics: The Culture of Modern Brazil* (1959), uma expansão do livro *Brazil: an Interpretation*, Freyre aponta para judeus famosos como o editor, o "Judeu" Garnier, (*Ordem* 150-151). E no mesmo livro, também compara a segregação dos judeus nos Estados Unidos, nos seus "guetos," em contraste com a integração destes no Brasil, apesar de existir no "trópico" preconceitos manifestados por certos indivíduos. Em NWT há uma alusão ao início da literatura judaica no continente americano, manifestada pela publicação de um poema pelo Rabino Aboab da Fonseca, residente do Recife. E é neste volume, que o narrador discute o papel dos mouros e dos judeus na Espanha e em Portugal para mostrar o comportamento fluído e a grande contribuição destes dois grupos para a integração social em oposição à segregação (*New World* 38-53). Confirmando os momentos do antagonismo histórico contra estes grupos, o narrador também registra que estes grupos étnicos serviram como "um estímulo à diferenciação e ao progresso" (*New World* 50). Os judeus sefarditas em Portugal são descritos positivamente como um dos elementos que contribuíram à heterogeneidade étnica e cultural da população portuguesa que em seguida influenciou a composição étnica do Brasil.

No seu livro, *Brasis, Brasil e Brasília* (1968), Freyre enfatiza, com uma linguagem já familiar ao leitor, o elemento heterogêneo e plural da cultura brasileira que esclarece ainda mais a sua perspectiva articulada nos livros anteriores, sobretudo na trilogia: "Os Brasis se situam, quase todos, sobre um trópico que sendo singular é também plural: constituído por vários trópicos" (16). Este pluralismo não apaga a existência de preconceitos mas, sim, representa o conceito de integração social acima de segregação ou separatismo. Estamos insistindo nesta perspectiva freyreana porque ela acompanha a nossa conclusão sobre a abordagem do seu discurso sobre as etnias no Brasil:

> Pois voltemos a este ponto –o Brasil não é monolítico e sim vário. O trópico brasileiro não é o mesmo, em todas as regiões do país, porém diverso. A unidade brasileira é do que se nutre para ser o espantoso fenômeno sócio-ecológico que é: da diversidade de regiões – Brasis no plural – que se interpenetram, completando-se no Brasil: no Brasil singular. (*Brasis* 19)

Ao empregar a palavra "pluralismo", Freyre está se referindo à "co-existência de diferenças sociais ou culturais, ou étnico-sociais" (*Brasis* 27). Quando ele se entusiasma nos momentos em que ele alude a uma sociedade, "sem prejuízos", ou indiretamente ao mito da democracia racial (que obviamente não existe no Brasil), ele não está falando da inexistência de preconceitos, mas sim do aparente convívio social, isto é, da ausência de grandes obstáculos institucionalizados à integração social dos grupos étnicos, apesar, ao nosso ver, desta integração frequentmente ser meramente superficial. Obviamente, ele menospreza o tratamento contra o negro e também contra outros grupos étnicos, mas como Fernando Henrique Cardoso comenta na sua apresentação a CGS: "Mostrou, com mais força de que todos, que a mestiçagem, o hibridismo, e mesmo (mistificação à parte) a plasticidade da convivência entre contrários, não são apenas uma característica, mas uma vantagem do Brasil" (28).

Desejamos frisar a palavra "híbrido" porque, além dela ser tratada por muitos pesquisadores, inclusive por Araújo no seu estudo inovador, acreditamos que este hibridismo é regularmente encarado somente como a manifestação de antagonismos, binários, contrariedades, ambivalências. Mas para nós, é significativo ultrapassar esta definição restrita do híbrido para alcançar a amplitude do sentido gilbertiano do plural. Se o *Dicionário Aurélio* define o híbrido como o "cruzamento de espécies diferentes" ou de "elementos antagônicos," para Freyre, o híbrido significa também o amalgamento de elementos e pensamentos diferentes, diversos ou antagônicos, no sentido heterogêneo e pluralista. A nossa abordagem sobre o discurso gilbertiano tem-se apropriado de certas observações feitas por Araújo, especialmente no último capítulo sobre oralidade e ambigüidade, intitulado "Conclusão: Dr. Jekyll and Mr. Hyde". Concordamos com as conclusões de Araújo que analisa com destreza a ambigüidade lingüística e o equilíbrio de antagonismos na linguagem do discurso, por exemplo, em CGS. Mas ao mesmo tempo, Araújo esclarece como o emprego gilbertiano da linguagem e do estilo populares contribuem para construir uma perspectiva instável:

> O tom de conversa, de bate-papo que ela propicia, parece facilitar sobremaneira que ele arme um raciocínio francamente paradoxal, fazendo com que a cada avaliação positiva possa se suceder uma crítica e *vice-versa*, em um *ziguezague* que acaba por dar um caráter antinômico à sua argumentação. (208)

Como adição às observações de Araújo, desejamos sugerir o conceito do híbrido mas aplicado no seu sentido de amalgamento. É na manifestação inter-étnica das culturas, semelhante ao título de um dos seus livros – *Interpretação do Brasil: aspectos da formação social brasileira como processo de amalgamento de raças e culturas* – que Freyre registra o dinâmico fenômeno intercultural praticado ao longo da sua história em que os judeus exerceram um papel não insignificante. Roberto DaMatta na sua "Apresentação" a SM comenta sobre as diversas presenças étnicas na História do Brasil, insistindo que GF nunca viu o Brasil como homogêneo: "no Brasil gilbertiano, não há nada inadequado, patológico, tarado ou fora do lugar [...] Gilberto viu o Brasil antropologicamente, com o que ele tinha e com o que era [...] Para ele, o diferente não significa inferioridade ou, muito menos, superioridade" ("O Brasil como morada" 16).

Para concluir, regressamos a CGS para o famoso Prefácio para ilustrar como a posição de Freyre sobre os judeus, desde muito cedo, era culturalista e não racial:

A formação patriarcal do Brasil explica-se tanto nas suas virtudes como nos seus defeitos, menos em termos de "raça" e de "religião" do que em termos econômicos, de experiência de cultura e de organização da família, que foi aqui a unidade colonizadora. Economia e organização social que às vezes contrariaram não só a moral sexual católica como as tendênicas semitas do português aventureiro para a mercancia e o tráfico. Spengler salienta que uma raça não se transporta de um continente a outro; seria preciso que se transportasse com ela o meio físico. [...] De condições bioquímicas talvez mais do que físicas; as modificações por efeito possivelmente de meio, verificadas em descendentes de imigrantes – como nos judeus sicilianos e alemães estudados por Boas nos Estados Unidos – parecem resultar principalmente do que Wissler chama de influênica do *biochemical content*. (34-35)

Para Freyre, ao lado da noção do "bio-chemical content" e a importância neolamarckiana do meio, emergiu a sua afinidade com "a ênfase dada pela Etnologia à idéia de trabalho de campo, dimensão empática e biográfica da atividade etnográfica" (Araújo 191). Todos estes fatores contribuíram para o seu modo pessoal e performativo de "dramatizar" a presença do étnico na colonização do Brasil; neste caso, o judeu como intermediário ativo e dinâmico, agindo interdependentemente dentro do amalgamento das diversas culturas do Brasil.

NOTAS

[1]   Ver em Obras Citadas: Marcos Chor Maio ("O mito judaico"), Ricardo Benzaquen de Araújo e Samuel Putnam como defensores de GF contra ataques de anti-semitismo atribuído ao sociólogo. Estes estudiosos defendem abertamente Freyre contra acusações anti-semitas. No caso de Samuel Putnam, tradutor de *Casa-Grande* (*The Masters and the Slaves*. New York: Alfred A. Knopf, 1946), este defende Freyre num comentário seu que aparece na edição de 1946, a tradução em inglês de CGS que eliminou trechos potencialmente negativos sobre os judeus e a prática da usuaria. Sem mencionar estas omissões, alias notado por Needell como prova (?) do anti-semitismo de Freyre, Putnam declarou o seguinte que foi citado por Needell no seu estudo: "that Putnam felt compelled to state (230 n.105), regarding Freyre's attitude, that 'the reader should bear in mind that what he [Freyre] is striving for, here as elsewhere throughout his work, is the rigorous objectivity of the social scientist... Historical circumstance happened to identify the Portuguese Jew with mercantilism and 'plutocracy' in this era

...but to assume from this that the author regards such attributes as permanent racial ones is to contradict the very method of historical determinism that he professes and so consistently endeavors to practice'". O fato de Putnam não mencionar a omissão de trechos potencialmente voláteis nesta tradução americana não confirma o anti-semitismo de Freyre. Preferimos sugerir que a responsabilidade por esta omissão talvez reste mais com o próprio editor, o judeu Alfred Knopf, e a sua famosa casa editora em Nova York. O comentário de Putnam, junto com os argumentos feitos por Maio e Araújo, coadunam com o nosso ponto de vista sobre a abordagem histórica mantida por Freyre.

2   Além de Needell, é difícil encontrar documentação negativa sobre a questão judaica e Freyre, a não ser o comentário feito por Darcy Ribeiro que acusa Freyre de anti-semitismo no seu "Prólogo" à edição venzuelana de *Casa-Grande y Senzala* (Caracas, 1977): xx-xxii, quando ele critica o retrato gibertiano de ser uma caricatura implacável do judeu. Ribeiro continua aludindo à suposta defesa gilbertiana da Inquisição, à sua condenação dos judeus como financeiros parasitas e, por isso, à sua suposta influência negativa sobre o bacharelismo. E é aqui que Ribeiro menciona a famosa omissão na tradução de 1946, que Needell empregou como prova (aliás, não muito convincente) do anti-semitismo de Freyre.

3   Ao longo do nosso estudo, referimos à edição mais recente de *Casa Grande & Senzala* (S.P. Global, 2003) por esta ter notas bibliográficas revistas e índices atualizados.

4   Numa nota de rodapé, Araújo, ao falar dos famosos "antagonismos" em Freyre faz um breve comentário sobre o lado "performativo" do seu discurso: "nosso autor os preserva através das suas posições que dispensam um tratamento menos estável, mais 'performático' à noção de cultura no interior da Antropologia" (205). Ao nosso ver, a abordagem discursiva de Freyre é sumamente performativa.

5   No meu estudo inédito, intitulado, "*Com jeito vai*: The Braided (Situated) Cultures of Brazil and the Literary Quest for Identity", é acentuado a flexibilidade social, conceito articulado por Antonio Candido na sua "Dialética da malandragem" e aplicado aqui para demonstrar o ser brasileiro motivado pela multiplicidade social, evocada pelo desenho do arlequim, introduzido pelo modernista Mário de Andrade. Ver também Vieira, "Hybridity, Narrative and Brazilian Cultural Identity".

Obras Citadas

Alcântara, Marco Aurélio de. *Aspectos da aculturação dos judeus no Recife*. Recife: Imprensa Oficial, 1956.

Araújo, Ricardo Benzaquen de. *Guerra e Paz: 'Casa-Grande e Senzala' e a obra de Gilberto Freyre nos anos 30*. Rio de Janeiro: Editora 34, 1994.

Barthes, Roland. "Senhores e escravos". *Folha de S. Paulo* (24 julho 1987): B-8.

Booth, Wyane C. *The Rhetoric of Fiction*. Chicago: University of Chicago Press, 1961.

Cândido, Antônio. "Poesia e ficção na autobiografia". *A educação pela noite e outros ensaios*. São Paulo: Editora Ática, 1987. 51-69.

Cardoso, Fernando Henrique. "Um livro perene" (Apresentação). *Casa-grande & senzala: Formação da família brasileira sob o regime da economia patriarcal*. Gilberto Freyre. 48a edição. São Paulo: Global Editora, 2003. 19-28.

Cascudo, Luís da Câmara. *Mouros, franceses e judeus: três presenças no Brasil*. São Paulo: Perspectiva, 1984.

Coutinho, Edilberto. *Gilberto Freyre*. Nossos Clássicos, 117. Rio de Janeiro: Agir, 1994.

_____ *A imaginação do real: uma leitura da ficção de Gilberto Freyre*. Rio de Janeiro: José Olympio, 1983.

DaMatta, Roberto. "A Originalidade de Gilberto Freyre". *Anpocs Boletim impormativo e bibliografico de ciencias sociais* 24 (1987): 3-10.

_____ "O Brasil como morada: Apresentação para *Sobrados e Mucambos*". *Sobrados e Mucambos*. Gilberto Freyre. São Paulo: Global Editora, 2003. 11-26.

Fonseca, Edson Nery da, org. *Casa Grande e Senzala e a crítica brasileira de 1933 a 1944*. Recife: Companhia Editora de Pernambuco, 1985.

_____ *Gilberto Freyre de A a Z: Referências essenciais à sua vida e obra*. Rio de Janeiro: Zé Mário Editor, 2002.

Freyre, Gilberto. *Brasis, Brasil e Brasília: sugestões em tôrno de problemas brasileiros de unidade e diversidade e das relações de alguns deles com problemas gerais de pluralismo étnico e cultural*. Rio de Janeiro: Gráfica Record Editôra, 1968.

_____ "Brazilian Melting Pot: the Meeting of Races in Portuguese America". *Perspective of Brazil: An Atlantic Monthly Supplement.* New York: Intercultural Publications, 1956. 8-12.

_____ *Casa Grande & Senzala: Formação da família brasileira sob o regime da economia patriarcal.* 48 ed. São Paulo: Global, 2003.

_____ *Heróis e vilões no romance brasileiro.* São Paulo: Cultrix, 1979.

_____ *Interpretação do Brasil: aspectos da formação social brasileira como processo de amalgamento de raças e culturas.* Olívio Montenegro, trad. Omar Ribeiro Thomaz, org. São Paulo: Companhia das Letras, 2001.

_____ *New World in the Tropics: The Culture of Modern Brazil.* New York: Knopf, 1959.

_____ *Ordem e Progresso/Order and Progress: Brazil from Monarchy to Republic.* Rod W. Horton, trad. New York: Knopf, 1970.

_____ *Pessoas, Coisas e Animais.* Porto Alegre: Ed. Globo, 1981.

_____ *Sobrados e mucambos: Decadência do patriarcado rural e desenvolvimento do urbano.* 14a ed. Revista. São Paulo: Global Editora, 2003.

_____ *Tempo de aprendiz: artigos publicados em jornais na adolescência e na primeira mocidade do autor (1916-26).* José Antônio Gonsalves de Mello, org., 2 vols. São Paulo: IBRASA; (Brasília); INL, 1979.

_____ *Vida, forma e cor.* 2ed. Rio de Janeiro, 1987.

Grillo, Cristina. "Sociólogo é associado ao modernismo". *Folha de S. Paulo* (17 agosto 2000): E-5.

Grün, Roberto. Identidade e representação: Os judeus na esfera política e a imagem na comunidade". *Revista Brasileira de Ciencias Sociais* 26/9 (out. 1994): 123-148.

Machado, Cassiano Elek. "USP acerta contas com Gilberto Freyre". *Folha de S. Paulo* (17 ago. 2000): E-5.

Maio, Marcos Chor. "O fator judaico". *Folha de S. Paulo* (19 novembro 1995): 16.

_____ "O mito judaico em *Casa Grande e Senzala*". *Arché Interdisciplinar* IV/10 (1995): 85-102.

Needell, Jeffrey D. "Identity, Race, Gender, and Modernity in the Origins of Gilberto Freyre's *Oeuvre*". *American Historical Review* 100/1 (February 1995): 51-77.

Ribeiro, Darcy. "Prólogo". *Casa-Grande y Senzala* de Gilberto Freyre. Caracas: Ayacucho, 1977. xx-xxii.

Tropicalizaciones y globalización: Gilberto Freyre y la migración brasileña en los Estados Unidos

Jossianna Arroyo
University of Texas

> Somos dos que acreditam ser a política chamada anticolonialista, não diremos oficial, dos Estados Unidos, mas de alguns de seus politicos na Africa e no Oriente, uma preparação para seu dominio ecônomico e veladamente político em áreas tropicais.
> Gilberto Freyre, "Uma política transnacional de cultura para o Brasil de hoje" (30)

> No jores New Yores
> Your whip is so strong
> Not all can walk your line
> We walk it with our hands
> And survive
> Like seashell necklaces.
> Víctor Hernández-Cruz, "Side 33"
> *Tropicalization*

Trópicos, *tropicalizations*

En el año 1918 Gilberto Freyre llega a la Universidad de Baylor en Texas con una beca de la Iglesia Bautista otorgada por el Colégio Americano Batista de Recife al que asistió en sus años de juventud. Freyre, como señala Vamireh Chacon, formaba parte del reclutamiento activo de hijos de la oligarquía pernambucana por universidades de Estados Unidos. Será durante esos dos años de estudiante en Baylor, Texas, que el joven Freyre irá formando sus visiones sobre la sociedad, la cultura y la política en los Estados Unidos. Si sus observaciones de la vida de los mexicanos en ciudades como San Antonio y en la frontera con México, fueron definiendo su latinoamericanismo, será una escena específica la que le abrirá los ojos a lo que más tarde serían sus teorías de la *democracia racial* y el *lusotropicalismo*. En palabras citadas del *Diario de juventud* de Freyre:

> Ao passar por uma cidade o vila chamada Waxahaxie senti um cheiro intenso de carne queimada, ao ser informado com relativa simplicidade: "É um negro que os *boys* acabam de queimar. Seria mesmo odor de negro queimado? Não sei.– mais isto sim me arrepiou e muito. Nunca pensei que tal horror fosse possível nos Estados Unidos de agora. Mas é. Aqui se lincha, se mata, se queima negro. Não é fato isolado. Acontece várias veces. (Chacon 56)

El espectáculo del linchamiento en el sur de los Estados Unidos pone a Freyre en el centro de las contradicciones de la "democracia" y la libertad estadounidense.[1] Si el olor a carne quemada define ese instante contradictorio de la ética moderna en los Estados Unidos en el que subyacen claramente la relación directa entre el capital, la esclavitud y el racismo, Freyre utilizará estos mismos puntos para definir sus ideologías brasileñas de la *democracia racial* y el *lusotropicalismo o tropicalismo*. Definidas mayormente en sus ensayos *Casa Grande e Senzala* (1933); *Sobrados e Mucambos* (1936), *Ordem e Progresso* (1940); *Sociología* (1940) y su ensayo en inglés *New World in the Tropics: The Culture of Modern Brazil* (1954); la *democracia racial* y el *tropicalismo* ofrecían análisis de la sociedad de plantación azucarera en el Nordeste brasileño (Bahia, Pernambuco), en el que se le daba una importancia crucial a la gestión "democrática" de la colonización portuguesa. Aquí las relaciones de poder entre amos y esclavos creaban para Freyre un marco social de "consenso" en el que todos los elementos de la cultura producían no sólo una nueva civilización (la brasileña), sino un modelo étnico-social de integración de las poblaciones africanas, que podia extenderse, según Freyre a todas las sociedades del "complejo tropical" colonizadas por Portugal, en África, Asia y las Américas. En palabras de Fernando Arenas: "Lusotropicalism as an ideology provides a discursive nexus of cultural and political exceptionalism in order to explain Portuguese, Brazilian, as well as Lusophone individualized identities" (8). En ese sentido, para Freyre, hablar de cultura y definir "lo brasileño" era una forma de hablar de política y en esta coyuntura histórica, discutir la injerencia política del Brasil en el mundo. Existe, pues, un tono ufanista en esta propuesta política:

> "Luso-tropical civilization" is an expression I have suggested to characterize what seems to me a particular form of behavior and a particular form of accomplishment of the Portuguese in the world: his tendency to prefer the tropics for his extra European expansion and his ability to remain successfully in the tropics-from a cultural and an ecological point of view (*New World* 154)

Freyre utiliza términos como "transplantação", "cordialidade" e "hibridação" para describir la colonización portuguesa como zona cultural y sentimental. En ese sentido, las "estructuras de sentimiento" de Portugal como líder de las naciones tropicales inaguran un tipo de "voluntad transnacional" que se mantendrá en la definición freyriana del lusotropicalismo especialmente después de los años cincuenta y sesenta.[2] Aunque análisis recientes, específicamente desde el campo de los estudios culturales y subalternos latinoamericanos, han destacado la insuficiencia del tropicalismo y la transculturación, específicamente, en su equivalencia con las fantasías de igualdad étnico-social de la *hibridez* y el *mestizaje*,[3] las relecturas de estas teorías desde el campo de los estudios caribeños y latino-estadounidenses, recuperan un elemento fundamental de las mismas que no ha sido explorado en detalle: el carácter postcolonial, transnacional y global de su visión, en otras palabras, el hecho de que ambas teorías hablan claramente sobre desplazamientos de economías, productos y poblaciones en situaciones de poder colonial y neocolonial.

Sin embargo, aunque este "intelectual tropical" colonial y postcolonial muchas veces participa, como ve Gareth Williams, en los procesos de formación y hegemonía del Estado nacional, aún posee un lugar de enunciación problemático, ambigüo y desautorizado. Esta visión se asocia a los discursos de poder colonial de lo que Ramón Grosfoguel define como capitalismo histórico:

> Historical capitalism has consisted in a network of global oppression and colonial power since its beginning in the sixteenth century. The word "capitalism" is in fact deceptive

because it calls to mind an economic system, when in reality it transcends economic relations, instituting racial, sexual, gender, spiritual, linguistic and epistemological relations articulated through a matrix of colonial power that establishes the biological/cultural superiority of populations of European origin over non-European populations. (Grosfoguel 117)

Es así como al hablar del lugar de enunciación o de origen del campo intelectual en Freyre, como en muchos intelectuales latinoamericanos, entramos en un espacio complejo. El mismo uso de la palabra "tropicalismo" en Freyre es ya de por sí un lugar de enunciación que maneja estas dinámicas de poder colonial, ya que lo "tropical" para los intelectuales que definían la modernidad a partir de Europa era visto de forma negativa. Los intelectuales y los pueblos tropicales eran en su mayoría resultado de un atraso económico, histórico y racial. La inversión que hace Freyre al "tropicalizar" no sólo su escritura sino también su visión sociológica del Brasil hace que su obra se mantenga, a pesar de las críticas de su visión racial, de clase y de género, como uno de los centros de la ideología cultural brasileña.

Al definir muchos de estos discursos "originales" y "propios" Gilberto Freyre establece un diálogo en común con los intelectuales postcoloniales del Caribe o de la "América tropical" que se mantiene vivo hasta hoy.[4] Este ensayo no quiere, sin embargo, regresar a esa conexión que mantuvo Gilberto Freyre con estos intelectuales, entre ellos el cubano Fernando Ortiz y su concepto de transculturación, sino analizar las relecturas que ambos conceptos han suscitado recientemente en los estudios latinos contemporáneos. Me refiero específicamente a la de un grupo de escritores y pensadores "tropicales" que desde los estudios literarios-culturales y la sociología han establecido un nuevo diálogo, que –considero– retoma creativamente ambos conceptos. Mi propósito en ese sentido es doble: por un lado, definir las dimensiones teóricas que hacen que el tropicalismo y la transculturación se renueven, desde ejes políticos y situacionales distintos; por otro lado, verlas como teorías que definen instancias agenciales y prágmaticas que ofrecen alternativas políticas y culturales para las poblaciones del "complejo tropical " en los Estados Unidos.

Es así como este ensayo se hace eco del llamado de Frances Aparicio y Alberto Sandoval-Sánchez "de establecer un diálogo crítico y necesario entre los estudios latinoamericanos y los Latino Studies" (665), que renueve las dimensiones de los debates actuales sobre la cultura. No pretendo, sin embargo, tratar de entrar en el campo de Latino Studies para resolver las encrucijadas críticas del campo del latinoamericanismo tradicional. Esto sería, como ven Aparicio y Sandoval-Sánchez, otro gesto colonizador de una disciplina que hoy se ve como "algo nuevo", o "que está de moda", un hecho que ignora la historia de Latino Studies desde las luchas por los derechos civiles en los años sesenta (691). Lo que me interesa es renovar las visiones críticas sobre el tropicalismo y la transculturación a partir de las lecturas de esta disciplina que, aunque tan crucial en muchos debates recientes del latinoamericanismo en el área de los estudios subalternos y los debates sobre el conocimiento y la globalización, no se le ha dado el lugar crítico que merece.[5] Y aunque existe una diferencia clara entre los espacios de enunciación de Gilberto Freyre y el espacio público y de activismo político del que parte el intelectual latino, creo necesario realizar este "puente" crítico para entender las transformaciones de la cultura brasileña en nuestro mundo global. Si, como señala Eduardo Mendieta "the production of culture is always ahead of the criticism of culture" (213), habría que cuestionar no sólo los roles del intelectual "público" latinoamericano sino también su necesidad de salir de los confines geográficos del Estado-nación.

Mi interés en dos antologías "puente" tituladas *Tropicalizations: Transcultural Representations of Latinidad* (1997) editada por Frances Aparicio y Susana Chávez-Silverman y *Mambo Montage: The Latinization of New York* (2001) de Agustín Laó-Montes y Arlene Dávila busca establecer este dialogo interdisciplinario. En la primera antología "tropicalización" aunque no sale directamente de la definición de Freyre, llega como un "saber tropical" y parte de la misma necesidad de afirmar una identidad agencial en los Estados Unidos y dentro de los discursos "igualitarios" de las identidades étnicas y culturales en la globalización. El título sale de las páginas del poeta puertorriqueño radicado en Estados Unidos, Víctor Hernández-Cruz, y permite:

> to embrace not only the Caribbean but places such as México, Latin America and the United States and to include the dynamics of the colony from the space and the perspective of

the colonized and use it as a tool that foregrounds the transformative cultural agency of the subaltern subject. (2)

En ese sentido y como señalan Frances Aparicio y Susana Chávez-Silverman en la introducción al volumen: "tropicalism draws on the value of transculturation as the dynamic, mutual influence that a subordinate and a dominant culture effect upon each other in the 'contact zone' (Pratt) of colonial encounters" (1). En *Mambo Montage* las dinámicas de la pan-latinidad de *Tropicalizations* se centran en la ciudad de Nueva York ofreciendo una visión diversa de los enclaves étnicos caribeños, latinoamericanos y cómo han transformado la metrópolis neoyorkina. Nueva York como ciudad:

> has been a center of imperial power, core capitalist activity, international labor migrations and hemispheric transculturations since the late nineteenth century. As a main locus of economic, political, and cultural power in the modern world system, New York can be defined as a world city. (18)

Partiendo del esquema de la colonialidad del poder de Aníbal Quijano, los autores ven la latinidad como un proceso de formación subjetiva que se compone de "latinization from above" y "latinization from below" como formas de hegemonía y resistencia, modos de conocimiento, formación de comunidades y expresión socio-política y cultural (17-8) y que define: "the contemporary processes of colonial/ racial domination of a racialized/ethnic group without the existence of colonial administrations" (102).[6]

Para fines de este ensayo parto de las propuestas de Aparicio y Chávez-Silverman de los lenguajes "tropicalizados" de las culturas latinas y de la propuesta de Laó de leer a Nueva York como capital global, para analizar varios trabajos recientes sobre la migración de los brasileños a los Estados Unidos. Como una población que se encuentra en las fronteras y al mismo tiempo se invisibiliza en los debates de lo "latino" en los Estados Unidos, los brasileños inmigrantes en Estados Unidos no sólo proveen nuevas lecturas de estas teorías, sino que nos devuelven a los estudios de Freyre, que resaltaban el alcance "cultural" y político futuro de la cultura brasileña. Es así como el excepcionalismo lusobrasileño que lee Freyre, en sus teorías lusotropicales se problematiza ante la realidad del brasileño o lusodescendiente que emigra a los Estados Unidos. Asimismo la "brasileñización" de la cultura, o la cultura que se exporta desde el Brasil es un fenómeno sin precedentes, no sólo para el mundo lusoparlante (Portugal y las ex colonias africanas y asiáticas) sino también en el mercado de los medios de comunicación "hispanos" en los Estados Unidos (la música, la televisión).[7] Si uno de los límites del tropicalismo y de la conexión cultural lusa o "estructura de sentimiento" que Freyre leía en todas las civilizaciones colonizadas por el imperio portugués, era privilegiar la cultura brasileña viendo una "otredad" en el lusoafricano o lusoasiático, parecería que estamos hoy ante una disyuntiva muy particular.[8] Hoy, esta otredad define lo brasileño ya que en Estados Unidos el brasileño es el "otro" por excelencia al no caer en las definiciones de "Hispanic" o "Latino" estadounidense. En otras palabras, mientras que el brasileño emigrante a los Estados Unidos se "invisibiliza" al no caer cómodamente en las definiciones de "Hispanic" o "Latino" que definen a la población emigrante a partir del español, la cultura brasileña pasa a ser un puente que traduce estas mismas dinámicas y relaciones de poder neocolonial.

Si para Freyre Brasil era en niveles socio-culturales "como un archipiélago de islas en un solo continente", este Brasil migrante y globalizado, junto con los emigrantes de toda América Latina y el Caribe va convirtiendo a Manhattan en una isla continental. Aquí la etnografía y la memoria-novelada construyen esas nuevas realidades transculturadas y "tropicales" en las que tanto la raza como el género y la etnicidad se problematizan frente al binario blanco y negro (*black and white*) estadounidense, las divisiones Norte-Sur, y las definiciones tradicionales de la "latinidad." ¿Cómo se representa este Brasil que emigra? y ¿cúales son las posibilidades de un diálogo entre la migración brasileña y las teorías freyrianas globales de la cultura "tropical"?

En América: el trópico brasileño en los Estados Unidos

> Poucas situações têm tanta semelhança com a morte do que as viagens, sobretudo as partidas para o exterior. Quem deixou seu local de nascimento definitivamente experimentou a morte de realidade (paisagens, cheiros, temperaturas,

temperos, ritmos, espaços, cores, relações,
objetos, pessoas e contextos) que ficaram
por lá, no local de origem. Coisas que
pertencem a outro lugar que se deixou para
sempre. Essa terra natal onde abrimos os
olhos para o que, um dia, se tudo correr
bem, vai nos receber de volta com aquela
gloriosa indiferença que nós tanto lutamos
para domesticar e controlar.

Roberto DaMatta, *Brasil fora de si* (24)

El debate sobre los lugares –identitarios, sociales y políticos–
de la migración brasileña ha tomado un giro sin precedentes en
los últimos años. Las noticias recientes sobre la muerte de Jean
Charles de Menezes, un emigrante de Minas Gerais tomado por
terrorista en un metro de Londres, y de las muertes y los
encarcelamientos de brasileños en la frontera entre México y
Estados Unidos, presentan un cuadro trágico en un país que
"traditionally has attracted migrants from Asia and Europe and
has particular pride in its social mobility" (Rother 4).[9] En todas
estas historias de migración la tragedia de lo que José Carlos Bom
Sebe Meihy llama en un libro reciente "Brasil fora de si", vemos
el retrato de un país lleno de fragmentaciones económicas,
psicológicas y culturales que se transmuta y se rehace en los
espacios de la migración. Si, como señala Fernando Ortiz, la
transculturación como "desgarramiento" produce un choque en
el que se mantiene una lucha de poder, este es el mismo factor
socio-cultural de la migración que quiere rescatar Bom Sebe Meihy
(90). Aquí, las historias de migración y las estrategias de
supervivencia que utilizan los emigrantes se producen a partir
de un complejo proceso de transculturación. La historia de la
migración brasileña a los Estados Unidos aunque comienza, según
Bom Sebe Meihy, a partir de los años setenta, adquiere un perfil
económico durante el gobierno de José Sarney en los ochenta y la
crisis político-económica del régimen de Fernando Collor de Mello
en los noventa (20-21).[10] El hecho de que esta migración sea de
carácter urbano y se localice casi toda en las grandes cuidades de
Estados Unidos (Nueva York, Chicago, Boston, Los Angeles, San
Francisco o Miami) no significa que no haya enclaves brasileños
en áreas dedicadas a la agricultura como en áreas del norte de
México o en la frontera con Estados Unidos. Los estudios sobre la

migración brasileña en los Estados Unidos parten en su mayoría de los ensayos etnograficos de Maxine Margolis, *Little Brazil: An Ethnography of Brazilian Immigrants in New York City* (1994) y *An Invisible Minority: Brazilians in New York City* (1998); y han continuado basándose en el tema de la invisibilidad de los brasileños frente a otros latinos (Marrow, Martes, Sebe Meihy). Algunos autores como Helen Marrow, señalan la renuencia de la comunidad brasileña de Boston en identificarse como "Hispanic" y a veces como "Latino", ya que no hablan español y asocian ambos términos con "downward mobility", un factor que diferencia a los brasileños de otros latinos, ya que buscan "integrarse" dentro de la definición de "American." En este sentido, y como señala Marrow, la migración brasileña cuestiona a quiénes se incluyen dentro de la relación Hispanic/Latino (427). Asimismo, la socióloga apunta a la disyuntiva de cómo incluir aquí a los brasileños negros y a otros afro-latinos (caribeños, centroamericanos o sudamericanos) que se identifican más con grupos afroamericanos o también se "invisibilizan" culturalmente en el binario "blanco" y "negro" estadounidense. Siguiendo el pensamiento freyriano tropical o "hispanotropical" puede afirmarse que todas estas disyuntivas étnicas, socio-culturales y económicas colocan a la migración brasileña en un espacio social y político muy similar al de otros emigrantes "tropicales" como los dominicanos, los cubanos y los puertorriqueños. Esta unidad de lo "hispanotropical" que ya Freyre definía en sus ensayos de los años cincuenta, no se da, sin embargo, en un lugar que privilegie al Brasil en el plano económico, sino que coloca a Estados Unidos como líder del mercado económico global.

   ¿Cómo se representa el Brasil que emigra? y ¿cúales son las relaciones identitarias y sociales de los brasileños con otros emigrantes "tropicales" en los Estados Unidos? Una lectura atenta de varias representaciones de la migración brasileña a partir de los años ochenta en la etnografía y la literatura, nos da una visión del Brasil migrante en donde los discursos de identidad, raza, género, clase y etnicidad se problematizan continuamente y en donde los brasileños se encuentran en una "simulación" constante, creando comunidades con otros emigrantes o pasando al espectro de la mexicanidad o la puertorriqueñidad respectivamente. La literatura y la etnografía como narrativas de representación ofrecen por consiguiente un cuadro interesante. Al recuperar este giro de interpretación crítica puramente freyriano busco entender las narrativas de migración de la cultura brasileña desde los ejes complejos de la transculturación como la veía Ortiz, como una negociación tensa, díficil, entre los espacios de poder social, étnico y económico.

Los trabajos etnográficos de Maxine Margolis *Little Brazil: An Ethnography of Brazilian Immigrants in New York City* (1994) y de Jose Carlos Bom Sebe Meihy *Brasil for a de si: expêriencias de brasileiros em Nueva York* (2004) se centran en las experiencias de los "brasucas" o brasileños emigrantes en la ciudad de Nueva York. Como señala Bom Sebe Meihy, Nueva York para los brasileños es un mapa extendido que va desde el estado de Nueva York (Catskill Mountains, Ithaca) a otras áreas como Newark, New Jersey y Brooklyn. Esta misma geografía neoyorkina está presente en la etnografía de Margolis, con un énfasis especial en el área de Nueva York que se conoce como "Little Brazil" en la calle 46. La atracción por los Estados Unidos se da, para ambos autores, a partir de las imágenes que transmiten los medios de comunicación: "the Brazilian media idealize the United States as a sort of promised land, as the salvation of humankind, a nation not riven by the stresses of social and economic have and have-nots" (Margolis 82). Estas representaciones, específicamente a través de las populares telenovelas brasileñas hacen del tema de la migración la épica familiar y nacional contemporánea. Algunas van desde el imaginario de Brasil como tierra prometida (como la telenovela *Terra Nostra*) a Estados Unidos como país del milagro económico como en la más reciente telenovela de TV Globo *América* (Sebe Meihy 22). A pesar de todas estas representaciones de la migración, Margolis destaca cómo los brasileños se diferencian del estereotipo del inmigrante ilegal, especialmente del mexicano que cruza la frontera:

> Almost from the moment I began my research, I knew that Brazilian immigrants in New York City bore little resemblance to this archetypal illegal. They were middle and lower middle class, and many had university education. Hence this also became a tale of a new kind of immigrant, of an immigrant who was not escaping poverty or political repression. Brazilians are economic refugees fleeing from a chaotic economy back home. (xix-xx)

Resulta interesante que a pesar de esta clara diferencia en el nivel de educación y la clase social, muchos brasileños terminan realizando los mismos trabajos que otros inmigrantes no especializados como lavaplatos, taxistas, agricultores, constructores, etc. Sin embargo, los brasileños buscan separarse constantemente de este estereotipo del mexicano o del hispano ilegal –a nivel de clase y étnico– aunque muchas veces permanecen con su visa expirada por muchos años y cruzan la frontera como muchos emigrantes mexicanos (Marrow).[11] Es así cómo el brasileño es ilegal en las áreas de la frontera, mientras que al mismo tiempo busca distanciarse de la marginalidad étnica que encarna la figura del inmigrante ilegal mexicano (o hispano) en los Estados Unidos.

Aunque ambos autores coinciden en que para muchos brasileños en la Gran Manzana no existe un sentido de comunidad (a niveles socio-políticos), tanto los testimonios orales como los recuentos del fútbol, las fiestas de carnaval y los restaurantes hablan de una comunidad cultural activa. Los testimonios de Bom Sebe Meihy recogidos casi diez años después del texto de Margolis y a partir de más de setecientas entrevistas hablan de un sentido de comunidad con un lenguaje propio como se ve en los capítulos " Uma rua para o Brasil?" y " A cara do Brasil". La importancia que le da el autor a la historia oral y al testimonio de sus informantes produce una textualidad en la que la diversidad de voces "brasucas" reproducen un imaginario translocal y transnacional, lo que define como "fora de si": "porque domina nos brasucas, a ausência de um espaço físico, uma resistência em renunciar à brasilidade e aos fatores que motivam fugas disfarçadas em saídas provisórias"(23). A diferencia de Margolis, Sebe Meihy busca en el llamado discurso o lengua "brasuca":

> Como se fossem faces de uma misma moeda, de um lado situam-se os elementos criativos que inscrevem a comunicação a circunstância de imigrante no proceso de adaptação a otro cenário cultural. No verso da moeda, o mesmo mecanismo revela a teimosia em saudar a "brasilidade" como estrátegia de afirmação cultural aparentemente irrédutivel. A fragilidade da conquista da autorização legal para permanecer nos Estados Unidos e a obrigatoriedade de, concomitantemente, dialogar com uma tradição ufanista do Brasil exigem elaborações narrativas complexas e tecidas com fios que sugerem discos

de contradição. É preciso fixar-se exorcizar a culpa de ter deixado o amado país de origem. (225-6)

Si ensayos como *Casa Grande & Senzala* (1933) de Gilberto Freyre y *Raízes do Brasil* (1936) de Sergio Buarque de Holanda crean el mito ufanista de la excepcionalidad brasileña a un nivel social, étnico y cultural, el "brasuca" negocia ambos espacios, el de la patria y el de la migración, desde nuevas perspectivas. En ese sentido, el lenguaje brasuca no sólo toma préstamos del inglés creando una nueva lengua, el *brasiglês* o *portuglês*, sino que expresa la fuerza agencial de construir un lenguaje "tropicalizado" que represente al brasileño transculturado. La presencia de vocablos como "parquear" (*estacionar*), "retirado" (*aposentado*), "oficina" (*escritório*) y "esperto" (*especialista*) entre otros, acerca este *portuglês* a la lengua de muchos emigrantes caribeños "tropicales" en Nueva York, que han mantenido relaciones coloniales con los Estados Unidos, como los puertorriqueños. Este proceso de "puertorriqueñización" de los brasileños, algo que como ven Grosfoguel y Georas está sucediendo también con la migración dominicana, los racializa de un modo distinto ya que los coloca como una "subclase" en una relación negativa ante el capital simbólico estadounidense (108).

La novela *Stella Manhattan* (1985) de Silviano Santiago abre con una escena en la que se destaca este proceso de representación. Eduardo Silva/Stella, el protagonista de la novela, está limpiando su apartamento una fría mañana de octubre. El diálogo con su *alterego* Stella, lleno de gestos, descubren su identidad travestida:

> As she exales, Stella opens her arms and shuts her small almond shaped eyes that long for the tropical sun and the carioca heat of Rio. Before inhaling again, her naughty little south-of the-border odalisque eyes open wide, and Stella continues:
> 'Here's to your health, your sex life and many years to enjoy them." Stella can see, –how she could not see?– the old neighbor across the way observing her through the window with a mixture of curiosity and fright. From the orchestra seat of her sill, she comments on Stella's morning show, making all kind of gestures and directing her words to her husband who is lying in bed. She concludes: "He's nuts", "who's nuts?" "The Puerto Rican who lives in the building across the street". (3-4)

La descripción de Eduardo/Stella como "loco" primero y luego como "puertorriqueño" coloca al protagonista en un lugar interesante. Si bien es cierto que como señala Suzanne Oboler, en el discurso "anglo" sobre las poblaciones emigrantes en los Estados Unidos, "Hispanic" o "Latino" son términos "sombrilla" que tienden a aglomerar las diferencias étnicas, lingüísticas o de clase de muchos inmigrantes, el hecho de que Eduardo/Stella sea comparado con un puertorriqueño ya lo coloca racial y económicamente en una "subclase".

El travestismo y el secreto político como temas centrales de la novela de Santiago hacen que no sólo Eduardo/Stella, sino casi todos los personajes –emigrantes brasileños durante el período de la dictadura y que tienen contactos con las altas esferas del Estado político– se presenten a partir de su identidad "otra" creando un juego de espejos que Danny Méndez describe como "el adentro" y "el afuera" de los personajes (47). Estos códigos de sobrevivencia de la duplicidad travesti se relacionan directamente con la trama política y la homosexualidad. La relación entre la homosexualidad y el Estado aparece a partir de dos personajes principales, Viána/ La viuda negra, representante del Estado opresor brasileño y Paco/ La cucaracha, un disidente político homosexual cubano que se exilia luego de la revolución cubana de 1959. Paco/ La Cucaracha es el único amigo de Stella, y con el que como señala Danny Méndez, se recrea una relación de añoranza del Brasil en donde se forjan nuevas relaciones de comunidad. Sin embargo, estas relaciones no están extentas de las relaciones transculturadas de poder, raza y clase social con las que llega Eduardo/Stella. Paco/ La Cucaracha se convierte en una figura maternal que representa a la nana negra de Eduardo en Brasil. En ese sentido retoma un lugar racial y feminizado. En palabras de Méndez: "Paco is a mulatto man who is poor and has been forced to enter and then to leave an opressive political system founded on 'strong *hombres nuevos*'" (51). Por otro lado y como ve Méndez, Stella aunque es el lado travesti de Eduardo, es el lugar desde donde se realizan las visiones hegemónicas de raza, clase y lo apolítico (50). Cuando Stella recoge la casa se desdobla y se "convierte" en Bastiana y en Stella, en una diálectica de amo-esclavo:

> When she has to clean the bathroom she holds her nose, mutters under her breath and calls her friend Bastiana for help,

she can do anything. *Me? I am not cut out for that, Stella says to herself. I rather like cooking but I'd never soil my angelic fairy hands on that mess. God help me!* She blesses herself all over as that could keep the mess far away…Bastiana goes about her house cleaning chores, docilely obeying Stella's instructions. (13)

La relación idílica entre el niño de la casa-grande y la nana, que se ve en *Casa Grande e Senzala* de Freyre aunque reproduce una relación de hermandad entre Paco/La Cucaracha y Eduardo/Stella dos exilados que vienen de contextos raciales y culturales similares (Arroyo, *Travestismos*). Esta fraternidad de los exiliados termina, sin embargo, cayendo en las mismas estructuras racializadas y de clase de sus respectivos contextos nacionales.

Resulta interesante que, aunque Paco se identifique como disidente político y se interese por la situación cubana, no comparta este interés con Eduardo/Stella, quien se identifica como "apolítica". Sin embargo, Eduardo termina envuelto en una trama política a través de Viana, que lo lleva a un final ambiguo. En las últimas líneas de la novela, el narrador cierra con un diálogo similar al que abre el texto. Eduardo ha desaparecido, quizás se ha convertido en "Stella" o probablemente ha sido torturado y asesinado por Viana:

> WOMAN: I always told you he was a dangerous man. The newspaper says he is a communist.
> HUSBAND: Please tell me, who's a communist?
> WOMAN: The Puerto Rican, you dope.
> HUSBAND: I'll bet he is. They all are. That's why they come to this country to bring it down.
> WOMAN: You don't have to worry, this time they are really going to kill him. (211-2)

En este sentido, las alianzas entre estos emigrantes "tropicales" se encuentran determinadas por el lugar que se le concede en el imaginario político-social estadounidense. El hecho de que la definición de "comunista" se asocie con las luchas independentistas o los reclamos de identidad del nacionalismo puertorriqueño –por la relación colonial que tiene Puerto Rico con los Estados Unidos– hace del brasileño travesti un sujeto colonial ambivalente, bicultural y multilingüe, que se convierte en sujeto político.[12]

Este tema de la subjetividad neo-colonial y el "pasar" por otro, es el centro de la novela de migración de Luiz A. Scotto *46th Street: o caminho americano* (1993). En esta novela los protagonistas Antonio y Helena llegan del Brasil con un cargamento de cocaína, una operación organizada por Marques y Percy, dos brasileños "transculturados" a la usanza de Nueva York. Marques, quien tiene una agencia de buscar empleos para brasileños en la calle 46, es por un lado el que los ayuda a organizar sus vidas, y también el que influye en su destrucción. El eje de la novela es Helena, la novia de Antonio, que logra conseguir un empleo en una cafetería y por medio de Carlos, un brasileño académico que se encuentra en Nueva York con una beca Rockefeller, logra arreglar el matrimonio con un estadounidense para obtener la visa. Lo que Antonio descubre al final de la novela es que Helena no sólo lo ha estado engañando con Carlos, sino que le ha robado su parte de la droga para pagar su matrimonio. Luego de que Marques y Percy arreglan el arresto de Carlos por posesión de la droga, Helena muere de forma violenta asesinada por Antonio (151). La muerte de Helena con un bolígrafo insertado en su oído es una metáfora de la escritura y del lugar del escritor en esta novela. Resulta significativo que la "traición femenina" de Helena se encuentre mediada por la influencia de Carlos, un académico becado por la fundación Rockefeller, que no conoce las relaciones de Antonio con Marqués y Percy. Es como si el mundo del "malandragem" que se describe en la novela no pudiese ser interpelado por Carlos (el intelectual) ni tampoco por los americanos que compran la droga. La novela de Scotto tiene un final circular, ya que abre con la llegada de Antonio y Helena al aereopuerto de Newark y cierra con el viaje de Marques a Japón en el aereopuerto John F. Kennedy. El tema de cómo son los brasileños que emigran y cúales son sus características se mantiene. Si para Percy los brasileños tienen un problema (que quieren vivir en Nueva York "como si vivieran en Brasil"), verlos en el aereopuerto ya de regreso es una "diversión". Nuevamente, aquí Percy y Marqués asumen un ojo etnográfico:

> –Vamos até ao embarque da Varig para ver os brasileiros
> –Ver brasileiros? meu, Tem dó?
> –Mas que merda! Serão os últimos que vou olhar em bom tempo!

O taxi parou e eles desceram. Espiaram pelo vidro e começaram a reir na calçada. A sala de recepção da Varig era bem maior que uma geladeira: de um lado ficava o balcão, de outro o elevador que leva ao embarque e no meio estava a cena. Um monte de chapéus de cowboy como um canteiro de cogumelos. As crianças com camisas de times de basquete por cima dos casacos pareciam os meninos pobres do Harlem. O que mais chamava a atenção de Marques era o fato de as mulheres brasileiras saírem daqui fantasiadas de porto-riquenhas. Explodindo dentro dos jeans, lenços por todos o corpo e jóias, muitas jóias. Nenhuma sala de embarque era tão divertida. Mas a moral da história é que o pobre sempre se identifica com o pobre. Em qualquer parte do mundo, sempre. (157, 159-60)

Resulta interesante que aquí a través del ojo etnográfico de Marques y Percy, vemos la duplicidad del narrador ante el Brasil migrante: el lugar de la diferencia, y el de la solidaridad con el otro. También a través del vestuario se reproduce una serie de imágenes del consumo relacionada con la globalización de la cultura estadounidense como el sombrero de vaquero y las camisas de deportes, asociadas a lo afroamericano (niños pobres de Harlem) y a lo latino (lo puertorriqueño) en su versión de "subclase" o "ghettización". Las "islas continentales" y geográficas que Freyre lee en el Brasil, producen, en Manhattan, un nuevo espacio "tropicalizado" en donde los retratos del Brasil migrante y que transita entre aeropuertos habla de nuevas estrategias de resistencia, interpretación y negociación del saber intelectual. ¿Cómo entender estos cambios a partir del discurso de la cultura global? y ¿de qué modos el tropicalismo freyriano puede establecer un diálogo que represente estas transformaciones de la cultura de los brasucas en los Estados Unidos?

Desde el trópico brasileño: Freyre y el pensamiento postcolonial

Mãos brasileiras
brancas, morenas, pretas, pardas, roxas
tropicais
sindicais
fraternais.
Eu ouço as vozes
eu vejo as cores

eu sinto os passos
desse Brasil que vem aí.
Gilberto Freyre, "O outro Brasil que vem
aí" *Poesia reunida*, 16-7

Encontro muita poesia nos mapas
Gilberto Freyre, "Os mapas" *Poesia reunida*,
85

Con el fin de contestar esta pregunta habría que regresar a la visión de la colonialidad del poder que define Aníbal Quijano, para entender el rol del intelectual postcolonial como Gilberto Freyre y específicamente, cómo se representan las poblaciones que emigran. La migración por causas económicas habla del poder del capital transnacional y de sus estrategias de dominación. En ese sentido, como se ve en las etnografías de Margolis y Bom Sebe Meihy y en las novelas, hablamos de un capital humano que comparte con las otras poblaciones emigrantes un lugar subalterno. Si bien es cierto que los brasileños negocian muchas de las políticas étnicas y de clase de la latinidad, también son una minoría "invisible" dentro de las definiciones tradicionales angloamericanas como "Hispanic" (al que no pertenecen por causa del idioma) o "Latino". El lugar de la migración brasileña exige nuevas formas de interpretación no sólo de las teorías "tropicalistas" freyrianas sino también del mismo discurso inclusivo de la latinidad. En estos niveles interpretativos, el intelectual postcolonial debe adquirir un nuevo rol, como ha visto Eduardo Mendienta, un nuevo saber, en donde se resalte un discurso pragmático y crítico que cubra los roles económicos, raciales y socio-culturales de estas poblaciones (225). Estoy de acuerdo con Mendieta en que aprender de las estrategias políticas de los intelectuales públicos afroamericanos como Cornel West es una vía. La otra es traer las contribuciones de los intelectuales latinos que tienen un rol público y pedagógico similar al de los afroamericanos, y que emergen junto a ellos desde las luchas por los derechos civiles en los años sesenta, al campo de los estudios latinoamericanos. Es a partir de ahí que leo el lusotropicalismo freyriano y la transculturación orticiana, ya transformadas en "tropicalization" por Víctor Hernández Cruz y en estrategias de negociación socio-cultural de los brasucas en los Estados Unidos.

Gilberto Freyre continuó trabajando en sus teorías del complejo tropical a través de seminarios en su nativa Pernambuco hasta su muerte en el año 1987. Esta obsesión con la teoría "tropical" si bien buscaba encontrar un lugar cultural y geopolítico de importancia para el Brasil como señala Piñero Iñiguez, también quería establecer un diálogo entre Asia, África y América, los lugares en donde llegó la colonización portuguesa. Freyre no logró este diálogo ya que a pesar de haber vivido en los Estados Unidos y de ser un intelectual mediado por el saber académico de la antropología de la escuela de Boas, mantuvo su visión cultural en un contexto regional el de su nativa Pernambuco que se trasladó a lo nacional. Aunque como ya he señalado anteriormente, esto lo pone en diálogo con sociólogos y antrópologos que definían el modelo de la economía de plantación azucarera y lo "afroamericano", como Fernando Ortiz, Sydney Mintz o Melville Herskovitz, sus teorías se hicieron con una perspectiva "lusa" que buscaba distanciarse del modelo de la colonización hispana, para dar cuenta de la diferencia de la colonización portuguesa. También su trato de los conflictos de raza y clase que para él eran inexistentes en el Brasil le quitó fuerza a sus teorías de la democracia racial y el tropicalismo, lo que dio paso a una revisión de su obra por parte de la sociología marxista. El capital transnacional y las negociaciones de las poblaciones subalternas hacen urgente otra mirada en la que se cuestione no sólo la visión hegemónica de Freyre, sino también la del marxismo tradicional brasileño y latinoamericano.

Ante las disyuntivas económicas de los procesos de "globalización imaginada", como los ha llamado recientemente Néstor García Canclini, se hace más urgente la discusión de las negociaciones de estas poblaciones subalternas, de su posición y cuestionamiento de las identidades socio-culturales, políticas y nacionales. La ideología freyriana, en particular sus teorías de tropicalismo, se abre, en ese sentido, a una perspectiva local y global. A través de esta forma de entender la historia, su proyecto cultural mantiene los matices ideológicos del proyecto nacional, y sirve a su vez como episteme o "nuevo saber" de la cultura política. Freyre ve claramente que las economías del capital dominarán el futuro de las naciones latinoamericanas, pues: "el dominio del trópico augura el dominio global" y anuncia, a su vez que Brasil no puede alejarse, ni discursivamente ni en el plano cultural, de los países hispanoamericanos. Curiosamente, hoy, en 2005, años después de los procesos de descolonización en Asia y África, el tropicalismo ha pasado a ser una teoría que define "lo mejor" de la cultura portuguesa en ex-colonias portuguesas como Goa, donde la política oficial portuguesa ha querido implantar un "lusotropicalismo" y una lusofonia "cultural" como estrategia de dominación y control de la diferencia. En palabras del historiador Teotónio R. de Souza: "o grande mal da lusofonia fue a subalternização da cultura tradicional goesa" (3) incluyendo los dialectos y costumbres locales, en otras palabras el "triste lusotropicalismo foi uma experiencia de abuso colonial" (5).

De un modo similar, los "brasucas" en los Estados Unidos tienen que enfrentar, en sus historias de migración, desplazamiento y transculturación, procesos de subalternización e invisibilidad cultural en los Estados Unidos, lo que los acerca, inevitablemente a una "tropicalización" más, la de la "puertorriqueñización" neo-colonial. Es así como la "excepcionalidad" de la cultura brasileña en el modelo freyriano del lusotropicalismo debe leerse a partir de una crítica de los discursos de hegemonía cultural portuguesa a través de la colonialidad del poder. Una lectura del pensamiento tropical freyriano y orticiano –las teorías del tropicalismo y la transculturación– "desde abajo" como lo hacen los estudios subalternos latinoamericanos, los latinoestadounidenses y los estudios afroamericanos, no sólo crea nuevos diálogos entre las disciplinas sino que es un camino interpretativo de estas narrativas del Brasil migrante. Si como señalan David Hess y Roberto Da Matta en *The Brazilian Puzzle*, Brasil siempre ha sido un espejo invertido de los Estados Unidos, a nivel de teorías de interpretación social y cultural, el tropicalismo freyriano leído a través de la colonialidad del poder y los ejes de desigualdad económica, social, racial y las "tecnologías" transculturadoras de la población brasileña, podría ser un punto de partida. En vez de un espejo invertido, estaríamos entrando en una serie de espejos convexos en donde los alcances de representación, distancia y cercanía se complementan, y en donde accedemos a una imagen del Brasil continental similar a la de un archipiélago tropical.

Notas

[1] No sólo Gilberto Freyre, sino también José Martí alrededor de 1890 observó con horror esta práctica y alertó con urgencia al público

latinoamericano sobre su peligro en sus detalladas crónicas periódisticas. Dos ejemplos de estas crónicas martianas: "The Lynching of the Italians" y "A Town Sets a Black Man on Fire".

2   Efectivamente la teoría lusotropical fue usada por los dirigentes del régimen del dictador Oliveira Salazar en Portugal, y Freyre publicará varios libros relacionados con estas visitas a Portugal y a las ex colonias africanas y asiáticas, como *Aventura e rotina* (1953), y *O mundo que o português criou* (1952). En estos dos ensayos Freyre expone lo que Carlos Piñero Iñiguez ha definido en un libro reciente sobre el luso tropicalismo freyriano, un "sonho paralelo" para la política portuguesa y brasileña. Como señala Piñero Iñiguez, la relación de Freyre con el salazarismo fue díficil y desigual y muchas de sus ideas fueron sacadas de contexto y relacionadas con las ideologías de los intelectuales afiliados al Estado Novo portugués. Si por un lado al régimen portugués le interesaba ir al pasado para relatar sus gloriosas expediciones marítimas al Asia, África y América, la agenda política freyriana estaba más enfocada en hacer del Brasil una frontera Oriental para el comercio y la política exterior. En ese sentido, estamos ante una teoría que aunque influenció y aún se discute en las ex-colonias portuguesas en Asia y África, mantuvo siempre su foco en el Brasil.

3   Para el tropicalismo, y también para la transculturación, muchos de estos discursos se relacionan con los conflictos raciales y de clase que creaban estas poblaciones subalternas. Los "límites de la transculturación" han sido ya esbozados críticamente por Arroyo, Moreiras, Williams, Beverley y Spitta, entre otros. La transculturación orticiana es una teoría que se internacionalizó en los ochenta a partir de un texto de crítica literaria, *Transculturación narrativa en América Latina* de Ángel Rama (1983). En ese sentido, puede afirmarse que a pesar de la internacionalización del trabajo de Gilberto Freyre, y de sus numerosas traducciones, el tropicalismo, también llamado, *lusotropicalismo* e *hispanotropicalismo* se mantuvo más como una teoría "local" aunque definía los conflictos globales que sucedían a nivel político y cultural en Brasil y Portugal desde los años cincuenta hasta los años ochenta. El aspecto "local" del tropicalismo –a pesar de su clara concepción global– habla de la condición periférica del pensamiento escrito en portugués frente a las teorías identitarias del "hispanoamericanismo" tradicional.

4   Utilizo aquí el término acuñado por José Amador en su tesis doctoral titulada "Redeeming the Tropics: Cosmopolitan Sciences and National Cultures in Cuba, Puerto Rico and Brazil, 1890-1940".

5   Algunos críticos latinoamericanistas sí han reconocido la contribución crítica del campo de Latino Studies a los debates sobre la subalternidad, la modernidad latinoamericana, la globalización y el saber intelectual, como Walter Mignolo y Juan Poblete. Las nociones y redefiniciones de "border thinking" que hace Walter Mignolo en *Local Histories/Global*

Designs a partir de la lectura de *Borderlands: La Frontera* de Gloria Anzaldúa y la reciente antología editada por Juan Poblete.

⁶ Las discusiones recientes sobre el nuevo orden global que abusan de los términos: "ética", "comunidad", "humanidad" ofrecen un cuadro sumamente optimista sin tomar en cuenta que las relaciones de poder neo-colonial aunque se han transformado, no han desaparecido completamente sino que han creado nuevos patrones de dominación. Me refiero mayormente a los análisis de Michael Hardt y Antonio Negri en *Empire* y su reciente *Multitude*.

⁷ Sobre el rol de la televisión, los medios y el mercado hispano véase Dávila. No cubro en detalle los estudios sobre la migración portuguesa o lusoafricana a los Estados Unidos, que es muy numerosa y se encuentra también localizada en muchos estados y ciudades de la costa este de los Estados Unidos (Boston, Connecticut, Newark, entre otras). Véase Arenas.

⁸ La visita de Gilberto Freyre a Cabo Verde en el año 1953 se describe en dos ensayos titulado *Aventura e rotina sugestões de uma viagem a procura das constantes portuguesas de carácter e ação* que aunque se publica en los años ochenta contiene las conferencias y el diario del viaje de Gilberto Freyre por las ex-colonias lusoafricanas en 1952. En la descripción de esta visita Freyre le dedica sólo tres páginas a Cabo Verde, y concluye que los caboverdianos no poseen una cultura "propia". Freyre queda muy desilusionado con la parte "demasiado" africana de la cultura caboverdiana. Los intelectuales caboverdianos como Baltasar Lopes reaccionaron críticamente a los comentarios de Freyre. Véanse Arenas; Piñero Iñiguez; Arroyo "From the Tropics...".

⁹ Si bien es cierto que algunos de estos emigrantes europeos y asiáticos, han participado de un tipo de "milagro brasileño" de movilidad social, mucha de esta movilidad se ha hecho dejando atrás a las poblaciones indígenas y africanas que se mantienen aún hoy en un alto nivel de pobreza. Véase Hanchard. Inclusive, como señala Maxine Margolis también los brasileños descendientes de japoneses están emigrando hacia el Japón y algunos descendientes de europeos están reclamando su ciudadanía europea para emigrar a sus países de origen. Sobre la muerte del brasileño en Londres véase Duarte; Rangel. Sobre la migración brasileña a Estados Unidos véase Rother.

¹⁰ Aunque existe una migración brasileña de origen político que data de fines del siglo xix y principios del xx, en la que se encuentran Joaquim Nabuco (primer embajador brasileño en Washington) y Rui Barbosa (cónsul brasileño en Washington) entre otros.

¹¹ Para muchos de estos brasileños y otros inmigrantes se ha creado una nueva categoría: OTM (Other than Mexican). Véase Margolis.

¹² Aquí Santiago debe estar haciendo referencia a los movimientos independentistas y socialistas que se formaron en la migración puertorriqueña desde los años veinte. La mayoría de los movimientos

independentistas de Puerto Rico se originaron en ciudades como Chicago, Hartford o Nueva York. También eventos políticos como el ataque al Congreso de Estados Unidos en el año 1954 hacen que se vea al puertorriqueño como "nacionalista" o "comunista".

Obras Citadas

Amador, José."Redeeming the Tropics: Cosmopolitan Sciences and National Cultures in Cuba, Puerto Rico and Brazil, 1890-1940". Tesis, Universidad de Michigan, Ann Arbor, (En progreso).

Aparicio, Frances. "On Subersive Signifiers: Tropicalizing Language in the United States". Aparicio y Chávez-Silverman, eds. 194-212.

_____ y Susana Chávez Silverman, eds. *Tropicalizations: Transcultural Representations of Latinidad.* Hanover: University Press of New England, 1997.

_____ y Alberto Sandoval-Sánchez. "Hibridismos culturales: La literatura y la cultura de los latinos en los Estados Unidos". *Revista Iberoamericana* LXXI/212 (julio-septiembre, 2005): 665-697.

Arenas, Fernando."(Post) Colonialism, Globalization and Lusofonia or the 'Time Space' of the Portuguese Speaking World". (Mimeo). 25 páginas.

Arroyo, Jossianna. *Travestismos culturales: literatura y etnografía en Cuba y Brasil.* Pittsburgh: IILI, 2003.

_____ "From the Tropics: Cultural Subjectivity and Politics in Gilberto Freyre". *The Masters and the Slaves: Plantation Relations and Mestizaje in American Imaginaries.* Alexandra Isfahani-Hammond, ed. New York: Palgrave, 2005. 103-14.

Beverley, John. "Transculturation and Subalternity: The "Lettered City" and the Túpac Amaru Rebellion". *Subalternity and Representation. Arguments in Cultural Theory.* Durham: Duke University Press, 1999. 41-64.

Bom Sebe Meihy, José Carlos. *Brasil fora de si. Expêriencias dos brasileiros em Nova York.* São Paulo: Parábola, 2004.

Buarque de Holanda, Sergio. *Raízes do Brasil.* Rio de Janeiro: José Olympio, 1979.

Carvalheira Cunha, Lúcia & Sebastião Vila Nova, orgs. *Os trópicos: na era da globalização.* Recife: Fundação Joaquim Nabuco; Editora Massangana, 1998.

Dávila, Arlene. *Latinos Inc. The Marketing and Making of a People*. Berkeley: California University Press, 2001.

Duarte, Fernando. "Scotland Yard matou brasileiro". *O Globo* (24 de julio del 2005): 1-5.

Freyre, Gilberto. *Em torno de um novo conceito de tropicalismo. Conferencia pronunciada na sala dos Capelos da Universidade de Coimbra em 24 de janeiro de 1952*. Coimbra: Coimbra Editora, 1952.

_____ *New World in the Tropics. The Culture of Modern Brazil*. New York: Knopf, 1959.

_____ *Uma politica transnacional para o Brasil de hoje*. Minas Gerais: Revista Brasileira de Estudos Políticos, 1960.

_____ *The Masters and the Slaves: A Study in the Development of Brazilian Civilization*. New York: Knopf, 1963.

_____ *O Brasileiro entre os outros hispanos: Afinidades, contrastes e possíveis futuros nas suas inter-relações*. Rio de Janeiro: José Olympio, 1975.

_____ *Aventura e rotina: sugestões de uma viagem à procura das constantes portuguesas de caráter e ação*. Rio de Janeiro: José Olympio, 1980.

_____ *Poesia reunida*. Recife: Pirata, 1980.

_____ Introdução. *Um brasileiro em terras portuguesas. Introdução a uma possível luso-tropicologia, acompanhada de conferencias e discursos proferidos em Portugal e em terras lusitanas e ex-lusitanas da Ásia, da Africa e do Atlântico*. Rio de Janeiro: José Olympio, 1953. 13-121.

_____ "Integração de raças autóctones e de culturas diferentes da europeia na comunidade luso-trópical. Aspectos gerais de um processo". Lisboa. Congresso Internacional da História dos Descobrimentos, 1961.

_____ "Arte e civilizações tropicais". *Arte, ciência e trópico*. São Paulo: DIFEL, 1980. 89-109.

García Canclini, Néstor. *La globalización imaginada*. Buenos Aires: Paidós, 1999.

Grosfoguel Ramón. "Hybridity and Mestizaje: Syncretism or Subversive Complicity? Subalternity from the Perspective of the Coloniality of Power". *The Masters and the Slaves. Plantation Relations and Mestizaje in American Imaginaries*. Alexandra Isfahani-Hammond, ed. New York: Palgrave, 2005. 115-30.

_____ & Chloé S. Georas. "Latino Caribbean Diasporas in New York". *Mambo Montage. The Latinization of New York*. New York: Columbia University Press, 2001. 97-118.

Hanchard, Michael. *Racial Politics in Contemporary Brazil*. Durham: Duke University Press, 1999.

Hardt Michael & Antonio Negri. *Empire*. Boston: Harvard University Press, 2000.

_____ *Multitude. War and Democracy in the Age of Empire*. New York: Penguin Books, 2004.

Laó Montes, Agustín & Arlene Dávila. *Mambo Montage. The Latinization of New York*. New York: Columbia University Press, 2001.

Margolis, Maxine L. *Little Brazil. An Ethnography of Brazilian Immigrants in New York City*. New Jersey: Princeton University Press, 1994.

Martí, José. "The Lynching of the Italians". *José Martí. Selected Writings*. Esther Allen, ed. y trad. New York: Penguin Books, 2002. 296-303.

_____ "A Town Sets a Black Man on Fire". *José Martí. Selected Writings*. Esther Allen, ed. y trad. New York: Penguin Books, 2002. 310-13.

Matta, Roberto da & David Hess, eds. *The Brazilian Puzzle. Culture on the Borderlands of the Western World*. New York: Columbia University Press, 1995.

Méndez, Danny. "The Transvestite Within: Visibility and the Configurations of Race and Sex in Silviano Santiago's *Stella Manhattan*". *Tinta* 7 (2003): 43-54.

Mendieta, Eduardo. "What can Latinas/os learn from Cornel West? The Latino Postcolonial Intellectual in the Age of the Exhaustion of Public Spheres". *Nepantla. Views from the South*. 4/2 (2003): 213-33.

Mignolo, Walter D. *Local Histories/ Global Designs. Coloniality, Subaltern Knowledges, and Border Thinking*. New Jersey: Princeton University Press, 2000.

Moreiras, Alberto. *The Exhaustion of Difference. The Politics of Latin American Cultural Studies*. Durham: Duke University Press, 2001.

Piñero Iñiguez, Carlos. *Sueños paralelos. Gilberto Freyre y el lusotropicalismo. Identidad, cultura y política en Brasil y Portugal*. Buenos Aires: Grupo Editor Latinoamericano, 1999.

Poblete, Juan, ed. *Critical Latin American and Latino Studies.* Minneapolis: University of Minnesota Press, 2003.

Rangel, Juliana. "Brasileiro morto en Londres tenia planos de voltar para o Brasil". *Globo Online* (23 de julio de 2005).

Rother, Larry. "Brazilians streaming into U.S. through Mexican border". *New York Times* (30 June 2005): A-3.

Santiago, Silviano. *Stella Manhattan.* Georges Yúdice, trad. Durham: Duke University Press, 1994.

Scotto, Luiz Alberto. *46th Street: o caminho Americano.* São Paulo: Editora Brasiliense, 1993.

Souza, Teotónio de. "Gilberto Freyre na Índia e o 'luso-tropicalismo' transnacional". <www.geocities.com/Athens/Forum/1503/SGL.html> 1-6.

Spitta, Silvia. *Between Two Waters: Narratives of Transculturation in Latin America.* Houston: Rice University Press, 1995.

Williams, Gareth. "The State of Things Passed: Transculturation as National-Popular Master Language". *The Other Side of Popular. Neoliberalism and Subalternity in Latin America.* Durham: Duke University Press, 2002. 23-71.

Gilberto Freyre: adaptação, mestiçagem, trópicos e privacidade em *Novo Mundo nos trópicos*

Lilia Moritz Schwarcz
Universidad de São Paulo

O objetivo desse artigo é produzir uma reflexão crítica sobre a produção de Gilberto Freyre, mais verticalizada em dois aspectos. Em primeiro lugar buscar-se-á entender a seleção feita por esse antropólogo de uma certa mestiçagem e adaptação cultural; símbolos da singularidade brasileira. Em segunda lugar, se procurará entender de que maneira esse tipo de interpretação desloca a análise de fenômenos mais sociais e econômicos, investindo profundamente na esfera privada e mais íntima. Como costuma-se dizer, Freyre teria descrito a escravidão brasileira, tendo como foco apenas os cativos domésticos. Para tanto, se começará com a análise do clássico *Casa Grande Senzala* , mas a insistência se dará na interpretação do livro *Novo Mundo nos trópicos*; obra em que o estudioso procura sintetizar suas conclusões para um público estrangeiro. Ai estariam condensadas as suas máximas e grandes linhas de interpretação.

Introdução: da detração à exaltação

No Brasil "raça e mestiçagem" jamais foram termos neutros. Ao contrário, associaram-se com frequência a uma imagem particular do país. Muitas vezes, na vertente mais negativa de finais do século XIX, a mestiçagem existente no país parecia atestar a falência da nação. Nina Rodrigues, por exemplo, um famoso médico da escola bahiana, adepto do darwinismo racial e dos modelos do poligenismo – que defendiam que as raças humanas correspondiam a realidades diversas e portanto não passíveis de cruzamento –, acreditava que a miscigenação extremada era ao mesmo tempo sinal e condição da degenerescência.[1] Como ele, Euclides da Cunha, em sua famosa obra *Os Sertões* (1902), oscilava entre considerar o mestiço um forte ou um desiquilibrado, mas acabava julgando "a mestiçagem extremada um retrocesso" em função da mistura de "raças mui diversas" (96).

Também Silvio Romero, da escola de Direito de Recife, diria que éramos "mestiços na alma", e que a mestiçagem – extremada entre nós – era fator fundamental na compreensão de que país era esse; que povo era esse chamado de brasileiros.

O fato é que autores como esses advogavam (cada um à sua maneira) teorias deterministas raciais que entraram em voga, no Brasil, em finais do século XIX. Com efeito, as teorias raciais só foram absorvidas no Brasil no momento em que a abolição da escravidão tornava-se irreversível. País de larga convivência com a escravidão, o cativeiro vigorou no Brasil durante mais de três séculos e, apesar dos dados imprecisos, estima-se a entrada de um total de 3,6 milhões de africanos trazidos ao país compulsoriamente: um terço da população africana que deixou seu continente de origem rumo às Américas.

Foi só com a proximidade do final da escravidão, e da própria monarquia, que a questão racial passou para a agenda do dia. Até então, enquanto "propriedade", o escravo era por definição o "não cidadão". No Brasil, portanto, é com a entrada das teorias raciais, que as desigualdades sociais transformam-se em matéria da natureza, quando ocorre uma espécie de "naturalização das diferenças".

Tendo por base uma ciência positiva e determinista pretendia-se explicar com objetividade –a partir da mensuração de cérebros e da aferição das características físicas– uma suposta diferença entre os grupos. A "raça" era introduzida, assim, a partir dos dados da biologia da época e privilegiava a definição dos grupos a partir de seu fenótipo, o que eliminava a possibilidade de pensar no indivíduo e, no limite, no próprio exercício da cidadania. Com efeito, essas teorias deterministas eram entendidas como "teorias de grupo", e desligitimavam qualquer análise pautada no indivíduo isolado. Dessa maneira, frente a promessa de uma igualdade jurídica, a resposta foi a "comprovação científica" da desigualdade biológica entre os homens, ao lado da manutenção peremptória do liberalismo, tal como exaltado pela nova República de 1889.[2]

Mas as teorias não foram apenas introduzidas e traduzidas no país; no Brasil ocorreu uma releitura particular: ao mesmo tempo que se absorveu a idéia de que as raças significavam realidades essenciais, negou-se a noção de que a mestiçagem levava sempre à degeneração. Fazendo um casamento entre modelos evolucionistas (que acreditavam que a humanidade passava por etapas diferentes de desenvolvimento) e do darwinismo social (que negavam qualquer futuro na miscigenação racial) – que em outros contextos daria em separação litigiosa – no Brasil as teorias ajudaram a explicar a desigualdade como inferioridade, mas também apostaram em uma miscigenação positiva, contanto que cada vez mais branca.[3]

Esse tipo de discussão nos conduz de volta ao já clássico debate entre Maria Sylvia de Carvalho Franco e Roberto Schwarz, travado na década de 1970.[4] A autora analisava, entre outras questões, a importância do "favor" nas relações entre fazendeiros e homens livres na ordem escravocrata. Maria Sylvia mostrava como o fato do tropeiro usufruir da hospitalidade do fazendeiro trazia conseqüências perversas: "se esta prática aumenta-lhe o ganho, o preço inconscientemente pago por isto não é pequeno, pois atinge sua própria pessoa, colocando-o na situação de retribuir com seus serviços os benefícios recebidos" (Franco 65). Diz Maria Sylvia que a troca pressupõe igualdade entre as partes e ocorre, aparentemente, entre pessoas livres e iguais. No entanto, a lógica interna é outra: na mesma medida em que o fazendeiro enriquece mais rápido que o tropeiro, também aumenta a dependência do segundo em relação ao primeiro. Dessa maneira, para a autora, o "favor" seria uma espécie de ideologia, já que partiria de uma premissa falsa: a suposta igualdade entre as partes oculta a realidade da hierarquia do poder. É justamente pautada nesse tipo de reflexão que Maria Sylvia desautorizaria o uso das idéias liberais no Brasil, dizendo que as mesmas teriam sido absorvidas tal qual ideologia, uma vez que as noções de igualdade e de liberdade obscureceriam as verdadeiras relações de dominação, baseadas na troca de favor.

É justamente opondo-se à essa concepção meramente ideológica e política que Roberto Schwarz vai desenvolver uma contra-argumentação, mostrando como as idéias liberais de igualdade e cidadania jurídica foram justamente traduzidas para o Brasil sob a forma do "favor". Tal "tradução" não encobriria a cidadania, uma vez que o próprio conceito de cidadania seria diferente daquele conformado pelas revoluções burguesas européias do século XVIII. Assim, a idéia de favor e de privilégio se sobreporia, no Brasil, ao conceito de cidadania e seria, mais propriamente, sua versão local. Por isso "as idéias estariam fora do lugar" uma vez que transportadas de outro contexto teriam sido ressignificadas, e adquirido, em um momento diferente, sentidos distintos. O "favor" não diluiria a hierarquia – ao contrário a reporia – mesmo porque todos parecem saber e reconhecer a hierarquia, que passa a ser peça internalizada nesse jogo.

Não se trata, dessa maneira, de apenas desconstruir discursos na chave política mas, antes entender porque esses "modelos e experiências" continuavam a fazer tanto sentido. No limite, é fácil rir do passado, mais difícil é compreendê-lo. Algo paralelo ocorre em nosso caso específico: ao invés da tensão entre liberalismo e favor (que gera a percepção de uma certa originalidade da experiência brasileira) teríamos uma tensão entre as teorias racialistas, de um lado, e a realidade mestiçada de outro. Entre o modelo e a realidade eram necessários ajustes e daí advém uma certa particularidade da leitura brasileira sobre as teorias raciais

Com efeito, tingido pela entrada maciça de imigrantes – brancos – introduziu-se no Brasil um modelo original que ao invés de apostar na falência do cruzamento, descobriu nele as possibilidades de branqueamento. Dessa forma, paralelamente ao processo que culminaria com a libertação dos escravos, iniciou-se uma política agressiva de incentivo à imigração, ainda nos últimos anos do Império, marcada por uma intenção, também evidente, de "tornar o país mais claro".

É assim que o processo de abolição brasileiro carregava consigo algumas singularidades. Em primeiro lugar, uma crença enraizada de que o futuro levaria à uma nação branca. Em segundo, o alívio frente à uma libertação que se fez sem conflitos e sobretudo que evitou distinções legais baseadas na raça. Diferente do que ocorrera em outros países, em que o final da escravidão desencadeara um processo acirrado de lutas internas, no Brasil a abolição, representada como uma dádiva, gerou uma certa resignação (sobretudo quando comparada a outras situações similares). Além disso, ao invés do estabelecimento de ideologias raciais oficiais, da criação de categorias de segregação, como o *apartheid* na África do Sul ou a Jim Crow[5] nos Estados Unidos, nesse contexto projetou-se no Brasil a imagem de uma certa harmonia racial, corolário lógico da representação de uma escravidão benigna. Com efeito, já em finais do XIX divulga-se a imagem de uma "escravidão dócil", contrastada com o modelo norte-americano da "reprodução humana".[6] Nada mais significativo, nesse sentido, do que o texto "Massangana", de autoria de Joaquim Nabuco, parte do livro *Minha formação*, escrito no exílio, e publicado no ano de 1900. O capítulo trata das primeiras relações do político com os seus escravos e deixa passar uma visão adocicada do cativeiro no Brasil: "A escravidão permanecerá por muito tempo como a característica nacional do Brasil. Ela espalhou por nossas vastas solidões uma grande suavidade; seu contato foi a primeira forma que recebeu a natureza virgem do país e foi a que ele guardou; ela povoou-o como se fosse uma religião natural e viva; com os seus mitos, suas legendas, seus encantamentos; insuflou-lhe sua alma infantil, suas tristezas sem pesar, suas lágrimas sem amargor, seu silêncio sem concentração, suas alegrias sem causa, sua felicidade sem dia seguinte ... Quanto a mim, absorvi-a no leite preto que me amamentou, ela envolveu-me como uma carícia muda toda a minha vida ... Entre mim e eles deve ter-se dado uma troca contínua de simpatia de que resultou a terna e reconhecida admiração que vim mais tarde a sentir pelo seu papel" (154).

Não é o caso de analisar as vicissitudes desse discurso e nem o que significava, um texto de memória, recuperar tal representação acerca da escravidão. Importa mais assinalar a construção de uma imagem positiva acerca da escravidão brasileira. Com efeito, no processo de construção do estado nacional, o Brasil representava, desde então, um caso interessante na medida em que praticamente nenhum conflito étnico ou regional manifestara-se ou ganhara visibilidade e qualquer dominação racial oficial fora erigida depois da abolição.[7] Além disso, após 1888, a inexistência de categorias explícitas de dominação racial incentivavam ainda mais o investimento na imagem de um "paraíso racial" e a recriação de uma história onde a miscigenação aparecia associada a uma herança portuguesa particular e à sua suposta tolerância racial, manifesta em um modelo escravocrata mais brando, ao mesmo tempo que mais promíscuo. Interessante é pensar, portanto, como essas concepções mais alentadoras começavam a circular já em finais do século XIX. Por sinal, é só tomando-se consciência delas que se compreende a ampla aceitação e penetração de tal modelo, anos depois. Da escravidão adocicada à uma representação da democracia racial havia um caminho perceptível. Difícil era, porém, imaginar uma mera licenciosidade em um país tão dependente do cativeiro negro e que ganhou a triste marca de ter sido o último país a abolir a escravidão.[8]

De toda maneira, ao contrário de outras nações, aonde o passado escravocrata sempre lembrou violência e arbítrio, no Brasil a história foi recontada de forma, muitas vezes, positiva. Desde então, ao lado de uma visão mais detratora da mestiçagem, uma narrativa romântica, que falava de senhores severos mas paternais e escravos submissos e serviçais, encontrou terreno fértil ao lado de um novo argumento que afirmava ser a miscigenação alargada existente no território brasileiro um impeditivo para as classificações muito rígidas a apenas bi-polares: negros de um lado; brancos de outro.[9]

Interessante, nesse sentido, é a versão romântica, e paralela que dominou no grupo que se reunia em torno do Instituto Histórico e Geográfico Brasileiro (o IHGB) e elegeu os bons nativos – quase rousseauneanos – como modelos nacionais e basicamente esqueceu da população negra.[10] No indianismo de José de Alencar, Gonçalves Dias e Gonçalves Magalhães o indígena (totalmente idealizado) surge como um elemento suficiente para representar a nação. Nobres nas selvas, eles corporificariam o paralelo simbólico a apoiar a nobreza que surgia na corte e organizava o estado. Por outro lado, tudo se passava em um momento histórico anterior ao estabelecimento da escravidão e permitia, com essa seleção, a mera exclusão da população negra, enquanto emblema da nacionalidade. Mas essa não é a única versão do IHGB. Emblemática é a tese de Karl von Martius, que venceu o primeiro concurso promovido por essa instituição, em 1844, cujo tema era: "Como escrever a história do Brasil". Vejamos os conselhos do naturalista: "... no desenvolvimento sucessivo do Brasil se acham estabelecidas as condições de aperfeiçoamento das três raças humanas, que nesse país são colocadas uma ao lado da outra, de uma maneira desconhecida" (13). Nesse caso, a mestiçagem era comparada a um grande e caudaloso rio aonde misturavam-se – harmoniosamente – as três raças formadoras.

Como se pode notar, nem tão distante estávamos da representação vitoriosa dos anos trinta, quando o mestiço transformou-se em ícone nacional, em um símbolo de nossa identidade cruzada no sangue, sincrética na cultura; isto é: no samba, na capoeira, no candomblé e no futebol. Redenção verbal que não se concretiza no cotidiano, a valorização do nacional é sobretudo uma retórica que não tem contrapartida na valorização das populações mestiças que continuam a serem discriminadas. Nesses termos, entre o veneno e a solução, de descoberta a detração e depois exaltação, essa forma extremada e pretensamente harmoniosa de convivência entre os grupos foi, aos poucos, sendo gestada como um verdadeiro mito de Estado; sobretudo a partir dos anos trinta quando a propalada idéia de uma "democracia racial", formulada por Arthur Ramos, mas exemplarmente desenvolvida na obra de Gilberto Freyre, foi exaltada de forma a se menosprezarem as diferenças diante de um cruzamento racial singular.[11] Dessa maneira, comparado ao período anterior, quando miscigenação significava no máximo uma aposta no branqueamento, esse contexto destaca-se na valorização diversa dada a mistura, sobretudo cultural, que repercute em momentos futuros. Nesse momento, em que o conflito passa para o terreno do "não-dito", fica cada vez mais difícil ver no tema um problema; ao contrário ele se modifica, nos anos trinta, em matéria para exaltação.

A estetização da mestiçagem[12]

> Uma feita o Sol cobrira os três manos de uma escaminha de suor e Macunaíma se lembrou de tomar banho (...). Então Macunaíma enxergou numa lapa bem no meio do rio uma cova cheia d'água. E a cova era que nem a marca dum pé de gigante. Abicaram. O herói (...) se lavou inteirinho. Mas a água era encantada porque aquele buraco na lapa era marca do pezão de Sumé, do tempo que andava pregando o Evangelho de Jesus pra indiada brasileira. Quando o herói saiu do banho estava branco louro de olhos azuizinhos, água lavara o pretume dele (...) Nem bem Jiguê percebeu o milagre, se atirou na marca do pezão de Sumé. Porém a água já estava muito suja do pretume do herói e por mais que Jigué esfregasse feito maluco atirando água para todos os lados só conseguia ficar da cor do bronze novo (...) Maanape então é que foi se lavar, mas Jiguê esborrifara toda a água encantada par fora da cova. Tinha só um bocado lá no fundo e Maanape conseguiu molhar só a palma dos pés e das mãos. Por isso ficou negro bem

filho dos Tapanhumas. Só que as palmas das mãos e dos pés dele são vermelhas por terem se limpado na água santa (...) E estava lindíssimo no Sol da lapa os três manos um louro, um vermelho, outro negro, de pé bem erguidos e nus (...)

Mário de Andrade, *Macunaíma* 37-8

Escrito por Mário de Andrade em 1928, *Macunaíma* nascia clássico ao falar das desventuras desse herói brasileiro "sem nenhum caráter". Para além das outras interpretações que a obra mereceu e merece, a passagem acima pode ser entendida como uma releitura do mito das três raças formadoras dessa nação: o índio, o negro e o branco. Por sinal, a famosa fábula das três raças é uma espécie de ladainha contada desde os tempos coloniais. Retomada de forma mais oficial por Karl von Martius – que, como vimos, a apresentava como parte do artigo que preparou para o concurso do IHGB – ela aparece nas obras de autores como Silvio Romero (1888/1953) e João Batista Lacerda (1911), entre tantos outros.

Dessa vez de forma metafórica, o herói de nossa gente, um "preto retinto", vira branco, um de seus irmãos vira índio e outro negro (branco na palma das mãos e na sola dos pés). Era como se, simbolicamente, criássemos a realidade e a miscigenação. *Macunaíma* parecia representar "o resultado de um período fecundo de estudos e de dúvidas sobre a cultura brasileira" (Bosi 177), assim como trazia uma série de intenções, referências figuradas e símbolos que no conjunto "definiam os elementos de uma psicologia própria de uma cultura nacional e de uma filosofia que oscilava entre o otimismo em excesso e o pessimismo em excesso" (177).

O autor incorporava, ainda, toda uma cultura não-letrada, em que se inseriam indígenas, caipiras, sertanejos, negros, mulatos, cafuzos e brancos cujo resultado era menos uma análise das raças e mais uma síntese local de culturas. Afinal, a fórmula "herói de nossa gente", veio substituir a expressão original – "herói de nossa raça" – numa clara demonstração de como o romance dialogava com o pensamento social de sua época e como o conceito de raça era ainda relevante nesse contexto.

Não se quer dizer que o movimento de busca de uma "identidade nacional" fosse caudatário, exclusivamente, desse momento específico. Muito pelo contrário, desde pelo menos o romantismo, e logo depois da independência, buscou-se criar uma certa representação do nacional; nesse caso a partir da releitura de fontes européias e sem muito respaldo na realidade local.

E aí estava a novidade. A República brasileira que surgira em finais do século, – jogara para o futuro a realização de sua "civilização". Tal imagem só seria superada nos anos trinta. Na verdade, estava em curso um movimento que negava não só o argumento racial, como o pessimismo advindo das teorias darwinistas sociais que, como vimos, detratavam a miscigenação existente no país. Autores como Nina Rodrigues, Sílvio Romero, João Batista Lacerda, Oliveira Viana e mesmo o contemporâneo Paulo Prado – cujo livro *Retratos do Brasil: ensaio sobre a tristeza brasileira*, datava, também, de 1928 –, interpretaram com ênfases e modelos diferentes, os impasses e problemas advindos do cruzamento experimentado no país. Mas o contexto era outro. O momento parecia propício para se arriscar explicações de ordem cultural sobre esse país que ainda se via como um ponto de interrogação: "Terra tropical e mestiça condenada ao fracasso, ou promessa de um eldorado sul-americano?" (Bosi 178).

No entanto, se a conformação local não era mais motivo de infortúnio, representava ainda um argumento fundamental. Era a cultura mestiça que, nos anos trinta, despontava como representação oficial da nação. Na verdade, como qualquer movimento nacionalista, também no Brasil a criação de símbolos nacionais nasce ambivalente: um domínio onde interesses privados assumem sentidos públicos. O próprio discurso da identidade é fruto dessa ambigüidade entre concepções privadas e cenas públicas, aonde noções como povo e passado constituem-se em elementos fundamentais na elaboração de uma nacionalidade imaginada (Anderson). Nesse sentido, a narrativa oficial se serve de elementos disponíveis como a história, a tradição, rituais formalistas e aparatosos e, por fim, seleciona e idealiza um "povo" que se constitui a partir da supressão das pluralidades.[13] Mais ainda, é a partir da idéia de "diferença", de "particular", de uma cultura específica que se constróem as identidades.

É claro que todo esse processo não é feito de forma aleatória ou meramente manipulativa. Na verdade, essa definição do país a partir de sua "raça" vinha sendo gestada há muito tempo. Mas no Brasil dos anos trinta dois grandes núcleos aglutinavam conteúdos particulares de nacionalidade: o nacional-popular e, sobretudo, a mestiçagem, não tanto biológica como cada vez mais cultural. É nesse contexto, também, que uma série de intelectuais ligados ao poder público passam a pensar em políticas culturais que viriam de encontro a "uma autêntica identidade brasileira". Com esse objetivo ainda é que são criadas ou reformadas uma série de instituições culturais que visavam "resgatar" costumes, festas, assim como um certo tipo de história. Se o último monarca gabava-se de usar um manto real feito de papos de tucano – como uma homenagem "aos caciques indígenas da terra" –, ou se Floriano Peixoto, em estátua de gosto duvidoso, consagrava a união das raças como a união da nação, é só com o Estado Novo que projetos oficiais são implementados no sentido de reconhecer na mestiçagem a verdadeira nacionalidade.[14]

Além disso, não se pode esquecer o papel de São Paulo que, frente à pujança econômica obtida no cenário nacional, passava a buscar elementos que destacassem sua própria cultura; "sua modernidade". O modernismo surgia como uma tentativa de superação da cópia de padrões antigos e estrangeiros por algo "genuinamente nacional" e vinculado à nossa realidade. Era em torno do mote de Oswald de Andrade – "Tupi or not Tupi" – que jovens paulistas, mas também cariocas e mineiros reuniam-se para lidar com "nossa realidade" e os impasses dessa modernidade tardia.

Mas os modernistas paulistanos não estavam sós. Ao contrário, a publicação da obra *Casa-Grande & Senzala*, cuja primeira edição data de 1933, é igualmente emblemática e sinaliza para esse movimento de conformação de ícones da identidade e para as releituras regionais. Retomando a temática e a experiência da convivência entre as "três raças", Gilberto Freyre trazia para seu livro a experiência privada das elites nordestinas e fazia desse retrato, um exemplo de identidade nacional. O livro oferecia um novo modelo para a sociedade multirracial brasileira, invertendo o antigo pessimismo e introduzindo os estudos culturalistas como modelo de análise: "Foi o estudo de antropologia sob a orientação do professor Boas que primeiro me revelou o negro e o mulato no seu justo valor – separados dos traços da raça os efeitos do ambiente ou da experiência cultural" (*Casa-grande* 18).

O "cadinho das raças" aparecia como uma versão atualizada do mito das três raças, mais evidente aqui do que em qualquer outro lugar. "Todo brasileiro, mesmo o alvo, de cabelo louro, traz na alma quando não na alma e no corpo, a sombra, ou pelo menos a pinta, do indígena e ou do negro" (307), afirmava Freyre, fazendo da mestiçagem uma questão de ordem geral. Freyre mantinha intocados em sua obra, porém, os conceitos de superioridade e de inferioridade, assim como não deixava de descrever e por vezes *glamourizar* a violência e o sadismo presentes durante o período escravista. Senhores severos mas paternais, ao lado de escravos fiéis, pareciam simbolizar uma espécie de "boa escravidão", que mais servia para se contrapor à realidade norte-americana. A novidade era a intimidade do lar –em contrapartida às omissões com relação à vida do eito– virar matéria de ciência, enquanto que uma certa convivência cultural parecia se sobrepor –ao menos na linguagem– à desigualdade social. Por outro lado, paralelamente à essa construção da mestiçagem "como produto nacional", um claro processo de desafricanização de vários elementos culturais, simbolicamente clareados, se afirma. Esse é o momento em que o candomblé, a capoeira, o carnaval viram "brasileiros" e perdem, aos poucos, sua referência a um grupo de origem.

Casa Grande & Senzala representa, assim, uma tentativa de sintetizar o Brasil, sob o signo da "diferença", reconhecida em alguns aspectos: a mestiçagem que de biológica se faz cultural, o caráter plástico da assimilação e a privacidade das relações. O Brasil seria um "caso único" e daria um exemplo de originalidade como uma "civilização nos trópicos". O país não representaria mais a decadência, mas antes a saída para um mundo marcado por divisões e conflitos.

Um novo mundo nos trópicos

Mas se muito já foi dito sobre *Casa Grande & Senzala* e mesmo acerca de *Sobrados e Mocambos*, conhece-se menos os trabalhos posteriores de Freyre que procuraram sintetizar e reafirmar o programa inaugurado nos anos 1930. Esse é o caso de *Interpretação do Brasil*, que, datado de 1944, resulta de uma série de conferências pronunciadas em instituições norte-americanas, sobretudo na Universidade de Indiana. Embora tendo sido publicado e idealizado para um público norte-americano, o livro foi logo traduzido para o Brasil, em 1947, e inclusive ampliado em 1959, quando foram acrescentados quatro novos capítulos. O novo livro, *New World in the Tropics*, (pela primeira vez publicado em inglês) representa uma reafirmação das grandes teses de Freyre e por isso ganha interesse em nossa análise.

Pode-se dizer, que a obra significava uma tentativa de compreender esse novo mundo sob lentes acuradas –um novo mundo descoberto no século xv; um novo mundo porque diferente do mundo chamado Europa. Por sinal, a situação brasileira era, nesse contexto, paradoxal, sobretudo quando comparada a outras realidades contemporâneas: a Europa preocupada em lidar com a diversidade étnica e religiosa; os Estados Unidos que ainda lutavam para superar a divisão entre Norte e Sul e a animosidade existente entre brancos e negros; e a África do Sul que caminhava para a institucionalização do *apartheid*.

Focado a partir de novos ângulos, esse novo mundo que surgia nos trópicos –essa nova civilização– aparecia marcado por quatro elementos diferenciais e definidores: a peculiaridade da mestiçagem, a tropicalização, a adaptabilidade do brasileiro, e a influência da esfera privada. Como diz Freyre: "Outra coisa não vem procurando fazer o autor desse livro desde seus estudos de mocidade sobre o Brasil tropical e mestiço senão isto: reconhecer nesses dois adjetivos –tropical e mestiço– a realidade de sua influência decisiva sobre o substantivo (...) Como cultura condicionada, em grande parte por sua tropicalidade e pelo caráter mestiço da maioria dessa sociedade e do essencial nessa cultura, vem o autor procurando destacar, nessa formação, nessas origens, nessas possibilidades, além do positivo, o válido e além do válido, o valioso" (*Novo mundo* 29).

Novo mundo nos trópicos é, assim, um estudo sintético e no seu conjunto até otimista: longe do jargão do "país-perdido" surge a idéia de vanguarda do mundo e de uma "democracia dinamicamente étnico-cultural". Por outro lado, Freyre mantinha inalterada a oralidade característica de sua obra, cujo referencial era sempre dado por termos da vida cotidiana, acionados pelo autor mas retraduzidos pelo próprio leitor que se transforma em partícipe desse drama nacional. Os temas são nacionais, mas os termos e exemplos fazem parte de uma memória sensorial, de uma memória privada dada por cheiros, sons, aromas, sabores e imagens. É como se a memória individual fosse superada por uma história coletiva –quase que mítica e desapegada do tempo– feita sempre a partir de casos da intimidade.

É o próprio Freyre quem destaca e glorifica esse povo que foi, no limite e em seu entender, responsável pela formação de uma sociedade e de uma cultura repostas nas suas singularidades. Com efeito, alguns elementos falam dessa diferença. Vamos a eles ...

Adaptação:

Um dos aspectos mais destacados nessa obra de Freyre é o caráter plástico da cultura brasileira e sua capacidade de adaptação. Seria próprio dessa cultura integrar o passado ao futuro, ressignificando-o: "Mas não se trata de imitações passivas, pois os jogadores de futebol brasileiros dançam com a bola como se estivessem sambando, o cuscuz é feito com produtos locais (mandioca e milho) em lugar de ingredientes puramente norte-americanos, enquanto que a máquina de costura sempre foi usada para produzir roupas em estilo tradicionalmente brasileiro e não apenas imitadas de figurinos franceses. A velha arte dos bordados a mão continua a ter quem a cultive no Brasil" (*Novo mundo* 41).

Rússia americana ou China tropical, nas palavras de Freyre o Brasil seria um país marcado por "soluções originais" para os problemas que definem as relações entre homens civilizados e a natureza. Enfim, a cultura brasileira não estaria ameaçada. Sua especificidade estaria em "devorar" os influxos estrangeiros, reproduzindo uma série de constantes quase estruturais; dentre elas a própria assimilação.

Gilberto Freyre defende, assim, a existência de uma certo padrão que se reproduziria no tempo e no espaço. Da mesma maneira que resiste ao tempo e ao espaço essa cultura seria também "produtora"; responsável pela formação de uma nova nação e de uma entidade política, social e cultural localizada nos trópicos. A assimilação cultural, característica da sociedade brasileira, tenderia a incorporar elementos exógenos, que não levariam à desordem mas antes à uma nova ordem feita de tantos influxos externos e internos. Aí estaria uma característica presente em toda a obra de Freyre: "os antagonismos em equilíbrio". Trata-se de ver no Brasil uma sociedade que sempre lidou com a diferença, abocanhando-a e transformando-se.

"Isto não implica que os brasileiros, pelo fato de serem portadores, no sentido sociológico, de uma civilização que deve ser considerada, em seus traços decisivos, rebento de uma civilização cristã de origem européia, sejam apenas, e passivamente a expressão de uma civilização subeuropéia. Ao contrário: eles são, cada vez mais, ultra-europeus; e tem desenvolvido mais e mais formas novas, ou modificadas, de civilização ocidental no continente americano como preservação" (*Novo mundo* 169). Escrevendo com a distância de quem fala do exterior ("eles são assim") Freyre não deixa de ir "essencializando" esse que seria, na sua opinião, um "traço" da cultura brasileira, a despeito do tempo ou do espaço. Afinal, "O Brasil talvez seja uma China tropical pelo seu poder de absorção" (68) diz o autor, num jogo de efeito e de marca. Os brasileiros "são assim", diria ele, plásticos por definição.

Mestiçagem:

> A mistura de raças produziu populações
> que são surpresas constantes para o
> europeu, devido a sua variedade em cor e
> em forma
> Gilberto Freyre, *Novo mundo nos trópicos* 41

Segundo Freyre nem as origens portuguesas ou hispânicas, nem as raízes católico-latinas, fariam do Brasil uma mera extensão da Europa, como a Nova Inglaterra, da Velha Inglaterra. Ao contrário, se escreveria no próprio território, a mestiçagem. Afinal, já a península hispânica seria considerada uma zona de transição entre dois continentes. "A África começa com os Pirineus", diria Freyre, mostrando sarcasticamente uma correlação entre a noção de fronteira e mistura (*Novo mundo* 69).

A tese desse antropólogo é que ocorrera um "amalgamento biológico e étnico" anterior à vinda dos portugueses; fator decisivo para a mistura futura. A própria lenda da "moura encantada" teria sido efeito das relações do colonizador lusitano com as índias, ou ameríndias do Brasil.

O fato é que o resultado foi, segundo o autor, "uma cultura brasileira de origem principalmente lusitana, com fortes elementos ameríndios e africanos". Mais do que isso, a conjugação de todos esses elementos teria levado a uma "nova e vigorosa cultura, não meramente subeuropéia ou colonial, porém brasileira" (83). Como diz Freyre: "Tenho procurado destacar em mais de um estudo, na solução brasileira dos problemas resultantes do contato de raças, o seu contraste com outras soluções. E creio que a solução brasileira, em grande parte se explica à luz da experiência quer social, quer cultural, peculiar aos portugueses, como povo de transição entre Europa e África" (141).

A conclusão imediata é que nossos antecedentes não seriam puramente europeus, mas sobretudo africanos e até asiáticos. Retornando aos bandeirantes, exemplos de "vigor híbrido", Freyre recuperaria a idéia da poligamia necessária (ou uma "poligamia disfarçada") como "compensação para a dura vida que levam os intrépidos pioneiros" (99).

Mais do que as fronteiras físicas, o que estaria delineado, portanto, é uma comunhão de espíritos, uma verdadeira "amálgama", implementada por uma perspicaz política social de assimilação. Trata-se de reconhecer a diversidade cultural e racial da população brasileira e de associar a idéia de assimilação à noção de antropofagia; isto é, o reconhecimento de que a vivência sexual foi central para a compreensão da formação brasileira. Nesse livro, Freyre recupera a atração do homem português pela mestiça, pela índia e pela mulata e a concepção de que o ato sexual corresponde ao passo inicial para a assimilação. Mais uma vez, seria na história da península ibérica que estariam as bases dessa liberdade sexual vivenciada na colônia: a solidão do colonizador vem de encontro à beleza das índias e depois das negras.

A mestiçagem e a adaptação são vistas de maneira tão positiva, que Freyre arrisca, ainda, voltar à sua velha tese sobre "a boa escravidão" existente no Brasil, desenvolvida em sua tese de mestrado, *Social life in Brazil in the middle of the 19th century*: "À vista de todas essas evidências não há como duvidar de quanto o escravo nos engenhos do Brasil era, de modo geral, bem tratado; e sua sorte realmente menos miserável do que a dos trabalhadores europeus que, na Europa Ocidental da primeira metade do século XIX não tinham nome de escravos" (103).

Fazendo a defesa de uma escravidão benigna, e retomando argumentos do início do século XX, o autor parece esquecer das implicações de um sistema como esse –que leva à posse de um homem por outro– e quase que justifica tal regime no Brasil: "visto em seu conjunto, o regime da escravidão nos engenhos e nas fazendas brasileiras no século XIX parece ter sido bem menos despótico do que a escravidão em outras regiões da América; e menos cruel ..." (103).

A defesa recai, mais uma vez, sobre a mobilidade social e acerca do papel do sistema monárquico, que teria impedido os mandonismos extremados e gerado um padrão de relações amistosas; quase um ganho. "Mas o que não se pode negar é que a cultura brasileira muito se enriqueceu com a vida em comum dos meninos brancos e negros e com as pretas velhas, de quem ouviam histórias cheias de humanidade e uma doçura superior a tudo que se poderia encontrar nas histórias dos livros escolares à européia, quase sempre convencionais. A escravidão facilitou também um ócio que os de mais talento aproveitavam para melhor estudar os métodos de destruir o próprio feudalismo, a cuja sombra haviam nascido e desenvolver a democracia no Brasil" (102).

Freyre insiste, ainda, na tese da adaptabilidade do africano à escravidão: "Do ponto de vista das relações do homem com a natureza, a adaptação do negro ao clima e a outras condições físicas do Brasil parece ter sido perfeita. Do ponto de vista social, o africano surge culturalmente mais bem preparado do que o ameríndio nômade para ajustar-se ao sistema escravagista de vida –agrícola e doméstica– existente na América Portuguesa nos primeiros tempos de colonização. A sua adaptação foi tão perfeita como a da cana-de-açúcar, o seu companheiro simbiótico no papel de modificar a paisagem brasileira transformando-a de vasta região de florestas virgens em uma outra dominada pela civilização agrária, pelo latifúndio, pela monocultura" (137). Nada mais contraditório; afinal não há povo "adaptado" ao cativeiro. Mas Freyre anunciaria mais: defendendo a concepção de que culturas avançadas africanas teriam vindo ao Brasil (culturas de fé maometana), advoga a idéia de que o cativeiro teria tido um papel de "otimização" de recursos e estratégias. Afinal, só a escravidão explicaria a entrada de populações "tão avançadas". Dessa maneira, invertendo e complicando os termos, encontramos, em Freyre, se não uma "defesa" da escravidão, ao menos uma tentativa de enquadramento dentro da economia interna do país. A perda se transforma em ganho, lucro até, quando implica racionalizar que certas culturas africanas em muito contribuiriam para a nacionalidade.

Outra noção paralela, também desenvolvida no livro, seria a de que uma "forma menos cruel de escravidão teria se desenvolvido no Brasil, por conta do contato com escravocratas maometanos, conhecidos pela maneira familial como tratavam os escravos, pelo motivo muito mais concretamente sociológico de que abstratamente étnico de sua concepção doméstica de escravidão" (209). A escravidão surge assim, ao lado da mestiçagem, como um benefício e uma singularidade: no Brasil teriam sido experimentadas relações de troca e não só de exploração; relações familiares e não comerciais. Se culturalmente o argumento é tentador, é difícil aceitar uma tese que esqueça da hierarquia e das relações de poder, obviamente, assimétricas que se estabelecem em qualquer regime escravocrata.

Sob domínio do privado

Por sinal, essa égide do privado parece tomar a análise de Freyre. Com efeito, desde *Casa Grande & Senzala* o autor já introduzia a família como elemento fundamental para a compreensão da sociedade brasileira. Nesse sentido, a casa-grande simbolizaria não somente um sistema econômico, mas também um núcleo social e cultural, fazendo às vezes da igreja, do banco, da hospedagem, da fortaleza ...

Não é por outro motivo que Freyre busca destacar como as iniciativas familiares teriam sido mais importantes do que os empreendimentos oficiais, para o desenvolvimento do país. Mas em *Novo Mundo nos trópicos* até mesmo a "boa" escravidão é explicada em termos privados e da intimidade. Freyre busca na escravidão maometana um modelo expandido da escravidão brasileira e destaca como essa era antes "um sistema doméstico ligado à organização da família, inclusive às atividades domésticas, sem ser decisivamente dominado por um propósito econômico-industrial" (209).

Também a "boa" raça brasileira teria se formado a partir do papel da família e do senhor de escravo: "O orgulho da família foi entre nós mais forte do que o orgulho da raça", diria Freyre (106). Mais do que isso, a "disciplina patriarcal" garantiria a unidade política e a disciplina social desse "imenso país", uma vez que era um sistema comum às diferentes províncias e regiões. "A civilização brasileira foi nos seus começos mais o esforço de uma organização familial do que a realização do Estado ou da Igreja, de reis ou de líderes militares. Daí seu desenvolvimento como civilização que tem valores fundamentais ou domésticos, patriarcais e sedentários" (251).

Na verdade, a domesticidade explicaria traços culturais e manifestações localizadas, como a arquitetura, essencialmente doméstica ou privada, na opinião de Freyre. Passa por esse crivo a análise que Freyre faz da "varanda" que representaria essencialmente uma adaptação dos valores europeus (e mais públicos) ao espaço tropical (mais internalizado).

Por essas e por outras é que, em *Novo mundo nos trópicos*, a sociedade brasileira se transforma numa obra patriarcal nos trópicos: "homens decididos a ficar e a crescer em um espaço tropical" (254). A própria criatividade brasileira teria raízes nesse sistema familiar que foi durante quatro séculos, segundo Freyre, o centro de desenvolvimento brasileiro em um novo tipo de civilização. Esse sistema teria criado, por sua vez, uma cozinha brasileira, uma música, uma literatura, a diplomacia e a arte da política; ou seja, um autêntico patriarcalismo brasileiro e uma espécie de realismo ético.

Tudo se passa como se no Brasil a família tivesse se imposto e ocupado o lugar do Estado e das leis – e com ganhos. Na opinião de Freyre o país seria o reino do privado; isso sem qualquer constrangimento ou julgamento mais negativo.

A família representaria a base de uma civilização luso-tropical e, porque não, hispano-tropical; aí estava a grande generalização sociológica e antropológica de Freyre. A lógica de um certo Nordeste patriarcal escorria para o Brasil todo como se fosse uma essência do nacional: longe da esfera do público viveríamos, por definição, a essência do privado.

Trópicos e raça

Mas não só a miscigenação e o "império do privado" caracterizariam o Brasil. No capítulo, "O Brasil como civilização européia nos trópicos", Freyre enfrenta uma nova singularidade: os trópicos. Ora paraíso, ora inferno ... o fato é que desde o século XVI, os trópicos estariam sob suspeita, como a provocar uma questão: é possível combinar civilização com trópicos? Freyre se apressa em responder que sim, dizendo que o Brasil seria "a maior ou pelo menos a mais avançada civilização moderna criada e em processo de desenvolvimento em região tropical" (160).

Nesse sentido, estaria se gestando uma civilização extra-européia, quase anti-européia – "extra-européia" – por conta das condições tropicais: clima, vegetação, paisagem, luz e cores. O autor insiste tanto nesse tema, que arrisca pensar em um "ponto de vista tropicológico" – uma ciência especial dos trópicos – que desse conta das vicissitudes dessa região: "Pois o comportamento do homem nos trópicos tem que ser encarado, sob alguns aspectos, em relação a situações e condições peculiares ao ambiente tropical; ao fato, por exemplo, de que um clima tropical favorece o contato íntimo e informal entre multidões e seus líderes políticos, nas praças públicas, sem a necessidade de reuniões feitas a portas fechadas, as quais tenderiam a favorecer exclusivismos ideológicos ou fanáticos de seita ou partido. A música, o drama, as representações teatrais, os ritos religiosos podem ser analogamente afetados pelo clima tropical, de maneira a desenvolverem novas formas através de novas relações sociais e psicológicas entre os artistas, os líderes religiosos e as grandes multidões: uma relação que não será alcançada pelo rádio ou pela televisão, cuja importância permanecerá muito maior nos países boreais do que nos tropicais" (163). Tudo parecia passar pelo crivo dos trópicos: a arquitetura, a culinária, o vestuário, mas também os humores e costumes.

Era assim a defesa de uma nova civilização – de homens civilizados situados nos trópicos – que estava em questão. Partindo de uma noção de cultura que se pautava fortemente na idéia boasiana de "traços culturais", Freyre voltava à carga, confirmando a idéia da constituição de uma nova nação, extra-européia porque tropical

Por outro lado, a noção de raça não surge no lugar da cultura, como tantas vezes foi alardeado. Raça é antes um resultado da história do grupo, que se confunde com o meio. Produto de um processo dinâmico, que confunde meio e história, essa "raça histórica" seria produto da própria aclimatabilidade do lusitano em contato com os trópicos. "O status nacional do Brasil não é expressão da consciência de raça, pois que nenhuma raça única, pura ou quase pura formou a gente brasileira" (181). O resultado seria uma "democracia social e étnica", mais particular no Brasil do que em qualquer outro lugar. De veneno a redenção, o Brasil surge nessa obra de Freyre como um claro exemplo para o público estrangeiro. Lidando com categorias sincrônicas, aonde prevalecem as descrições e as totalidades, Freyre essencializa esse Brasil plástico, tropical e harmonioso em sua formação histórica.

Assim, longe da idéia de um país sem história, vemos Freyre recuar a uma origem moura, que resgataria o próprio passado. Mais do que isso, nos trópicos tudo tenderia a amolecer e a equilibrar: suprema herança da confluência entre meio e história. Nada como encontrar no meio uma explicação quase que determinista – determinista cultural – de certas condicionantes da história do Brasil.

Porém ... nem tão mestiço

É hora de retomar os conceitos "pinçados" por Freyre.

Hoje sabemos, a partir dos estudos de colonialismos comparados, que a idéia de mestiçagem não corresponde a uma peculiaridade brasileira. Como diz Omar Ribeiro Thomaz: "o mestiço é uma realidade em todos os processos coloniais, do inglês ao belga e ao holandês. A questão não é a *existência* do mestiço, mas o *lugar* por ele ocupado na sociedade colonial" (20). Ao contrário do Brasil, aonde o mestiço era reconhecido e podia ocupar lugar na hierarquia social do sistema, em outros locais desenvolveram-se sistemas de rejeição e de negação da filiação. E é essa a questão que interessa. Qual o lugar da mestiçagem no pensamento de Freyre e de que maneira ela engendra uma reflexão sobre a informalidade na política e a privacidade de nossas relações sociais.

Afinal, hoje em dia, parece difícil ler Freyre sem estranhar essa "elevação" do mestiço à categoria nacional e essencial. Também é complicado justificar a defesa de uma escravidão benigna, visto que não há escravidão boa ou ao menos tolerável. E mais, como entender, nos termos atuais, essa defesa de um paternalismo privado que se coloca no próprio lugar do Estado? E ainda, como destacar uma civilização tropical, para além das condicionantes temporais e contextuais?

Todos esses elementos parecem sinalizar para um modelo, à primeira vista, ultrapassado, que elegeu certos traços e fez da cultura um elemento essencial; quase uma mônada fechada em si mesma.

Mas pensamentos não se fazem ou são destruídos na base de uma lógica alterativa e evolutiva. Interessa mais entender porque e como o discurso de Freyre ajuda a entender, afinal, o que faz do *Brazil*, Brasil. E nesse sentido, não há conformação de identidades sem a seleção de singularidades. Além do mais, se a identidade é com certeza manipulada de maneira política, contrastiva e circunstancial, não é pura e exclusivamente matéria do arbítrio e da vontade.[15] Ninguém manipula sobre o nada e é dessa matéria que nos fala Freyre: de certas recorrências na sociabilidade local.

É certo que não existem traços que resistam inalterados ao tempo e ao espaço, como parece querer Freyre, mas é certo, também, que as culturas se fazem reconhecer por uma série de elementos particulares e mesmo sincrônicos. E nesse sentido a obra de Freyre continua a produzir novos modelos e teorias. Se a mestiçagem não é um fenômeno exclusivamente brasileiro, foi nesse país que tomou lugar tão circunstancial. O mesmo poderia ser dito do espaço dos trópicos ou da adaptação; elementos tão comuns mas que ocupam, na economia interna da sociedade brasileira, um lugar particular: criam hábitos e costumes consolidados pelo tempo. Isso para não esquecer do lugar do privado.

Insistir nesse mito da privacidade do brasileiro significa recuperar uma certa forma de sociabilidade inscrita em nossa história, que, já presente na escravidão, sobreviveu alterada no clientelismo rural e resistiu à urbanização, quando o princípio de classificação hierárquica manteve-se sustentado por relações íntimas e laços pessoais. Herdeiros de uma certa tradição, cuja iniciativa de colonização teria sido sempre entregue a particulares, residiria aí a singularidade do modelo ibérico, marcado por fortes vínculos pessoais, que tornam fluidas as delimitações entre esferas públicas e privadas de atuação.

Nesse sentido, no Brasil, "privado" não seria uma categoria imediatamente contraposta a "público", ao menos no sentido tradicional do termo. Frente à uma concepção frágil do Estado e de um uso débil das instituições públicas, no país a esfera privada parece referir-se à família extensa e não ao indivíduo, que permanece distante das leis (Martins, "Apontamentos" 8; *O poder do atraso*).

Não foram poucos os pensadores que atentaram para essa questão. Sérgio Buarque de Holanda, em 1936, chamava a atenção para um traço definido da cultura brasileira, conhecido por meio da expressão de Ribeiro Couto, que afirmava que daríamos ao mundo "o homem cordial". No entanto, para Holanda cordialidade não significava "boas maneiras e civilidade". Na civilidade, dizia ele, "há qualquer coisa de coercitivo (...) é justamente o contrário de polidez. Ela pode iludir na aparência" (107). Na verdade, o famoso historiador estava mais interessado em entender como cordialidade vinha do "coração", ou melhor, falava das relações pautadas na intimidade e na afetividade e que, portanto, desconheciam o formalismo. Tal qual uma ética de fundo emotivo, no Brasil imperaria "o culto sem obrigação e sem rigor, intimista e familiar" (101).[16]

Raízes do Brasil trazia assim um alerta ao apego irrestrito dos "valores da personalidade". Em questão estava, dessa maneira, a possível – e desejável – emergência de instâncias de representação que se sobrepusessem às persistentes estruturas intimistas. É nesse sentido, que se podem traçar paralelos, por exemplo, com a expressão "dialética da malandragem", elaborada em ensaio clássico de Antonio Cândido. Por meio da figura do bufão, que aparece com certa regularidade na literatura brasileira, e tendo como base o romance de Manuel Antonio de Almeida – Memórias de um sargento de milícias –, Cândido alcança uma estrutura específica, uma certa dialética da ordem e da desordem na qual tudo seria lícito e ilícito, burla e sério, verdadeiro e falso. Nesse local, a intimidade seria a moeda principal e o malandro reinaria, senhor dessa estrutura avessa ao formalismo que leva à "vasta acomodação geral que dissolve os extremos, tira o significado da lei e da ordem, manifesta a penetração dos grupos, das idéias e das atitudes mais díspares (...)" ("Dialéctica da malandragem" 51).

Também Roberto Da Matta retomou essa complicada relação entre esferas públicas e privadas de poder, mostrando a existência no Brasil de uma sociedade dual, onde conviveriam duas formas de conceber o mundo. Um mundo de "indivíduos" sujeitos à lei e outro de "pessoas", para as quais os códigos seriam apenas formulações distantes e destituídas de sentido.

Mesmo Roberto Schwarz, nos comentários que teceu ao livro de Chico Alvim, chamado Elefante (2000), retoma – a partir da informalidade da linguagem política do poeta – o argumento de que viveríamos uma esfera "saturada de familiaridade" à qual Carlos Drummond de Andrade se referiu como uma ambivalência cordial. O argumento é que Alvim retomaria, três quartos de século após o movimento modernista, peculiaridades da vida nacional: cheiros, ritmos e, sobretudo, a interação peculiar entre as pessoas e seus pactos silenciosos (Schwarz, "Elefant" 1). Nessa resenha, Schwarz recupera argumentos presentes em seu famoso ensaio "As idéias fora do lugar", já citado nesse artigo, apontando para as dissonâncias existentes entre a adoção de modelos do tipo "moderno", quando postos e experimentados nesse local particular. Ou então, para falar com Mario de Andrade, o "desacordo entre representação e o que, pensando bem, sabemos ser o seu contexto" (citado por Schwarz, "Ideias" 21).

Naquele caso, tratava-se de entender como as idéias liberais não podiam ser praticadas, sendo ao mesmo tempo indescartáveis. "Foram postas numa constelação especial, uma constelação prática, a qual formou sistema e não deixaria de afetá-las. Por isso, pouco ajuda insistir na sua clara falsidade. Mais interessante é acompanhar-lhes o movimento de que ela, a falsidade, é parte verdadeira" (Schwarz, "Ideias" 22). Dessa maneira, o Brasil do século XIX, a um só tempo bastião da escravatura e envergonhado diante dela, tomava as idéias liberais de maneira "rancorosa", como se de nada lhe servissem. No entanto, também as adotava, de forma ornamental, como prova de modernidade e distinção.

Essas seriam, assim, as nossas releituras originais, ou, como quer Roberto Schwarz, "as nossas esquisitices nacionais" (23). Mais do que apenas isso, trata-se de analisar como, ao longo de sua reprodução social, o Brasil repõe idéias européias, sempre com um sentido impróprio ou, ao menos, original. E é nessa chave que, Schwarz, engata o tema da privacidade. Trata-se de entender como, para além das hierarquias – "de um lado o civilizado que dá as ordens, de outro a multidão dos sem direitos" ("Elephant" 5) –, são alocados dois termos: a autoridade e a informalidade; a regra e a privacidade. Aí residiria uma compreensão profunda das relações sociais brasileiras: no suposto de que ambos os termos são igualmente verdadeiros e dizem respeito à essa conformação particular.

Essa informalidade, ou personalismo, seria inclusive responsável, segundo ainda Schwarz, por "relativizar tudo, inclusive a lei, com o permanente jogo pessoal da acomodação do poder que permite a quebra de todas as regras formais e, no limite, o garantia dos direitos do estado" (8). Essa é a crítica do autor à aplicação de modelos canônicos vindos dos países centrais. Apesar de tê-los como espelhos, os países periféricos não praticam tais conceitos de forma inteira e integral.

E essa questão já angustiou uma série de autores, como Sergio Buarque de Holanda, que diante do descompasso entre as idéias vindas de fora e sua aplicação assim desabafou: "Trazendo de países distantes nossas formas de vida, nossas instituições e nossa visão de mundo, e timbrando em manter tudo isso em ambiente muitas vezes desfavorável e hostil, somos uns desterrados em nossa terra" (15).

Mas nem tão "fora do lugar" – nem tão "desterradas" – estavam essas idéias, assim como vale a pena pensar na singularidade dessa noção de (digamos assim) privacidade brasileira. É possível perceber, em primeiro lugar, a contínua construção de novos/velhos mitos locais: a afirmação de uma certa cordialidade advinda de um uso específico do privado, a rejeição ao trabalho manual, o modelo da democracia racial, a corruptela política, as festas populares e feriados que irrompem o tempo rápido dos centros urbanos, o paternalismo e o clientelismo políticos, a violência do dia-a-dia transformada em fala sem lugar, as populações destituídas para quem o tema da privacidade pouco se coloca de modo concreto.

Com efeito, mais do que "ontologizar" o termo, é preciso problematizá-lo, retomando não só o local do privado como o do público. Afinal, para além de serem concepções polares – cuja afirmação de um depende da realidade do outro –, o que se verifica é a singularidade de sua utilização no Brasil. Longe de um modelo fechado, no país, o privado foi se afirmando enquanto um processo histórico e, mais especificamente, mediante vários fatores complicadores. Frente ao desconhecimento sistemático da esfera pública, dessa má consciência que se instaura diante do Estado e das instituições representativas, da vigência alargada da escravidão... ocorre uma espécie de releitura do privado, desfocado dessa maneira.

Por outro lado, a pobreza e a falta de recursos vivenciadas por grande parte da população brasileira, alijada de qualquer propriedade e dos meios mais elementares para a sobrevivência, coloca em questão a própria discussão da privacidade. Isso sem falar dos setores que, apesar de experimentarem uma situação diferenciada, sofrem as decorrências históricas do exercício débil da cidadania e de sua frágil afirmação. Mais uma vez, se não se concretiza a representação do Estado, em seu lugar surgem novas noções do que hoje é "público" e do que cabe, em contraposição, à esfera do "privado".

Não se quer dizer, porém, que não existe vida privada nesses "recantos tropicais"; mas sim que a mera aplicação de modelos externos resulta em artificialidade, ou em uma leitura no mínimo pouco original dessas noções, sobretudo quando comparadas aos casos clássicos. "No Brasil liberalismo sempre foi um grande mal entendido" dizia Sérgio Buarque de Holanda, mais uma vez, em seu livro *Raízes do Brasil*, desautorizando o uso imediato dos exemplos europeus e procurando por interpretações singulares que permitissem analisar as práticas de personalismo, as modalidades que levam à indeterminação entre a esfera pública e privada de atuação, suas mazelas e conseqüências na conformação nacional.

Entender a vida privada na tensão do processo histórico, no movimento que se reatualiza monotonamente no tempo longo, eis alguns dos desafios desse tipo de análise. Trata-se, assim, de refletir sobre o que significou a privacidade nesse país que, durante tanto tempo, conviveu com a ausência do Estado, afastado e isolado na metrópole. Ou então, analisar quais os paradoxos da temática da privacidade quanto conectada à realidade da escravidão e sua difícil convivência com a modernidade. Por outro lado, mesmo nos tempos da jovem república, quando conviviam os crescentes núcleos urbanos e os ganhos da modernidade com as marcas do arcaico, do domínio rural e da parentela, também o tema da privacidade surge nuançado. Por fim, nada como enfrentar o tema tendo como pano de fundo as novas técnicas, ou mesmo o fenômeno da globalização que reequaciona qualquer noção de privacidade.

Como se vê é preciso refletir sobre a adequação dos modelos, ou então, nas palavras de Roberto Schwarz, compreender como: "a compensação simbólica podia ser um pouco desafinada, mas não era mal agradecida" ("Ideias" 17). Estamos pensando, assim, na importância da definição do conceito de privacidade, tomado em seus próprios termos e, nessa perspectiva, nem tão distantes estamos das conclusões de Freyre.

Afinal, Gilberto Freyre, em suas obras, empreendeu um esforço evidente em abandonar a aplicação mecânica de modelos externos e procurou sempre entender esse país sob o signo da diferença; da sua diferença. Aí está a modernidade de sua obra e, talvez, a atualidade de suas interpretações. Dessa maneira, o problema talvez não esteja em constatar a questão do "inflacionamento" da esfera privada , mas fazer dele uma espécie de "solução". A questão não está em localizar a mestiçagem, mas em adjetivá-la. Não há porque não tematizar a influência dos "trópicos"; problemático é fazê-los render como aspecto ontológico e definidor. O mesmo poderia ser dito da noção de "tempo tríbio" (já esboçada em *Novo Mundo nos trópicos*), segundo o qual passado, presente e futuro se sobrepõem, levando à uma predileção pelo estudo das continuidades do passado. Com efeito, o tempo sincrônico de Freyre é, de uma só vez, saída e armadilha. Armadilha quando inibe a discussão das influências políticas e do próprio contexto; saída quando mostra que vários elementos podem ser pensados, na longa duração, como definidores de uma singularidade brasileira.

Como conclui Roberto Schwarz, em seu artigo sobre o livro de Francisco Alvim, agora para o *Jornal de resenhas*, é possível encontrar "Linguagens e situações rigorosamente comuns, mas pertencentes a uma formação social singular, em discrepância, ou em falta, com a norma da civilização contemporânea" ("Elefante complexo" 1). E essa discrepância Freyre apontou em sua obra. Retoma-se, assim, um projeto modernista que permitiu prever como "trata-se de tomar as relações brasileiras entre informalidade e norma, cuja heterodoxia, dependendo do ponto de vista, funciona como um defeito de fábrica ou como um presente dos deuses" (1).

De resto, nunca nos sentimos tão invadidos pelas idéias de Freyre que sempre pareceram "presente dos deuses". Quem sabe ele tenha mesmo razão com sua provocação: "O clima tropical que é o Brasil não se deixa absorver: absorve".

Notas

1 Para uma visão mais abrangente da posição de Nina Rodrigues sugiro a leitura "Mestiçagem, degenerescência e crime" ou do livro *As raças humanas e a responsabilidade penal no Brasil* (1894), aonde o autor defende a criação de dois códigos: um para brancos, outro para negros.

2 Paradoxalmente, o evolucionismo social não fez grande sucesso no Brasil. Foram, ao contrário, as teorias deterministas raciais, de Arthur de Gobineau, Gustave Le Bom e Kid e as deterministas geográficas de Buckel e Ratzel que encontraram maior número de adeptos. A aposta dava-se nas certezas da ciência e na possibilidade de explicar a desigualdade a partir de dados objetivos. Os grandes articuladores dessa versão científica do racismo brasileiro, congregavam-se nas instituições científicas e de pesquisa da época. Estou me referindo aos Institutos Históricos e Geográficos, às Escolas de Medicina e de Direito e aos Museus de Etnografia. Para uma versão mais detalhada do tema, sugiro, entre outros, o meu livro *O Espetáculo das raças: cientistas, instituições e questão racial no Brasil. 1870-1930* (1993).

3 Silvio Romero e Nina Rodrigues são autores emblemáticos na constituição desse debate. Enquanto Silvio Romero (da escola de direito de Recife) via a miscigenação como um fato contornável; já

Nina Rodrigues (da escola de medicina da Bahia) foi responsável por um arraigado pessimismo. Para ele, não haveria solução para um país de raças mistas e miscigenadas.

4 Ver Maria Sylvia de Carvalho Franco "Dominação pessoal" (1975) e Roberto Schwarz, "As idéias fora do lugar" (1972).

5 "Jim Crow" nome que se convencionou dar às práticas discriminatória adotadas nos Estados Unidos. A expressão é também usada de forma pejorativa para designar os negros. Vide nesse sentido, Marx.

6 O suposto era que a prática da reprodução humana, vigente no Sul dos Estados Unidos, simbolizaria relações diferentes para com o regime escravocrata.

7 Segundo Fernando Novais, em entrevista ao jornal *Folha de São Paulo*, datada de 25 de maio de 1997, o processo brasileiro de abolição da escravidão foi diverso do norte-americano pois como o cativeiro existia em todo o país, seu final não provocou a divisão, como nos Estados Unidos, aonde existia um claro impasse entre Norte e sul da Nação.

8 Por outro lado, ainda que no Brasil tenha ocorrido uma mestiçagem extremada, esse fato se explica por motivos circunstanciais e históricos – em função do projeto de colonização e da desproporção entre os sexos – e não apenas a partir da propalada índole mais democrática dos portugueses.

9 No meu livro *Retrato em branco e negro* (1987) tive oportunidade de recuperar vários anúncios e artigos de jornais que, no final da década de 1880, procuravam dar uma imagem não só benevolente da escravidão brasileira, como tranquila no seu processo de abolição. Nos anúncios de fuga, por exemplo, termos como "mui amado", "mui respeitado" procuravam passar uma imagem de proximidade entre o senhor que reclamava a perda do cativo e o próprio escravo. Por outro lado, uma série de artigos exaltava o caráter benigno e até amistoso da escravidão brasileira, que estava por acabar. Interessante, nesse sentido, é o hino da República que, em 1890, portanto, dois anos depois da abolição, exclamava: "nós nem cremos que escravos outrora tenham havido em tão nobre país"... Era como se a escravidão tivesse sido um engano, ou uma "quase escravidão", tal seu (pretenso) caráter adocicado.

10 A partir de meados do século xix e tendo o Instituto Histórico e Geográfico Brasileiro como sede e a monarquia como financiadora, um grupo de jovens intelectuais – entre literatos, historiadores e jornalistas – passou a se reunir tendo selecionado no indígena idealizado a nova imagem para a nação. Sobre o tema vide, entre outros, Antonio Candido "O romanticismo" (1990) e Schwarcz *As barbas do imperador* (1998).

11 Como nesse ensaio pretende-se analisar a obra de Freyre abrimos mão de caracterizar com maior vagar a produção intelectual anterior a esse contexto. Para um desenvolvimento do tema sugiro a leitura

de T. Skidmore, *Preto no branco* (1976) e de meu livro *O espetáculo das raças* (1993).

[12] Esse trecho específico – "A estetização da mestiçagem – é baseado em texto de minha autoria publicado no 4° volume de História da Vida Privada no Brasil (São Paulo, Companhia das Letras, 1998. O artigo se intitula: "Nem preto, nem branco, muito pelo contrário: cor e raça na intimidade").

[13] Para uma discussão mais aprofundada do tema vide E. Hobsbawm, H. Bhabha e S. Hall entre outros.

[14] Vide nesse sentido, entre outros H. Vianna, Schwartzman, Simon *et alli.*

[15] Vide, Carneiro da Cunha.

[16] Diz o historiador: "É que nenhum desses vizinhos soube desenvolver a tal extremo essa cultura da personalidade que parece constituir o traço decisivo dessa evolução, desde tempos imemoriais" (32).

Obras Citadas

Alvim, Francisco. *Elefante*. São Paulo: Companhia das Letras, 2000.

Anderson, B. *Imagined Comunities*. London: New Left Books, 1983.

Andrade, Mario de. *Macunaíma: o herói sem nenhum caráter*. Brasília: CNPq, 1988.

Andrews, George Reid. "Desigualdade racial no Brasil e nos Estados Unidos". *Revista Afro-Asiática* 22 (1992): 65-83.

Bhaba, Homi. *Nation and Narration*. London/New York: Routledge, 1984.

Boas, Franz. *Anthropology and Modern Life* [1928]. New York: Dover Publications, 1962.

Bosi, Alfredo. "Situação de Macunaíma". Mario de Andrade, *Macunaíma o herói sem nenhum caráter*. Brasília: CNPq, 1988. 9-23.

Candido, Antonio. "O romantismo". São Paulo, mimeo, 1990.

_____ "Dialética da malandragem". *O discurso e a cidade*. São Paulo: Duas Cidades, 1993. 19-54.

Carneiro da Cunha, Manuela. *Negros estrangeiros*. São Paulo, Brasiliense, 1979.

Cunha, Euclides da. *Os sertões* [1902]. São Paulo: Cultrix, 1973.

Da Matta, Roberto. "Você sabe com quem está falando?" *Carnavais, malandros e heróis*. 3a. ed. Rio de Janeiro: Zahar, 1981. 139-185.

Franco, Maria Sylvia de Carvalho. "Dominação pessoal". *Homens Livres na Ordem escravocrata*. São Paulo, Instituto de Estudos Brasileiros, 1975. 23-45.

Freyre, Gilberto. *Casa Grande & Senzala*. Rio de Janeiro: Maia & Schmidt, José Olympio, 1933.

_____ *Interpretação do Brasil*. São Paulo: Companhia das Letras, 2001.

_____ *Novo mundo nos trópicos*. Rio de Janeiro: Topbooks, 2000.

Hall, Stuart. "A questão da identidade". Campinas: Unicamp, texto didático, 1995.

Hasenbalg, Carlos A. *Discriminação e desigualdades raciais no Brasil*. Rio de Janeiro: Biblioteca de Ciências Sociais, 1979.

_____, N. do Valle e Silva e L.C. Barcelos. "Notas sobre miscigenação racial no Brasil". *Estudos Afro-Asiáticos 16*. Rio de Janeiro, s.e. 1989.

Hobsbawn, E. e T. Ranger. *A invenção das tradições*. São Paulo: Paz e Terra, 1987.

Holanda, Sergio Buarque de. *Raízes do Brasil*. Rio de Janeiro: José Olympio, 1936.

Lacerda, João Batista. *Sur les mestis au Brésil*. Paris: Imprimerie Devouge, 1911.

Martins, José de Souza. *O poder do atraso-ensaios de sociologia lenta*. São Paulo: Hucitec, 1994.

_____ "Apontamentos sobre vida cotidiana e história". *Revista do Museu Paulista*. São Paulo, s.e, 1997.

Marx, Anthony W. "A construção da raça e o Estado-Nação". *Estudos Afro-Asiáticos29*. Rio de Janeiro, s.e. 1996.

Nabuco, Joaquim. *Minha formação* [1900]. Porto Alegre: Editora Paraula, 1995.

Novais, Fernando A. "Entrevista ao jornal *Folha de São Paulo* (25 de maio de 1997)".

Oliveira, Francisco de. *Crítica à razão dualista, o ornitorrinco*. São Paulo: Boitempo editorial, 2003.

Rodrigues, Nina. *As raças humanas e a responsabilidade penal no Brasil* [1894]. Bahia: Progresso, 1957.

Romero, Silvio. *História da literatura brasileira.* [1888]. Rio de Janeiro: Imprensa Nacional, 1953.

Thomaz, Omar Ribeiro. Introdução ao livro *Interpretação do Brasil*. São Paulo: Companhia das Letras, 2000.

Schwarcz, Lilia Moritz. *Retrato em branco e negro: jornais, escravos e cidadãos em São Paulo no final do século XIX*. São Paulo: Companhia das Letras, 1987.

_____ *O espetáculo das raças. Cientistas, instituições e questão racial no Brasil. 1870-1930*. São Paulo: Companhia das Letras, 1993.

_____ "Questão racial no Brasil". *Negras imagens*. Lilia Moritz Schwarcz e Letícia Vidor Reis. São Paulo: Edusp, 1996. 153-178.

_____ *As barbas do imperador: d. Pedro II, um monarca nos trópicos*. São Paulo: Companhia das Letras, 1998.

Schwarz, Roberto. "As idéias fora do lugar". *Ao vencedor as batatas*. São Paulo: Duas Cidades, 1977. 13-28.

_____ "Elefante complexo". *Jornal de Resenhas* 71 (10 de fevereiro de 2001. São Paulo: Folha de São Paulo, 2001. 6-7.

_____ "In the land of elefant". *New Left Review* 22 (July-August 2003): 7-8.

Schwartzman, S. *Tempos de Capanema*. Rio de Janeiro/São Paulo: Paz e Terra/Edusp, 1984.

Skidmore, Thomas E. *Preto no branco. Raça e nacionalidade no pensamento brasileiro*. Rio de Janeiro: Paz e Terra. 1976.

Valle e Silva, Nelson do. "Black-White income differentials: Brazil, 1960". Michigan, tese de doutoramento, Universidade de Michigan, 1960.

Vianna, H. *O mistério do samba*. Rio de Janeiro: Zahar, 1995.

Von Martius, Karl F. P. *O estado do direito entre os autóctones do Brasil e Como se deve escrever a história do Brasil* [1845]. São Paulo: Edusp, 1982.

Gilberto Freyre e a história cultural

Peter Burke
University of Cambridge

Gilberto Freyre foi um dos maiores historiadores da cultura no século XX. Ele exerceu, claro, muitas outras ocupações – sociólogo, historiador social e jornalista, sem mencionar as suas incursões pela poesia, romance, pintura e política. Entretanto, neste trabalho, argumentarei que a contribuição de Gilberto Freyre para a história da cultura é uma das mais sólidas realizações e que Otto Maria Carpeaux estava certo ao comparar *Casa Grande e Senzala* (1933) aos feitos de Jacob Burckhardt sobre o Renascimento, e de Johan Huizinga sobre a Idade Média.

A contribuição de Freyre como historiador cultural é exemplificada não somente em *Casa Grande* (trabalho ao qual os estudiosos de Freyre têm dedicado um desproporcional interesse), mas também em *Sobrados e Mocambos* (1936), *Ingleses no Brasil* (1948) e *Ordem e Progresso* (1959). Cada um desses livros, de alguma forma distintos em sua abordagem da cultura, serão discutidos aqui em ordem cronológica, juntamente com alguns ensaios curtos, de maneira que se possa mostrar como algumas das idéias-chave de Freyre foram reempregadas ou transpostas para a análise de novos fenômenos ou situações.

A idéia de *mestiçagem*, por exemplo, primeiramente formulada num contexto racial, foi extendida para representar a mistura ou hibridação das culturas ameríndias, portuguesa e africanas no Brasil, e depois para outros aspectos desses encontros culturais. O contraste entre uma tendência apolínia e uma dionisíaca, criado por Freyre no final dos anos 30, foi utilizado nas edições subsequentes de *Casa Grande* e foi também usado depois para descrever tipos de intelectual, de jornalismo, de costumes, e assim por diante.

Antes de embarcar nesta discussão, talvez seja necessário dizer algumas palavras sobre a concepção de cultura de Gilberto

Freyre. Originalmente sua concepção era muito vaga. Em sua tese de mestrado, publicada em 1922, o autor afirma que foi por meio dos colonos de Pernambuco que "essa coisa vaga que chamamos cultura chegou à América portuguesa" ("Social Life" 602).[1]

Por volta do período no qual escrevia os livros mencionados acima (publicados entre 1933 e 1959) a idéia de cultura de Freyre tornou-se mais precisa, mas também extraordinariamente ampla. Sua concepção incluía cultura popular, bem como cultura das elites; material cultural do cotidiano, bem como trabalhos elaboradamente artísticos; idéias do senso-comum (descritas como "ethos", "valores", "mentalidades" ou "modos de pensar") bem como as idéias dos filósofos. Nessa concepção havia espaço para sons, cheiros, gostos, gestos e para a história do corpo, da cabeça aos pés.

É somente ocasionalmente que Freyre explica como ele está usando o termo "cultura", mas em *Ingleses no Brasil* ele enfatiza seu "sentido sociológico" incluindo as "condições materiais de vida" (77). Novamente, em *Ordem e Progresso*, ele explica que está usando o termo cultura num sentido que é "compreensivamente sociológico", referindo-se a "todo um conjunto de valores e de estilos, de técnicas e de hábitos; e não apenas referindo-se aos primores da ciência, da arte e da literatura" (319).

Outras vezes, esta concepção de cultura foi ampliada para incluir a sociedade e até mesmo a economia. Em pelo menos uma ocasião, Freyre refere-se ao "sociocultural" e em outro momento ao "primado do fator cultural – inclusive o econômico" (*Sobrados* 402). Ele algumas vezes usa o termo no plural – culturas – quando fala do "choque das duas culturas, a européia e a ameríndia"; ou quando se refere ao incidente de Canudos como "principalmente um choque violento de culturas" (*Casa-grande* 179).

Em outras palavras, Freyre estava praticando o que viria a ser chamado de antropologia histórica. De seu "mestre" Franz Boas, como Freyre reconhece, "aprendi a considerar fundamental a diferença entre raça e cultura". Boas foi também um dos primeiros estudiosos a usar o termo "cultura" no plural (45).[2] O conceito de cultura de Freyre também deve sua formulação a alguns dos discípulos de Boas, notadamente a Melville Herskovits – cuja discussão sobre *culture areas* Freyre utilizou em *Casa Grande* – e a Ruth Benedict, cujas idéias foram também importantes, como veremos mais adiante.

Uma vez que tem sido frequentemente enfatizado que Freyre tem olhos apenas para a harmonia social e cultural, faz-se necessário chamar atenção para sua recorrente preocupação com "antagonismos". Por exemplo, em *Sobrados* ele discute o conflito entre médicos (de clínica geral) e *curandeiros* como um exemplo de "luta entre classes, entre raças ou entre culturas". Esta frase não é somente uma expressão de incerteza como uma sugestão de que o conflito aberto é resultado da "interpenetração de vários antagonismos" (*Casa-Grande* 225, 264). A expressão "choque de culturas", que também aparece constantemente em seu trabalho, traduz a expressão "*clash of cultures*" usada pelo antropólogo britânico George Pitt-Rivers (*Sobrados* 536-7).

Sempre de maneira eclética, Freyre também operou com o conceito sociológico de "civilização". Em alguns momentos, ele parece usar o termo como sinônimo de "cultura". Por exemplo, o nordeste foi construído em torno da idéia da "civilização do açúcar", enquanto a Inglaterra (Reino Unido) é algumas vezes descrita como a "civilização carbonífera". Entretanto, em outras ocasiões, Freyre emprega o conceito "civilização" de uma maneira normativa, como é possível perceber em sua publicação póstuma, *Ferro e Civilização* (1988), na qual ele descreve como as "sociedades premodernas passaram a civilizadas" por meio do uso do metal (39ff).[3]

Algumas vezes, Freyre assemelha-se a Norbert Elias, o grande sociólogo que escrevera *Process of Civilization* no final dos anos 30, mas que – aparentemente – Freyre nunca lera. Mais de uma vez ele se refere, em *Casa Grande*, "ao processo civilizador dos jesuítas" (90), apontando para a sua "missão civilizadora" (165-6); ou ao "esforço civilizador dos portugueses nos trópicos" (214). Entretanto, os comentários sobre os jesuítas são permeados por ironia, ao mesmo tempo em que o autor sugere, ainda mais subjetivamente, que os indígenas e os africanos, especialmente as mulheres, ajudaram a civilizar os portugueses, notadamente pela introdução dos portugueses às práticas do banho diário (348).

A idéia de civilização está relacionada, no trabalho de Freyre, à sua preocupação com o processo de *amolecimento*, associado com os africanos, com as mulheres e com a Igreja, descrito em sua dissertação de mestrado como "*softening the rough-mannered pioneer*" em Minas Gerais ("Social Life" 601).[4] Esta polarização entre duro e mole, rude e suave, masculino e feminino, poderia ser descrita como o *yin-yang* dos escritos de Freyre.

Casa Grande e Senzala, assim como os outros dois volumes de sua famosa trilogia, não está preocupado somente com história da cultura. Visto que o livro lida com economia e movimentos sociais e políticos, ele é melhor avaliado como um ensaio de "história total", o termo usado pelo próprio Freyre quando se referiu a *Sobrados e Mucambos* (introdução da segunda edição 742). Da perspectiva do historiador da cultura, dois temas são de particular importância em *Casa Grande*. O primeiro é o conceito de mestiçagem cultural, o segundo é a importância dada ao simbolismo.

O primeiro tema é freqüentemente discutido na literatura secundária sobre Freyre, portanto não há necessidade de uma prolongada discussão neste momento. Mais de uma vez, *Casa Grande* faz referência à "reciprocidade cultural" (80) ou "quase reciprocidade cultural" (163) para descrever o "intercurso" (219) entre europeus e africanos como "um processo de co-educação" entre conquistadores e conquistados, ou, variando a metáfora, como um processo de "interpenetração" (390). A religião, a comida, a música e até mesmo os modos de andar dos brasileiros são apresentados como resultados desse processo. Nestes contatos e trocas, a contribuição dos africanos é vista como um "amolecimento" do que fosse duro, como um "amaciamento" do que fosse rude. Tal processo é percebido na extraordinária seção sobre os contatos lingüísticos, escrita muito antes do surgimento da sociolingüística, por si só um exemplo de história cultural da língua (cf. 215f, 360, 387f, 453, 474, 517).

Outro grande tema cultural em *Casa Grande* é o do simbolismo, ou "simbologia" como algumas vezes se referiu Freyre (*Nordeste* 143). O próprio autor usou a casa grande como o símbolo da sociedade patriarcal, mas ele também ofereceu análises das práticas simbólicas dos brasileiros da colônia, o simbolismo sexual do açúcar, por exemplo (*Casa-grande* 311). Esta preocupação com os símbolos está mais aparente em seus trabalhos mais tardios. Huizinga escreveu uma famosa passagem a respeito do simbolismo da maçã na Idade Média, na qual ele explica que o místico alemão Heinrich Suso "a la mesa solía ... cuando comía una manzana, cortala en quatro partes, comiendo tres en nombre de la Santísima Trinidad" (Huizinga, *El otoño* 214). De modo similar, em *Sobrados e Mucambos*, Freyre cita o viajante Luccock: "nenhum Católico verdadeiro no Brasil corta uma banana em sentido transversal, pois no centro se acha a figura da Cruz" (em *Sobrados* 255).

Sobrados e Mucambos, ao mesmo tempo, dá continuidade e se diferencia de *Casa Grande*. Os temas do "choque de culturas" (11), "reciprocidade entre culturas" (682) e "interpenetração" (744) são recorrentes, mas o cenário muda do campo para a cidade. Um dos temas principais de *Casa Grande* tem sido o da des-europeização do colonizador português nos trópicos. Por outro lado, em *Sobrados* encontramos o tema oposto, a "reeuropeização" (48), relacionada ao surgimento de "bacharéis, médicos e doutores europeizados, afrancesados, urbanizados e policiados" (167), e expressa em "modas européias de vestuário" (236). No Rio de Janeiro, por exemplo, "tudo era europeu e, por conseqüência, antitropical, casa, mobiliário, modo de vestir" (342).

Esta reeuropeização do cotidiano da vida no Brasil, pelo menos entre as classes média e alta, foi descrita em seus mais vívidos detalhes em *Ingleses no Brasil*. No sentido de clarificar idéias que foram deixadas de forma mais ou menos implícitas em *Sobrados*, Freyre descreve um velho regime semi-oriental na cultura material, "a arquitetura das casas, cheia de reminiscências orientais", "móveis de estilo indiano" e "a louça da mesa ... da China, da Índia ou do Japão". Então aparece o que ele chama de *"revolução branca, macia"*, em outras palavras, a introdução da cultura inglesa na forma da cerveja e do chá, o sobretudo (casaco) e gravatas, garfos e escarradeiras, janela de vidro e a privada sanitária. Este processo é descrito pelo autor com uma linguagem forte, por meio de palavras como "imperialismo", "dominação", "inundação", "conquista" e "penetração" (*Ingleses* 149-283).[5]

Entretanto, Freyre não apresenta esta revolução como um simples processo de recepção passiva, ou aquilo que os antropólogos da época chamavam de "aculturação", um termo que ele também usa de vez em quando. Pelo contrário, ele sugere que a influência era complementar, um tipo de "transculturação" (como Fernando Ortiz chamou), ao invés de "aculturação".[6] Para ser mais preciso, a cultura técnica e literariamente superior não agiu de modo absoluto, ou sempre soberanamente, sobre a inferior. "Do contato dos britânicos com a sociedade brasileira resultaram também influências brasileiras sobre a cultura do povo imperial" (*Ingleses* 47).

Em segundo lugar, como em *Casa Grande*, o que foi enfatizado em *Ingleses* não foi somente a simples influência como adaptação cultural, a domestificação do estrangeiro, "o Brasil misturando, fundindo, recriando tudo a seu jeito". Móveis Chippendale foram exportados para o Brasil, mas foram imitados pelos artesãos locais que usavam madeira local, o que faz com que Freyre veja "essas linhas anglicanamente secas, arredondando-se no clima brasileiro" (*Ingleses* 228). De modo similar, em *Sobrados*, ele descreve as *modinhas* portuguesas como "açucaradas ou adoçadas pelo Brasil" (146). O tema do hibridismo cultural, central em *Casa Grande*, retorna de forma diferente.

O interesse de Freyre pelo que ele chamou "simbologia", especialmente o estudo dos objetos materiais como "coisas-valores" ou "materializações de cultura", começou a tornar-se diversificado e mais profundo neste período, quando ele estava lendo, ensinando e escrevendo sociologia (*Sociologia* 574-86). Portanto, nós encontramos em *Sobrados* (especialmente na segunda e ampliada edição de 1951), uma série de penetrantes observações sobre vários símbolos de poder e *status*, inspiradas pelo trabalho de Thorstein Veblen, *Theory of the Leisure Class*. Estas "insígnias de superioridade" ou "insígnias de mando", como Gilberto as chamava, incluíam a bengala, o chapéu-de-sol, o guarda-chuva, gravatas, sapatos finos, roupas européias, e mesmo as próprias roupas, já que o autor fala do "horror social à nudez" como um sinal de distinção em relação aos escravos, uma forma de "ostentação de classe e de raça superior" (*Sobrados* 12, 132, 318, 394, 429, 493, 544).

Ordem e progresso tornou-se a "Cinderela" da trilogia, mas do ponto de vista do historiador da cultura, pelo menos, é um livro original e estimulante, que toma temas dos volumes precedentes mas os desenvolve numa nova e interessante perspectiva.

No caso da cultura material, por exemplo, a longa lista de objetos cuja significação sócio-cultural fora discutida em volumes anteriores foi extendida para incluir o hotel (com seus cafés e restaurantes), o chuveiro, o bonde (um símbolo de igualdade) e o cartão-postal, "uma das expressões mais vivas da sociabilidade brasileira no começo do século xx" (*Ordem* 333, 588, 627, 644, 672).

O tema da influência civilizadora das mulheres, introduzido em *Casa Grande* e retomado em *Ingleses* com o exemplo da governanta inglesa, era agora estendido – sem dúvida para o choque de alguns leitores – para inlcuir a *cocotte* francesa, apresentada como uma professora de seus jovens clientes, ensinando-lhes arte, literatura, dança e outros traquejos sociais (*Ordem* 273).

Na discussão sobre os modelos culturais estrangeiros na vida brasileira, numa época marcada pelo que Freyre chamou uma "extrema idealização da figura do estrangeiro", a ênfase deslocou-se da Inglaterra (a despeito da ascenção do futebol) e França (a despeito das *cocottes* ou dos romances de Zola) para uma valorização da cultura dos Estados Unidos.

Sua importância é revelada pela introdução de termos econômicos tais como "*trust*" and "*stock*", por exemplo, e pela propagação de nomes pessoais tais como Washington, Jefferson e Franklin (78, 80, 271, 321). A rejeição dos modelos estrangeiros foi também discutida em *Ordem e Progresso*, notadamente em um breve capítulo dedicado ao "desafio do trópico à civilização brasileira", especialmente preocupado com aquilo que o autor chamou de "nacionalismo sanitário ou médico", incluindo a crítica do "trajo demasiadamente europeu" (858-73).

O grande tema freyreano da hibridação cultural reaparece neste volume, mas em uma nova forma. O termo-chave "interpenetração" reaparece em um novo contexto, o político (Império e República) e o cronológico (a interação do passado, presente e futuro). O sistema político é descrito em termos mesclados, "monárquico-parlamentar", "liberal-patriarcal" e "autoritário-democrático". O que o autor chama de "nacionalismo médico" é descrito como tendo levado a "expressões híbridas", mesclando "formas européias de curar" com as indígenas, ou a forma de uma com o conteúdo da outra. Na discussão sobre educação nota-se a importância das "escolas semi-militares", hibridação do militar e do civil (41-3, 470, 485, 859).

A maior novidade de *Ordem* foi, é claro, seu método de obtenção de fontes por meio do envio de um questionário para alguns sobreviventes do período. A partir da perspectiva da história cultural, este método teve a grande vantagem de permitir que as memórias de experiências pessoais desempenhassem um papel maior do que em muitas narrativas históricas e também de introduzir múltiplos pontos de vista – masculino e feminino, rico e pobre, liberal e conservador, religioso e laico – dentro da narrativa. Uma das perguntas do questionário pedia aos respondentes para descrever seus livros favoritos (Anatole France, Jules Verne, Emile Zola, entre outros), antecipando, desse modo, a preocupação com a leitura por parte dos novos historiadores culturais dos anos 80. Outra pergunta, incomum mas esclarecedora, foi a seguinte: "Quais os seus heróis do tempo de menino?" (961n).

Um quarto volume da série foi planejado, preocupado não com um período anterior, mas com a vida após a morte. *Jazigos e covas rasas* foi o nome de um projeto que datava de 1925, mas que nunca foi completado. Como no caso de *Casa Grande* e *Sobrados*, o título planejado do livro contrastava a família patriarcal-aristocrática, aqui simbolizada pelo monumental *jazigo*, com o indivíduo ordinário, que teria de se contentar com a "simples cova marcada com uma cruz de madeira" (*Sobrados* 736). Embora este projeto nunca tenha sido completado, pode ser reconstruído em seus contornos gerais, assim como o projeto sobre a história da infância, por meio dos escritos publicados pelo autor.

Ao final do seu artigo sobre a vida social nordestina, por exemplo, Freyre evocou os tradicionais funerais do Recife, com suas vagarosas procissões à pé, constrastando com os apressados enterros de "hoje" ("Aspectos" 90). *Casa Grande* discutiu a prática do enterro na capela da "casa grande" como um caso de "coesão de família", já que "os mortos continuavam sob o mesmo teto que os vivos". Até mesmo os santos eram incluídos nas questões de família. "Santos e mortos eram afinal parte da família". De fato, ambos os grupos poderiam ser descritos como "governando e vigiando" a existência. Existia também "um culto doméstico dos mortos que lembra os antigos gregos e romanos" (*Casa-grande* 51-2, 490).

Estas questões foram ilustradas e desenvolvidas futuramente em *Sobrados*, especialmente na introdução à segunda edição, na qual se afirma que "o homem morto ainda é, de certo modo, homem social". O que o autor chamou de "o túmulo monumental" ou "o túmulo patriarcal" era apresentado como "ostentação de poder, de prestígio, de riqueza dos sobreviventes". Os elementos que compunham tais monumentos foram descritos em detalhes (os "dragões, leões, anjos, corujas, folhas de palmeira ou de louro, santos", etc.) e interpretados tanto como símbolos de imortalidade, no caso dos anjos, palmeiras e santos, ou, no caso dos dragões e leões, como defensores dos mortos, comparados por Freyre aos cachorros que defendiam as moradias dos vivos (*Sobrados* 736-8).

Quando *Ordem e Progresso* foi publicado, o autor declarou que *Jazigos* estava "atualmente em rascunho e a ser publicado em breve" (41). Talvez o rascunho seja descoberto um dia entre seus papéis. Em todo caso, em seu capítulo sobre religião, *Ordem* dedicou algumas páginas às práticas de funeral das *irmandades*, que "insistiram quanto puderam em assegurar aos seus mortos uma exclusividade no sepultamento que o progresso urbano foi tornando impraticável". A prática dos enterros nas igrejas veio a ser rejeitada como anti-higiênica no final do século dezenove (*Ordem* 701). A discussão de Freyre sobre este debate antecipa em algumas décadas o interesse neste assunto por parte dos historiadores europeus, começando por Philippe Ariès.[7]

Este é o momento de colocar em um contexto comparativo o modo de Freyre fazer história cultural. Ele parece não ter conhecido o trabalho de Burckhardt, Huizinga, Elias ou mesmo o de Philippe Ariès, com os quais o interesse na história da infância e na história da morte ele dividiu.[8] Freyre descobriu os trabalhos de Febvre, Bloch e Braudel muito tarde para ter sido influenciado por eles (Burke, "Elective Affinities").

Por outro lado, estava a par da História Nova (New History), movimento iniciado nos Estado Unidos no início do século vinte, a partir, por exemplo, do trabalho de Charles Beard e de James H. Robinson. Novamente, de acordo com seu próprio testemunho, o trabalho de Oswald Spengler, *Decline of the West*, encorajou Freyre a tratar a "casa grande" como um símbolo de um tipo de sociedade. Seu débito com os irmãos Goncourt foi ainda maior. Em muitas ocasiões no final de sua vida, Freyre declarou seu débito com a *história íntima*, um conceito que inclui a história social e cultural. Por exemplo, o trabalho *Histoire de la Société Française pendant la Révolution* (1854), de Goncourt, inclui a descrição das mudanças no estilo dos móveis, entendidas como um sinal das alterações no clima político e cultural (Burke, "Material Culture").

A abordagem de Freyre para a história cultural foi formada menos pelos exemplos dos historiadores e mais a partir dos antropólogos e sociólogos da cultura. Franz Boas, por exemplo, foi uma inspiração não somente pela sua ênfase na cultura em vez da raça, mas também pelo seu interesse na cultura material, incluindo a comida (Burke, "Material Culture").[9] Foi depois da leitura de Ruth Benedict, uma discípula de Boas, sobre as culturas apolíneas e dionisíacas, que Gilberto tomou emprestado esta idéia (apesar de já estar familiarizado com Niestzsche e Spengler no momento em que se deparou com *Patterns of Culture*) (Freyre,

Casa-grande 348).[10] Um de seus mais memoráveis usos desta polaridade foi para caracterizar dois estilos culturais de jogar futebol, o britânico e o brasileiro. A observação ainda matém sua validade, mesmo que hoje os times ingleses incluam jogadores brasileiros (uma forma de mestiçagem cultural que certamente teria agradado Freyre [ver "Football mulato"]).

Houve também Thorstein Veblen, "um dos pensadores mais originais e um dos pesquisadores mais penetrantes que fecundaram os estudos de ciências sociais" (como Freyre o descreveu), "um desses cientistas com imaginação científica e mesmo poética", bem como uma importante figura "para quantos se iniciam em estudos de história cultural". As idéias de Veblen, especialmente sua preocupação com o simbolismo social do corpo e dos bens materiais, estimularam o que talvez possamos descrever como a "virada sociológica" de Freyre no início dos anos 40, descrita acima ("Veblen" e "Citar").

A idéia de cultura de Freyre tem sido criticada por Peter Fry, que o acusa de "tratar a cultura como se fosse transmissível geneticamente" e por interpretar "os traços culturais como variáveis independentes, abandonando a análise da situação na qual se desenvolvem".[11] Entretanto, repetidamente, na trilogia e em outros trabalhos nós encontramos Freyre discutindo a transmissão da cultura de indivíduo para indivíduo e também praticando o que agora é chamado de "micro-história", contando histórias nas quais os traços culturais são situados em contextos sociais específicos. Se o motivo da crítica em relação a Freyre é a sua falha de tratar a cultura como parte da super-estrutura, é uma "falha" que ele divide com outras figuras líderes no campo da historiografia cultural.

Outras críticas ao trabalho de Freyre também se assemelham às objeções feitas aos trabalhos de Burckhardt e Huizinga, tais como as acusações de impressionismo, o exagero da unidade cultural de um período e a falta de atenção às mudanças.

O impressionismo de Freyre tem sido mencionado constantemente nas discussões sobre o seu trabalho, seja favoravelmente (como no caso de Sérgio Buarque de Holanda em *Diário das Notícias*) ou desfavoravelmente. O próprio autor usou o termo, quando descreveu *Nordeste*, por exemplo, no prefácio da segunda edição, como "ensaio quase impressionista". De modo similar, os críticos algumas vezes rejeitaram sua história por ser anedótica. Freyre, de fato, contou muitas anedotas em seus livros, sem confirmação da sua autenticidade, acreditando, como o estudioso da era Vitoriana Augustus Freeman, que "a falsa anedota talvez seja boa história".[12]

Como Burckhardt, Freyre respondeu antecipadamente aos seus críticos por meio da explicação de que escreveu ensaios em vez de tratados que pretendessem "cobrir" um dado assunto exaustivamente. Burckhardt colocou como subtítulo de seu famoso livro sobre o Renascimento "um ensaio" (*ein Versuch*), e de modo similar Freyre descreveu seus livros como "ensaios", mesmo *Ordem e Progresso*, com suas novecentas páginas. Em *Sobrados*, no prefácio, ele escreve que o livro "sugere mais do que afirma".

Burckhardt tem sido criticado pela focalização na Florença do Renascimento, em detrimento de outras partes da Itália. De modo similar – apesar de algumas vezes ter escrito a respeito dos "Brasis" – Freyre tem sido criticado pela sua ênfase no Nordeste e seu "pernambucanocentrismo". Ele antecipou esta crítica e até certo ponto sua resposta. Baseada na importância que teve o patriarcalismo por todo o Brasil, a resposta é convincente, mas apesar de tudo ele subestima importantes desenvolvimentos em outras regiões. Em *Ordem e Progresso*, por exemplo, ele subestimou os efeitos culturais da imigração italiana em São Paulo e Rio Grande do Sul, efeitos que vão da língua à culinária.[13]

Assim como Burckardt e Huizinga, Freyre tentou pintar o "retrato" de um período, comparando sua técnica à de Rafael ou Ticiano. Apesar de sua referência a "choques" em *Casa Grande*, Freyre tem relativamente pouco a dizer sobre aquilo que hoje conhecemos como *culture wars*. O volume que é menos vulnerável a esta crítica é certamente *Ordem*, no qual diferentes "ordens" e "progressos", e os conflitos entre eles, foram explicitamente caracterizados no início do livro, ao mesmo tempo em que diferentes experiências da "mesma" tendência, de acordo com a classe social, emergem claramente das autobiografias citadas tão freqüentemente no texto (*Ordem* 41-3).

Novamente, assim como Burckhardt e Huizinga, Freyre tem sido criticado por pintar retratos estáticos e por negligenciar uma discussão sobre mudanças. Sua auto-defesa foi a de que nem *Casa Grande* nem *Sobrados* pretenderam ser "cronologicamente exatos": "Em nenhum deles os fatos são estudados a prazo fixo, isto é, entre datas determinadas ou inflexíveis" (*Sobrados*, introdução à segunda edição 735). Seu método foi similar às fatias da história em *The Civilization of the Renaissance in Italy, Querdurchschnitte,* como Burckhardt as chamou. Otto Maria Carpeaux observou a similaridade e comparou *Casa Grande* com "aqueles grandes cortes transversais de determinada época: a Renascença de Burckhardt, a última Idade Média de Huizinga". A comparação foi recentemente reiterada por Evaldo Cabral de Mello, quando escreveu sobre "a valia do sincrônico" (29) nos três historiadores.

A comparação com estes dois historiadores culturais talvez possa ser ampliada para incluir uma discussão sobre a abordagem estética do passado. Burckhardt escreveu sobre fenômenos sociais e políticos como "obras de arte". Huizinga, um grande admirador (pelo menos em sua juventude) do esteta francês Joris-Karl Huysmans, proferiu sua aula inaugural de 1950 sobre "The Aesthetic Element in Historical Thought" ("O elemento estético no pensamento histórico") (*Dutch Civilization* 219-43). Freyre inicia sua dissertação de mestrado com uma epígrafe dos estetas franceses, os irmãos Goncourt, e uma citação do esteta vitoriano Walter Pater, afirmando que a história trata de "como as pessoas viviam, o que elas usavam e como elas eram".[14]

Freyre também tinha um notável talento para gerar novas questões a serem investigadas sobre o passado. Em uma palavra, seu trabalho é sugestivo.

Apesar de tudo, relativamente poucas das suas sugestões têm sido desenvolvidas. Em seus mais produtivos anos, dos anos 30 aos 50, ninguém parece ter se atrevido a imitá-lo, a não ser que se considere o trabalho de Sérgio Buarque de Holanda – *Raízes do Brasil* – como um ensaio *freyreano* (ou, em alguma medida, aquilo que mais se aproxima seja o trabalho posterior de Buarque de Holanda). Entre os anos 60 e 80 ninguém quis imitar Freyre, por razões políticas e historiográficas, entre elas seu apoio ao golpe militar de 1964 e a virada quantitativa na história social. Seu trabalho não vingou entre os novos historiadores brasileiros, com poucas e distintas exceções, tais como José Antônio Gonçalves de Mello e Evaldo Cabral de Mello, ambos descendentes de sua família. Fora do Brasil, seu trabalho foi também esquecido. Febvre e Braudel, por exemplo, o admiraram, mas os historiadores franceses mais jovens o ignoraram.

Na era da "Nova História Cultural", micro-história e história do cotidiano, historiadores acadêmicos na Europa e igualmente

346

nas Américas se aproximaram de Freyre sem terem percebido. A recente *História da vida privada brasileira* (1997-8) de Fernando Novais, inspirada pela francesa *Histoire de vie privée*, editada por Philippe Aris e Georges Duby, curiosamente faz pouca referência ao trabalho de Freyre.[15]

É possível dizer que a redescoberta de Freyre é tardia, que acontece no exato momento em que seu trabalho não é mais necessário porque os pesquisadores estão indo além dele. Eu insisto em discordar. Alguns desses pesquisadores estão de fato indo além de seu trabalho em certos aspectos, mas em outros ainda poderiam aprender valiosas lições.

Tomemos o caso da história da cultura brasileira nestes últimos cem anos, do final de *Ordem e Progresso*, por volta de 1910, até hoje, e imaginemos como Freyre a teria escrito. Este quarto volume imaginário na série cronológica talvez fosse intitulado *O shopping e a favela*.[16]

Tal volume teria, como seus predecessores, muito o que dizer sobre edifícios. Talvez, por exemplo, considerasse a farmácia e a padaria como centros de sociabilidade na primeira metade do século xx. O *shopping*, por sua vez, talvez fosse descrito como o mediador entre a *casa* e a *rua*, provendo um ambiente relativamente seguro e refrigerado para uma variado número de atividades sociais. A *favela* talvez fosse discutida como um exemplo de criatividade popular. O condomínio e suas grades de proteção talvez fossem examinados como símbolo do clima de insegurança nas cidades no final do século xx, uma espécie de *fortaleza* como o foram os *sobrados*. O *sítio*, com suas piscinas e suas instalações para churrasco, talvez fosse analisado como uma democratização da casa de campo.

Voltando-se para outros aspectos da cultura, o tema da americanização ou *ianquização*, já colocado em *Ordem e Progresso*, talvez fosse desenvolvido de inúmeras formas (*Ordem* 196, 682). A transição da bicicleta "Raleigh" (a preferida pelo próprio Freyre em sua juventude) para carros estrangeiros como Cadillacs, Chevrolets e seus mais recentes sucessores ilustram a troca da Inglaterra pelos Estados Unidos como modelo cultural. Coca-Cola, jeans e McDonald's talvez fossem estudados como símbolos de um estilo de vida baseado na admiração do estrangeiro. A americanização do português brasileiro é outro tema óbvio que talvez desse continuidade ao estudo da língua realizado por Freyre.

A mídia também teria um grande espaço neste volume imaginário, do cinema ao rádio e televisão (em 1925, "Aspectos" já reivindicava que o surgimento do cinema estava afetando a vida social no Nordeste e que "o cinema americano" em particular estava dominando o folclore local).[17] Um capítulo sobre propaganda tomaria um tema muito estimado por Freyre, e contrastaria o estilo de anúncio do século XIX com seus mais recentes desenvolvimentos. A domesticação, tropicalização ou abrasileiramento do estrangeiro seria mais uma vez central para a história; veja, por exemplo, o caso da telenovela, um produto importado dos Estados Unidos que tem sido re-exportado com bastante êxito. Uma análise de *A escrava Isaura* (a adaptação da história para a televisão e as razões do sucesso da novela tanto em âmbito nacional quanto internacional) proporcionaria uma ligação com o mundo da *Casa Grande*.

Tal estudo do século XX no Brasil, ou certamente em outros países na América hispânica, ainda está em falta. Enquanto tal estudo permancer por ser feito, os pesquisadores continuarão a ter muito a aprender com o exemplo de Gilberto Freyre.

Traduzido por Marcus Vinícius Câmara Brasileiro

NOTAS

[1] Sobre o desenvolvimento intelectual de Freyre ver Pallares-Burke "Gilberto Freyre e a Inglaterra" (1997), "O caminho para a casa-grande" (2002) e "Gilberto Freyre: um nordestino victoriano" (2003).
[2] Sobre Boas, ver Stocking.
[3] Com uma – certamente desnecessária – referência ao filósofo Whitehead.
[4] O original foi escrito em inglês; na versão revisada e publicada em português lê-se "adoçar os hábitos ariscos do pioneiro". A dissertação foi publicada em português como *Vida social no Brasil nos meados do século XIX*.
[5] Cf. Burke, "The Place of Material Culture in *Ingleses no Brazil*" (2000).
[6] Ver Burke, "Don Tabaco e Seu Açúcar" (2002) e Moulin-Civil, "Les voix croisées de GF et Fernando Ortiz" (2002).
[7] Ver Ariès, *L'homme devant la mort* (1977), seguindo artigos publicados pelo mesmo autor nos anos 60.
[8] Ver Burke, "O pai do homem".
[9] Esta influência particular foi reconhecida por Freyre no seu artigo "Doces tradicionais do Brasil", *Correio da Manhã* 30 Julho 1938.

[10] Freyre reconhece ter se inspirado em Benedict para introduzir a referência apolínia e dionisíaca na edição revisada de *Casa Grande*.

[11] Peter Fry, "Para Inglês Ver" (Rio, 1982), 48.

[12] Citado a partir de Terrot Glover, *The Jesus of History* (1917), uma passagem sublinhada por Freyre em sua cópia, adquirida em 1919.

[13] Cf. Carelli, *Carcamanos e Comendadores* (1985).

[14] Maria Lúcia Pallares-Burke mostrou-me que a citação é, de fato, de Benson. Sobre a importância de Pater para Freyre ver Pallares-Burke.

[15] Fernando Novais (org.) *História da vida privada brasileira*, 4 vols., São Paulo, 1997-8.

[16] O parágrafo seguinte desenvolve uma idéia já apresentada em Burke, "Material Culture", 144.

[17] Ver Freyre, "Aspectos", 81 (153), 85 (172).

Obras Citadas

Ariès, Philippe. *L'homme devant la mort*. Paris: Éditions du Seuil. 1977.

Burke, Peter. "Don Tabaco e Seu Açúcar". *Folha de S. Paulo* (23 de março de 1997), *Mais!* 3.

_____ "O pai do homem: Gilberto Freyre e a história da infância". *Gilberto Freyre, Casa Grande e Senzala, edição crítica*. Guillermo Giucci, Enrique Rodríguez Larreta and Edson Nery de Fonseca, orgs. Paris: ALLCA XX, 2002. 786-796.

_____ "Elective Affinities: Gilberto Freyre and the *nouvelle histoire*". *The European Legacy* III/4 (1998): 1-10.

_____ "The Place of Material Culture in *Ingleses no Brasil*". *Novo Mundo nos Trópicos* por Gilberto Freyre. Fátima Quintas, org. Recife: Fundação Gilberto Freyre, 2000. 140-5.

Cabral de Mello, Evaldo. "O 'ovo de Colombo' gilbertiano". *O Imperador de Idéias: Gilberto Freyre em Questão*. Joaquim Falcão and Rosa Maria Barboza de Araújo, eds. Rio: Topbooks, 2001. 17-31.

Carelli, Mario. *Carcamanos e Comendadores: Os italianos de São Paulo, da realidade à ficção (1919-1930)*. São Paulo: Ática, 1985.

Freyre, Gilberto. "Aspectos da Vida Social no Nordeste" *Livro do Nordeste* [1925]. Facsímile. Recife: Fundação Gilberto Freyre, 1979.

_____ "Citar ou não citar". *O Jornal* (22 de maio de 1943).

_____ "Football mulato". *Diário de Pernambuco* (17 de junho de 1938).

_____ "Social Life in Brazil". *Hispanic American Historical Review* 2 (1922).

_____ "Veblen". *Jornal de Commércio* (27 de abril de 1943).

_____ *Casa Grande e Senzala* [1933] 40ª ed., Rio: Topbooks, 2000.

_____ *Ingleses no Brasil* [1948] 3ª ed., Rio: Topbooks, 2000.

_____ *Ordem e Progresso* [1959], 5ª ed., Rio: Topbooks, 2000.

_____ *Sobrados e Mucambos* [1936], 12ª ed., Rio: Topbooks, 2000.

_____ *Vida social no Brasil nos meados do século XIX*. 3ª ed. Recife: Fundação Joaquim Nabuco, 1985.

Glover, Terrot. *The Jesus of History*. New York: Association Press, 1917.

Holanda, Sergio Buarque de. *Diário Notícias* (25 de setembro de 1949).

Huizinga, Johan. *Dutch Civilization in the Seventeenth Century and Other Essays*. London: Collins, 1968.

Huizinga, Johann. *El otoño de la Edad Media* [1919]. Trad. espanhola 1930. Madrid: Revista de Occidente, 1984.

Moulin-Civil, Françoise. "Les voix croisées de GF et Fernando Ortiz". *Gilberto Freyre, Casa Grande e Senzala, edição crítica.* Guillermo Giucci, Enrique Rodríguez Larreta and Edson Nery de Fonseca, eds. Paris: ALLCA XX, 2002. 1126-35.

Novais, Fernando (ed.) *Historia da vida privada brasileira*, 4 vols. São Paulo: Companhia das Letras, 1997-8.

Pallares-Burke, Maria Lúcia G. "O caminho para a casa-grande: GF e suas leituras inglesas". *Gilberto Freyre, Casa Grande e Senzala, edicão crítica.* Guillermo Giucci, Enrique Rodríguez Larreta and Edson Nery de Fonseca, eds. Paris: ALLCA XX, 2002. 821-48.

_____ "Gilberto Freyre: um nordestino vitoriano". *Gilberto Freyre em quatro tempos*. Ethel Volfzon Kosminsky, Claude Lépine and Fernanda Arêas Peixoto, eds. São Paulo: EDUSC, 2003. 83-114.

_____ "Gilberto Freyre e a Inglaterra, uma história de amor". *Tempo Social* 9 (1997): 13-38.

Pitt-Rivers, George. *The Clash of Cultures*. London: Routledge, 1927.

Stocking Jr, George. "Franz Boas and the Culture Concept in Historical Perspective". *American Anthropologist* 68 (1966): 867-82.

Gilberto Freyre no contraponto duro/dócil de matérias culturais: um perfil ecosófico

Ana Luiza Andrade
Universidade Federal de Santa Catarina

> O sonho da razão engendra monstros.
>
> Goya, *Capricho* 43

Na dobra entre a sociedade produtiva e a improdutiva, o excedente detecta-se paradoxalmente, como a miséria que emerge do luxo, ou o desnecessário que se faz necessário destruir, para gerar lucro. Em *Perfil de Euclydes e outros perfis*, tanto ao destacar a "falta" de carnes das figuras, como também a secura da paisagem de Euclydes, Gilberto Freyre aproveita para supri-las com suas próprias leituras, justificando como causa da guerra de Canudos a situação territorial colonial, prolongamento dos sesmeiros das colônias, que se agrava no "choque violento de culturas: a do litoral modernizado, urbanizado, europeizado, com a arcaica, pastorial e parada dos sertões" (44).

O sintoma cultural detectado por Freyre coincide com a disparidade econômica mediante a qual Bataille (1975) diferencia culturas por tipos de economia. As predições do Conselheiro iam contra a monarquia que ele defendia: seus arcaísmos, assim como a bronca dureza do sertão eram sintomas de uma cultura antiga contra outra, que se modernizava em seus avanços técnicos. Com isso, Freyre parece detectar o sintomático excedente econômico prenunciador da primeira guerra do século XXI, apontando, naquele, então, para uma exasperante e atual disparidade nacional, que agora estoura globalmente no ataque norte-americano contra uma sociedade isolada de terroristas muçulmanos e retrógrados. A mudança na história das civilizações de que fala Bataille provoca fenômenos inéditos ao modo de disparates: aliena a qualidade produtiva das terras do tratamento político econômico a elas destinado, ocasionando catástrofes, como a do enclave de Canudos, assinalando o excedente econômico como um acréscimo desnaturalizado e marginalizado.

Imprimindo a marca arquitetônica de *Os Sertões* de Euclydes (o homem, a terra, a luta) no formato de seu *Nordeste* (a cana, a terra, o homem), o excedente discursivo em Freyre – exemplar na frase "A doçura das terras de massapê contrasta com o ranger da raiva terrível das areias secas dos sertões" (Freyre, *Nordeste* 24) – preenche exuberantemente os vazios nas entrelinhas de Euclydes. Nessa economia, os relatos coloniais se tingem exageradamente de um discurso patriarcal na paisagem sexualizada. Assim, o nordeste surge em sua oscilação estética entre o arredondado do massapê e o anguloso do sertão, equiparados aqui metonimicamente à contraposição simbólica da doçura da cana *versus* a dureza do ferro.

A análise do perfil de Euclydes por Freyre busca sempre o lado da gordura que falta às angulosidades de Euclydes, em relação aos seus "desajustes" pessoais, contrapondo sua própria imagem angulosa à de Nabuco, "bonito, elegante, mundano, afrancesado". E, se Euclydes chega a comparar Nabuco a um "ator velho", em contrapartida, este achava que Euclydes escrevia com um cipó. À difícil personalidade de Euclydes, "tortura das donas-de-casa" que nunca conseguiam agradar-lhe com seus quitutes, Freyre se acrescenta com o lado excessivo gastronômico e até epicurista, mas sempre por meio de negações:

> Nem moças bonitas, nem dansas, nem jantares alegres, nem almoços à baiana, nem feijoadas à pernambucana, nem vinho, nem aguardente, nem cerveja, nem tutú de feijão à paulista ou à mineira, nem sobremesas finas segundo velhas iaiás de sobrados, nem churrascos, nem mangas de Itaparica, abacaxis de Goiana, assaí, sopa de tartaruga, nem modinhas ao violão nem pescarias de semana santa, nem ceias de sirí com pirão, nem galos de briga, nem canarios do Imperio, nem caçadas de anta ou de onças nas matas das fazendas, nem banhos nas quedas d'água nos rios de engenho – em nenhuma dessas alegrias caracteristicamente brasileiras Euclydes da Cunha se fixou. (*Perfil de Euclydes* 51)

Ao citar esse mesmo parágrafo em seus *Recortes*, Antonio Candido ("Aquele Gilberto" 85-87) destaca os gilbertianos "recursos de aproximação" de *Os Sertões* de Euclydes com o drama wagneriano, com a força das "imagens visuais, gustativas, que dão carne ao conceito e o envolvem numa cascata exuberante de metáforas e digressões". Dir-se-ia até que, não resistindo à doce tentação gastronômica "do massapê", ao arredondar o anguloso de Euclydes, Freyre observa com fascinação o modo como se ergue a estatuária monumental de um sertão fossilizado ao extremo, justamente a partir dos ossos, do rebotalho ou do resíduo de uma civilização litorânea rica, urbanizada começando a industrializar-se. Entretanto, trata-se, para além disso, de assinalar que a produção emerge da improdutividade sertaneja: os sertões de Euclydes erguem-se a partir do lixo litorâneo, e vão voltar fantasmaticamente a assombrá-lo, como o cacto de Bandeira, com sua queda estrondosa no meio que o gerou: os centros urbanos e industrializados.[1]

Em uma economia de perda e desperdício, como a estudada por Bataille, o que a um lado infértil, anguloso, masculino e euclidiano falta à paisagem, ao outro sobra, no excesso fértil e feminino das palavras de Freyre. Ele reforça os desequilíbrios ecológicos discursivos ao traçar o perfil da paisagem colado ao do homem e ao enfatizar, ao mesmo tempo, um excedente sexual alegórico que, nos termos econômicos de Bataille, torna-se causa de mudança nas estruturas históricas das civilizações, evidenciando, a partir daí, as sociedades "de consumo" (como as astecas ou as primitivas, com *potlatch*) as "de empreendimento militar" (como o Islã) ou as "de empreendimento industrial" (como a sociedade moderna, tal como ela se desenvolveu a partir da Reforma). No entanto, para Bataille, a ecologia, ao implicar utilidade, equivaleria a manutenção ou aumento em uma economia produtiva. Mas a extrema exuberância da vida tem interesses contrários aos úteis, daí o conceito de utilidade se excluir, subsistindo um fervilhar de energia improdutiva, cujo primeiro efeito de pressão é o da extensão, e, em segundo lugar, o luxo, que neutraliza o primeiro: "o que importa em primeiro lugar não é mais desenvolver as forças produtivas, mas despender luxuosamente seus produtos" (75).

O injusto modo observado por Bataille de justificar o desperdício econômico do excedente pelo descompasso econômico – as guerras –, ao diferenciar culturas, faz de uma o algoz de outra, desde o caso dos sacrifícios humanos nas cidades astecas pré-colombianas, em sua doação de corações e de sangue para alimentar o sol, sacrifícios cuja "maioria das vítimas era de prisioneiros de guerra, o que justificava a idéia das guerras necessárias para a vida do sol: as guerras tinham o sentido do consumo, não da conquista, e os mexicanos pensavam que, se elas cessassem, o sol cessaria de iluminar" (87). O *potlatch* é a manifestação específica, a forma significativa do luxo, o que nos ilude com sua poesia, confundido com a sombra "que em vão chamamos de poesia, de profundidade ou de intimidade da paixão. Somos enganados necessariamente, visto que queremos *apreender* essa sombra" (111).

De fato, é pela sombra projetada por um descompasso econômico que se pode ler um discurso através da paisagem, pois, sem a marca autoral de Euclydes ou sem o acréscimo luxuoso da paisagem com que Freyre apreende Euclydes, e mesmo ainda sem os outros relatos que antecedem e que se seguem, e se acrescentam aos sertões como paisagem discursiva de formação brasileira, esta se perde para a imagem originária de uma paisagem aurática coincidente com um desassombrado "deserto de relatos" (Oramas 218). Por outro lado, o histórico, a paisagem se enche deles – após a ocorrência dos fatos que a alteram em seus registros – por meio de um coincidente e paradoxal processo destruidor de desertificação da natureza.

A ironia discursiva dessa paisagem desértica, virgem, em sua aura inaugural, vem coincidir com o fato de ela ser o cenário, mais que todas as paisagens brasileiras, da ação predatória do homem na natureza, o maior responsável por seu mais literal processo antiecológico de desertificação, e o que Freyre qualificaria como violação e causa da infertilidade da terra. Nas segundas paisagens de Post, segundo Oramas, o engenho figuraria como o ordenador do caos natural, mas em *Nordeste* (1937) há um discurso de desvirginização sobre a catastrófica devastação ecológica causada pela monocultura da cana, quanto ao seu poder de estender-se na paisagem. O engenho extrativista é visto, ademais, como o grande responsável por violar, prostituir e extinguir as espécies; dentre outras, mas, principalmente, dos rios e dos peixes, das madeiras, acirrando as desigualdades sociais com o escravo, no homem nordestino, e mesmo limitando os animais praticamente ao cavalo e ao boi. É necessário citar um trecho de *Nordeste*, pela força de seu argumento discursivo:

> O empobrecimento do solo, em tantos trechos do Nordeste, por efeito da erosão, não se pode atribuir aos rios, à sua ânsia

de correr para o mar levando a gordura das terras, mas principalmente à monocultura. Devastando as matas e utilizando-se do terreno para uma cultura única, a monocultura deixava que as outras riquezas se dissolvessem na água, se perdessem nos rios. (Freyre, *Nordeste* 44)

Em *Perfil de Euclydes*, essa preocupação com a ecologia da paisagem continua o discurso de *Nordeste*. No perfil de Manuel Bandeira, ao lembrar o seu poema "Evocação", o rio Capibaribe se torna então exemplo do abuso dos rios pelas usinas, desviando o curso da energia poética do rio para a escatológica: "Porque o Capibaribe é hoje um rio porco. Todos os rios da zona chamada da mata em Pernambuco são hoje rios porcos, onde as usinas de açúcar mijam, defecam, fazem as suas precisões; e o resto da gente que se dane. As moças bonitas desapareceram dos rios" (Freyre, *Perfil de Euclydes* 181).

A força do argumento de Freyre é a de uma economia do desperdício, o que se choca com o relato de formação que teria de ser economicamente produtivo: manter, guardar, conservar. Por outro lado, proliferam-se de tal modo os relatos sobre a morte dos rios que eles acabam por tornar-se a própria sombra de seu relato. Personificados pelo convívio humano, o curso do rio torna-se discurso cuja sintaxe falha, e se fragmenta em suas águas estagnadas, ao ser interrompido, secando a própria origem da poesia, água ou fonte, em João Cabral:

> Quando um rio corta, corta-se de vez/o discurso-rio de água que ele fazia;/cortado, a água se quebra em pedaços,/em poços de água, em água paralítica./Em situação de poço, a água equivale/a uma palavra em situação dicionária:/isolada, estanque, estancada;/e mais: porque assim estancada, muda,/e muda porque com nenhuma comunica,/porque cortou-se a sintaxe desse rio,/o fio de água por que ele discorria.//O curso de um rio, seu discurso-rio,/chega raramente a se reatar de vez;/um rio precisa de muito fio de água/para refazer o fio antigo que o fez./Salvo a grandiloquência de uma cheia/lhe impondo interina outra linguagem,/um rio precisa de muita água em fios/para que todos os poços se enfrasem:/se reatando de um para outro poço,/em frases curtas, então frase a frase,/até a sentença-rio do discurso único/em que se tem voz a seca ele combate. (Melo Neto, "Moenda" 99)

Nordeste foi escrito em uma época ainda despreocupada com ecologia. O interesse pioneiro de Freyre pelo "estudo ecológico", em contraposição à devastação colonial da economia do açúcar, define-se em importante nota de rodapé: "O estudo ecológico é aquele que se ocupa da planta, do animal ou do homem em relação com o meio ou com o ambiente. Completado pelo estudo cultural, poderá dar à sociologia as suas melhores condições de ciência e à filosofia social a sua visão mais larga" (Freyre, *Nordeste* 44).

Modo masculino: indústria bélica
Moda feminina: agroindústria

Em *Ferro e Civilização no Brasil*, Freyre volta a contrastar Nabuco e Euclydes em seus pronunciamentos sobre o ferro, percebendo no último uma denúncia de violação precoce das terras brasileiras pelas armas de guerra, quando as "rodas dos canhões Krupp" deixaram "sulcos sanguinolentos" em suas terras virgens; e frisa: "Virgens das presenças positivas de ferros civilizadores. A civilização europeizante a lhes chegar pelas bocas dos canhões Krupp. Ou por máquinas 'do mais fino aço que se fundira em Essen'" (110).

Destacando o uso do verbo "aferrar" em Euclydes, Freyre percebe-o como simbólico dessa economia de excedentes. Caracteriza a férrea bravura de sertanejos para deterem as máquinas ou monstro de ferro destruidoras que lhes invadiam as terras e lhes esmagavam as casas (111): se, de um lado, os soldados acreditavam nos poderes mágicos desses monstros de ferro; os sertanejos, de outro, serviam ao contra-ataque de Freyre, quando ele se volta aos ferros euclidianos "saídos de Carajás e outros ventres brasileiros de ferro", em sua visão de uma terra mãe, fértil de minérios para construção industrial, e não para a destruição. Eles se tornariam "instrumentos agrários, adaptados a ecologias e a solos brasileiros" (112). Promove, então, o casamento entre o ferro masculino e a terra feminina, por meio de uma civilização agroindustrial em que o arado a ela se aliasse. Contrário aos futuristas italianos, como Marinetti, seduzidos por imagens de "locomotivas de largos peitos", semelhantes a "enormes cavalos de aço", considerando-os "ultrapassados por sucessivos neo-futuristas", "criadores de novas expressões transpoéticas de ferro mecanizado ou dinamizado", defende um uso *tecnicologicossocial* do ferro (53).

Do lado contrário ao da indústria bélica, a economia produtiva em Freyre sempre volta à domesticidade. A economia (cuja palavra, aqui lembramos se formar de *oikos*, relativo a casa, e *nomos*, a lei) passa da casa grande a outras disciplinas,[2] e, mais especificamente, de um meio a outro de produção, da manufatura doméstica à técnica industrial, enquanto *habitat* humano sensível. Percebe-se aí que os ensaios de Freyre se caracterizam por um pensamento descentralizador, tendência metonímica ou residual de dar destaque ao menos visível ou obscuro, ao menos significante ou até ao esquecido. Isso ocorre a partir da publicação de *Casa Grande & Senzala*, em 1934, no destaque da até então desvalorizada mucama ou ama-de-leite, em seu papel de iniciadora sexual e nutriente, vista como agenciadora de cultura brasileira. Aí Freyre ainda enfatiza o "menor" quanto ao fator alimentício físico e espiritual, com a contribuição de suas histórias, a partir da cozinha da senzala, assim como também dá realce a personagens desconhecidos da história oficial, como o engenheiro francês Vauthier, ou materiais menos nobres, como o açúcar e o ferro, cujas economias se vêem, inclusive, ameaçadas de extinção. Mas a descentralização também aparece ao enfocar a microrregião nordestina em poder econômico açucareiro decadente, no momento histórico em que o mercado de consumo brasileiro volta-se para regiões sulistas produtoras de uma "nova" mercadoria: o café.[3]

O sentido de *economia* em Freyre atualiza-se à ética política da *ecosofia*, coincidindo precisamente com os três sentidos propostos por Guattari: a ecosofia social, a mental, e a do meio ambiente, ao considerar a relação entre a subjetividade e sua exterioridade. De fato, as três engenharias a que Freyre (Homens, *Engenharias* 47) se refere, a Humana, a Social e a Física, respectivamente correspondem aos três sentidos de ecosofia: o do ser humano e seu fantasma, o do ser-em-grupo, e o do ser humano e seu meio ambiente (Guattari 8-17).

Em um ensaio para *La Nación*, Freyre ("En torno"),[4] elogiando o livro do Prof. Silva Mello, em que reitera suas preocupações ecosóficas nos cuidados físicos singularizados do latino e do brasileiro, defende, com o autor, a cura do câncer com a "homeopatía, simpáticoterapia, espondiloterapia, acupuntura, naturalismo" como "prácticas que la terapéutica clásica no debía continuar ignorando". Estende também os cuidados com a alimentação ecológica da casa ao corpo, rompendo tradicionais racionalismos para favorecer valores nem sempre racionais, das culturas indígenas e africanas. Além disso, ao observar a tendência a espiritualizar as relações com a natureza de um "brasileiro típico", Freyre verifica, no costume de agradecer aos santos recuperações de saúde em pessoas, denominadas "ex-votos", o uso, mais além das partes do corpo orgânico em cera, chegando à singularidade de considerar fraternalmente as máquinas, por meio de ex-votos, pela recuperação de máquinas de ferro vítimas de ingresias, ou de motores, de tratores e de moendas (Freyre, *Ferro e Civilização* 400).[5]

Os valores simbólicos do açúcar e do ferro, importantes para se entender interações ecosóficas, contrapõem à docilidade do açúcar, principalmente o industrializado, a dureza do ferro, que coincide com o valor simbólico das chamadas ciências "duras", em seu sentido racional (a termodinâmica, a topologia, a teoria da informação, a teoria dos sistemas etc.) hoje, cada vez mais introduzindo um "elemento narrativo" indispensável, como alguns cientistas o comprovam (Guattari 23).[6] Ainda sobre isso, no mesmo ensaio para *La Nación*, Freyre já antecipava a necessidade de "precaverse contra los excesos del logicismo, del racionalismo o del cientificismo experimentalista que tiránicamente nos alejan de las fuentes de los elementos de vida".

Esse elemento irracional, pelo qual a matéria se relata culturalmente, a partir mesmo de sua dobra em texturas simbólicas na expressão de formas, tornando-se "mundo habitável" em mobilidade contínua, pode ser entendido ainda como uma textura barroca, em que se inter-relacionam relatos como constelações: leitura que se desdobra como um sentido de unicidade se dobra em multiplicidade, abrindo-se como um leque, ele próprio contendo o desenho representado de uma mônada, ou se fechando, ao enfeixar em si mesmo, ou em seu perfil, uma proliferação de possibilidades (Deleuze, *A Dobra* 193).

Duro/dócil

> Ferro no fogo/fogo no ferro./Boca de
> forno/calor de inferno. [...] Fogo de
> amostra/-surdo e exato-/em recortes/
> quadriláteros. [...] Doce de fogo/
> cristalizado/para a gula/ de Satanás.
>
> Henriqueta Lisboa, "Siderúrgica"

O entendimento simbólico dessas matérias duras e dóceis ocorre, portanto, ao formarem verdadeiras constelações texturológicas de sentido. Por um lado, há uma drástica redução contemporânea à crença racionalista das ciências duras e da mercadologia em suas trocas capitalistas, hegemônicas e padronizadoras, ao dobrar um corpo cultural mediante uma política de cortes econômicos: aí, se o lado doce do açúcar se *dobra* à dureza do ferro, no inverso da dobra, o lado duro se *desdobra* em fragmentos. Por outro lado, a transformação mais radical de forjar o ferro esquentando-o ao fogo, para dele extrair as formas industriais doces, tanto as simbólicas como a propriamente dita indústria do doce, com origem na extração do açúcar da cana, é a mesma que *dociliza* a sua natureza dura, a que maleabiliza a sua forma *rígida, forjando formas dóceis.* Em contrapartida análoga, o lado duro do ferro é o que se dociliza ao se *desmembrar* em fragmentos, em peças e engrenagens que se montam e se desmontam como se constrói uma máquina, uma arma, uma torre, uma ponte ou um arranha-céu.

Assim, uma determinada constelação de sentidos dobrados pode formar séries que se desdobram em constelações, e se proliferarem em outras a partir da simbologia duro e doce: ao se dobrarem um sobre o outro, tanto o ferro quanto o açúcar se docilizam e se endurecem, deles se fundindo linhagens de formas e usos industriais e artesanais, na divergência de seus modos de produção e texturologias singulares. Por exemplo, ao desdobrar a passagem do meio de produção manufaturado para o de um meio fabril, Freyre volta-se à manufatura, revalorizando um meio artesanal não só ameaçado de desaparecimento, mas cujo produto, fruto íntegro de seu artesão, não-desmembrado de sua totalidade como nas peças industriais da fábrica, traz uma unicidade monádica que já se faz fantasma em seus primórdios industriais, ao menos na visão industrial antecipada, de 1711, do famoso

Cultura e Opulência do Pe. Antonil,[7] fonte mencionada por Freyre. A importância dada às mãos, tanto com relação ao açúcar como ao ferro, por Gilberto Freyre, coincidente com a impossível volta ao produto identificado ao produtor, à aura artística irremediavelmente perdida para os tempos de reprodutibilidade técnica, concentra-se, pois, nos redutos artesanais fantasmáticos da obra arquitetônica, monumentalizados por mãos humanas como um legado escravocrata: a narração de uma história, a cozinha de um bolo, o tecer de uma renda, a costura de um vestido ou a difícil dobra no uso da forja, na arte da olaria, da cerâmica, enquanto lembram as artes da pintura, arquitetura, escultura, literatura, voltam também a circular economicamente, em forma residual de poesia (Benjamin, "A Arte" 224).

Ao fornecer-nos precisamente a matéria de humanidade que falta a Antonil, que recomenda "pau, pão e pano" para o escravo no "bom funcionamento" das relações senhor-escravo, vistos de modo racional como uma casa-engenho industrial e lucrativa, Gilberto Freyre desdobra esse interior da casa ao humanizá-la em seus andares sociais: o problema do negro não é o da sua cor, mas ser escravo do senhor, e o deste é o de tê-los importado para peças do engenho, gerando atritos com o índio (Freyre, *Casa Grande* 157). Ainda, quanto à passagem da dureza patriarcal à capitalista, as formas sociais de relacionamento entre os sexos não abrandam, apenas mudam. Formas perversas delas decorrentes no Brasil mostram-se em variada forma de sexualidade: a domesticação e a docilidade de uma estética feminina, seja a da mucama, a da senhora ou as que dão início à prática homossexual, dobrados os corpos às vontades do senhor e do engenho, que os transforma, resultam de purgações análogas às da cana domada pelo ferro da moenda. Vem a propósito a comparação da última, na poesia cabralina, ao radical fuzilamento militar de um exército-moenda: "não fossem as saias de ferro/ da ante-moenda que a canalizam,/ quebrar-lhe os ossos baralhados/ faria explodir toda a usina./ não é mais a cana multidão/ que ao tombar é povo e não fila;/ ao matadouro final chega/ em pelotão que se fuzila" (Melo Neto, "Moenda" 160).

Daí que, ao incluir o ferro como uma contraface do açúcar, relativamente aos tempos coloniais, Freyre amplia essa rede constelacional em termos culturais, em sua pertinente correspondência com as políticas econômicas implícitas na diferença dos modos masculinos de um domínio cultural patriarcal e na hibridização das modas femininas de uma indústria brasileira emergente, efêmera e sujeita à descontinuidade mercadológica, na extração de corpos dóceis. Nessa mesma chave, quanto à urbanização que se efetiva no século xix, a relação dureza/docilidade será retomada do sobrado urbano à casa grande colonial, e, analogamente, do mucambo à senzala, com o crescimento vertical da cidade horizontal, e (des)orientalizada pelo seu restauro ocidental. Com a utilização do ferro, dantes nos arados coloniais, no cinto de castidade da mulher e na marca ignóbil do escravo, e agora passando aos trilhos de trens pelos campos, ou nos bondes das cidades, para a comunicação e a modernização, antecipa tanto a agroindústria como a indústria bélica, ficando a lembrança residual de sua forja nas ornamentações arcaicas das casas antigas.[8]

Transformações da matéria em mercadoria

Ao contrário da fundição, o processo de forjar significa forjicar, falsear, maquinar ou tramar contra a própria natureza dura, esquentando sua frieza, dobrando-a ao poder do fogo. Dos ferros do carro de boi aos da moenda do engenho de açúcar, Gilberto Freyre evoca a sua função genésica comum, vendo o passado colonial a partir de um século xx de mudanças técnicas consideráveis, aguçando a lembrança do som pioneiro do ferro aos ouvidos de um "pré-brasileiro" na nova terra, em fundações/fundições de sentido, estética, cultura e cotidiano. Assim, em sua busca de uma singularidade no uso da técnica brasileira do ferro, ele busca resistir ao poder *ferrocêntrico* imperialista britânico (Freyre, *Ferro e Civilização* 116). Redescobre, no gemido do carro de boi o sentido proto-histórico de uma estética auditiva que o singulariza, no sentido formador de subjetividade, *memoire involontaire* do som semelhante à do paladar proustiano evocativo de toda uma reconstrução do passado:

> Esse prebrasileiro ainda era apenas participante de um rude começo, em sua nova terra, de uma futura civilização de açúcar, quando já ouvia tosco instrumento de ferro ferindo massapê virgem e cavado, nesse massapê tropical, sulcos para a plantação de cana. Tornou-se já então, por esse som pioneiro, uma espécie de música quando o prebrasileiro pode associar som tão novo ao fato de a cana-de-açúcar começar a dar-lhe

alimento, aguardente, lucros, açúcar capaz de ser exportado. Pois ao som agrário logo juntou-se o do fabrico, já industrial, do açúcar por moenda, motor, máquina que, de madeira, passaria a ser de ferro. Motor. (Freyre, "Prefácio" 1)

O ferro das máquinas se aperfeiçoa historicamente nas suas etapas técnicas, com a vinda da eletricidade: as máquinas movidas a vapor, a animal ou a escravo (considerado "peça" por Antonil), ao serem substituídas pelo motor elétrico, com seu corte padronizado, moldam a moeda com o valor arbitrário de troca, ou a cana-de-açúcar, nossa moe(n)da de troca, já tendo rendido grandes lucros ao Brasil durante a colonização (Goux). Portanto, a matéria dura forjada é a que se desnaturaliza ao desmembrar-se ou ao liquefazer-se em suas múltiplas formas e dobras. Na contraface do ferro forjado, o ferro fundido se utiliza seja para a construção, seja para a destruição. Em relação ao uso instrumental do ferro, principalmente vindo ao encontro da agricultura abandonada, Freyre chega a antecipar a agroindústria, ao falar em *rurbanização*, neologismo que explica o uso do instrumento de ferro nos campos, em máquinas "femininas" como escavadeira, carregadeira, retroescavadeira, tratores, esteiras, empilhadeira (Freyre, Ferro e Civilização 375).

A propósito da arte do ferro, coincidentemente com Freyre, Pierre Francastel (1963) aponta para as relações tradicionalmente separadas entre arte e maquinaria, refletindo os meios poderosos de apreensão do mundo exterior pela ciência de um lado, e os artísticos de outro. Destaca que os sucessores dos construtores dos primeiros arranha-céus, tendo substituído a pedra pelo ferro, abriram a porta ao estilo moderno. E tendo sido "o desenvolvimento da arquitetura do aço que chamou a atenção dos construtores – responsáveis pela possibilidade corrente do uso de novos materiais" –, a concepção dum estilo unicamente fundado na ossatura derivada do material em bruto, as armações de ferro fundido, substitutas das antigas peças de madeira, explica-nos como estes passam a ser os imperativos estruturais que comandam a arquitetura. Nasce daí um caráter operatório da obra de arte, a partir do engenheiro, o que coincide com a importância concedida por Freyre aos engenheiros. Francastel chega a afirmar: "Há tanta sabedoria na arte de Matisse como na de um construtor de pontes" ou ainda: "É próprio da obra de arte ser também uma fabricação" (97, 111, 116, 143, 160). Essas idéias também vão ao encontro das de Benjamin, ao considerar as mudanças modernas dos trabalhos vocacionais nos profissionais, como seria o caso de Eiffel, que dá o nome à torre: ele não é o arquiteto da torre, mas o engenheiro.

Vem a propósito o ensaio de Gilberto Freyre (Um Engenheiro Francês) a respeito do engenheiro francês no Brasil, Vauthier, o construtor do Teatro Santa Izabel de Recife, como sinal de um entendimento dentro das mesmas linhas. Ele vai mais adiante: os engenheiros, executantes, produtores modernos que tomam o lugar dos arquitetos, relacionam as três engenharias: a física, a humana e a social, na construção das cidades, em suas projeções sobre o futuro humano (Freyre, Homens, Engenheiros). Vauthier vai representar a confluência das linhas doces e duras, pelo aporte francês de sua engenharia singular: nele se pode perceber a "influencia da técnica e da cultura francesas sobre a vida do brasileiro na primeira fase do Império", que será a da carpintaria, da marcenaria, do trabalho em madeira (Freyre, Um Engenheiro Francês 66).

Todavia, a história das técnicas do ferro, assim como a de seu uso operatório em funções cotidianas, inclusive a de um sentido plástico utópico, acompanha a de sua arte como o comprovariam escultores mais recentes, como os brasileiros Maria Martins e Amílcar de Castro, o que dota o ferro de uma função plástica, de acordo com um funcionalismo que, mais inglês[9] do que francês, parece orientar, ao menos em parte, a sua capacidade de

> [...] se deixar apalpar sensualmente. O que não exclui a idéia de as máquinas, os instrumentos, os objetos de uso cotidiano, nos quais o ferro se exprime mais do que em edifícios e em pontes monumentais, se esquivarem, por sua dureza, a ser assim apalpadas pelo olhar dos que as contemplem, as analisem, avaliem sua funcionalidade dentro de um sistema civilizado de vivência e de convivência. (Freyre, "Prefácio" 2)

Se, de um lado, a dureza do metal assemelha-se à de sua maquinaria, de outro, mais sensível às "apalpadas do olhar", as produções de ferro ou de metal, assim como os modos de produzir instrumentos insignificantes do nosso cotidiano, surpreendem pela "magia" técnica de suas transformações. Nas mesmas linhas de Freyre, a respeito das mudanças nas técnicas industriais do século XIX, José Martí conta a "História da Colher e do Garfo". Em vez do ferro, porém, trata-se da prata, material nobre (ao contrário do ferro), cujo aperfeiçoamento técnico inclui a substituição do martelo pela máquina para os detalhes ornamentais dos talheres, trabalho manual que então já se reduzia a um último toque da parte dos cinzeladores. Referindo-se ao derretimento do metal de maneira poético-dramática, relata Martí:

> No se sabe qué es: pero uno ve con respecto, y como con cariño, a aquellos hombres de cachucha: ya no es piedra el metal, como era cuando lo trajo el carretón, sino que lo que era piedra se ha hecho barro y ceniza con ella calor del horno, y el metal está en la caldera, hirviendo con un ruido que parece susurro, cómo cuando se tiende la espuma por la playa, o sopla un aire de mañana en las hojas del bosque. Sin saber porqué, se calla uno, y se siente como más fuerte, en el taller de las calderas. (171)

Assim como Martí, Freyre nos sensibiliza tanto para o fabrico do ferro como para o do açúcar, como produtos civilizatórios no seu uso cotidiano. O distante uso do ferro dos arados e das moendas aproxima-se de um adoçamento do cotidiano, evocando o processo industrial pelo qual passa o açúcar, ao se derreter em lágrimas, na descrição de Antonil, de modo poético, similar ao derretimento do ferro pelo fogo, na comum casa das caldeiras. Mas, principalmente, com a colher e o garfo, o gosto doce acaba por fazer parte de todas as manhãs de um cidadão: acompanha o café com pão do trabalhador, e até ocasionais chás, mais ao gosto da burguesia.

Ponte utópica entre matérias

No entanto, como matéria-prima, o açúcar já teve o seu apogeu nas trocas capitalistas, assim como o ferro, que acaba ficando conhecido nas cidades pelo seu uso nos trilhos dos primeiros transportes coletivos: os bondes. Em *Ordem e Progresso*, Freyre assinala trajetos de bonde no Rio de Janeiro, tanto para as duchas quentes do Hotel da Villa Moreau, como para o Hotel Jourdain, constando ambos nos anúncios em francês dos jornais do Rio de Janeiro, principalmente no Almanaque da *Gazeta de Notícias*, o que dá a perceber a importância dos bondes como meio de transporte coletivo, além da publicação do livro *De Bond*, em

1897 em Lisboa, sobre o Brasil, de João Chagas, "em que este passageiro observa os costumes dos brasileiros em suas viagens" (Freyre, *Ordem e Progresso*, CXXIV-CXXV). Além de Gastão Cruls e Olavo Bilac, Machado de Assis, o cronista, registra, em uma série de crônicas, as suas próprias viagens de bonde, no Rio de Janeiro do fim dos oitocentos. Bem mais tarde, há um *Memorial de um passageiro de bonde*, organizado por Amadeu Amaral (1936), registrando curiosas impressões de viagem de um *flâneur*-cronista.

O bonde elétrico, ao ser substituída a tração animal, caminhava ainda aos solavancos, provocando choques, sobressaltos e um olhar fragmentário da cidade, que, como as imagens emolduradas por sua janela, evocavam o olhar instantâneo e descontínuo fotográfico, identificado também com o olhar que se move a saltos, do cinema. A descontinuidade do meio de produção fabril acaba por caracterizar o modo de viver do homem moderno, como observa Benjamin (*Origem do Drama Barroco* 224), e isso se reflete em uma história progressista, registrada como um corpo desmembrado, pois deixa de lado um cotidiano que sempre foi considerado insignificante. A máquina desmembrada passa a ser corpo de montagens e desmontagens, representado pelos cubistas e surrealistas, assim como se torna a realidade cotidiana de um trabalhador de fábrica que, atendo-se ao segmento funcional de um produto, só vê um fragmento dele, e não a sua completude.

Vem a propósito aqui um fragmento alegórico de Benjamin intitulado *O Anel de Saturno ou sobre a construção em ferro* que, além de ajudar a entender o sentido moderno da alegoria como fonte significativa, relaciona-se ao ferro como matéria-prima que se aliena de um contexto histórico de século XIX e das suas pontes ou meios de transporte, em vários sentidos (*apud* Andrade, Transportes). Aí Benjamin recupera o momento pré-industrial em que o ferro é substituído, como matéria-prima, pelas máquinas a vapor, na Europa. Ao ler a imagem *Um Outro Mundo* de Grandville, Benjamin extrai dela a sua alegoria, como uma expressão intencional subjetiva, ligando-a à imagem-pensamento, como expressão de uma verdade sócio-histórica, fundida à reflexão transcendente.

As pontes do texto, construídas alegoricamente a partir de suas extremidades – de um lado, a visão *utópica*, e, de outro, a da *matéria*, contam com o "ferro", como uma das camadas de um palimpsesto histórico que explica a sua substituição nas estradas, o seu uso imitativo em móveis de madeira preciosa, e se torna moda com os materiais imitando outros materiais (vidros imitando porcelana, mesas de ferro imitando junco trançado etc.). Essa constelação amplia-se inclusive nas passagens da vocação à profissão, do arquiteto ao construtor, do autor ao executante, com a vitória do engenheiro, no caso mencionado da fabricação da Torre Eiffel.

As pontes, sejam elas de ferro ou de fumaça, fazem-se como anéis de Saturno, e outra delas se pode construir entre Freyre e Machado de Assis, ambos saturninos como Benjamin,[10] tanto no sentido de buscarem a gênese das matérias, como no utópico. Ao profetizar a construção da ponte entre o Rio e Niterói, em *A Semana*, de 7 de julho de 1896, Machado faz com que *a matéria se concretize historicamente*[11] semelhante a Benjamin, nas suas predições sobre a construção com o "ferro" como camada, andaime ou ponte entre tempos históricos. Assim também Freyre (1934) chama atenção para as pontes históricas do Recife antigo.

Um impulso restaurador evidencia-se nas novas formas de que se utilizam as novas tecnologias, ironicamente por imitarem as velhas formas que estavam destinadas a suplantar (Buck-Morss): o ferro recém-processado pela forja, usado para ornamento e não para apoio estrutural, tinha a forma orgânica e arredondada das folhas naturais, como exemplifica o seu uso doméstico decorativo e funcional, em maçanetas, cinzeiros, corrimãos de escada. Gilberto Freyre (*Ferro e Civilização* 63) chega a afirmar que "habitar" é "produzir o espaço", ao mencionar a Torre Eiffel como uma ocupação insólita do espaço, menos utilitária do que lúdica, em seu vôo próprio.

Daí vem a preocupação de Freyre em *fazer a ponte* entre o ferro e o seu uso arcaico nas variedades ornamentais de ferro forjado, resíduo poético em João Cabral. Sobrevivendo como material ameaçado de esgotamento, em suas formas dóceis e barrocas, o ferro residual em pontes, varandas, portões, grades, espaldares de camas, caramanchões, em arte de ferro forjado, dobrado, retorcido, feito à mão, pode ser apreciado até hoje nos casarões antigos e em telas de pintores, para quem a dureza desses ferros se forja à delicadeza da renda, configurando arabescos estilizados, como é o caso dos balcões das casas nas telas de Lula Cardoso Ayres. A diferença entre o ferro fundido e o forjado está no poema "O Ferrageiro de Carmona", de João Cabral de Melo Neto, em que o ferrageiro informa, de um balcão, o que é o ferro forjado ao compará-lo ao difícil processo de escrever o poema, perguntando-lhe se havia reparado na Giralda, em Sevilha, nas flores de ferro em quatro jarros das esquinas. À diferença das flores de ferro fundido, estas, de ferro forjado, são:

> Flores criadas numa outra língua./Nada têm das flores de fôrma/moldadas pelas das Campinas.//Dou-lhe aqui humilde receita,/ao senhor que dizem ser poeta:/o ferro não deve fundir-se/nem deve a voz ter diarréia.//Forjar: domar o ferro à força,/não até uma flor já sabida,/mas ao que pode até ser flor/se flor parece a quem o diga. (22-23)

Edson Nery da Fonseca, no seu posfácio sobre o ferro, amplia consideravelmente as pontes entre esse minério e a literatura, assinalando Augusto dos Anjos como o autor do "primeiro poema brasileiro dedicado ao ferro", observando seu

> [...] horror da metalúrgica batalha' na qual o ferro gritava 'a ansiedade de um mundo doente de ser inerte,/cansado de estar só'. Confessa-se 'nervoso, irritado, quase com febre', com a boca repuxada por 'hórridos trismos', sentindo 'essa angústia alarmante/própria de alienação raciocinante/cheia de ânsias e medos/com crispações nos dedos/piores que os paroxismos da árvore que a atmosfera ultriz destronca. (445)

Augusto dos Anjos parece lamentar aí a transformação pela forja ao interferir na natureza do ferro, minério bruto; angústia de perda sofrida pela matéria, ao modificar-se no fogo. A mudança de natureza efetuada pela forja é o que possibilita o uso do ferro como instrumento, como máquina do futuro. Daí a diferença apontada por Edson Nery da Fonseca (446), entre Augusto dos Anjos e o Manuel Bandeira modernista de "O martelo" ("Sei que amanhã quando acordar/Ouvirei o martelo do ferreiro/Bater corajoso o seu cântico de certezas") ou de "O Trem de Ferro" ("Agora sim/café com pão/Agora sim/Voa, fumaça/Corre, cerca/Ai seu foguista/Bota fogo/Na fornalha/Que eu preciso/Muita força/Muita força/Muita força"). Além disso, o crítico acrescenta o Ascenso Ferreira do poema "Trem de Alagoas" ("Vou danado pra Catende/Vou danado pra Catende/Vou danado pra

Catende/Com vontade de chegar") e o romance *Pedra Bonita* de José Lins do Rego, em que seu autor destaca o papel decisivo do trem que "traria tudo". Mais ainda: além de Carlos Drummond de Andrade, o poeta itabirano "de ferro", Nery da Fonseca destaca o poema singular em epígrafe de Henriqueta Lisboa de 1943, observando ter ele "algo de balé composto por Manuel de Falla". Nesse poema há uma mescla de duro e dócil, ambos transmutados pelo fogo como um híbrido de ferro e açúcar. Os doces – quadriláteros em recortes – assim como o ferro, em forma de lingüetas, saem da "boca do forno" como o "doce de fogo cristalizado para a gula de Satanás", esse devorador/consumidor capitalista: a tentação do doce, submetido aos "homens metálicos", com os seus garfos demoníacos, torna-se "aurora" de um "tempo seco", industrial.

Excedentes de ferro na contramemória ecológica

A exemplo da indústria serial da palavra, cuja página, em certo momento, lê-se através de uma desvirginação de corta-papel (Mallarmé), Freyre aponta para uma antiga desvirginação das terras pelos arados por meio dos carros de boi. Uma mais moderna, a das canas através da usina elétrica, chega-nos pela moenda poética de João Cabral. Mas, também, ao substituir rios limpos por sujos, "sem dignidade nenhuma", a usina foi a responsável pelo corte definitivo de seu curso, causando "mal-assombramento" do açúcar nos mitos que sempre retornam, no tempo "sem tempo" que, além de morto, era estagnado como a água de seus rios parados:

> Só o mal-assombrado povôa ainda de sombras romanticas as aguas dos rios prostituidos pelo assucar. Mal assombrado de estudante assassinado que o cadaver apparece boiando por cima das aguas, ainda de fraque e flôr na botoeira. Mal assombrado de menino louro afogado que o siry não roeu e o anjinho apparece inteiro. Mal assombrado de moça morena que se atirou no rio doida de paixão e os seus cabellos se tornaram verdes como o das yaras. Pouca gente acredita que o passado dos rios do Nordeste tenha sido tão bonito e tão ligado á nossa vida sentimental. Mas foi. (Freyre, *Nordeste* 62, ortografia original de 1937)

Como observa Georges Bataille: "O mundo do sujeito é a noite: essa noite infinitamente suspeita, que no sonho da razão engendra monstros" (96).[12] Assim, a sombra monstruosa de seus relatos faz emergir, enfim, a poesia. A má sombra volta para pedir justiça às vítimas do patriarcalismo progressista da usina, petrificando-as em seres meio mitológicos, colados à paisagem interrompida dos rios prostituídos, dando voz ao discurso cuja truculência capital substitui a patriarcal: o consumo mercadológico dos rios para lucro maior na venda do açúcar, com a vinda da usina. Daí a longa prostituição dos rios acirrar o desequilíbrio entre enchente urbana e seca interiorana, e causar a subseqüente desertificação dos sertões, trazendo de volta as "coisas mortas" e um domínio melancólico de "vazio de esperança", de queda da natureza.[13]

Em *Perfil de Euclydes*, Freyre percebe uma repugnância desse último à vegetação tropical do massapê e à paisagem "gorda" do engenho de açúcar, descrita no excesso ou na *gordura* de suas próprias palavras "o gordo, o arredondado, o farto, o satisfeito, o mole das formas; seus macios como que de carne; o pegajento da terra; a doçura do massapê". Ao contrário dessa gordura feminina patriarcalmente associada à fertilidade das terras, ao seu alastrar-se reprodutivo de canas em uma paisagem que deve a isso um efêmero prazer de entrega, como o de um "momento que passa, a banalidade cotidiana", a Euclydes, segundo Freyre,

Atraía-o o anguloso, o ossudo, o hirto dos relevos ascéticos ou, quando muito, secamente masculinos do "agreste" e dos "sertões". Dos tipos e dos cenários sertanejos, ele destaca os relevos mais duramente angulosos, em palavras também duras, quase sem fluidez nenhuma e como que assexuais. Palavras às vezes enfeitadas de arabescos glorificadores, exageros de idealização monumental, lugares-comuns de geometria oratória:

> "beleza olímpica", "primor de estatuária", "linhas ideais de predestinado", "olhar, num lampejo viril, a iluminar-lhe a fronte. Nunca porém sem seu relevo. Sempre impressionantes e quase sempre vigorosos – de um vigor novo na língua: um vigor escultural. (*Perfil de Euclydes* 30, ortografia original)

O discurso patriarcal caracteriza esteticamente uma paisagem heterossexual, cujos excedentes masculinos e femininos, como em

Casa Grande & Senzala, ficam menos óbvios por trás de uma paisagem. No entanto, ao exceder-se na gordura equivalente ao luxo, à futilidade – coincidente com um *surplus* –, volta a ter o sentido literal de gordura mercadológica, trivialidade desnecessária, que participa da estratégia de vendas capitalista: o lucro que é logro. Nas vendas, a alienação das coisas reais causa uma falha da percepção da vítima que, no entanto, a prepara, na passagem de uma sociedade produtiva e patriarcal, para uma de consumo improdutivo, para o seu destino: o de ser consumida violentamente. Como todos os de sua espécie, os macabeus, nordestinos, severinos, vítimas calculadas por uma economia produtiva para consumo improdutivo, coincidem com a parte maldita de uma economia cuja razão engendra monstros.

Por outro lado, para além da denúncia de desertificação causada pelo abuso de um ciclo de açúcar quase interminável, é notável que Freyre, ao destacar a estética modernista monumentalizando o perfil euclydiano, também se volte para um futuro industrial de diferentes linhagens e séries. Nesse notável traço modernista de seu discurso reside muito da sua técnica apurada do perfil. Por meio dessa técnica, o duro corte da indústria se dociliza pelo prazer ilusório do consumo passageiro, amolecendo ou dobrando o ferro ao fogo da forja. Daí o caráter adocicado do perfil não se furtar à gordura, em seus ensaios, por meio do que, de acordo com crônica machadiana, se anunciaria uma "literatura confeitológica" (Machado de Assis 377), marcada pela "coisa pronta" industrializada, principalmente nos anos nacionalistas do pós-guerra, que se inauguram com o governo de Getúlio Vargas.

Levando a um mal-estar da açucarocracia (Freyre, *Manifesto Regionalista*),[14] a desertificação denunciava um nordeste que se abandonava na corrida desenvolvimentista da região sul, o que vai levar Freyre a interpretar o modernismo sulista como um "falso modernismo",[15] enquanto a docilização conformava-se à fragmentação estética de cortes industriais favorecedores da modernização. O consumo efêmero da "moda" escondia a venda capitalista por trás de um momento de doce entrega ao prazer, a moda como um narcótico, contrachoque ao férreo industrialismo militar.[16] Em suma, mediante suas engenharias ecosóficas, Gilberto Freyre nos alerta para os desumanizados modos de subjugar corpos dóceis, o que nos torna presas fáceis de uma economia improdutiva. Ao buscar a reversão do quadro de uma economia improdutiva para uma produtiva, propõe a saída híbrida duro/dócil, um difícil equilíbrio entre os poderes econômicos simbólicos e culturais.

NOTAS

1 Referência ao poema "O Cacto" de Manuel Bandeira.
2 Entre essas disciplinas, evidentemente, constam a sociologia, a antropologia, a história. De fato, esse entretecer-se da economia doméstica com as outras disciplinas empresta caráter singularizante, ecosófico, aos ensaios de Freyre. Também a escolha da forma ensaio já o coloca em um entrelugar literário, avesso aos gêneros reconhecidamente canônicos.
3 Só esses fatores justificariam uma leitura deleuziana dos textos de Gilberto Freyre, a partir do conceito de "menor", como em *Kafka: por uma literatura menor* de Deleuze, e uma leitura benjaminiana a contrapelo da história, a partir de suas *Teses sobre o conceito de História*. De um ponto de vista político descentralizador, Freyre criticou a centralização do governo à capital carioca, favorecendo os regionalismos em *Interpretação do Brasil, aspectos da formação social brasileira como processo de amalgamento de raças e culturas*.
4 Agradeço a Raul Antelo me ceder esse texto.
5 Interessante é Freyre já ter observado esse costume ligado a uma "liturgia do doce" em seu *Açúcar*, em que os ex-votos seriam modelados em farinha de trigo, erva doce, canela e açúcar, como o costume de Monte Real, por ocasião da festa da Rainha Santa Isabel. Aí os doces estariam representando animais, mãos, pés etc. (*Açucar* 77).
6 Aí Guattari menciona Ilya Prigogine, ganhador do Prêmio Nobel em Física, como um dos cientistas que consideram importante o uso do elemento narrativo na ciência.
7 Ver, sobre a antevisão industrial em Antonil, *Economias Simbólicas: açúcar e tabaco, materiais culturais* (Andrade 85). Sobre a antevisão industrial em economia, ver *Sweetness and Power: The Place of Sugar in Modern History* (Mintz 46).
8 Sua utilização em objetos domésticos como o ferro de passar se registra no belo livro de Cerqueira Lemos, *O Ferro de Passar Passado a Limpo* (2003).
9 Em *Ferro e Civilização no Brasil*, Freyre ressalta que, no século XIX a influência inglesa foi bem maior no Brasil, e seu impacto pode ser avaliado pelas companhias inglesas de trens de ferro no Brasil. Esse mesmo livro refere-se ao também seu *Ingleses no Brasil* (103), em que, se, por um lado, ressalta a "britanicidade avigorada pela eficientemente

ecológica utilização de ferro nativo", por outro, lamenta "a súbita e até violenta substituição, no começo do século XIX, dos muxarabis de inspiração árabe ou mourisca, dos sobrados de residência em cidades como o Rio de Janeiro, Salvador ou Recife, por varandas e nessas varandas utilizado o ferro de fabrico britânico de que a Grã-Bretanha empenhou-se imperialmente em encher o Brasil".

[10] Saturninos no sentido em que fala Walter Benjamin, de estar sempre entre os extremos como o deus Saturno. Ver *Origem do drama barroco alemão*, de Benjamin (1984).

[11] De *A Semana*, 7 de julho de 1896, cito o fragmento: "Tudo pode acontecer. Um dia, quem sabe, lançaremos uma ponte entre esta cidade e Niterói, uma ponte política entenda-se, nada impedindo que também se faça uma ponte de ferro. A ponte política ligará dois estados, pois que somos nós fluminenses e esta cidade passará de capital de si mesma, a capital de um grande estado único a que se dará o nome de Guanabara. Os fluminenses do outro lado da água restituirão Petrópolis aos veranistas e seus recreios. Unidos, seremos uma coisa mais que separados, e sem desfazer das outras, nossa capital será forte e soberba" (Machado de Assis 712, meus grifos).

[12] Essa citação de Bataille é, por sua vez, tirada do título do Capricho n.43 de Goya: "El Sueño de la Razón produce Monstruos" (Ostrower 40).

[13] Lembra as imagens da morte dos alegoristas barrocos implicando um conhecimento do mal como auto-engano. Como a "cidade das caveiras" representa o desamparo da natureza na imagem de sua transitoriedade (Buck-Morss 215).

[14] Caminhando na contramão da história desenvolvimentista, Freyre valoriza o lixo de uma decadente aristocracia rural nordestina, e, em sua volta ao engenho de formação, busca a origem de um ciclo cultural como causa para mal-estar.

[15] Este documento, *O Manifesto Regionalista* (1926), Freyre termina com a seguinte frase: "Donde a necessidade deste Congresso de Regionalismo definir-se a favor de valores assim negligenciados e não apenas em prol das igrejas maltratadas e dos jacarandás e vinháticos, das pratas e ouros de família e de igreja vendidos aos estrangeiros, por brasileiros em quem a consciência regional e o sentido tradicional do Brasil vêm desaparecendo sob uma onda de mau cosmopolitismo e falso modernismo. É todo um conjunto de cultura regional que precisa ser defendido e desenvolvido" (1996, 75).

[16] A respeito da passagem do doce doméstico ao doce industrial, ver *Açúcar, uma Sociologia do Doce, com receitas de bolos e doces do Nordeste do Brasil* (1939), de Freyre.

Obras Citadas

Andrade, Ana Luiza. "Nordeste desertificado e Docilizado: a economia dos sertões, entre palavra e imagem". *Outra Travessia: Revista de Literatura* 2 (2004): 23-38.

_____ *Transportes pelo Olhar de Machado de Assis: Passagens entre o Livro e o Jornal.* Santa Catarina: UNOESC, 1999.

_____ "Economias Simbólicas: açúcar e tabaco, materiais culturais". *Declínio da Arte/Ascensão da Cultura.* Raul Antelo et al, org. Ilha de Santa Catarina: ABRALIC/Letras Contemporâneas, 1998. 85-95.

Antonil, André João. *Cultura e Opulência no Brasil.* 3.ed. Texto confrontado com a edição de 1711. Belo Horizonte: Editora Itatiaia/Editora da USP, 1982.

Bandeira, Manuel. "O Cacto". *Antologia Poética.* Rio de Janeiro: Editora do Autor, 1961. 69.

Bataille, Georges. *A Noção de Despesa. A parte Maldita.* Direção de Jaime Salomão. Rio de Janeiro: Imago Ed. Ltda., 1975.

Benjamin, Walter. *Origem do drama Barroco Alemão.* Sergio P. Rouanet, trad. São Paulo: Brasiliense, 1984.

_____ "A arte na era da reprodutibilidade técnica. Magia e técnica Arte e Política". *Ensaios sobre literatura e história da cultura. Obras Escolhidas. v.1.* Sérgio P. Rouanet, trad. Prefácio de Jeanne Marie Gagnebin. São Paulo: Brasiliense, 1994. 165-196.

Bilac, Olavo. "O Bonde". *Vossa Insolência.* Antonio Dimas, org. São Paulo: Companhia das Letras, 2000. 318-328.

Buck-Morss, Susan. *Dialética do Olhar. Walter Benjamin e o Projeto das Arcadas ou Passagens.* Ana Luiza Andrade, trad. Belo Horizonte/Chapecó: Ed. UFMG/Argos, 2002.

_____ "Estética e Anestética. O ensaio sobre a arte de Walter Benjamin reconsiderado". *Travessia: Revista de Literatura da Pós-Graduação* 33 (1995): 11-41.

Candido, Antonio. "Aquele Gilberto" e "Um crítico fortuito mas válido". *Recortes.* São Paulo: Companhia das Letras, 1993. 82, 83-88.

Cerqueira Lemos, Fernando. *O Ferro de Passar Passado a Limpo. Anotações em torno de uma coleção.* São Paulo: Ed. da USP/ Museu da USP/Imprensa Oficial do Estado, 2003.

Cruls, Gastão. *Aparência do Rio de Janeiro.* Prefácio de Gilberto Freyre. Rio de Janeiro: José Olympio, 1947.

Deleuze, Gilles. *A dobra Leibniz e o barroco*. Luiz B. Orlandi, trad. Campinas/São Paulo: Papirus, 1988.

_____ *Kafka: por uma literatura menor*. Rio de Janeiro: Imago, 1977.

Francastel, Pierre. *Arte e Técnica, nos séculos XIX e XX*. Umberto D'Ávila e Adriano de Gusmão, trads. Lisboa: Livros do Brasil, 1963.

Freyre, Gilberto. "Prefácio. Advertência do autor a respeito do texto panorâmico que se segue". *Ferro e civilização no Brasil*. *Biblioteca Virtual Gilberto Freyre: A Obra/Livros Prefácios*. Acesso em set. 2004. <www.fgf.org.br>.

_____ *Interpretação do Brasil: aspectos da formação social brasileira como processo do amalgamento de raças e culturas*. Omar Ribeiro Thomas, org. Olívio Montenegro, trad. São Paulo: Companhia das Letras, 2001.

_____ *Açúcar, uma sociologia do doce com receitas de bolos e doces do Nordeste do Brasil* [1939]. Ilustrações de Guilherme Viana. São Paulo: Companhia das Letras, 1997.

_____ *Manifesto Regionalista*. 7ª ed. revista e aumentada. Organização e apresentação de Fátima Quintas da Fundação Joaquim Nabuco. Prefácio de Antonio Dimas. Recife: Fundação Joaquim Nabuco: Massangana, 1996.

_____ *Ferro e Civilização no Brasil*. Recife: Fundação Gilberto Freyre/ Rio de Janeiro: Record, 1988.

_____ *Modos de Homem & Modas de Mulher*. Rio de Janeiro: Record, 1987.

_____ *Homens, engenharias e rumos sociais*. Edson Nery da Fonseca, org. Rio de Janeiro: Record, 1987.

_____ *Casa Grande & Senzala: formação da família brasileira sob o regime da economia patriarcal*. 22. ed. Ilustrações de Tomás de Santa Rosa e Poty, desenho em cores de Cícero Dias. Rio de Janeiro: Livraria José Olympio, 1983.

_____ *Ingleses no Brasil: Aspectos da influência britânica sobre a vida, a paisagem e a cultura no Brasil*. 3.ed. Prefácio de Evaldo Cabral de Mello. Vinhetas de Rosa Maria, 14 ilustrações fora do texto e um mapa de Luís Jardim. Fundação Gilberto Freyre: Topbooks, 1977.

_____ *Sobrados e Mucambos, decadência do patriarcado rural e desenvolvimento do urbano*. v. I e II. Ilustrações de Lula Cardoso Ayres, M. Bandeira, Carlos Leão e do autor. Rio de Janeiro: José Olympio, 1981.

_____ O Brasileiro entre os outros hispanos: afinidades, contrastes e possíveis futuros nas suas inter-relações. Coleção Documentos Brasileiros (168) Direção de Afonso Arinos de Melo Franco. Rio de Janeiro: INL/Ministério da Educação e Cultura/ Livraria José Olympio, 1975.

_____ Ordem e Progresso: Processo de Desintegração das Sociedades patriarcal e Semipatriarcal no Brasil sob o Regime de Trabalho Livre: Aspectos de um quase meio século de transição do trabalho escravo para o trabalho livre; e da Monarquia para a República. Rio de Janeiro: INL-MEC/Ed. José Olympio, 1974.

_____ Assombrações do Recife Velho: Algumas notas históricas e outras tantas folclóricas em tôrno do sobrenatural no passado recifense. Rio de Janeiro: Livraria José Olympio, 1970.

_____ Perfil de Euclydes e outros perfis. Desenhos de Candido Portinari e Santa Rosa. Rio de Janeiro: Livraria José Olympio, 1944.

_____ "En torno a un libro de medico". La Nación (7 maio 1944): s.p.

_____ Um engenheiro francês no Brasil. Com um prefácio do Professor Paul Arbousse-Bastide. Coleção Documentos Brasileiros (26) dirigida por Octavio Tarquínio de Sousa. Rio de Janeiro: Livraria José Olympio, 1940.

_____ Nordeste. Aspectos da Influencia da canna sobre a vida e a paizagem do nordeste do Brasil. Rio de Janeiro: Livraria José Olympio, 1937.

Goux, Jean-Joseph. Symbolic Economies after Marx and Freud. Jennifer Curtiss Cage, trad. New York: Cornell University Press, 1990.

Guattari, Félix. As três ecologias. Maria Cristina Bittencourt, trad. Revisão de Suely Rolnik.Campinas: Papirus, 1990.

Machado de Assis, Joaquim Maria. Obras Completas. v.II e III. Afrânio Coutinho, org. Rio de Janeiro: Edições Aguilar, 1992.

_____ Crônicas de Bond. Seleção de crônicas de Machado de Assis. Ana Luiza Andrade, org. Coleção Transportes pelo Olhar. Chapecó: Grifos, 1999.

Martí, José. "Historia de la Cuchara y el Tenedor". La Edad de Oro, publicación mensual recreo e instrucción dedicada a los niños de América. Redactor: Jose Martí, A. Da Costa Gomez, ed, Administración: 77 William St, New York, 1889. 171.

Melo Neto, João Cabral de. "O ferrageiro de Carmona." *Museu de Tudo e depois: Poesias Completas II*. Rio de Janeiro: Nova Fronteira, 1988. 22-23.

_____ "Moenda de Usina". *Poemas Pernambucanos*. Rio de Janeiro: Nova Fronteira/Centro Cultural José Mariano/Sindicato do Açúcar no Estado de Pernambuco, 1988.

Mintz, Sidney. *Sweetness and Power: The Place of Sugar in Modern History*. New York: Penguin Books, 1985.

Oramas, Luiz Pérez. "Franz Post, Invenção e 'aura' da paisagem", e Correa do Lago, Beatriz e Pedro. "Quadros de Post pintados no Brasil". *O Brasil e os Holandeses (1630-1654)*. Rio de Janeiro: GMT Ed. Ltda., 1999. 218-237, 239-267.

Ostrower, Faiga. *Goya. Artista Revolucionário e Humanista*. São Paulo: Imaginário, 1997.

POSFÁCIO

O "híbrido" como fetiche:
"raça", ideologia e narrativa em *Casa-grande & senzala*

Neil Larsen
University of California at Davis

Para Silvana Jeha e Paulo Lins

Ler a obra *Casa-grande & senzala* (1933), de Gilberto Freyre, previamente armado com suspeitas de sua ideologia racial implícita resulta em um tipo de dilema crítico-literário: como harmonizar aquilo que são, sem dúvida, as ressonâncias contemporâneas da obra, especialmente no nível da narrativa e do estilo, com suas mitologias flagrantes enquanto trabalho de sociologia e de interpretação histórica? Ou seja, como explicitar o que é o valor literário considerável e, às vezes, até mesmo uma genuína argúcia *crítica* de *Casa-grande & senzala*, para as sensibilidades de um leitor histórica e politicamente consciente dos perigos de se atribuir a categorias raciais – mesmo quando viradas, ironicamente, contra as doutrinas de pureza racial – um valor socialmente explanatório?

Em um prefácio ("Um livro perene") escrito para a 47º edição revisada da obra (2003) ninguém menos do que Fernando Henrique Cardoso coloca de certa forma a mesma questão. Se, apesar de seus "aspectos vulneráveis" ("suas confusões entre raça e cultura, seu ecletismo metodológico, o quase embuste do mito da democracia racial, a ausência de conflitos entre classes...") afirma Cardoso,

> a obra de Freyre sobrevive, e suas interpretações não só são repetidas... como continuam a incomodar a muitos, é preciso indagar mais o porquê de tanta resistência para aceitar e louvar o que de positivo existe nela. (25)

Cardoso explora o fato desse aspecto "positivo" configurar-se como uma certa verdade poética no cerne de *Casa-grande &*

senzala, verdade capaz de transcender seus excessos mais abertamente (mas, claro, superficialmente) ideológicos:

> As oposições simplificadoras, os contrários em equilíbrio, se não *explicam* logicamente o movimento da sociedade, servem para salientar características fundamentais. São, nesse aspecto, instrumentos heurísticos, construções do espírito cuja fundamentação na realidade conta menos do que a inspiração derivada delas, que permite captar o que é essencial para a interpretação proposta. (25)

Esta pode ser uma abordagem plausível para resolver o enigma do que é, de fato, um certo "hibridismo" teórico/literário em *Casa-grande & senzala*, uma sutil e maliciosa habilidade, presente em sua estrutura discursiva, de escapar das "vulnerabilidades" teóricas previstas e seguir na direção de um registro mais novelístico, até mesmo "proustiano"[1] que silenciosamente troca uma legitimação objetiva, meta-científica, do que está sendo proposto pela experiência da reminiscência subjetiva (mas coletiva): todos nós brasileiros, independentemente de nossa classe social ou "raça", percebemos em vários aspectos de nossa cultura e vidas privadas (e.g., o coloquialismo "africano"-plebeu do português brasileiro falado [414-8]) a presença de um tipo de cena primal ou imagem narrativa: a "confraternização" de três, ou pelo menos de duas "raças".

Mas mesmo se aceitarmos esta premissa, também há aqui, acredito, o risco adicional de perdermos de vista a ainda mais profunda ideologia em ação em *Casa-grande & senzala*, ideologia que não apenas faz o movimento de transcender a si própria pela recusa, no momento preciso, da autoridade da "explanação", mas que se fixa, mais dissimuladamente ainda, no plano imediato da própria narrativa – do registro "novelístico". É certo que, como propõe Cardoso, as "construções do espírito" em *Casa-grande & senzala* podem realmente reter e até mesmo aumentar seu valor "heurístico", apesar de seu conteúdo mitificado constituído como explanação sócio-científica. (Ver, por exemplo, a alegação de Freyre de que, de maneiras análogas às relações primordiais entre o senhor e o escravo, a relação forjada entre os missionários jesuítas e as crianças tupi-guarani ("os culumins"), que se tornaram os convertidos mais fáceis e a ferramenta decisiva por meio da qual podia-se doutrinar toda a tribo, representa uma chave sócioarqueológica perdida para a cultura moderna brasileira – nesse caso, a suposta fonte da poesia e da música brasileiras.[2] Esta é uma afirmação francamente bizarra e, no entanto, funcionando como um tipo de metáfora sócio-histórica, sua hiper-tipificação parece intuição verdadeira de algo – talvez um tipo de inconsciente proto-nacional – que está,de outro modo, oculto.[3]) Mas o que Cardoso talvez perca de vista aqui é que tal "construção" perderia seu aparente valor "heurístico" se não fosse racializada, isto é, se, apesar das referências sociológicas, "padre" e "culumim" – ou "casa-grande" e "senzala" – não fossem também metonímias raciais, personagens em um tipo de épico racializado. Qual o porquê disso?

A idéia de raça ocupa um terreno estranho em *Casa-grande & senzala*: quando a questão de seu valor científico como conceito é diretamente confrontada, Freyre, o discípulo de Boas[4] e por vezes até mesmo um relutante "materialista histórico",[5] rejeita-a sem restrições. "Sempre que consideramos a influência do negro sobre a vida íntima do brasileiro", afirma, homenageando o abolicionista Nabuco e repudiando a pseudo-ciência racista de um Oliveira Martins,

> é a ação do escravo e não do negro por si, que apreciamos. Ruediger Bilden pretende explicar pela influência da escravidão todos os traços de formação econômica do Brasil. Ao lado da monocultura, foi a força que mais afetou a nossa plástica social. Parece às vezes influência de raça o que é influência pura e simples do escravo: do sistema social da escravidão. Da capacidade imensa desse sistema para rebaixar moralmente senhores e escravos. (397)

Mas se a "raça" não pode ser invocada contra os escravos africanos no Brasil, pode, no entanto, ser invocada em sua defesa. "O depoimento dos antropólogos revela-nos no negro traços de capacidade mental em nada inferior à das outras raças... E outros traços superiores" (379). Com o mérito atribuído de ter exercido uma influência crucial, mediadora – até mesmo, como coloca Freyre evidentemente sem ironia, "europeizante" (372) – sobre o indígena brasileiro em sua supostamente mais atribulada relação com o colonizador português, o africano no Brasil é uma espécie de benção "eugênica", fornecendo à "superioridade técnica e de cultura" a "predisposição como que biológica e psíquica para a vida nos trópicos" (370). Aqui, subitamente, o fato de essa agência mediadora, até mesmo lubrificante, ser também violentamente imposta pelo regime escravista não parece conter nenhuma conseqüência negativa ou degradante. Ou seja, o conceito de raça cede seu poder explicativo, científico, às noções antropológicas mais modernas de cultura e organização social quando se trata de defender uma "família brasileira" híbrida, contra às acusações de inferioridade racial. Mas quando, com sua honra "eugênica" redimida contra os insultos dos naturalismos antropológicos fora de moda de um Oliveira Martins, de um Nina Rodrigues ou de um Euclides da Cunha, trata-se de celebrar – e, o que é mais crucial, de *narrar* – a genealogia doméstica primária do Brasil, de retratar sua "cena primária"nacional, um tipo de agência racializada permanece a postos.

Para ilustrar este fato, vamos considerar os parágrafos de abertura do quarto capítulo ("O escravo negro na vida sexual e de família do brasileiro") de *Casa-grande & senzala*: "Todo brasileiro", começa Freyre, "mesmo o alvo, de cabelo louro, traz na alma, quando não na alma e no corpo [...] a sombra, ou pelo menos a pinta, do indígena e do negro" (367). Deixando imediatamente de lado o "indígena", Freyre lança um de seus famosos panoramas líricos da *cultura brasileira* africanizada:

> Na ternura, na mímica excessiva, no catolicismo em que se deliciam nossos sentidos, na música, no andar, na fala, no canto de ninar menino pequeno, em tudo que é expressão sincera da vida, trazemos quase todos a marca da influência negra. Da escrava ou sinhama que nos embalou. Que nos deu de mamar. Que nos deu de comer, ela própria amolengando na mão o bolão de comida. Da negra velha que nos contou as primeiras histórias de bicho e de mal-assombrado. Da mulata que nos tirou o primeiro bicho-de-pé de uma coceira tão boa. Da que nos iniciou no amor físico e nos transmitiu, ao ranger da cama-de-vento, a primeira sensação completa de homem. Do moleque que foi o nosso primeiro companheiro de brinquedo. (367)

Os sinais externos, mais reveladores da "suave" mitologia racial de *Casa-grande & senzala* vêm à tona nesta passagem: "todo brasileiro" refere-se, na verdade, exclusivamente aos brancos do sexo masculino (ou, no mínimo, aos não-negros) que, ou foram criados na "casa-grande", ou ainda podem imaginar que tenham sido. Parece suficientemente claro que qualquer brasileiro que não se encaixe nesta descrição – os negros, os pobres e provavelmente a maioria das mulheres –, supondo que a sedução e musicalidade do "canto de ninar" ideológico do próprio Freyre não tenham sido suficientes para embalá-lo nessa identificação irracional, encontraria sérias e imediatas dificuldades em ver-se "interpelado" por essa versão meta-narrativa da identidade nacional brasileira. Mas os mecanismos da forma ideológica em *Casa-grande & senzala* não param por aí. Talvez seja plausível imaginar uma versão "feminizada" desse devaneio patriarcal, cortando, provavelmente, a cena de sexo na rede. Mas as conseqüências de invocar contra à narrativa genealógica, quase-biográfica, em funcionamento aqui a já citada precaução do próprio Freyre contra a idéia de atribuir à "raça" o que é na verdade próprio do fator social, inteiramente não-biológico da escravidão – ou seja, as conseqüências de separar esta narrativa de seus ideologemas de raça e diferenças raciais – significaria tanto apagar a própria narrativa ou privá-la de seus "argumentos" ou de sua força motriz: a idéia de que ela conta a história de "todo brasileiro". Ou seja, mesmo que ela permanecesse como uma história, não seria uma história sobre o "Brasil".

Nada disso tem o objetivo de confrontar, necessariamente, o argumento sócio-genealógico de Freyre quando diz que mesmo o brasileiro "mais branco" é, pelo menos de algumas maneiras indiretas, culturalmente "africanizado". É, ao contrário, para observar que dar a essa genealogia uma forma narrativa, cumprindo com um princípio ideológico-formativo ainda mais profundo e em função em *Casa-grande & senzala*, aqui significa necessariamente racializar suas *personae dramatis*: o "senhor" branco (preferencialmente do sexo masculino) e os escravos e serviçais negros e mulatos (preferencialmente do sexo feminino) da "senzala".Um conceito antropológico e sociológico moderno de "cultura" pode dissolver, e, até certo ponto, realmente *dissolve*, a pseudo-ciência biologizada da tipologia e da causalidade raciais e de causalidade em *Casa-grande & senzala* – apesar do fato de que o estilo tipicamente não-metódico e "ensaísticamente" livre de Freyre volta-se geralmente às mais absurdas formas de especulação "eugênica". Mas a "cultura" falha no seu intento de suplantar a "raça" no momento em que a figura conceitual do "híbrido" – central para todo o pensamento de Freyre em *Casa-*

grande & senzala – muda de sua posição teórica inicial que é, por assim dizer, crítica às questões de "raça", para uma posição ideologicamente mais saturada – posição narrativa, até mesmo literária – na qual o "híbrido" deve se duplicar como sendo o "Brasil", como uma essência nacional. Para fazer este segundo papel, o "híbrido" deve, em um movimento que inverte a direção de sua força inicial teórico-crítica, ser, de fato, *re-racializado*. A noção de um hibridismo puramente *cultural*, intelectualmente popularizada entre os latino-americanistas mais recentemente na obra *Culturas híbridas* de García Canclini, é, pode-se dizer, efetiva somente (e mesmo assim de maneira limitada) para desmantelar os mitos nacionalistas, não para reanimá-los e, por assim dizer, modernizá-los. E é para modernizar o mito racial, naturalizante, da nação, para libertá-lo de uma configuração excessivamente apertada e pessimista, quase spengleriana, tipificada num Euclides da Cunha, que *Casa-grande & senzala* se propõe como missão ideológica básica. Mas modernizar a "explanação" racial, a julgar pelo que Freyre tem para nos mostrar, não significa meramente "culturalizá-la", mas dar à "raça" uma forma narrativa diferente. Esta virada certamente é o que explica a contemporaneidade de *Casa-grande & senzala* – e talvez o que fez da obra o mapa para muitas das modernas narrativas brasileiras ficcionais que se seguiriam à sua luz.

O que, então, se minha leitura de *Casa-grande & senzala* estiver precisa, explicaria a homologia evidentemente ideológica, no plano narrativo, entre nação e raça, pelo menos no contexto brasileiro? O que na verdade pode ser o "princípio ideológico-formativo ainda mais profundo" mencionado acima? Aqui, uma resposta sistemática me levaria muito além dos limites deste artigo, mas tentarei esboçar seus contornos teóricos.

Para isso, quero começar, por estranho que possa parecer – e, enfatizo, estritamente para fins de analogia – com o ensaio seminal, mas pouco conhecido (nos Estados Unidos, pelo menos) de Moishe Postone: "Anti-Semitismo e Nacional-Socialismo" (1986). De modo bem resumido, a teoria de Postone é a seguinte: a forma ideológica da falsa consciência que produz o anti-semitismo é inseparável da forma teorizada por Marx como o fetiche da mercadoria. O anti-semitismo, como foi epitomizado na ideologia do nazismo, e que tem no Holocausto sua mais extrema realização prática, engendra-se, segundo Postone, em uma crença popular, romântica e anti-capitalista que vê no judeu a personificação do dinheiro. Mas engendra-se de uma maneira que não pode ser explicada pelas teorias mais convencionais do anti-semitismo nazista, que vêem este, por exemplo, como a manipulação enganadora da população com o objetivo de repelir do próprio capitalismo monopólico alemão as crenças anti-capitalistas, ou como as mais espontâneas revoltas das massas alemãs contra a "modernidade", vista como criação dos judeus. Tais teorias, argumenta Postone, não explicam a "aparente falta de funcionalidade"(304) do Holocausto, o fato de que o Holocausto "era um fim em si mesmo" (304). Auschwitz, como coloca Postone na arrepiante conclusão de seu ensaio, era uma fábrica feita não para produzir, mas para "destruir valores" (313). A real "'revolução alemã', a tentativa de 'derrotar' não apenas a ordem política, mas a formação social existente", não foi a tomada do poder pelos nazistas em 1933, mas sim Auschwitz (314).

Para explicar este argumento, Postone faz o raciocínio seguinte: uma característica essencial do fetiche da mercadoria, entendido como uma crença universal e involuntária na existência socialmente "espectral", coisificada, das relações puramente *sociais* entre produtores e comerciantes de mercadorias, é o fato de que ele resulta em uma "antinomia" entre o abstrato ("valor de troca") e o concreto ("valor de uso") na consciência espontânea da sociedade capitalista moderna. Além disso, o pólo concreto desta antinomia aparece a essa consciência como algo que se opõe e é externo à mercadoria e, por extensão, ao próprio capitalismo, identificado com o pólo da abstração. Mas esta antinomia é falsa, na medida em que *ambos* os lados, o concreto não menos do que o abstrato, são determinados pela estrutura das próprias relações entre as mercadorias. Ou seja, contrariando as aparências, o "valor de uso" não é externo mas sim imanente à abstração da mercadoria. O mesmo se aplica ao próprio trabalho, em sua manifestação aparentemente "concreta".[6]

Com a maturação do capitalismo nos séculos XIX e XX, o próprio capital, em essência o processo puro, "não finito", de "auto-valorização do valor", produz uma variação dessa forma-fetiche, variação em que esta aparece, a partir de uma necessidade objetiva, como "biologizada", como um "processo orgânico" (309). A pura, mas paradoxicalmente material abstração da mercadoria, sua "estática mecânica" (309) newtoniana, é colocada em movimento, mas parece mover-se seguindo leis próprias, sem intervenção social. Conseqüentemente, segundo Postone:

> a forma manifesta do concreto é [também] agora mais orgânica. O capital industrial... pode aparecer como o descendente linear do trabalho artesanal "natural", como "organicamente enraizado", em oposição ao "desenraizado", "parasita", capital financeiro. [...] O próprio capital...é entendido apenas nos termos da forma manifesta de sua dimensão abstrata: capital financeiro e usurário. (310)

No entanto – e este é o ponto-chave do argumento de Postone – "não é apenas o lado concreto da antinomia que pode ser naturalizado e biologizado. A dimensão abstrata manifesta também foi biologizada – como os judeus" (311).

O que basicamente distingue a teoria de Postone sobre o anti-semitismo das outras, e das teorias críticas de raça em geral, é o fato de que uma conexão direta, rigorosa, é feita entre a reificação e a estrutura da própria ideologia de "raça".[7] Pelo fato da realidade social do capitalismo parecer algo natural – uma "segunda natureza" – então, de maneira análoga, a ideologia, ou a falsa consciência dessa realidade social, tende a uma naturalização ou "biologização" desta realidade. As realidades históricas específicas da Europa, e especialmente da Alemanha, moldam-se a esta estrutura ideológica para produzir o nacional-socialismo e o Holocausto como a mais extrema, mas também a mais tipificada, expressão da tendência imanente ao capitalismo em seus níveis mais profundos, estruturais (i.e., em um nível mais básico do que o de *classe*), de produzir um "outro" racialmente fetichizado ou, para usar a terminologia de Robert Kurz, um *Feindbild* ou *Gegenbild* ("inimigo"- ou "contra-imagem") que carrega em si as mesmas necessidades sociais do fetiche da mercadoria (c.f. Kurz). Da mesma maneira que o valor de troca das mercadorias aparece espontaneamente, portanto, sob o disfarce "natural" de suas próprias propriedades físicas – seus valores de uso – também, por força da mesma lógica estrutural da "societalização"[8] capitalista, existe uma tendência necessária que leva a "segunda natureza" da abstração mais volátil do capital ou do dinheiro a aparecer espontaneamente sob o disfarce de um sujeito reduzido à sua "matéria" puramente "natural", biológica, menos-que-humana. Ou seja, os "judeus", aparecem como a corporificação "biológica" do dinheiro *porque* parecem reproduzir sua forma de objetividade espectral de modo imediato e "natural" (o dinheiro possui um corpo) mas simultaneamente de modo abstrato e desprovido de um corpo. Como o dinheiro, os judeus estão lá, e no entanto não estão, pois – como "cosmopolitas desenraizados" – eles, assim como o dinheiro, podem estar em qualquer lugar. Os judeus são o dinheiro – um objeto palpável, mas ao mesmo tempo sem corpo – *porque* eles são uma "raça" sem "nação". A eliminação física dos corpos reais dos judeus é precedida, no mais profundo nível ideológico, por sua eliminação como corpos ideais por meio de uma fantasmagórica assimilação dos judeus à matéria abstrata e sem corpo do dinheiro.

Independentemente da questão do anti-semitismo em *Casa-grande & senzala* e no Brasil em geral,[9] no entanto, nosso interesse particular pela teoria de Postone sobre o anti-semitismo aqui é ver como ela pode nos conduzir a pensar a relação estrutural mais geral, fundamental, entre o capital e as ideologias de "nação" e "raça" – uma relação que, pode-se especular, toma as mais variadas formas no intuito de diferenciar os cenários históricos e nacionais concretos, nem sempre, ou necessariamente, de conteúdo anti-semita. Alinhando-nos com o insight de Postone sobre o próprio conceito de "raça" como uma forma moderna, fetichizada, de consciência social, podemos, pelo menos de modo especulativo, explicar a peculiar persistência de uma narrativa racializada da organização social em *Casa-grande & senzala* – a "re-racialização" da realidade social que acompanha a des-racialização boasiana-antropológica de Freyre do tecido social como, paradoxalmente, um *componente necessário* deste – como conseqüência de uma variante brasileira específica, moderna, do fetiche de "raça". Nesse contexto, Freyre estaria regressando a uma sociologia racializada no nível da narrativa mais lírica, "proustiana", de *Casa-grande & senzala* não por qualquer preconceito romântico, anti-modernidade, mas precisamente porque o Brasil moderno, e as formas da alienação e reificação capitalistas específicas do país, não podem produzir uma forma capitalista bem sucedida e reproduzível, de consciência nacional livre do estigma de inferioridade racial sem, simultaneamente, re-racializar estas próprias formas de reificação. O registro lírico, narrativo, em *Casa-grande & senzala* emerge como algo contínuo nesse sentido, com um inconsciente *moderno* nacional-popular brasileiro que não consegue, por suas aspirações na direção de uma "democracia racial" daltônica, livrar-se do conceito de "raça".

No lugar do "judeu", entretanto, compõe-se aqui uma forma-fetiche estruturalmente análoga mas ao mesmo tempo radicalmente diferente: aquela do "híbrido". Para deixar claro este argumento final, no entanto, precisamos de uma segunda mediação teórica que seja capaz, idealmente, de especificar mais concretamente o que são de fato as "formas de reificação" especificamente (mas não exclusivamente) brasileiras a que nos referimos no parágrafo anterior.

Para tanto, recorro ao teórico crítico brasileiro Roberto Schwarz. No já clássico ensaio "Nacional por subtração", Schwarz aborda o problema crônico do caráter aparentemente imitativo da identidade nacional brasileira, o sentido de que o Brasil é sempre uma "cópia" de algo que se originou em algum outro lugar. Schwarz comenta a análise que Sílvio Romero fez da questão: "A cópia tem por conseqüência, segundo Sílvio, a falta de denominador comum entre a cultura do povo e a da elite, bem como a pouca impregnação nacional desta última". Mas, segue Schwarz,

> Por que não fazer o raciocínio inverso? Neste caso, a feição "copiada" de nossa cultura resultaria de *formas de desigualdade brutais a ponto de lhes faltarem mínimos de reciprocidade – o denominador comum ausente – sem os quais a sociedade moderna de fato só podia parecer artificiosa e "importada".* O descaso *impatriótico* (adotada a idéia da nação que era norma) da classe dominante pelas vidas que explorava a tornava estrangeira em seu próprio juízo... A origem colonial e escravista destas causas salta aos olhos. (*Que horas são?* 46, grifo meu)

Alguém que tenha estudado a linha geral de raciocínio teórico de Schwarz pode completar o insight: no Brasil, a "segunda natureza", como conseqüência do modo dependente de inserção do país nas relações capitalistas globais, toma não apenas a forma – por assim dizer – ortodoxa do fetiche da mercadoria mas também uma outra: aquela da divisão social radical à luz do que *deveria idealmente* ser uma estrutura de consciência nacional auto-integrada, mercantilizada – divisão que resulta destas "formas de desigualdade brutais a ponto de lhes faltarem mínimos de reciprocidade..." As operações de uma lei de valor sem sujeito que se auto-perpetuam determinam aqui uma forma variante de abstração social – e, portanto, uma forma variante correspondente de consciência do fetiche – que desarticula a unidade formal da própria "sociedade" nacional, impedindo que a consciência reificada do social se reúna em torno de um único *locus* "nacional" que se auto-reproduz. O "outro" fetichizado e falsamente externalizado do capital *não* é aqui portanto *ele próprio totalmente externo* em relação a um "eu" capitalista-nacional.

Vamos elaborar o argumento acima mais cuidadosamente. Por um lado, a estrutura da experiência social delineada por Schwarz em "Nacional por subtração" é, na verdade, idêntica à sua ocorrência metropolitana. A formação social periférica colonizada ou neo-colonizada está inevitavelmente integrada ao capitalismo moderno global e não pode, portanto, ser separada deste – assim como suas formas de pensamento ou consciência. Mas, ao mesmo tempo, o caráter assimétrico e dependente desta integração exerce uma certa pressão que "distorce" a estrutura reificada da moderna consciência social. Do mesmo modo que as categorias fetichizadas de "liberdade, fraternidade e igualdade", por exemplo, encontram, segundo Schwarz, um segundo estranhamento no Brasil escravocrata do século XIX – tornando-se "ideologias de segundo grau" (*Ao vencedor* 17) – o mesmo ocorre com as ideologias de "raça" e com a "biologização" social em geral.

Aqui novamente o fenômeno do anti-semitismo moderno proposto por Postone lança uma luz indireta, mas esclarecedora, sobre o problema. A estrutura mais profunda da ideologia anti-semita pressupõe, se acompanharmos as implicações da teoria formulada por Postone, a existência de uma forma de sujeito social que vivencia a reificação, ou a "segunda natureza" da realidade social capitalista, como uma realidade que afeta seu próprio ser e identidade tanto quanto o todo nacional, ou "civilizacional". Se os judeus devem ser culpados pelos problemas que o capitalismo inflige ao "povo" alemão – se os judeus são a face personificada da abstração do valor e do dinheiro – então isto claramente implica que ser alemão, ou europeu ou "ariano", deve ser em si vivenciado como algo concreto e somente *dessa forma* efetivamente sinônimo de "humano", ou de "civilização". A visão dos judeus como um outro estrutural, como o *Gegenbild* externalizado, deve, logicamente, basear-se em uma estrutura ideológica da identidade social e da autoconsciência pertencente a um eu *nacional* ou sujeito-forma. Mas a realidade é que o capitalismo não produz um sujeito social capaz de vivenciar a si mesmo como verdadeiramente ou totalmente global; ele produz o que Kurz chama de "Konkurrenz-Subjekt" – literalmente um "sujeito competitivo," i.e., um sujeito que só adquire e reproduz sua identidade por meio de seu incessante conflito com outros sujeitos do mesmo tipo – e portanto um sujeito que, num sentido coletivo, é *necessariamente nacional* em sua forma, quer seja etnicamente marcado quer não. A modernidade capitalista gera, como necessidade estrutural, uma propensão ao anti-semitismo – ou simplesmente à construção de um "outro" identificado como biológico, pseudo-social – mas este fato em si deve apoiar-se em uma *forma genérica de identidade social que é estruturalmente nacional em sua composição*. O próprio capitalismo não parece, a esse sujeito, ser algo universal e abstrato, mas sim possuidor de características inegavelmente nacionais, como se surgido do próprio "solo" da nação – ou talvez da mais ampla "raça" ou "civilização".

Mas – será esse o caso de uma formação social como a brasileira? Aqui, aparentemente, a modernidade capitalista – a "civilização" – não toma, pelo menos não inicialmente, a forma objetiva de aparência, ainda que falsa, daquela que surgiu de dentro de alguma pré-existente essência nacional ou coletiva, o nacional "Konkurrenz Subjekt", mas parece, objetivamente (e, num certo sentido, precisamente) vir de fora. O molde *estruturalmente* nacional da subjetividade social moderna é, desde o início, desarticulado e estrangeiro. Ser "brasileiro" não é ser "inglês", mas não da mesma maneira que ser "inglês" não é ser "francês". Esta desconexão não é, em primeira instância, uma questão de diferença racial, étnica ou mesmo geográfica, mas sim *estrutural* – histórico-genética, podemos dizer – no sentido de que a "brasilidade" não é espontânea e ideologicamente sentida por ninguém, incluindo os brasileiros, como sinônimo de "moderno" ou "civilizado", enquanto que tanto "ingleses" quanto "franceses" *são* sentidos dessa maneira por todos os sujeitos nacionais que compõem o universo capitalista global, incluindo os brasileiros. Esta desconexão resulta não da raça, etnia ou cultura – ao contrário, estas são suas possíveis manifestações aparentes – mas sim da desarticulação social, levada ao seu extremo na sociedade escravista, que é a conseqüência estrutural da integração colonial e neo-colonial no sistema capitalista mundial.

Esta desarticulação prévia, estrutural, da forma-sujeito nacional complica o modo com que esta forma-sujeito vivencia a modernidade como "segunda natureza" reificada. *Esta aparece de uma forma dual, contraditória: como algo diretamente social e abstrato, mas apenas na medida em que "vem de fora", i.e., na medida que é não-nacional ou extra-nacional; e, ao mesmo tempo, como algo vindo de dentro, i.e., "nacional", é "concreto" mas pré-social, i.e.,"racial" ou "biológico".* Ou seja, a "biologização" ideológica da organização social do Brasil deve servir não apenas para naturalizar as abstrações sociais da modernidade capitalista *per se*, mas deve também "explicar" e racionalizar a *prévia desarticulação desta modernidade* como a forma principal em que o "desenvolvimento" capitalista – até o momento de suas eventuais e terminais crises de reprodução social, e inclusive neste momento – é ele mesmo socialmente vivenciado. Isto por sua vez significa que, em vez de definir o humano-nacional "nós" exclusivamente em termos de um "outro" puramente biológico (o "Gegenbild") este "nós" é definido, no contexto brasileiro, como internamente diferenciado, i.e., como *híbrido*. *Porque a realidade da desarticulação social quanto à formação do sujeito nacional – realidade que é uma abstração sem traços "humanos" – excede os limites conscientes formais daqueles afetados por ela estruturalmente, é representada de forma pseudo-natural, ou biológica. Mas ela está representada aqui, em última instância, não como manifestação de um outro racial – que pressupõe um "eu" nacional-racial existindo simultaneamente – mas como fusão racial ou "hibridismo".* A "hibridização" tem o potencial de tornar-se a ideologia de uma formação nacional como a brasileira não apenas porque compensa simbolicamente a desarticulação social prévia desta, mas porque, através de sua forma racializada, biologizada, ou, de alguma outra maneira, naturalizada, ela reifica –transforma direitamente numa "segunda natureza"– a não auto-integração do mercado e da nação.

Dadas a história e a composição "racial" do Brasil, não é difícil enxergar aqui de que forma inicial a "raça" torna-se disponível para uma consciência fetichizada. A realidade social da extrema desarticulação nacional exige uma explanação "racial": a evidente falência do Brasil em se "modernizar" – i.e., transformar-se em uma "nação" no sentido ideológico formal – é compreendida como sua falência em produzir uma forma-sujeito racializada, "natural". Se pelo menos o Brasil fosse racialmente "puro", ou pudesse de alguma forma descartar seus "outros" racialmente inferiores, sua extrema desarticulação social – seu "atraso" – tornar-se-ia coisa do passado. Basta aqui pensar em *Os sertões*. O menos óbvio é como esta forma inicial, rudimentar, de consciência fetichizada inevitavelmente dá lugar ao que é, como propomos, sua forma completamente *modernizada*, aquela em que, numa inversão, tal desarticulação é ela *própria*, a um só tempo, fantasmagoricamente "transformada em um outro" e nacionalizada por meio da invenção de uma nova e *sui generis* forma-sujeito biologizada: o "híbrido". Basta pensar aqui – e com isso fechamos nossa argumentação – em *Casa-grande & senzala*.

Traduzido por Adriana Morelli

NOTAS

1 C.f. o prefácio original de *Casa-grande & senzala* em que Freyre faz uma alusão a Proust: "O estudo da história íntima de um povo tem alguma coisa de introspeção proustiana…" (44).
2 "A poesia e a música brasileiras surgiram desse conluio de culumins e padres" (222).
3 Nesse aspecto é surpreendente o quanto, apesar da relativa ausência da influência freudiana em *Casa-grande & senzala*, as Ur-relações sociologicamente "híbridas" de Freyre remetem às "cenas primais" edipianas geneticamente reconstruídas por Freud: no fim, o poder de interpretação de ambos os casos de "representações metafóricas" parece não diminuir por uma descrença em sua realidade literal, empírica, como eventos.
4 "Foi o estudo de antropologia sob a orientação do professor Boas que primeiro me revelou o negro e o mulato no seu justo valor – separados dos traços de raça os efeitos do ambiente ou da experiência cultural" (32).
5 "Por menos inclinados que sejamos ao materialismo histórico, tantas vezes exagerado nas suas generalizações… temos que admitir a influência considerável, embora não sempre preponderante, da técnica da produção econômica sobre a estrutura das sociedades…" (*ibid.*).
6 Este argumento foi desenvolvido por Postone em maior escala em sua principal obra: *Time, Labor and Social Domination: a Reinterpretation of Marx"s Critical Theory* (1993).
7 Para uma elaboração mais detalhada desta questão e da teoria de Postone como um todo, ver Robert Kurz, *Schwarzbuch Kapitalismus* (1999) especialmente o capítulo intitulado "Die Biologisierung der Weltgesellschaft" (315-380).

8 Tradução infeliz, tanto em português como em inglês ("societalization") do termo alemão "Vergesellschaftung".

9 Para uma amostra das visões claramente anti-semitas de Freyre, ver *Casa-grande & senzala* (304-309).

Obras Citadas

Cardoso, Fernando Henrique. "Um livro perene". *Casa-grande e senzala* de Gilberto Freyre. São Paulo: Global Editora, 2003. 19-28.

Sobre os autores

Michel Agier é antropólogo, diretor de pesquisa no Institut de Recherche pour le Développement (IRD) e diretor atual do Centre d'Études Africaines (CNRS-EHESS, Paris). Suas publicações incluem *Anthropologie du carnaval. La ville, la fête et l'Afrique à Bahia* (2000) e *La Sagesse de l'ethnologue* (2004).

Ana Luiza Andrade, se doutoró pela University of Texas, Austin, foi docente na Yale, Harvard e Universidade Federal de Alagoas. Ensina Literatura Brasileira e Comparada na Universidade Federal de Santa Catarina. Publicou *Osman Lins: Crítica e Criação* (1987) e *Transportes pelo Olhar de Machado de Assis: passagens entre o livro e o jornal* (1999). Suas outras publicações incluem artigos sobre Clarice Lispector, Guimarães Rosa, Machado de Assis, Nelson Rodrigues e Gilberto Freyre. Organizou a *Travessia 28* sobre Nelson Rodrigues e o "Dossiêr Walter Benjamin" na Revista *Grifos* (2001). Ela lidera o Núcleo de Estudos Benjaminianos e dentre outros artigos de Susan Buck-Morss, traduziu o livro *Dialética do Olhar: Walter Benjamin e o Projeto das Passagens* (2002). Lança proximamente o livro *Outros Perfis de Gilberto Freyre: voltas duras/dóceis ao cotidiano dos brasileiros* (2006).

Raúl Antelo é professor na Universidade Federal de Santa Catarina. Também foi professor na Yale, Duke, Texas-Austin e Leiden. Pesquisador do CNPq e Bolsista da Fundação Guggenheim. Publicou, entre outros, *Literatura em Revista; Na ilha de Marapatá; Algaravia. Discursos de nação; Transgressão & Modernidade* e *Potências da imagem*. Editou a *Obra Completa de Oliverio Girondo* da coleção *Archivos* e organizou os volumes

Antonio Candido y los estudios latinoamericanos e *Crítica y ficción*. Seu livro *Maria con Marcel. Duchamp en los trópicos* será lançado em 2006.

Fernando Arenas é professor associado de estudos afro-luso-brasileiros no Department of Spanish and Portuguese Studies da University of Minnesota. Ele é autor do livro *Utopias of Otherness: Nationhood and Subjectivity in Portugal and Brazil* (2003) e co-editor, junto com Susan Quinlan, do volume de ensaios *Lusosex: Gender and Sexuality in the Portuguese-Speaking World* (2002). Neste momento encontra-se a escrever o livro *After Independence: Globalization, "Neo-Colonialism," and the Cultures of Lusophone Africa*, para o qual recebeu a bolsa Guggenheim (2005-06).

Jossianna Arroyo-Martínez é professora associada de literaturas latino-americanas e caribenhas no Department of Spanish and Portuguese e no Center for African and African American Studies na University of Texas, Austin. Se especializa no estudo da diáspora africana nas Américas e é autora de vários ensaios sobre literatura e cultura caribenha e brasileira. É também autora de *Travestismos culturales: literatura y etnografía en Cuba y Brasil* (2003), no qual analisa a integração das populações africanas no discurso da nação na obra de Gilberto Freyre, Fernando Ortiz e em vários romances cubanos e brasileiros. Atualmente está finalizando seu livro *Fin de Siglo: Secrecy and Technologies of the Word in Caribbean Freemasonry*, uma análise da relação entre maçonaria, política e cultura nas Américas.

Peter Burke é Emeritus Professor of Cultural History, University of Cambridge e Fellow do Emmanuel College. Depois de estudos na Oxford, ele passou a concentrar seu trabalho na história européia dos séculos XVI e XVII e publicou *Culture and Society in Renaissance Italy* (1972), *Popular Culture in Early Modern Europe* (1978), *The Fabrication of Louis XIV* (1992) e *A Social History of Knowledge in Early Modern Europe* (2000), entre outros livros. Ele descobriu a obra de Gilberto Freyre nas notas de rodapé em *Mediterranean*, de Braudel, e assistiu a palestras de Freyre sobre raça e política quando professor jovem na Universidade de Sussex em 1965. Porém, foi apenas depois de casar-se com a historiadora brasileira Maria Lúcia Pallares-Burke (1989) que ele começou a estudar a história do Brasil em geral e a obra de Freyre em particular. Este é seu quinto ensaio publicado sobre Freyre. Junto com Maria Lúcia ele está trabalhando atualmente num estudo geral de Freyre para um público anglófono.

Odile Cisneros é crítica e tradutora de origem mexicana. Seus ensaios e traduções foram publicados nas seguintes revistas: *Sibila* (São Paulo), *Poesía y poética* (Cidade do México), *Sibila* (Sevilha), *Ecopoetics* (Buffalo), *Chain* (Filadélfia), *Circumference* (Nova York), *Tse-tsé* (Buenos Aires), *Literatura mexicana* (Cidade do México), *ETC* (Curitiba) e *Review: Literature and Arts of the Americas* (Nova York). Sua pesquisa acadêmica enfoca a criação de linguagens artísticas e literárias nacionais no contexto das vanguardas históricas na América Latina, particularmente no México e no Brasil. Também publicou ensaios sobre poesia experimental e contemporânea brasileira. Entre outros, traduziu a poesia de Régis Bonvicino, Haroldo de Campos, Rodrigo Rey Rosa, e o Prêmio Nobel Jaroslav Seifert. Co-editou o volume *Novas: Selected Writings of Haroldo de Campos*, que será publicado pela Northwestern University Press em março de 2006. Leciona literatura e cultura latino-americanas no Departament of Modern Languages and Cultural Studies da University of Alberta no Canadá.

Christopher Dunn é professor associado no Department of Spanish and Portuguese e no African and African Diaspora Studies Program na Tulane University. É autor de *Brutality Garden: Tropicália and the Emergence of a Brazilian Counterculture* (2001) e co-organizador de *Brazilian Popular Music and Globalization* (2001).

Neil Larsen é professor nos programas de Literatura Comparada e de Teoria Crítica da University of California, Davis. Em 1995 foi professor visitante na Universidade de São Paulo. É autor de: *Modernism and Hegemony* (1990), *Reading North by South* (1995) e *Determinations* (2001). Faz pesquisa e publica com freqüência sobre America Latina e a teoria crítica.

Joshua Lund é professor assistente de espanhol na University of Pittsburgh. É autor de *The Impure Imagination* (2006). Seus ensaios recentes aparecem em *MLN*, *A Contracorriente*, e *Race & Class*.

Malcolm K. McNee é leitor de português e estudos brasileiros no Smith College. Tem ensaios publicados em *The Journal of Latin American Cultural Studies*, *Romance Notes*, e *Veredas*, entre outras revistas. Está trabalhando atualmente na monografia *Landlessness, Rurality, and Modernity: Visions of the Countryside in Contemporary Brazilian Culture*.

María del Pilar Melgarejo é mestre de filosofia pela Pontífica Universidad Javeriana (Bogotá). Atualmente é Mellon Fellow na University of Pittsburgh, onde está realizando uma pesquisa sobre linguagem política na Colômbia e no México. Seus ensaios recentes foram publicados em *Nepantla*, *Contraversia* e *Latinoamérica*.

Laura Cavalcante Padilha é professora adjunta no Departamento de Letras Clássicas e Vernáculas e coordenadora do Núcleo de Estudos das Literaturas Portuguesas e Africanas da Universidade Federal Fluminense. É autora de *Novos pactos, outras ficções: ensaios sobre literaturas luso-afro-brasileiras* (2002), *Entre voz e letra: o lugar da ancestralidade na ficção angolana do século XX* (1995, Prêmio Mário de Andrade de melhor ensaio literário, conferido pela Biblioteca Nacional-RJ), *Espaço do desejo: uma leitura de* A ilustre casa de Ramires, *de Eça de Queiroz* (1989) e vários ensaios publicados em revistas e volumes nacionais e internacionais. É pesquisadora do CNPq, com o projeto em andamento "Cartografias identitárias: novas negociações de sentido nas literaturas afro-luso-brasileiras contemporâneas".

Patricia de Santana Pinho é professora assistente no Department of Latin American, Caribbean and U.S. Latino Studies, na State University of New York, Albany. Sua pesquisa atual analisa o turismo de raízes de afro-americanos no Brasil, examinando seus efeitos nas relações negras transnacionais e como molda a posição do Brasil no mundo atlântico negro. Seu livro *Reinvenções da África na Bahia* (2004) será publicado em inglês pela Duke. Seus ensaios recentes incluem: "Descentrando os Estados Unidos nos Estudos Sobre Negritude no Brasil." (*Revista Brasileira de Ciências Sociais*, 2005) e "Afro-Aesthetics in Brazil" (*Beautiful Ugly: African and Diaspora Aesthetics*, Sarah Nuttel, org., no prelo).

Lilia Moritz Schwarcz é professora titular no Departamento de Antropologia da Universidade de São Paulo. É autora, entre outros, de *Retrato em branco e negro – jornais, escravos e cidadãos em São Paulo de finais do século XIX* (1987), *O espetáculo das raças – cientistas, instituições e questão racial no Brasil do século XIX* (1993 e 1999, em inglês), *Raça e diversidade* (com Renato Queiroz,1997), *Negras Imagens* (com Letícia Vidor Reis, 1997), *As barbas do Imperador – D. Pedro II, um monarca nos trópicos* (Prêmio Jabuti/ Livro do Ano, 2004), *No tempo das certezas* (co-autoria Angela Marques da Costa, 2000), *Símbolos e rituais da monarquia brasileira* (2000), *Racismo no Brasil* (2001), *A longa viagem da biblioteca dos reis* (2002) e *O livro dos livros da Real Biblioteca* (2003). Coordenou o volume 4 da *História da Vida Privada no Brasil: contrastes da intimidade contemporânea* (1998). Foi curadora das exposições: *Virando vinte: política, cultura e imaginário em São Paulo, no final do século XIX.* (1994-5), *Navio Negreiro: cotidiano, castigo e rebelião escrava* (1994 e 1998), *A longa viagem da biblioteca dos reis* (2003-4).

Nelson H. Vieira é University Professor e Professor de Portuguese & Brazilian Studies e Judaic Studies na Brown University. É editor-fundador da revista *Brasil/Brazil* e foi presidente da Latin American Jewish Studies Association (1995-2002). Suas publicações incluem: *The Prophet and Other Stories by Samuel Rawet* [apresentação e tradução] (1998); *Jewish Voices in Brazilian Literature: A Prophetic Discourse of Alterity* (1995); *Construindo a imagem do judeu: algumas abordagens teóricas* [organizador] (1994); *Brasil e Portugal: a imagem recíproca* (1991); *Roads to Today's Portugal* [organizador] (1983); e *The Promise* [tradução] (1981).

Robert J.C. Young é professor de inglês na New York University. Seus livros incluem: *White Mythologies: Writing History and the West* (1990, 2ª ed. 2004), *Colonial Desire: Hybridity in Culture, Theory and Race* (1995), *Postcolonialism: An Historical Introduction* (2001), e *The Idea of English Ethnicity* (em prelo). Ele é também editor geral de *Interventions: International Journal of Postcolonial Studies.* Para mais informações ver www.robertjcyoung.com.